Leistungsschutzrechte für Verleger unter besonderer Berücksichtigung der EU-Datenbankrichtlinie

Europäische Hochschulschriften

Publications Universitaires Européennes
European University Studies

Reihe II
Rechtswissenschaft

Série II Series II
Droit
Law

Bd./Vol. 3839

PETER LANG
Frankfurt am Main · Berlin · Bern · Bruxelles · New York · Oxford · Wien

Petra Allenstein

Leistungsschutzrechte für Verleger unter besonderer Berücksichtigung der EU-Datenbankrichtlinie

PETER LANG
Europäischer Verlag der Wissenschaften

Bibliografische Information Der Deutschen Bibliothek
Die Deutsche Bibliothek verzeichnet diese Publikation in der Deutschen Nationalbibliografie; detaillierte bibliografische Daten sind im Internet über <http://dnb.ddb.de> abrufbar.

Zugl.: Münster (Westfalen), Univ., Diss., 2003

Erster Berichterstatter:	Prof. Dr. Thomas Hoeren
Zweiter Berichterstatter:	Prof. Dr. Wilfried Schlüter
Dekan:	Prof. Dr. Wolfram Timm
Tag der mündlichen Prüfung:	2. Juli 2002

D 6
ISSN 0531-7312
ISBN 3-631-51645-2

www.peterlang.de

Meinen Eltern

Vorwort

Die vorliegende Arbeit wurde von der Rechtswissenschaftlichen Fakultät der Westfälischen Wilhelms-Universität Münster im Sommersemester 2002 als Dissertation angenommen. Die Arbeit wurde Ende 2001 abgeschlossen und befindet sich auf dem Stand vom 01.01.2002.

Mein aufrichtiger Dank gilt Herrn Prof. Dr. Hoeren, der die Arbeit betreute. Er hat mein Interesse am Urheberrecht geweckt und durch seine vielfältigen Anregungen die Entstehung der Arbeit maßgeblich gefördert. Herrn Prof. Dr. Schlüter möchte ich danken für die Erstellung des Zweitgutachtens.

Besonderer Dank gebührt meinen Eltern Ina und Hans-Peter Allenstein. Ihre Unterstützung sowohl im Studium als auch während meiner Promotions- und Referendarzeit waren und sind für mich von unschätzbarem Wert.

Düsseldorf, im Oktober 2003

Petra Allenstein

Inhaltsverzeichnis

Literaturverzeichnis

Adams, John N. — An Outline of the Copyright Law of the United Kingdom, in: UFITA 120 (1992), S. 5 ff.

Altbach, Philip G. — Publishing and the Intellectual System, in: Altbach / Hoshino (Hrsg.), International Book Publishing – An Encyclopedia, London / Chicago 1995, S. 271 ff.;
zitiert: *Altbach*, Publishing and the Intellectual System, S.

Altbach, Philip G. / **Hoshino**, Edith S. (Hrsg.) — International Book Publishing – An Encyclopedia, London / Chicago 1995

Asscher, Maarten — The Cottage by the Highway – Some Notes on the Relationship Between Copyright and Publishing, in: Kabel / Mom (Hrsg.), Intellectual Property and Information Law, The Hague u.a. 1998, S. 87 ff.;
zitiert: *Asscher*, The Cottage by the Highway, S.

Asscher, Maarten — What Publishers Need in National Copyright Laws, in: Publishing Research Quarterly 2/1992, S. 21 ff.

Bainbridge, David I. — Intellectual Property, 4. Auflage, London 1999

Bappert, Walter — Wege zum Urheberrecht – Die geschichtliche Entwicklung des Urheberrechtsgedankens, Frankfurt am Main 1962;
zitiert: *Bappert*, Wege zum Urheberrecht, S.

Baronikians, Patrick — Kopienversanddienste – Die Beurteilung im deutschen Urheber- und Wettbewerbsrecht im Vergleich zur englischen Regelung, München 1999, zugl. Diss. München 1998;
zitiert: *Baronikians*, Kopienversanddienste, S.

Baumbach, Adolf / **Hefermehl**, Wolfgang (Hrsg.) — Wettbewerbsrecht – Gesetz gegen den unlauteren Wettbewerb, Zugabeverordnung, Rabattgesetz und Nebengesetze, 22. Auflage, München 2001;
zitiert: *Baumbach/Hefermehl*, §, Rn.

Becker, Cornelius — Der Rechtsschutz von Datenbanken, Aachen 1999, zugl. Diss. Heidelberg 1998;
zitiert: *Becker*, Rechtsschutz von Datenbanken, S.

Becker, Jürgen — Rechtliche Folgerungen aus der kreativen Rolle des Verlegers, in: Börsenblatt Nr. 62 vom 3.8.1990, S. 2317 ff.

Beier, Friedrich-Karl / **Götting**, Horst-Peter / **Lehmann**, Michael / **Moufang** Rainer (Hrsg.) — Urhebervertragsrecht – Festgabe für Gerhard Schrikker zum 60. Geburtstag, München 1995

Bensinger, Viola — Sui-generis Schutz für Datenbanken – Die EG-Datenbankrichtlinie vor dem Hintergrund des nordischen Rechts, München 1999, zugl. Diss. Münster 1999;
zitiert: *Bensinger*, Sui-generis Schutz für Datenbanken, S.

Berger, Christian — Der Schutz elektronischer Datenbanken nach der EG-Richtlinie vom 11.3.1996, in: GRUR 1997, S. 169 ff.

Börsenverein des Deutschen Buchhandels (Hrsg.) — Buch und Buchhandel in Zahlen 2001, Frankfurt am Main 2001, in Auszügen abrufbar unter http://www.boersenverein.de (abgerufen am 06.11.2001)

Börsenverein des Deutschen Buchhandels (Hrsg.) — Internationales Urheberrechts-Symposium, Heidelberg 24. – 25. April 1996, SGRUM Bd. 15, München 1986

Börsenverein des Deutschen Buchhandels (Hrsg.) — Kopierrecht 2 – Zweite Denkschrift zur Änderung der Vervielfältigungsbestimmungen des Urheberrechtsgesetzes, Frankfurt am Main 1984;
zitiert: *Börsenverein des Deutschen Buchhandels*, Kopierrecht 2, S.

Boytha, György — Urheber- und Verlegerinteressen im Entstehungsprozeß des internationalen Urheberrechts, UFITA 85 (1979), S. 1 ff.

Boytha, György — Whose Right is Copyright?, in: GRUR Int. 1983, S. 379 ff.

Boytha, György — The Justification of the Protection of Authors' Rights as Reflected in their Historical Development, in: RIDA 151 (1992), S. 52 ff.

Burrell, Robert / **Haslam**, Emily — The Publication Right: Europe's First Decision, in: EIPR 1998, S. 210 ff.

Carter, Robert A. — The History of International Book Publishing, in: Altbach / Hoshino (Hrsg.), International Book Publishing – An Encyclopedia, London / Chicago 1995, S. 156 ff.;
zitiert: *Carter*, The History of International Book Publishing, S.

Chalton, Simon — The Copyright and Rights in Databases Regulations 1997: Some Outstanding Issues on Implementation of the Database Directive, in: EIPR 1998, S. 178 ff.

Clark, Charles — Publishers' Rights – From Rhetoric to Reality 1984 – 1998, in: International Publishers Association (Hrsg.), The Publisher in the Changing Markets, Tokyo 1998, S. 36 ff.;
zitiert: *Clark*, Publishers' Rights, S.

Coing, Helmut (Hrsg.) — Handbuch der Quellen und Literatur der neuen europäischen Privatrechtsgeschichte, 3. Band, Das 19. Jahrhundert, III/3, München 1986

Copinger, W.A. / **Skone James**, F.E. — Copinger and Skone James on Copyright, Volume 1, 14. Auflage, London 1999;
zitiert: *Copinger/Skone James*, Rn.

Cornish, William R. — Intellectual Property – Patents, Copyright, Trade Marks and Allied Rights, 4. Auflage, London 1999;
zitiert: *Cornish*, Intellectual Property, Rn.

Cornish, William R. — 1996 European Community Directive on Database Protection, in: Columbia-VLA Journal of Law & the Arts 1996, S. 1 ff.

Cornish, William R. — Das „Statute of Anne" (8 Anne c. 19), in: Wadle (Hrsg.), Historische Studien zum Urheberrecht in Europa, Berlin 1993, S. 57 ff.;
zitiert: *Cornish*, Das „Statute of Anne", S.

Deutsche Vereinigung für gewerblichen Rechtsschutz und Urheberrecht (Hrsg.) — Gewerblicher Rechtsschutz und Urheberrecht in Deutschland, Festschrift zum hundertjährigen Bestehen der Deutschen Vereinigung für Gewerblichen Rechtsschutz und Urheberrecht und ihrer Zeitung, Band I, Weinheim 1991

Dietz, Adolf — Die Schutzdauer-Richtlinie der EU, in: GRUR Int. 1995, S. 670 ff.

Dietz, Adolf — Ist die Einführung eines besonderen Leistungsschutzrechts (eines verwandten Schutzrechts) für Verleger zu empfehlen?, in: ZUM 1990, S. 54 ff.

Dittrich, Robert — Empfiehlt sich die Schaffung eines eigenen originären Rechts des Verlegers?, in: Dittrich (Hrsg.), Die Notwendigkeit des Urheberrechtsschutzes im Lichte seiner Geschichte, Wien 1991, S. 135 ff.;
zitiert: *Dittrich*, Verlegerrecht, S.

Dittrich, Robert (Hrsg.) — Die Notwendigkeit des Urheberrechtsschutzes im Lichte seiner Geschichte, Wien 1991, ÖSGRUM Bd. 9

Dittrich, Robert (Hrsg.) — Beiträge zum Urheberrecht IV., Wien 1996, ÖSGRUM Bd. 19

Dölemeyer, Barbara — Urheber- und Verlagsrecht, in: Coing (Hrsg.), Handbuch der Quellen und Literatur der neuen europäischen Privatrechtsgeschichte, München 1986;
zitiert: *Dölemeyer*, Urheber- und Verlagsrecht, Kap.

Dölemeyer, Barbara / **Klippel**, Diethelm — Der Beitrag der deutschen Rechtswissenschaft zur Theorie des gewerblichen Rechtsschutzes und Urheberrechts, in: Deutsche Vereinigung für gewerblichen Rechtsschutz und Urheberrecht (Hrsg.), Gewerblicher Rechtsschutz und Urheberrecht in Deutschland, Festschrift zum hundertjährigen Bestehen der Deutschen Vereinigung für Gewerblichen Rechtsschutz und Urheberrecht und ihrer Zeitung, Band I, Weinheim 1991, S. 185 ff.;
zitiert: *Dölemeyer/Klippel*, FS GRUR, S.

Dommering, Egbert J. — An Introduction to Information Law – Works of Fact at the Crossroads of Freedom and Protection, in: Dommering/Hugenholtz (Hrsg.), Protecting Works of Fact, Deventer, Boston 1991, S. 1 ff.;
zitiert: *Dommering*, Introduction to Information Law, S.

Dommering, Egbert J. / **Hugenholtz**, P. Bernt (Hrsg.) — Protection Works of Fact – Copyright, Freedom of Expression and Information Law, Deventer, Boston 1991

Dournes, Manuela — The Publisher as User and Creator, in: Rights 3/1989, S. 4 ff.

Dreier, Thomas — Die Harmonisierung des Rechtsschutzes von Datenbanken in der EG, in: GRUR Int. 1992, S. 739 ff.

Dworkin, Gerald / **Taylor**, Richard — Blackstone´s Guide to the Copyright, Designs & Patents Act 1988, London 1988;
zitiert: *Dworkin/Taylor*, Blackstone´s Guide to the CDPA, S.

Eastham, Laurence — Books v Bytes: The Great Debate – The Glories of the Book, in: The Law Librarian 1998, S. 217, 219 ff.

Eidenmüller, Horst — Elektronischer Pressespiegel – Urheberrechtlicher Schutz von Zeitungen und Fachzeitschriften, in: CR 1992, S. 321 ff.

Ekrutt, Joachim W. — Der Schutz der „editio princeps" – Voraussetzungen und Auswirkung des § 71 Urheberrechtsgesetz, in: UFITA 84 (1979), S. 45 ff.

Ellins, Julia — Copyright Law, Urheberrecht und ihre Harmonisierung in der Europäischen Gemeinschaft – Von den Anfängen bis ins Informationszeitalter, Berlin 1997, zugl. Diss. München 1996;
zitiert: *Ellins*, Copyright Law, S.

Feather, John — Publishing, Piracy and Politics, London 1994;
zitiert: *Feather*, Publishing, Piracy and Politics, S.

Feather, John — A History of British Publishing, London, New York 1988;
zitiert: *Feather*, A History of British Publishing, S.

Fechner, Frank — Geistiges Eigentum und Verfassung – Schöpferische Leistungen unter dem Grundgesetz, Tübingen 1999

Fischer, Florian — Zur Zulässigkeit des Vertriebs traditioneller und elektronisierter Pressespiegel durch kommerzielle Anbieter, in: ZUM 1995, S. 117 ff.

Flechsig, Norbert P. — Der rechtliche Rahmen der europäischen Richtlinie zum Schutz von Datenbanken, in: ZUM 1997, S. 579 ff.

Follett, Robert J.R. — The Economics of the Publishing Project, in: Altbach / Hoshino (Hrsg.), International Book Publishing – An Encyclopedia, London / Chicago 1995, S. 80 ff.;
zitiert: *Follett*, The Economics of the Publishing Project, S.

Forkel, Hans — Gebundene Rechtsübertragungen – Ein Beitrag zu den Verfügungsgeschäften über Patent-, Muster-, Urheber- und Persönlichkeitsrechte, Erster Band: Patent, Musterrechte, Urheberrecht, Köln u.a. 1977;
zitiert: *Forkel*, Gebundene Rechtsübertragungen, S.

Frame, Russell — The Protection and Exploitation of Intellectual Property Rights on the Internet: The Way Forward for the Music Industry, in: IPQ 1999, S. 443 ff.

Fromm, Friedrich Karl (Begr.) / **Nordemann**, Wilhelm / **Vinck**, Kai / **Hertin**, Paul W. (Hrsg.) — Urheberrecht, 9. Auflage, Stuttgart u.a. 1998; zitiert: *Fromm/Nordemann-Bearbeiter*, §, Rn.

Gamm, Otto-Friedrich von — Wettbewerbsrecht, Erster Halbband, 5. Auflage, Köln, u.a. 1987; zitiert: *v. Gamm*, Wettbewerbsrecht, Kap., Rn.

Gamm, Otto-Friedrich von — Die sklavische Nachahmung, in: GRUR 1978, S. 453 ff.

Gaster, Jens — Der Rechtsschutz von Datenbanken im Lichte der Diskussion zu den urheberrechtlichen Aspekten der Informationsgesellschaft, in: Dittrich (Hrsg.), Beiträge zum Urheberrecht IV., Wien 1996, S. 15 ff.; zitiert: *Gaster*, Informationsgesellschaft, S.

Gaster, Jens-Lienhard — Der Rechtsschutz von Datenbanken – Kommentar zur Richtlinie 96/9/EG mit Erläuterungen zur Umsetzung in das deutsche und österreichische Recht, Köln u.a. 1999; zitiert: *Gaster*, Rechtsschutz von Datenbanken, Rn.

Gaster, Jens-Lienhard — Zur anstehenden Umsetzung der EG-Datenbankrichtlinie, in: CR 1997, S. 669 ff. (Teil I), 717 ff. (Teil II)

Gentz, Günther — Schutz von wissenschaftlichen und Erst-Ausgaben im musikalischen Bereich, in: UFITA 52 (1969), S. 135 ff.

Gieseke, Ludwig — Vom Privileg zum Urheberrecht – Die Entwicklung des Urheberrechts in Deutschland bis 1845, Göttingen 1995; zitiert: *Gieseke*, Vom Privileg zum Urheberrecht, S.

Gleason, Paul — International Copyright, in: Altbach / Hoshino (Hrsg.), International Book Publishing – An Encyclopedia, London / Chicago 1995, S. 186 ff.; zitiert: *Gleason*, International Copyright, S.

Göbel, Wolfram — Lektoren – die geistigen Geburtshelfer: Marginalien zu Praxis und Geschichte eines jungen Berufsstandes, in: Gutenberg-Jahrbuch 1986, S. 271 ff.;
zitiert: *Göbel*, Lektoren, S.

Gordon-Pullar, Christian / **Ward**, Conor — A Common Position Reached on the Database Directive, in: CTLR 1995, S. 201 ff.

Götting, Horst-Peter — Urheberrechtliche und vertragsrechtliche Grundlagen, in: Beier / Götting/ Lehmann / Moufang (Hrsg.), Urhebervertragsrecht – Festgabe für Gerhard Schricker zum 60. Geburtstag, München 1995, S. 53 ff.;
zitiert: *Götting*, Grundlagen, S.

Götting, Horst-Peter (Hrsg.) — Multimedia, Internet und Urheberrecht, Dresden 1998

Grosheide, F. Willem — Copyright and Publishers' Rights: Exploitation of Information by a Proprietary Right, in: Korthals Altes / Dommering / Hugenholtz / Kabel (Hrsg.), Information Law Towards the 21st Century, Deventer, Boston 1992, S. 295 ff.
zitiert: *Grosheide*, Copyright and Publishers' Rights, S.

Grosheide, F. Willem — Database Protection on the Borderline of Copyright Law and Industrial Property Law – A Status Report with regard to the Law of the EU, the USA and Japan, Tokyo 1998;
zitiert: *Grosheide*, Database Protection, S.

Grützmacher, Malte — Urheber-, Leistungs- und Sui-generis-Schutz von Datenbanken – Eine Untersuchung des europäischen, deutschen und britischen Rechts, Baden-Baden 1999, zugl. Diss. Kiel 1999;
zitiert: *Grützmacher*, Schutz von Datenbanken, S.

Haberstumpf, Helmut / **Hintermeier**, Jürgen — Einführung in das Verlagsrecht, Darmstadt 1985;
zitiert: *Haberstumpf/Hintermeier*, Verlagsrecht, §

Hackemann, Martin — Schutz multimedialer Datenbanken – Das Zusammenspiel von Urheber- und Wettbewerbsrecht, in: CR 1998, S. 510 ff.

Heil, Ulf / **Roos**, Michael — Zur dreifachen Schadensberechnung bei Übernahme sonderrechtlich nicht geschützter Leistungen – Zugleich Anmerkung zu BGH GRUR 1993, 757 ff. – Kollektion „Holiday“, in: GRUR 1994, S. 26 ff.

Heinold, Ehrhardt — Bücher und Büchermacher – Was man von Verlagen und Verlegern wissen sollte, 4. Auflage, Heidelberg 1993

Heinrich, Michael — Der rechtliche Schutz von Datenbanken, in: WRP 1997, S. 275 ff.

Heker, Harald — Neuer Rechtsrahmen erforderlich, in: Börsenblatt Nr. 31 vom 16. April 1996, S. 10 ff.

Heker, Harald G. — Im Spannungsfeld von Urheberrecht und Wettbewerbsrecht – Der Verleger im elektronischen Zeitalter, in: ZUM 1995, S. 97 ff.

Holyoak, Jon / **Torremans**, Paul — Intellectual Property Law, 2. Auflage, London u.a. 1998

Hornung, Oliver — Die EU-Datenbank-Richtlinie und ihre Umsetzung in das deutsche Recht – Eine Untersuchung unter besonderer Berücksichtigung des Schutzrechts sui generis nach der EU-Datenbank-Richtlinie, Baden-Baden 1998, zugl. Diss. Kiel 1998;
zitiert: *Hornung*, EU-Datenbank-Richtlinie, S.

International Publishers Association (Hrsg.) — The Publisher in the Changing Markets – Proceedings of The IPA Fourth International Copyright Symposium, Tokyo 1998

Jarass, Hans D. / **Pieroth**, Bodo — Grundgesetz für die Bundesrepublik Deutschland, Kommentar, 5. Auflage, München 2000;
zitiert: *Jarass/Pieroth-Bearbeiter*, Art., Rn.

Kabel, Jan J.C. / **Mom**, Gerard J.H.M. (Hrsg.) — Intellectual Property and Information Law – Essays in Honour of Herman Cohen Jehoram, The Hague, London, Boston 1998

Kappes, Florian

Rechtsschutz computergestützter Informationssammlungen - gesetzliche und vertragliche Schutzmöglichkeiten für CD-ROM- und Online-Datenbanken einschließlich Multimedia-Anwendungen, Köln 1996, zugl. Diss. Augsburg 1995;
zitiert: *Kappes*, Computergestützte Informationssammlungen, S.

Katzenberger, Paul

Elektronisches Publizieren und Urheber- und Wettbewerbsrecht, in: Lehmann (Hrsg.), Internet- und Multimediarecht (Cyberlaw), Stuttgart 1997, S. 219 ff.;
zitiert: *Katzenberger*, Elektronisches Publizieren, S.

Kaye, Laurence

The Proposed EU Directive for the Legal Protection of Databases: A Cornerstone of the Information Society?, in: EIPR 1995, S. 583 ff.

Klaver, Franca

What About the Publisher´s Rights?, in: Copyright 1987, S. 217 ff.

Klinkenberg, Henning

Urheber- und verlagsrechtliche Aspekte des Schutzes Wissenschaftlicher Ausgaben nachgelassener Texte, in: GRUR 1985, S. 419 ff.

Knaak, Roland

Der Verlagsvertrag im Bereich der Belletristik, in: Beier / Götting / Lehmann / Moufang (Hrsg.), Urhebervertragsrecht – Festgabe für Gerhard Schricker zum 60. Geburtstag, München 1995, S. 263 ff.;
zitiert: *Knaak*, Der Verlagsvertrag im Bereich der Belletristik, S.

Köhler, Helmut /
Piper, Henning

Gesetz gegen den unlauteren Wettbewerb – mit Zugabeverordnung, Rabattgesetz und Preisangabenverordnung, München 1995;
zitiert: *Köhler/Piper*, §, Rn.

Kohler, Josef

Das Autorrecht, eine zivilrechtliche Abhandlung – Zugleich ein Beitrag zur Lehre vom Eigenthum, vom Miteigentum, vom Rechtsgeschäft und vom Individualrecht, Jena 1880;
zitiert: *Kohler*, Autorrecht, S.

Kolle, Gert
Reprographie und Urheberrecht – Ein rechtsvergleichender Beitrag zur Rolle des Urheberrechts in der Informationsgesellschaft, in: GRUR Int. 1975, S. 201 ff.

Korthals Altes, Willem F. / **Dommering**, Egbert J. / **Hugenholtz**, P. Bernt / **Kabel**, Jan J.C. (Hrsg.)
Information Law Towards the 21st Century, Deventer, Boston 1992

Koumantos, Georges
Databases in the Community Directive, in: RIDA 171 (1997), S. 78 ff.

Krevelen, Laurens van
The Information Society and the Right of the Publisher, in: Börsenverein des Deutschen Buchhandels (Hrsg.), Internationales Urheberrechts-Symposium, München 1986, S. 97 ff.;
zitiert: *van Krevelen*, The Information Society, S.

Kur, Annette
Ansätze zur Harmonisierung des Lauterkeitsrechts im Bereich des wettbewerbsrechtlichen Leistungsschutzes, in: GRUR Int. 1998, S. 771 ff.

Ladd, David
The Utility of a Publisher´s Right, in: Börsenverein des Deutschen Buchhandels (Hrsg.), Internationales Urheberrechts-Symposium, München 1986, S. 89 ff.;
zitiert: *Ladd*, The Utility of a Publisher´s Right, S.

Laddie, Hugh / **Prescott**, Peter / **Vitoria**, Mary / **Speck**, Adrian / **Lane**, Lindsay
The Modern Law of Copyright and Designs, 3. Auflage, 1. Band, London u.a. 2000;
zitiert: *Laddie/Prescott/Vitoria*, Rn.

Lehmann, Michael
Der wettbewerbsrechtliche Schutz von Computerprogrammen gem. § 1 UWG – sklavische Nachahmung und unmittelbare Leistungsübernahme, in: Lehmann (Hrsg.), Rechtsschutz und Verwertung von Computerprogrammen, 2. Auflage, Köln 1993, S. 383 ff.;
zitiert: *Lehmann*, Schutz von Computerprogrammen gem. § 1 UWG, S.

Lehmann, Michael (Hrsg.)
Internet- und Multimediarecht (Cyberlaw), Stuttgart 1997

Lehmann, Michael (Hrsg.) — Rechtsschutz und Verwertung von Computerprogrammen – Urheberrecht, Patentrecht, Warenzeichenrecht, Wettbewerbsrecht, Kartellrecht, Vertrags- und Lizenzrecht, Arbeitsrecht, Strafrecht, Insolvenz- und Vollstreckungsrecht, Prozeßrecht, Produzentenhaftung, Recht der Datenbanken, Steuerrecht, 2. Auflage, Köln 1993

Leistner, Matthias — Der Rechtsschutz von Datenbanken im deutschen und europäischen Recht – Eine Untersuchung zur Richtlinie 96/9/EG und zu ihrer Umsetzung in das deutsche Urheberrechtsgesetz, München 2000, zugl. Diss. München 1999;
zitiert: *Leistner*, Rechtsschutz von Datenbanken, S.

Lewinski, Silke von — Die urheberrechtliche Vergütung für das Verleihen und Vermieten von Werkstücken (§ 27 UrhG) – Eine rechtsvergleichende Untersuchung, München 1990;
zitiert: *von Lewinski*, Urheberrechtliche Vergütung, S.

Loewenheim, Ulrich — Die urheber- und wettbewerbsrechtliche Beurteilung der Herstellung und Verbreitung kommerzieller elektronischer Pressespiegel, in: GRUR 1996, S. 636 ff.

Loewenheim, Ulrich — Möglichkeiten des Rechtsschutzes für Computerprogramme, in: CR 1988, S. 799 ff.

Loewenheim, Ulrich — Harmonisierung des Urheberrechts in Europa, in: GRUR Int. 1997, S. 285 ff.

Look, Frank van — Urheberrechtliche Fragen des Kopienversands durch Informationsdienste, in: ZIP 1998, S. 454 ff.

Mangoldt, Hermann von (Begr.) / **Klein**, Friedrich (fortgf.) / **Starck**, Christian (Hrsg.) — Das Bonner Grundgesetz, Band 1 – Präambel, Artikel 1-19, 4. Auflage, München 1999;
zitiert: v. *Mangoldt/Klein/Starck-Bearbeiter*, Art., Rn.

Marly, Jochen

Urheberrechtsschutz für Computersoftware in der Europäischen Union – Abschied vom überkommenen Urheberrechtsverständnis, München 1995, zugl. Habil. Frankfurt a.M. 1993/1994;
zitiert: *Marly*, Urheberrechtsschutz für Computersoftware, S.

Mehrings, Josef

Der Rechtsschutz computergestützter Fachinformationen – unter besonderer Berücksichtigung von Datenbanken, Baden-Baden 1990, zugl. Diss. Hannover 1990;
zitiert: *Mehrings*, Computergestützte Fachinformationen, S.

Mehrings, Josef

Wettbewerbsrechtlicher Schutz von Online-Datenbanken, in: CR 1990, S. 305 ff.

Melichar, Ferdinand

Die Wahrnehmung von Urheberrechten durch Verwertungsgesellschaften – Am Beispiel der VG WORT, SGRUM Bd. 5, München 1983;
zitiert: *Melichar*, Wahrnehmung von Urheberrechten, S.

Melichar, Ferdinand

Die Bibliothek als Elektronischer Verlag – Fragen im Zusammenhang mit elektronischen Veröffentlichungen durch die Bibliotheken (1998), in: Melichar (Hrsg.), Urheberrecht in Theorie und Praxis – Beiträge zum Urheberrecht 1975-1998, Tübingen 1999, S. 176 ff.;
zitiert: *Melichar*, Die Bibliothek als Elektronischer Verlag, S.

Melichar, Ferdinand

Die nationale und internationale Verteilung von Reprographieentschädigungen (1995), in: Melichar (Hrsg.), Urheberrecht in Theorie und Praxis – Beiträge zum Urheberrecht 1975-1998, Tübingen 1999, S. 128 ff.;
zitiert: *Melichar*, Verteilung von Reprographieentschädigungen, S.

Melichar, Ferdinand — Verleger und Verwertungsgesellschaften (1991), in: Melichar (Hrsg.), Urheberrecht in Theorie und Praxis – Beiträge zum Urheberrecht 1975-1998, Tübingen 1999, S. 1 ff.;
zitiert: *Melichar*, Verleger und Verwertungsgesellschaften, S.

Melichar, Ferdinand — Das Fotokopieren urheberrechtlich geschützter Werke (1975), in: Melichar (Hrsg.), Urheberrecht in Theorie und Praxis – Beiträge zum Urheberrecht 1975-1998, Tübingen 1999, S. 74 ff.;
zitiert: *Melichar*, Fotokopieren urheberrechtlich geschützter Werke, S.

Melichar, Ferdinand — Die digitale Verwertung von Sprachwerken (1994), in: Melichar (Hrsg.), Urheberrecht in Theorie und Praxis – Beiträge zum Urheberrecht 1975-1998, Tübingen 1999, S. 107 ff.;
zitiert: *Melichar*, Die digitale Verwertung von Sprachwerken, S.

Melichar, Ferdinand (Hrsg.) — Urheberrecht in Theorie und Praxis – Beiträge zum Urheberrecht 1975-1998, Tübingen 1999

Müller-Laschet, Monika — Das Copyright des Verlegers, Köln 1995, zugl. Diss. Köln 1995

Nicolini, Käte / **Ahlberg**, Hartwig (Hrsg.) — Urheberrechtsgesetz, 2. Auflage, München 2000;
zitiert: *Möhring/Nicolini-Bearbeiter*, §, Rn.

Nippe, Wolfgang — Der Kopienversand auf Bestellung durch Bibliotheken – Ein Beitrag zu den Grenzen des Herstellenlassens von Vervielfältigungsstücken nach § 53 UrhG, in: ZUM 1998, S. 382 ff.

Nirk, Rudolf — Zur Rechtsfigur des wettbewerbsrechtlichen Leistungsschutzes, in: GRUR 1993, S. 247 ff.

Nordemann, Axel / **Czychowski**, Christian — Der Schutz von Gesetzessammlungen auf CD-ROM nach altem und neuem Recht, in: NJW 1998, S. 1603 ff.

Osterrieth, Albert — Die Geschichte des Urheberrechts in England mit einer Darstellung des geltenden englischen Urheberrechts, Leipzig 1895, Nachdruck in: UFITA 131 (1996), S. 171 ff.; 132 (1996), S. 101 ff.

Paefgen, Thomas Christian — Anmerkung zum Urteil des LG Hamburg v. 22. Juli 1988, CR 1989, S. 697 ff. - Benutzeroberfläche, in: CR 1989, S. 699 ff.

Phillips, Jeremy / **Firth**, Alison — Introduction to Intellectual Property Law, 3. Auflage, London u.a. 1995

Ploman, Edward K. / **Hamilton**, L. Clark — Copyright – Intellectual property in the information age, London u.a. 1980;
zitiert: *Ploman/Hamilton*, Copyright, S.

Pohlmann, Hansjörg — Zur Überwindung der „Eigentums"-Vorstellungen im Urheberrecht – Aktuelle Fragen zur Revision der bisherigen Geschichtsbeurteilung, in: UFITA 36 (1962) S. 61 ff.

Pohlmann, Hansjörg — Zur notwendigen Revision unseres bisherigen Geschichtsbildes auf dem Gebiet des Urheberrechts und des gewerblichen Rechtsschutzes – Zugleich: Widerlegung von Bapperts Behauptung einer urheberrechtlichen Unmündigkeit der „Privilegienzeit", in: GRUR 1962, S. 9 ff.

Raue, Peter / **Bensinger**, Viola — Umsetzung des sui-generis-Rechts an Datenbanken in den §§ 87 a ff. UrhG, in: MMR 1998, S. 507 ff.

Rehbinder, Manfred — Urheberrecht, 10. Auflage, München 1998;
zitiert: *Rehbinder*, Urheberrecht, Rn.

Reichman, J.H. / **Samuelson**, Pamela — Intellectual Property Rights in Data?, in: Vand.L.Rev. 50 (1997), S. 51 ff.

Richter, Verena — Der Schutz von Datenbanken unter besonderer Berücksichtigung der Datenbankrichtlinie der EU, in: Götting (Hrsg.), Multimedia, Internet und Urheberrecht, Dresden 1998, S. 47 ff.;
zitiert: *Richter*, Schutz von Datenbanken, S.

Rossbach, Claudia | Die Vergütungsansprüche im deutschen Urheberrecht – Praktische Wahrnehmung, Rechtsverkehr und Dogmatik, Baden-Baden 1990, zugl. Diss. München 1988;
zitiert: *Rossbach*, Vergütungsansprüche, S.

Roßnagel, Alexander | Recht der Multimediadienste – Kommentar zum IuKDG und zum MDStV, 10. Teil, Loseblatt, Stand: Januar 2000;
zitiert: *Roßnagel/Bearbeiter*, §, Rn.

Ruzicka, Peter | Zum Leistungsschutzrecht des Wissenschaftlers nach § 70 UG, in: UFITA 84 (1979), S. 65 ff.

Schack, Haimo | Urheber- und Urhebervertragsrecht, Tübingen 1997;
zitiert: *Schack*, Urheber- und Urhebervertragsrecht, Rn.

Schack, Haimo | Wem gebührt das Urheberrecht, dem Schöpfer oder dem Produzenten?, in: ZUM 1990, S. 59 ff.

Schmieder, Hans-Heinrich | Die Verwandten Schutzrechte – ein Torso?, in: UFITA 73 (1975), S. 65 ff.

Schricker, Gerhard | Verlagsrecht – Kommentar zum Gesetz über das Verlagsrecht vom 19. 6. 1901, 3. Auflage, München 2001;
zitiert: *Schricker*, Verlagsrecht, §, Rn.

Schricker, Gerhard | Legal Relations Between Authors, Editors and Publishers of Periodicals Under German Law, in: IIC 1985, S. 411 ff.

Schricker, Gerhard | Zur Bedeutung des Urheberrechtsgesetzes von 1965 für das Verlagsrecht, in: GRUR Int. 1983, S. 446 ff.

Schricker, Gerhard | Der Urheberrechtsschutz von Werbeschöpfungen, Werbeideen, Werbekonzeptionen und Werbekampagnen, in: GRUR 1996, S. 815 ff.

Schricker, Gerhard | Urheber- und wettbewerbsrechtlicher Schutz von Telefonbüchern und Telefonbuchdaten, in: ArchivPT 1996, S. 5 ff.

Schricker, Gerhard (Hrsg.) — Urheberrecht, Kommentar, 2. Auflage, München 1999;
zitiert: *Schricker/Bearbeiter*, §, Rn.

Schulze, Erich — Copyright des Produzenten?, in: ZUM 1990, S. 47 ff.

Schulze, Gernot — Die kleine Münze und ihre Abgrenzungsproblematik bei den Werkarten des Urheberrechts, Freiburg 1983, zugl. Diss. Berlin 1981;
zitiert: *Schulze*, Die kleine Münze, S.

Schulze, Gernot — Sind neue Leistungsschutzrechte erforderlich?, in: Börsenblatt Nr. 4 vom 13.1.1989, S. 148 ff.

Seifert, Fedor — Über Bücher, Verleger und Autoren – Episoden aus der Geschichte des Urheberrechts, in: NJW 1992, S. 1270 ff.

Sellier, Arthur L. — Die Rechte der Herausgeber, Mitarbeiter und Verleger bei Sammelwerken, München 1964, zugl. Diss. München 1964;
zitiert: *Sellier*, Rechte bei Sammelwerken, S.

Sellier, Arthur L. — Zum Stand des Urheberrechts international – Es tut sich etwas!, in: Börsenblatt Nr. 2 vom 6.1.1989, S. 84 ff.

Siara, Carsten — Sammlungen und Sammelwerke im Urheberrecht unter besonderer Berücksichtigung der rechtlichen Behandlung von Datenbanken, Würzburg 1998, zugl. Diss. Würzburg 1998;
zitiert: *Siara*, Sammlungen und Sammelwerke, S.

Sieger, Ferdinand — Gegen ein eigenständiges originäres Verlegerrecht, in: ZUM 1989, S. 172 ff.

Soetenhorst, Wirt — Ein verwandtes Schutzrecht für Verleger – Ansatzpunkte in Deutschland, Großbritannien und den Niederlanden, in: GRUR Int. 1990, S. 760 ff.

Spangenberg, Berthold — Das Kopierrecht – Ein Vorschlag, in: GRUR 1980, S. 700 ff.

Stewart, Stephen M. (Hrsg.) — International Copyright and Neighbouring Rights, 2. Auflage, London u.a. 1989;
zitiert: *Stewart*, International Copyright, Rn.

Stintzing, Heike — Moderne Informationsdienste als Herausforderung an das Urheber- und Wettbewerbsrecht – Erörterung aus Anlaß des Urteils des LG Köln v. 1.12.1992, AZ 31 O 283/92, in: GRUR 1994, S. 871 ff.

Straus, Joseph — Der Verlagsvertrag bei wissenschaftlichen Werken, in: Beier / Götting/ Lehmann / Moufang (Hrsg.), Urhebervertragsrecht – Festgabe für Gerhard Schricker zum 60. Geburtstag, München 1995, S. 291 ff.;
zitiert: *Straus*, Verlagsvertrag bei wissenschaftlichen Werken, S.

Thoms, Frank — Der urheberrechtliche Schutz der kleinen Münze – Historische Entwicklung – Rechtsvergleichung – Rechtspolitische Bewertung, München 1980, zugl. Diss. München 1979;
zitiert: *Thoms*, Schutz der kleinen Münze, S.

Ulmer, Eugen — Urheber- und Verlagsrecht, 3. Auflage, Berlin u.a. 1980;
zitiert: *Ulmer*, Urheber- und Verlagsrecht, §

Vogel, Martin — Deutsche Urheber- und Verlagsrechtsgeschichte zwischen 1450 und 1850 – Sozial- und methodengeschichtliche Entwicklungsstufen der Rechte von Schriftsteller und Verleger, in: Archiv für Geschichte des Buchwesens 1978, Spalten 1-190;
zitiert: *Vogel*, ArchGB 1978, Sp.

Vogel, Martin — Die Umsetzung der Richtlinie 96/9/EG über den rechtlichen Schutz von Datenbanken in Art. 7 des Regierungsentwurfs eines Informations- und Kommunikationsdienstegesetzes, in: ZUM 1997, S. 592 ff.

Wadle, Elmar (Hrsg.) — Historische Studien zum Urheberrecht in Europa – Entwicklungslinien und Grundfragen, Berlin 1993

Wiebe, Andreas — Rechtsschutz von Datenbanken und europäische Harmonisierung, in: CR 1996, S. 198 ff.

Wiebe, Andreas

Know-how-Schutz von Computersoftware – eine rechtsvergleichende Untersuchung der wettbewerbsrechtlichen Schutzmöglichkeiten in Deutschland und den USA, München 1992, zugl. Diss. Hannover 1991/1992;
zitiert: *Wiebe*, Know-how-Schutz, S.

Wuermeling, Ulrich

Neuer Rechtsschutz für Datenbanken, in: NJW-CoR 1996, S. 183 ff.

Abkürzungsverzeichnis

aA	anderer Ansicht
a.a.O.	am angeführten Ort
Abl.EG	Amtsblatt der Europäischen Gemeinschaften
Abs.	Absatz
a.E.	am Ende
a.F.	alte Fassung
AfP	Archiv für Presserecht
ALR	Australian Law Reports
Anm.	Anmerkung
ArchivPT	Archiv für Post- und Telekommunikationsrecht
Art.	Artikel
Bd.	Band
BGB	Bürgerliches Gesetzbuch vom 18. August 1896
BGBl.	Bundesgesetzblatt
BGH	Bundesgerichtshof
BGHZ	Entscheidungen des Bundesgerichtshof in Zivilsachen
BR-Drucks.	Bundesratdrucksachen
BT-Drucks.	Bundestagsdrucksachen
BVerfG	Bundesverfassungsgericht
BVerfGE	Entscheidungen des Bundesverfassungsgerichts
BVerwG	Bundesverwaltungsgericht
BVerwGE	Entscheidungen des Bundesverwaltungsgerichts
bzw.	beziehungsweise
C.A.	Court of Appeal
CA 1911	Copyright Act 1911
CA 1956	Copyright Act 1956
CD	Computer Disk
CD-I	Computer Disk Interactive
CDPA	Copyright, Designs and Patents Act 1988
CD-ROM	Computer Disk Read Only Memory
Ch.D.	Chancery Division
CR	Computer und Recht
CTLR	Computer and Telecommunications Law Review
d.h.	das heißt
Diss.	Dissertation
EG	Europäische Gemeinschaft
EGV	Vertrag zur Gründung der Europäischen Gemeinschaft vom 25. März 1957
Einl.	Einleitung
EIPR	European Intellectual Property Review
Erw.-Grd.	Erwägungsgrund

etc. .... et cetera
EU.. Europäische Union
EWG.. Europäische Wirtschaftsgemeinschaft
f.. folgende (Seite)
ff. .... folgende (Seiten)
Fn... Fußnote
F.S.R. .... Fleet Street Reports
gem. .... gemäß
GeschmMG .... Gesetz betreffend das Urheberrecht an Mustern und Modellen vom 11. Januar 1876
GG .... Grundgesetz für die Bundesrepublik Deutschland vom 23. Mai 1949
GRUR....................................... Gewerblicher Rechtsschutz und Urheberrecht
GRUR Int. .... Gewerblicher Rechtsschutz und Urheberrecht / Internationaler Teil
H.L... House of Lords
Hrsg. .... Herausgeber
IIC.. Industrial Property and Copyright Law
insb. .... insbesondere
IPA .... International Publishers Association
IPCC .... International Publishers Copyright Council
IPQ .... Intellectual Property Quarterly
IPR... Intellectual Property Reports
i.S.v.. im Sinne von
IuKDG...................................... Gesetz zur Regelung der Rahmenbedingungen für Informations- und Kommunikationsdienste vom 22. Juli 1997
i.V.m... in Verbindung mit
Kap. .... Kapitel
KG .... Kammergericht
KOM... Kommunikation
LG.. Landgericht
Mio. .... Millionen
MMR .... MultiMedia und Recht
Mrd. .... Milliarden
M&S .... Marks & Spencer Plc
NJW... Neue Juristische Wochenschrift
NJW-CoR .... NJW Computerreport
NLA... Newspaper Licensing Agency
Nr... Nummer
ÖBl. .... Österreichische Blätter für Gewerblichen Rechtsschutz und Urheberrecht
OGH .... Oberster Gerichtshof (Österreich)
OLG... Oberlandesgericht

ÖSGRUM.................................Österreichische Schriftenreihe zum gewerblichen Rechtsschutz, Urheber- und Medienrecht
RBÜ.......................................Revidierte Berner Übereinkunft zum Schutz von Werken der Literatur und Kunst
RG ....Reichsgericht
RGBl.......................................Reichsgesetzblatt
RIDA ....Revue Internationale du Droit d'Auteur
Rn. ....Randnummer(n)
R.P.C. ....Reports of Patent, Design and Trade Mark Cases
S...Seite(n)
Sec. ....Section(s)
SGRUM..................................Schriften zum gewerblichen Rechtsschutz, Urheber- und Medienrecht
sog. ....sogenannt
TKG.......................................Telekommunikationsgesetz vom 25. Juli 1996
TRIPS ....Übereinkommen über handelsbezogene Aspekte der Rechte des geistigen Eigentums vom 15. April 1994
TVG.......................................Tarifvertragsgesetz vom 25. August 1969
u.a. ....unter anderem
UFITA ....Archiv für Urheber-, Film-, Funk- und Theaterrecht
UrhG......................................Gesetz über Urheberrecht und verwandte Schutzrechte vom 9. September 1965
usw. ....und so weiter
UWG ....Gesetz gegen den unlauteren Wettbewerb vom 7. Juni 1909
v. ....vom
VerlG.....................................Gesetz über das Verlagsrecht vom 19. Juni 1901
VG ....Verwertungsgesellschaft
vgl...vergleiche
Vand.L.Rev. ....Vanderbilt Law Review
WCT ....WIPO-Urheberrechtsvertrag vom 20. Dezember 1998
WZG.....................................Warenzeichengesetz vom 5. Mai 1936
WIPO....................................Weltorganisation für Geistiges Eigentum
WLR.....................................Weekly Law Reports
WPPT ....WIPO-Vertrag über Darbietungen und Tonträger vom 20. Dezember 1996
WRP ....Wettbewerb in Recht und Praxis
z.B. ....zum Beispiel
z.T...zum Teil
zugl. ....zugleich
ZUM ....Zeitschrift für Urheber- und Medienrecht

A. Einleitung

Leistungsschutzrechte für Verleger sind spätestens seit dem 1986 in Heidelberg veranstalteten Internationalen Urheberrechtssymposium nicht nur auf internationaler, sondern auch auf nationaler Ebene ein Diskussionsthema. Dabei drehte sich die Diskussion ursprünglich allein um die Frage, ob im deutschen Recht die Einführung eines allgemeinen Leistungsschutzrechts für Verleger, eines Verlegerrechts, das nach dem Vorbild des britischen *Publisher's Right* das Druckbild von Printmedien schützen würde, erforderlich wäre oder ob die vorhandenen Schutzmechanismen des Urhebervertragsrechts und des Wettbewerbsrechts zum Schutz der Leistung des Verlegers ausreichen würden.

Nachdem sich die Diskussion zwischenzeitlich aufgrund der auf die technische Entwicklung zurückzuführenden aktuellen Brisanz mehr der Frage nach der Einführung eines Schutzrechts für elektronische Verlagsprodukte zugewandt hatte, scheint die ursprüngliche Thematik der Leistungsschutzrechte für Verleger in bezug auf ihre Printmedien durch die Richtlinie 96/9/EG über den rechtlichen Schutz von Datenbanken (EU-Datenbankrichtlinie) mittlerweile neuen Inhalt bekommen zu haben. Denn das in dieser Richtlinie eingeführte Schutzrecht *sui generis* für die Hersteller von Datenbanken ist so konzipiert, daß es sich als ein allgemeines Leistungsschutzrecht für Verleger erweisen könnte.

I. Ziel und Gegenstand der Abhandlung

Ziel dieser Abhandlung ist es zu untersuchen, inwiefern das neue Schutzrecht für Datenbankhersteller nach §§ 87 a ff. UrhG, das der Umsetzung der Vorschriften über das Schutzrecht *sui generis* in der EU-Datenbankrichtlinie dient, als ein Leistungsschutzrecht für Verleger angesehen werden kann und ob dadurch die Einführung des vieldiskutierten allgemeinen Verlegerrechts nach dem Vorbild des britischen *Publisher's Right* im deutschen Recht entbehrlich geworden ist.

Dabei wird die Untersuchung sich entsprechend der ursprünglichen Diskussion über die Einführung eines allgemeinen Verlegerrechts auf diejenige Leistung des Verlegers konzentrieren, die dieser im Hinblick auf traditionelle Printmedien erbringt. Bei der allseits vorzufindenden Fixierung auf die sogenannten „Neuen Medien" und die in diesem Zusammenhang auftauchenden Rechtsprobleme werden herkömmliche Printmedien allzu leicht aus den Augen verloren. Dabei sind die Verleger, wie die Untersuchung zeigen wird, im Hinblick auf Printmedien nicht weniger schutzwürdig und schutzbedürftig, als sie es im Hinblick auf neue elektronische Verlagsprodukte sind. Zudem hat die Bedeutung und Verbreitung traditioneller Printmedien entgegen ersten Befürchtungen trotz des Aufkommens der „Neuen Medien“ nicht abgenommen; diese haben sich vielmehr zu ungeheuren Stimulatoren der traditionellen Printmedien entwickelt[1] und greifen regelmäßig auf Printmedien als Primärquellen zurück[2]. Die weiterhin vorhandene enorme Relevanz traditioneller Printmedien ist unter anderem auf traditionelle Wertvorstellungen[3] sowie auf die oft als komfortabler empfundene Lesbarkeit traditioneller Printmedien[4] zurückzuführen. Auch die als besser bewertete Nutzerfreundlichkeit,[5] die sich aus der Eignung des Printmediums ergibt, es überallhin problemlos mitzuführen und es ohne Energiequellen und ohne zusätzliches technisches Wissen zu benutzen,[6] trägt dazu bei, daß das Buch als Leitmedium nicht in Gefahr zu sein scheint[7].

Entsprechend dem Ziel der Abhandlung beschränkt sich die Untersuchung der behandelten Rechte des weiteren auf den jeweiligen Schutzgegenstand, den Rechtsinhaber, den Schutzinhalt und die Schutzdauer. Hingegen soll auf inhaltliche Schrankenbestimmungen, die als Ausnahmen von dem Grundsatz des ausschließlichen Rechts[8] von der Frage des Bestehens eines Rechts begrifflich und systematisch zu unterscheiden sind, nicht näher eingegangen werden.

II. Gang der Untersuchung

Ausgangspunkt der Abhandlung ist eine Darstellung der Tätigkeit des Verlegers und eine Untersuchung der Schutzwürdigkeit und Schutzbedürftigkeit seiner Leistung (Teil B). Im Anschluß daran wird zum besseren Verständnis der Aus-

---

1 *Becker*, Börsenblatt 62/1990, 2317, 2321; vgl. auch *Frame*, IPQ 1999, 443, 470. Eine Studie, die der Börsenverein des Deutschen Buchhandels gemeinsam mit der Stiftung Lesen durchführte, ergab, daß sich das jüngste Medium, das Internet, und das älteste Medium, das Buch, komplementär zueinander verhalten, da die Intensivnutzer des PC meist auch die Intensivnutzer des Buches sind; vgl. *Börsenverein des Deutschen Buchhandels*, Buch und Buchhandel in Zahlen 2001, S. 10 f.

2 *Heker*, ZUM 1995, 97.

3 *Knaak*, Der Verlagsvertrag im Bereich der Belletristik, S. 263.

4 Vgl. *Eastham*, The Law Librarian 1998, 219, 222.

5 *Carter*, The History of International Book Publishing, S. 156, 163.

6 Vgl. *Eastham*, The Law Librarian 1998, 219 f.

7 *Knaak*, Der Verlagsvertrag im Bereich der Belletristik, S. 264; vgl. auch *Börsenverein des Deutschen Buchhandels*, Buch und Buchhandel in Zahlen 2001, S. 10: „Der Anteil der Bevölkerung, der Bücher liest, verharrt auch zu Beginn des dritten Jahrtausend auf hohem Niveau.“

8 Vgl. allgemein zum Verhältnis von Ausschließlichkeitsrecht und Schrankenbestimmungen: *Schricker/Melichar*, Vor §§ 45 ff. UrhG Rn. 1 ff.

gestaltung der Rechtsposition des Verlegers sowie der Forderung nach Einführung eines allgemeinen Verlegerrechts auf die Entwicklung des Urheberrechts unter besonderer Berücksichtigung der Rechtsstellung des Verlegers eingegangen (Teil C). Dem besseren Verständnis der Ausgestaltung der Rechtsposition des Verlegers dient auch der Überblick darüber, welche möglichen Methoden zum Schutz der Leistung des Verlegers bestehen und welche Interessen Dritter bei der Ausgestaltung des rechtlichen Schutzes dieser Leistung zu berücksichtigen sind (Teil D).

Daran anschließend wird die Rechtsstellung des Verlegers nach deutschem Recht vor Umsetzung der EU-Datenbankrichtlinie untersucht und näher auf die Forderungen nach Einführung eines allgemeinen Verlegerrechts und insbesondere auf das als Vorbild für ein solches Recht dienende britische *Publisher's Right* eingegangen (Teil E). Im letzten Teil wird dann das neue Schutzrecht des Datenbankherstellers nach §§ 87 a ff. UrhG im Hinblick auf seine Eignung als Leistungsschutzrecht für Verleger analysiert und mit dem britischen *Publisher's Right* verglichen (Teil F). Abschließend wird die Frage erörtert, ob es nach Einführung dieses neuen Schutzrechts für den Datenbankhersteller notwendig ist, ein allgemeines Verlegerrecht nach britischem Vorbild im deutschen Urheberrecht zu schaffen.

B. Die Leistung des Verlegers

Der Verleger ist der Inhaber eines Unternehmens, das sich mit der Herstellung, Vervielfältigung und Verbreitung von Printmedien beschäftigt.

Den Ausgangspunkt für die Beurteilung der rechtlichen Ausgestaltung der Leistung des Verlegers bildet seine Tätigkeit. Deshalb soll zunächst näher auf den Aufgaben- und Tätigkeitsbereich des Verlegers eingegangen werden. Ob die verlegerische Leistung eines rechtlichen Schutzes bedarf und wie dieser im Einzelfall auszugestalten ist, hängt davon ab, inwiefern diese Leistung als schutzwürdig und schutzbedürftig angesehen werden kann. Dies soll anschließend untersucht werden.

I. Die Tätigkeit des Verlegers

Während sich die Tätigkeit von Verlagen traditionell auf die gewerbsmäßige Herstellung und Vervielfältigung von Printmedien, insbesondere von Büchern und Presseerzeugnissen, konzentrierte, so ändert sich heutzutage das klassische Verlagsbild. Verlage verstehen sich immer mehr als Dienstleister und als Forum für ihre Bedarfsgruppen und sind nicht mehr auf das Medium Buch oder die

Herstellungsart Druck fixiert, sondern nutzen alle in Frage kommenden Medien.[9] So gehören zum Verlagsprogramm heute neben den herkömmlichen Printmedien wie Bücher, Zeitungen, Zeitschriften oder Loseblattwerke auch Noten, Karten, Bilderdrucke und verlagsähnliche Erzeugnisse.[10] Darüber hinaus werden immer mehr Verlagsprodukte auf anderen Trägermedien, z.B. als Hörbücher auf Kassetten oder CDs, angeboten, und auch das elektronische Buch befindet sich im Vordringen.[11] Schließlich werden mehr und mehr Verlagsprodukte auch über *Online*-Dienste oder über das Internet zum Abruf bereitgehalten. Da diese Abhandlung sich jedoch auf Leistungsschutzrechte für Verleger in bezug auf ihre Printmedien konzentriert,[12] soll auch im Rahmen der Charakterisierung der Leistung des Verlegers auf seine in bezug auf Printmedien erbrachte Leistung eingegangen werden.

Ansatzpunkt für die Charakterisierung dieser Tätigkeit des Verlegers ist die etymologische Bedeutung des Begriffs „Verleger". Die Berufsbezeichnung entstand durch die Tätigkeit des Verlegers als „Vorleger", d.h. als Vorfinanzierer.[13] Seit altersher gewährt der Verleger den Autoren Vorschüsse sowie den Buchhändlern Kredite und bezahlt die Drucker vor dem Verkauf der Verlagsobjekte.[14] Der Verleger ist in der Kette der Personen, die für das Erscheinen von Printmedien verantwortlich sind – wobei neben dem Verleger insbesondere Autoren, Lektoren, Redakteure, Herausgeber, Grafiker, Setzer, Drucker, Buchbinder und Buchhändler zu nennen sind – somit derjenige, der das wirtschaftliche Risiko des Gewinns oder Verlustes trägt.[15]

Anders als in früheren Zeiten, als der Verleger ausschließlich als Geldgeber für Autoren und Drucker tätig wurde, hat sich sein Verantwortungsbereich mittlerweile jedoch erheblich erweitert.[16] Heute obliegen dem Verleger neben den beiden klassischen Verlegerfunktionen, der Bestimmung der Verlagsrichtung und der Finanzierung der Verlagsobjekte,[17] auch weitere Aufgaben. Dies gilt nicht nur im Hinblick auf Verlagsprodukte, die auf neuen Trägermedien angeboten

---

9 *Heinold*, Bücher und Büchermacher, S. 17.

10 *Heinold*, Bücher und Büchermacher, S. 14.

11 Vgl. *Knaak*, Der Verlagsvertrag im Bereich der Belletristik, S. 263.

12 Vgl. oben (A.I.).

13 Vgl. *Heinold*, Bücher und Büchermacher, S. 18.

14 Vgl. *Heinold*, Bücher und Büchermacher, S. 18.

15 *Soetenhorst*, GRUR Int. 1989, 760, 761.

16 Vgl. *Soetenhorst*, GRUR Int. 1989, 760, 761. *Van Krevelen*, The Information Society, S. 97, 100 kommt zu folgender Schlußfolgerung: „*Publishing has, in fact, evolved from a business into a profession.*"

17 *Heinold*, Bücher und Büchermacher, S. 18.

oder *online* zum Abruf bereitgehalten werden, sondern auch im Hinblick auf die im Rahmen dieser Abhandlung relevanten traditionellen Printmedien. Im einzelnen läßt sich die Tätigkeit des Verlegers diesbezüglich in drei Hauptbereiche unterteilen, nämlich die redaktionelle Arbeit, die Herstellung des Schriftträgers und dessen Distribution.[18]

Die redaktionelle Tätigkeit setzt zunächst die Planung eines Verlagsprogramms, der Verlagsrichtung, voraus.[19] Unter Berücksichtigung der programmatischen Grundrichtung des Verlages müssen - im Falle des Buchverlegers - Werke, die die Investition von Zeit und Kapital lohnenswert erscheinen lassen,[20] ausgewählt und die Rechte daran erworben werden[21]. Häufig ist der Verleger auch der Initiator[22] und muß die richtigen Autoren noch suchen und gegebenenfalls Autorenteams zusammenstellen.[23] Die redaktionelle Arbeit erfordert weiterhin die Unterstützung und Förderung der Autoren, die Bearbeitung der Manuskripte und das Entwerfen einer geeigneten ästhetischen Gestalt, in der die Verlagsobjekte präsentiert werden.[24] Die Tätigkeit des Verlegers im Zusammenhang mit der redaktionellen Arbeit macht deutlich, daß der Verleger nicht allein eine wirtschaftliche Funktion ausübt. Ihm kommt vielmehr auch eine kreative Rolle[25] zu,

---

18 *Van Krevelen*, The Information Society, S. 97, 100; *Soetenhorst*, GRUR Int. 1989, 760, 761.

19 Vgl. *Heinold*, Bücher und Büchermacher, S. 18.

20 *Altbach*, Publishing and the Intellectual System, S. 271, 274 verweist darauf, daß Verleger in nur geringem Ausmaß auf Marktforschungen zurückgreifen, sondern daß die Auswahl der zu verlegenden Verlagsobjekte oft auf Vermutungen beruht: „*The means for determining the marketability of a particular book is very unsophisticated. Publishing firms are among the few businesses that rely very little on market research. Thus, the gatekeeping function is often a matter of guesswork.*"

21 Sog. *content acquisition*; vgl. *Follett*, The Economics of the Publishing Project, S. 80, 81.

22 Vgl. Asscher, The Cottage by the Highway, S. 87, 93: „*The majority of scientific, professional, educational and informative publications are currently developed on the basis of initiatives and plans originating from the publisher.*"

23 Vgl. *Grosheide*, Copyright and Publishers' Rights, S. 295, 303; *van Krevelen*, The Information Society, S. 97, 100.

24 Vgl. *Grosheide*, Copyright and Publishers' Rights, S. 295, 303; *van Krevelen*, The Information Society, S. 97, 100.

25 vgl. *Becker*, Börsenblatt 62/1990, 2317: „Kreativität ist die Quelle jeder verlegerischen Tätigkeit." Siehe auch *Clark*, Publishers' Rights, S. 36, 41: „[...] *their creative role in nurturing authors' talents [...]*".

die es erfordert, daß er mit der Welt der Kunst und Literatur, der Naturwissenschaft und der Sozialwissenschaft vertraut ist[26].

Der Schwerpunkt der Herstellung des Printmediums besteht in dessen physischer Herstellung durch Setzer, Drucker und Buchbinder. Darüber hinaus ist aber ein erhebliches Maß an technischem *Know-how* des Verlegers erforderlich.[27] Kenntnisse über die Speicherung der Informationen, über die Herstellung von elektronischen Informationsträgern und über traditionelle[28] und neuartige[29] Druckverfahren müssen vorhanden sein.[30] Entscheidungen über die äußere Gestaltung des Printmediums, z.B. über Satz, Abbildungen, Papier und Einband, sind zu treffen.[31]

Die abschließende Phase der Distribution besteht nicht allein aus der Sammlung von Bestellungen und dem Versenden der Verlagsobjekte an die Kunden.[32] Vielmehr muß ein effizientes Vertriebssystem, das sich durch das Zusammenspiel von Zwischenhändlern, Sortimentsbuchhändlern und sonstigen Verkaufsstellen wie Schreibwaren- oder Spielzeugläden, Supermärkten, Sport- und anderen Fachgeschäften auszeichnet,[33] errichtet werden.[34] Der Ladenpreis muß festgesetzt werden.[35] Darüber hinaus erfordert die Phase der Distribution auch Werbung und Öffentlichkeitsarbeit durch Anzeigen, Verlagsprospekte, Kataloge so-

---

26 Siehe Altbach, Publishing and the Intellectual System, S. 271, 274: „*In addition to being economically aware, publishers must be familiar with the world of arts and letters, science and social science, [...].*"

27 Vgl. *Soetenhorst*, GRUR Int. 1989, 760, 761.

28 Diesbezüglich ist insbesondere das von Gutenberg erfundene Hochdruckverfahren zu erwähnen. Dabei wird die Druckfarbe von den eingefärbten erhabenen Stellen der Druckform durch den Anpreßdruck des Tiegels oder Zylinders auf den Druckträger übertragen; vgl. *Brockhaus*, Die Enzyklopädie in vierundzwanzig Bänden, Band 4, Stichwort „Buchdruck". 1991 wurden noch etwa 10 % der Bücher im klassischen Hochdruckverfahren hergestellt; siehe *Heinold*, Bücher und Büchermacher, S. 99.

29 Heutzutage wird meist das sogenannte Offsetdruckverfahren angewendet. Dabei werden mit Photo- oder Lichtsatz photographierte Filme als Kopiervorlagen für die Herstellung von Druckformen benutzt; vgl. *Brockhaus*, Die Enzyklopädie in vierundzwanzig Bänden, Band 4, Stichwort „Buchdruck".

30 Siehe dazu *van Krevelen*, The Information Society, S. 97, 100 f.

31 Vgl. *Brockhaus*, Die Enzyklopädie in vierundzwanzig Bänden, Band 23, Stichwort „Verlagsbuchhandel".

32 *Van Krevelen*, The Information Society, S. 97, 101.

33 Vgl. *Heinold*, Bücher und Büchermacher, S. 100 ff.

34 Vgl. *Grosheide*, Copyright and Publishers' Rights, S. 295, 303.

35 *Brockhaus*, Die Enzyklopädie in vierundzwanzig Bänden, Band 23, Stichwort „Verlagsbuchhandel".

wie durch die Versendung von Rezensionsexemplaren.[36] Dies setzt vor allem ein kommerzielles *Know-how* voraus.[37]

Die Leistung des Verlegers läßt sich somit charakterisieren als eine kommerzielle unternehmerische Leistung, die aus wirtschaftlichen, organisatorischen und technischen Elementen zusammengesetzt ist.[38] Ferner weist die Leistung des Verlegers im Rahmen der redaktionellen Tätigkeit auch kreative Elemente auf.

In Großverlagen werden die meisten Aufgaben der drei Tätigkeitsbereiche in der Regel an Spezialisten delegiert.[39] So übernimmt die Bearbeitung des Buchmanuskripts der Lektor,[40] die inhaltliche Gestaltung von Zeitschriften der Redakteur[41] und die geistige Leitung von Periodika und Sammelwerken der Herausgeber[42]. Der Hersteller schafft die Voraussetzungen für die physische Herstellung des Printmediums, für dessen endgültige Herstellung dann der Drucker zuständig ist.[43] Die Vertriebsspezialisten sind verantwortlich für die auf den Absatz des Printmediums gerichteten Aktivitäten, den Vertrieb.[44] Die PR- oder Presseabteilung übernimmt die Öffentlichkeits- und Pressearbeit.[45] Und die betriebswirtschaftlichen Fragen werden Kaufleuten übertragen.[46]

Der Verleger koordiniert das Zusammenwirken aller Personen, die am Erscheinen des Verlagsobjektes beteiligt sind,[47] und nimmt an allen zentralen Entscheidungen teil[48]. Als Inhaber des Verlages ist er somit verantwortlich für das reibungslose Funktionieren der wirtschaftlichen, organisatorischen und technischen Abläufe.

---

36 Vgl. *Brockhaus*, Die Enzyklopädie in vierundzwanzig Bänden, Band 23, Stichwort „Verlagsbuchhandel".

37 Vgl. *Soetenhorst*, GRUR Int. 1989, 760, 761.

38 *Soetenhorst*, GRUR Int. 1989, 760, 761.

39 *Heinold*, Bücher und Büchermacher, S. 207.

40 Vgl. *Göbel*, Lektoren , S. 271.

41 *Heinold*, Bücher und Büchermacher, S. 92.

42 *Heinold*, Bücher und Büchermacher, S. 200.

43 Vgl. *Heinold*, Bücher und Büchermacher, S. 96 ff.

44 *Heinold*, Bücher und Büchermacher, S. 100.

45 *Heinold*, Bücher und Büchermacher, S. 113.

46 Vgl. *Heinold*, Bücher und Büchermacher, S. 14, 117.

47 *Heinold*, Bücher und Büchermacher, S. 14.

48 *Heinold*, Bücher und Büchermacher, S. 207.

II. Die Schutzwürdigkeit der Leistung des Verlegers

Das Printmedium als Produkt der verlegerischen Tätigkeit ist zugleich Kulturgut und Wirtschaftsgut.[49] Dementsprechend ist für die Frage der Schutzwürdigkeit der verlegerischen Leistung zwischen deren kultureller und deren wirtschaftlicher Bedeutung zu differenzieren.

1. Kulturelle Bedeutung der Leistung des Verlegers

Die kulturelle Funktion des Verlegers[50] ergibt sich aus seiner Rolle als „Werkmittler"[51], d.h. als Vermittler zwischen dem Autor und dessen Werk einerseits und dem Publikum andererseits. Der Verleger, insbesondere der Buch- und Fachzeitschriftenverleger, trägt mit seiner Tätigkeit zur Weiterentwicklung der Literatur, der Wissenschaft und der Kunst bei. Durch den Verleger werden Informationen unterschiedlicher Art, die den verschiedensten Gebieten angehören, der Öffentlichkeit zugänglich gemacht. Der Verleger leistet somit einen gewichtigen Beitrag im Rahmen der Meinungs- und Informationsfreiheit.[52] *Ladd*[53] hat dies anschaulich dargestellt: „*Without [...] publishers, authors do not speak. Publishers are therefore not mere commercial enterprises; they, like authors themselves, are guardians of free expression.*" Den Verlagen als Zentren der kreativen Umsetzung von Ideen kommt somit eine bedeutende geistig-kulturelle Funktion zu.[54] Aufgrund dieser geistig-kulturellen Funktion ist die Tätigkeit des Verlegers als schutzwürdig anzusehen.

2. Wirtschaftliche Bedeutung der Leistung des Verlegers

Darüber hinaus ist die wirtschaftliche Seite der Verlegertätigkeit nicht zu unterschätzen. Dem Ausmaß des wirtschaftlichen Umfangs urheberrechtlicher Wirtschaftszweige wurde international erstmals besondere Beachtung geschenkt durch die Studie des *US-Copyright Office* zur *Size of the Copyright Industries in*

---

49 *Asscher*, Publishing Research Quarterly 2/1992, S. 21, 22 betont die paradoxe Konsequenz, die aus dieser Doppelbedeutung für den Verleger entsteht: „*This is The Parodox of Publishing, that in economic legal debates you are an outsider, because you are a producer of cultural goods, and in cultural / legal debates you are equally an outsider, because you are a merchant, earning your money with the works of authors.*"

50 Vgl. van Krevelen, The Information Society, S. 97, 102: „*[...]publishing is a cultural institution*".

51 *Soetenhorst*, GRUR Int. 1989, 760, 762.

52 Vgl. Klaver, Copyright 1987, 217, 219: „*[...] the publishing profession represents a guarantee of free speech and freedom of information in a pluriform world [...]*".

53 The Utility of a Publisher's Right, S. 89, 90; siehe auch S. 91: „*In a real sense, the value of the author's work itself is realized only when the publisher has done his work.*"

54 Vgl. *Heinold*, Bücher und Büchermacher, S. 14.

the United States,[55] die deutlich machte, daß die urheberrechtlichen Wirtschaftszweige einen größeren Beitrag zum Bruttosozialprodukt erbrachten als die Landwirtschaft, die Automobil- und die Elektroindustrie.[56]

Eine der Bundesregierung vom Bundestag 1985 in Auftrag gegebene Untersuchung[57] zeigte, daß die urheberrechtlichen Wirtschaftszweige auch in Deutschland wichtige Wirtschaftsfaktoren sind. Danach betrug im Jahre 1986 die wirtschaftliche Leistung der urheberrechtsbezogenen Wirtschaftsbereiche, gemessen am Produktionswert, 129.340 Mio. DM, was 2,7 % des Produktionswertes aller Wirtschaftsbereiche ausmachte.[58] Die Umsätze der erwerbswirtschaftlich orientierten Bereiche der Urheberrechtsindustrien beliefen sich auf 118.250 Mio. DM, was einem Anteil von 3,0 % an den Umsätzen aller Wirtschaftsbereiche entsprach.[59] Die eigene wirtschaftliche Leistung der Urheberrechtsindustrien, gemessen an der Bruttowertschöpfung, betrug 53.990 Mio. DM und damit 2,9 % der gesamtwirtschaftlichen Bruttowertschöpfung.[60] Schließlich arbeiteten in den Urheberrechtsindustrien rund 799.000 Selbständige und abhängig Beschäftigte und damit 3,1 % aller Erwerbstätigen.[61]

Hinsichtlich der ermittelten Werte kam den Verlagen die gewichtigste Bedeutung aller Urheberrechtsindustrien zu.[62] Deren wirtschaftliche Leistung betrug, gemessen am Produktionswert, 30.830 Mio. DM[63] und, gemessen an der Bruttowertschöpfung, 13.610 Mio. DM[64].[65] Die Umsätze der Verlage beliefen sich auf 30.190 Mio. DM[66].[67] Ferner beschäftigten die Verlage 150.000[68] Erwerbstä-

---

55 Abgedruckt in GRUR Int. 1985, 393 ff.

56 Siehe Darstellung bei *Schricker/Schricker*, Einl. Rn. 9.

57 *IFO-Institut für Wirtschaftsforschung*, Die volkswirtschaftliche Bedeutung des Urheberrechts, BT-Drucks. 11/4929, S. 69 ff.

58 BT-Drucks. 11/ 4929, S. 77.

59 BT-Drucks. 11/ 4929, S. 77.

60 BT-Drucks. 11/ 4929, S. 77.

61 BT-Drucks. 11/ 4929, S. 77.

62 Vgl. Statistik „Produktionswert, Vorleistungen und Wertschöpfung urheberrechtsbezogener Wirtschaftsbereiche 1986“, BT-Drucks. 11/ 4929, S. 78.

63 Dies entspricht einem Anteil von 0,64 % am Produktionswert aller Wirtschaftsbereiche.

64 Dies ist gleichbedeutend mit 0,73 % der gesamtwirtschaftlichen Bruttowertschöpfung.

65 Statistik „Produktionswert, Vorleistungen und Wertschöpfung urheberrechtsbezogener Wirtschaftsbereiche 1986“, BT-Drucks. 11/ 4929, S. 78.

66 Damit erreichte der Umsatz der Verlage einen Anteil von 0,77 % an den Umsätzen aller Wirtschaftsbereiche.

67 Statistik „Produktionswert, Vorleistungen und Wertschöpfung urheberrechtsbezogener Wirtschaftsbereiche 1986“, BT-Drucks. 11/ 4929, S. 78.

tige.[69] Im einzelnen wurden im Jahre 1986 356 Zeitungen als Hauptausgaben und 6.908 Zeitschriften verlegt.[70] Darüber hinaus erfaßte die Deutsche Bibliographie[71] in demselben Jahr 63.679 Titel, wovon fast 80 % als Bücher herausgebracht wurden.[72] Diese Untersuchung lenkte auch in Deutschland das Augenmerk auf die wirtschaftliche Bedeutung der Urheberrechtsindustrien und insbesondere auf die Leistung der Verlage.

Auch wenn seitdem keine derart umfassende Untersuchung mehr durchgeführt worden ist, so machen doch einzelne Studien das unverändert vorhandene, erhebliche wirtschaftliche Gewicht der Verlage deutlich. So ergibt sich aus dem vom Statistischen Bundesamt herausgegebenen Datenreport 1999[73], daß der Teil des Verarbeitenden Gewerbes, der unter „Verlags-, Druckgewerbe, Vervielfältigung" zusammengefaßt wird, im Jahre 1998 einen Umsatz von insgesamt 77.508 Mio. DM aufwies und 259.000 Erwerbstätige beschäftigte.[74] Die letztmalig im Jahre 1994 erschienene Pressestatistik weist aus, daß es 1994 in Deutschland 3.160 Unternehmen gab, die Zeitungen oder Zeitschriften verlegten, wovon 2.661 zu den Verlagen zählten.[75] Insgesamt verlegten diese Unternehmen 381 Zeitungen und 9.093 Zeitschriften.[76] Und die neuesten Zahlen für den Buchhandel besagen, daß die Zahl der Neuerscheinungen 2000 bei 82.936 Titeln lag und daß das Umsatzvolumen des deutschen Buchmarktes geschätzt 18,4 Mrd. DM zu Ladenpreisen betrug.[77]

Wie die Zahlen zeigen, kommt der wirtschaftlichen Leistung der Verleger im Rahmen der Gesamtkonjunktur ein erhebliches Gewicht zu. Nicht nur aufgrund ihrer kulturellen Bedeutung, sondern auch aus diesem Grund ist die verlegerische Leistung daher als schutzwürdig anzusehen.

---

68 Damit waren in den Verlagen 0,58 % aller Erwerbstätigen beschäftigt.

69 Statistik „Produktionswert, Vorleistungen und Wertschöpfung urheberrechtsbezogener Wirtschaftsbereiche 1986", BT-Drucks. 11/ 4929, S. 78.

70 BT-Drucks. 11/ 4929, S. 110.

71 Dabei handelt es sich um wöchentlich erscheinende, bibliographische Verzeichnisse aller deutschen Neuerscheinungen und Neuauflagen, die von der Deutschen Bibliothek, Frankfurt am Main, herausgegeben werden. Seit 1991 wird die Deutsche Bibliographie fortgeführt durch die Deutsche Nationalbibliographie.

72 BT-Drucks. 11/ 4929, S. 111.

73 *Statistisches Bundesamt*, Datenreport 1999, Zahlen und Fakten über die Bundesrepublik Deutschland, abrufbar unter http://www.statistik-bund.de (abgerufen am 06.11.2001).

74 *Statistisches Bundesamt*, Datenreport 1999, S. 290.

75 *Statistisches Bundesamt*, Pressestatistik 1994, Wirtschaft und Statistik 1996, S. 441.

76 *Statistisches Bundesamt*, Pressestatistik 1994, S. 442.

77 *Börsenverein des Deutschen Buchhandels*, Buch und Buchhandel in Zahlen 2001, S. 9 f.

III. Die Schutzbedürftigkeit der Leistung des Verlegers

Ziel des Verlegers, der in seine Verlagsobjekte investiert und das wirtschaftliche Risiko des Gewinns und des Verlustes trägt, ist, daß sich sein Aufwand rentiert und er mit seinen Produkten Gewinn macht. Dieses berechtigte Amortisations- und Gewinninteresse des Verlegers bildet den Ausgangspunkt für die Beurteilung der Schutzbedürftigkeit seiner Leistung.

1. Allgemeine wirtschaftliche Risiken

Die Befriedigung des Amortisations- und Gewinninteresses des Verlegers wird zunächst durch den Umstand erschwert, daß sich seine Tätigkeit durch ein hohes Maß an Ungewißheit auszeichnet und deshalb mit einem beträchtlichen wirtschaftlichen Risiko verbunden ist.[78] Das Verlagswesen ist dadurch gekennzeichnet, daß der Verleger, wie es seiner Funktion als „Vorleger" entspricht, hohe *prepublication costs* zu tragen hat, die vor der eigentlichen Veröffentlichung anfallen.[79] Dazu zählen die Kosten für den Erwerb des zu verlegenden Inhalts,[80] für die redaktionelle Tätigkeit, das Design und die Illustration sowie die Anlaufkosten für die Herstellung, die Vermarktung und den Verkauf.[81] Diese Kosten fallen an, ohne daß die Marktakzeptanz des Verlagsobjektes mit hinreichender Sicherheit vorhergesehen werden kann. Denn die Einschätzung des Käuferverhaltens hat sich in der Vergangenheit beständig als ein schwieriges Unterfangen dargestellt.[82]

Um sich, zumindest soweit wie möglich, gegen die aus der Unsicherheit über die Marktakzeptanz des Printmediums resultierenden wirtschaftlichen Risiken abzusichern, bietet sich für die Verleger von Publikumszeitschriften die Möglichkeit

---

78 Vgl. *Follett*, The Economics of the Publishing Project, S. 80, 82 ff.

79 Vgl. *Follett*, The Economics of the Publishing Project, S. 80, 81.

80 Sog. *content acquisition*; vgl. dazu *Follett*, The Economics of the Publishing Project, S. 80, 81. Insbesondere im Bereich des Buchmarktes beinhaltet die *content acquisition* heutzutage ein erhebliches Risiko für den Verleger. Während früher die Autoren nur einen kleinen Vorschuß auf ihren Anteil an den Buchverkäufen erhielten und somit einen Teil des Risikos trugen, so werden heute auf der Basis einer erhofften Auflage hohe Vorschüsse von den Verlagen, die sich im „Verteilungskampf" um vielversprechende Autoren und Bücher behaupten müssen, gezahlt; vgl. den Bericht „Die neue Vorschusspanik" in *Der Spiegel*, Nr. 49/2000, S. 280.

81 Vgl. *Follett*, The Economics of the Publishing Project, S. 80, 81 f.

82 Vgl. Follett, The Economics of the Publishing Project, S. 80, 82: *„Publishing, by its very nature, entails a substantial amount of uncertainty. It has never been possible to predict with satisfactory accuracy the future success of publishing projects. The response of readers, viewers, or listeners to publishing projects has remained stubbornly unpredictable, turning „sure things" into flops, and unheralded works into immense bestsellers."*

einer Finanzierung über Anzeigen und Werbung an.[83] Buchverlage, denen diese Möglichkeit nicht zur Verfügung steht, basieren hingegen ihre Kalkulation meist auf einer Mischkalkulation, bei der günstig zu kalkulierende Bücher, die in hohen Auflagen absetzbar sind, schwieriger zu kalkulierende Titel wirtschaftlich mittragen müssen.[84] Da aber auch die Mischkalkulation die Befriedigung des Amortisations- und Gewinninteresses des Verlegers nicht garantiert, ist die verlegerische Tätigkeit als eine Tätigkeit einzustufen, die von vornherein mit einem erheblichen Verwertungsrisiko verbunden ist. Dabei handelt es sich jedoch um ein Risiko, das jeden Produzenten von Wirtschaftsgütern in kleinerem oder größerem Ausmaß betrifft und das deshalb - für sich allein genommen - einen speziellen Sonderschutz der Leistung des Verlegers nicht rechtfertigt.

2. Spezifische Risiken

Die Befriedigung des Amortisations- und Gewinninteresses des Verlegers wird aber zusätzlich durch weitere Faktoren gefährdet, die mit der Eigenart des Produkts „Printmedium" zusammenhängen und die Produzenten von Wirtschaftsgütern, die nicht dem Gebiet des geistigen Schaffens zuzuordnen sind, nicht in der gleichen Weise betreffen.

a. Neue Vervielfältigungs- und Verbreitungstechniken

Dabei handelt es sich vor allem um die Gefährdung durch unautorisierte Vervielfältigungsstücke, deren Herstellung und Verbreitung durch die Weiterentwicklung der Technik erheblich erleichtert wurden.[85]

Vor der Erfindung des Buchdrucks erforderte die Herstellung unautorisierter Kopien den langwierigen und kostspieligen Einsatz eines Schreibers. Der Kopierer hatte somit gleich hohe Kopierkosten wie der rechtmäßige Verleger, so daß

---

[83] Siehe dazu den Bericht „Der Markt explodiert" in *Der Spiegel*, Nr. 52/2000, S. 102, wonach aufgrund des Anzeigenbooms im letzten Jahrzehnt des 20. Jahrhunderts sich die Anzahl der Publikumszeitschriften trotz beinahe stagnierender Gesamtauflage vervielfacht hat.

[84] *Heinold*, Bücher und Büchermacher, S. 118.

[85] *Grosheide*, Copyright and Publishers' Rights, S. 295, 303 verweist auf den zweifachen Einfluß der technologischen Entwicklungen auf den Verleger. Zum einen machen diese noch größere Investitionen erforderlich, zum anderen erleichtern sie die Produktpiraterie: *„Yet new technological developments require ever-larger investments, whilst the very same technological developments also facilitate piracy."* Siehe dazu auch *Asscher*, The Cottage by the Highway, S. 87, 93: *"The paradox, however, is that while investing in production and distribution technology is usually quite an expensive matter for the publisher, the technology required for the use and reproduction by the end-user is becoming increasingly simple, and therefore increasingly affordable."*

die Herstellung unautorisierter Kopien mangels Rentabilität selten war.[86] Die Erfindung des Buchdrucks ermöglichte dann zwar die Steigerung der Auflagenzahl bei annähernd gleichbleibenden Kosten. Um die Erstkopie herzustellen, war jedoch immer noch neben technischen Hilfsmitteln der Einsatz eines Setzers zur Erstellung der Setzvorlage erforderlich. Auch der Druckvorgang selbst sowie das Binden des Buches erfolgten weiterhin manuell.[87] Dies verschaffte dem rechtmäßigen Erstverleger einen Zeitvorsprung, der die Amortisation seiner Kosten und die Erzielung eines Gewinns erleichterte. Erst im Zuge der Industrialisierung im 19. Jahrhundert wurde mit der Erfindung der Stereotypie, der Papierherstellungsmaschine, der Benutzung von Dampfantrieb für die Druckerpresse, der Linotype- und Monotype-Maschinen, der Lithographie sowie der Photographie die Herstellung von Büchern in Handarbeit abgelöst.[88]

Heutzutage ist die Herstellung unautorisierter Vervielfältigungsstücke durch den technischen Fortschritt in Form der „neuen graphischen und elektronischen Vervielfältigungstechniken“[89] so einfach, schnell und günstig wie nie zuvor. Das Kopiergerät ermöglicht jedermann die Herstellung von Vervielfältigungsstücken in beliebiger Anzahl. Moderne Scannertechnologien erlauben zudem die Umwandlung des Printmediums in eine digitalisierte Form, wodurch das Printmedium denselben Ausbeutungsgefahren ausgesetzt wird wie in elektronischer Form angebotene Verlagsprodukte. Insbesondere können eingescannte und elektronisch gespeicherte Printmedien auf digitalem Wege beliebig vervielfältigt und in ihrem Format verändert werden[90], und sie können unter Inanspruchnahme der modernen (*Online*-)Verbreitungstechniken in Sekundenschnelle an eine große Anzahl von Empfängern in der ganzen Welt übermittelt werden.

Diese neuen Vervielfältigungs- und Verbreitungstechniken haben die Produktpiraterie wesentlich erleichtert und zum Reprographieproblem geführt.

---

86 Vgl. unten (C.II.).

87 Vgl. dazu *Feather*, Publishing, Piracy and Politics, S. 174.

88 Nachdem die Buchproduktion sich in den ersten 350 Jahren nach der Erfindung des Buchdrucks beinahe gar nicht geändert hatte, erfuhr sie auf einmal innerhalb von weniger als einem halben Jahrhundert eine radikale Veränderung; vgl. *Feather*, Publishing, Piracy and Politics, S. 174 f.

89 *Soetenhorst*, GRUR Int. 1989, 760, 762.

90 Siehe hierzu *Heker*, Börsenblatt 31/1996, 10, 11, der darauf hinweist, daß die Einführung der digitalen Technologie die Umwandlung von geschützten Werken und Leistungen in ein- und dasselbe Datenformat, unabhängig davon, in welchem der bislang deutlich voneinander abgrenzbaren Speichermedien sie verkörpert sind, ermöglicht.

aa. Produktpiraterie

Ein unautorisiert nachdruckender Verlegerkonkurrent kann heutzutage durch den Einsatz moderner Scanner- und Kopiertechniken und die Verwendung des Offset-Drucks schnell und vor allem kostengünstig die Leistung des rechtmäßig druckenden Erstverlegers übernehmen. Er kann sein Printmedium annähernd gleichzeitig auf den Markt bringen und damit den natürlichen Wettbewerbsvorsprung des Originalverlegers auf ein Minimum reduzieren. Auch kann er unter Zuhilfenahme der digitalen Techniken den Inhalt des eingescannten und elektronisch gespeicherten Printmediums zur Herstellung eines Konkurrenzprodukts verändern. Insofern wird die Produktpiraterie durch die neuen Techniken erheblich erleichtert.

bb. Reprographieproblem

Darüber hinaus hat die Erfindung der Reprographie zu dem vieldiskutierten Reprographieproblem geführt, das in jüngster Zeit durch die Entwicklung moderner Verbreitungstechniken noch verstärkt wird.

(1) Kopiertätigkeit von Endnutzern

Nicht nur technisch gut ausgestattete Verlegerkonkurrenten, sondern auch die Endnutzer der Printmedien wie Behörden, Institutionen, Wirtschaftsunternehmen, Schulen oder private Verbraucher können heutzutage leicht die Leistung des Originalverlegers übernehmen. Das Kopiergerät eröffnet ihnen die Möglichkeit, schnell und ohne großen Aufwand eine Kopie zu erstellen und sich damit die Kosten für den Ersterwerb oder für den Erwerb weiterer Exemplare des Printmediums zu ersparen.[91] Die Einfachheit der Erstellung von Fotokopien und der Umstand, daß die Kopierkosten regelmäßig unter den Kosten für den Erwerb eines Originalexemplars liegen, hat zu einer „Flut der Reprographie“[92] geführt. Das Fotokopieren ist zum „Volkssport“ geworden.[93] Dies führt zu einer für den Verleger unheilvollen Wechselreaktion: das Fotokopieren läßt auf lange Sicht die Auflage des Printmediums sinken und treibt damit gleichzeitig den Stück-

---

91 Der amerikanische Kommunikationsforscher *McLuhan* hat daher formuliert: „*In the age of Xerox, every man is a publisher.*“; zitiert nach *Kolle*, GRUR Int. 1975, 201. Diese Aussage, daß jedermann durch die Erfindung der Fotokopiertechnik zum Verleger würde, hat sich zwar nicht als zutreffend herausgestellt, da die Vervielfältigung durch Fotokopie zum einen weiterhin eine fotokopierbare Vorlage voraussetzt, zum anderen (zumindest bis zur Erfindung der digitalen Nutzungsmöglichkeiten) eine geordnete Vertriebsmöglichkeit für die Fotokopien fehlte. Auf jeden Fall hat die Flut von Fotokopien die Verlage aber geschädigt; vgl. *Melichar*, Die Bibliothek als Elektronischer Verlag, S. 176, 177.

92 *Melichar*, Wahrnehmung von Urheberrechten, S. 24.

93 Zitiert nach *Melichar*, Verteilung von Reprographieentschädigungen, S. 128, 131.

preis in die Höhe, wodurch das Kaufinteresse weiter schwindet und das Kopieren noch mehr zunimmt.[94]

Die verbesserten Vervielfältigungstechniken ermöglichen es somit den Endnutzern der Printmedien, den regulären Markt für Vervielfältigungsstücke empfindlich zu stören.[95] Dieses Problem stellt sich in der Praxis nicht so sehr für belletristische und unterhaltende Literatur, für Publikumszeitschriften und Zeitungen,[96] sondern spielt hauptsächlich für Verleger solcher Printmedien eine gewichtige Rolle, bei denen der Kreis der Interessenten von der Natur der Sache her begrenzt ist.[97] Insbesondere sind durch das Kopierunwesen der Endnutzer Verleger wissenschaftlich-technischer Literatur im weitesten Sinne, vor allem Verleger wissenschaftlicher Zeitschriften[98], sowie Schulbuchverleger betroffen.[99]

Die neuen Verbreitungstechniken eröffnen zudem den Endnutzern die Möglichkeit, eingescannte und dann elektronisch gespeicherte Printmedien in Internet-Tauschbörsen, in denen die Nutzer miteinander in direkten Kontakt zum Zweck des Datenaustauschs treten (sogenanntes *file sharing*), einer unbegrenzten Anzahl anderer Endnutzer anzubieten. Durch die neuen Verbreitungstechniken wird daher zugleich die unbegrenzte weitere Vervielfältigung eingescannter Printmedien ermöglicht.

(2) Tätigkeit der Informationsdienste

Zudem wird der Umgang mit unautorisierten Kopien durch Endnutzer noch dadurch gefördert, daß den Endnutzern das Fotokopieren und häufig auch die aufwendige Suche nach für sie bedeutsamen Inhalten von Printmedien zunehmend durch Informationsdienste abgenommen werden, z.B. durch Kopienversanddienste, Recherchedienste oder Pressespiegel. Beim Kopienversanddienst, den insbesondere Bibliotheken anbieten,[100] wird die gewünschte Primärliteratur, bei

---

94 Vgl. *Börsenverein des Deutschen Buchhandels*, Kopierrecht 2, S. 9; *Kolle*, GRUR Int. 1975, 201, 203; *Schack*, Urheber- und Urhebervertragsrecht, Rn. 1005.

95 *Schack*, Urheber- und Urhebervertragsrecht, Rn. 16.

96 Vgl. *Melichar*, Verteilung von Reprographieentschädigungen, S. 128, 135 f.

97 Vgl. Börsenverein des Deutschen Buchhandels, Kopierrecht 2, S. 9.

98 *Melichar*, Das Fotokopieren urheberrechtlich geschützter Werke, S. 1, 2.

99 Vgl. *Börsenverein des Deutschen Buchhandels*, Kopierrecht 2, S. 9; *Kolle*, GRUR Int. 1975, 201, 202.

100 Als Beispiel ist der Kopienversanddienst der Technischen Informationsbibliothek Hannover zu nennen, der Gegner in einem vom Börsenverein des Deutschen Buchhandels geführten Musterprozeß war; vgl. BGH v. 25.02.1999, MMR 1999, 665 ff. - Kopienversanddienst; vorausgehend LG München I v. 18.05.1995, jur-pc 1995, 3467 ff. und OLG München v. 23.05.1996, ZUM 1997, 136 ff.

der es sich meist um Fachliteratur handelt,[101] auf Bestellung kopiert und dann dem Auftraggeber zugesandt.[102] Der Recherchedienst nimmt darüber hinaus noch die Aufgabe wahr, die Kopiervorlagen nach Kundenvorgaben auszuwählen.[103] Der Hersteller eines Pressespiegels oder eines Pressearchivs stellt demgegenüber Zeitungs- oder Zeitschriftenartikel für vom Auftraggeber bezeichnete Themengebiete zusammen.[104]

Diese Tätigkeit der Informationsdienste verstärkt die dem Verleger durch das Fotokopierunwesen der Endnutzer drohenden Verluste. So haben die Kopienversanddienste auf Bestellung durch Bibliotheken eine außerordentliche wirtschaftliche Bedeutung.[105] Sie wurden daher schon als „Neben- oder Sekundärpublikation in Konkurrenz zur Originalpublikation durch die Verlage"[106] bezeichnet. Denn durch die technische und wirtschaftliche Entwicklung ist es Kopienversanddiensten heute möglich, die Bestände der Bibliotheken umgehend nicht nur den Nutzern vor Ort, sondern einem weitreichenden Nutzerkreis zu erschließen.[107] Im Extremfall führen sie, wie auch die Recherchedienste, dazu, daß aufgrund eines einzigen Exemplars der Primärliteratur das gesamte Land mit dieser Fachliteratur versorgt wird.[108] In jedem Fall machen sie den Erwerb vieler Primärprintmedien überflüssig und beschränken somit die Absatzmöglichkeiten des Originalverlegers.[109] Auch durch die Herstellung von Pressespiegeln oder Pressearchiven läßt sich das Printmedium zumindest zum Teil substituieren: während z.B. ein Großunternehmen früher mehrere hundert Exemplare einer

---

101 Vgl. *Nippe*, ZUM 1998, 382, 383.

102 Vgl. *Baronikians*, Kopienversanddienste, S. 3.

103 Vgl. *Baronikians*, Kopienversanddienste, S. 8. Als Beispiel ist die CB-Infobank zu nennen, die Beklagte der beiden Musterverfahren in bezug auf Recherchedienste war; vgl. BGH v. 16.01.1997, GRUR 1997, 459 ff. – CB-infobank I, vorausgehend LG Köln v. 01.12.1992, WM 1993, 807 und OLG Köln v. 02.12.1994, GRUR 1995, 265 ff.; sowie BGH v. 16.01.1997, GRUR 1997, 464 ff. – CB-infobank II, vorausgehend LG Frankfurt/Main v. 18.11.1993, ZUM 1994, 438 ff. und OLG Frankfurt/Main v. 19.12.1995, GRUR 1996, 351 ff.

104 Vgl. *Fischer*, ZUM 1995, 117; *Loewenheim*, GRUR 1996, 636, 637.

105 *Nippe*, ZUM 1998, 382, 383.

106 *Katzenberger*, Elektronisches Publizieren, S. 219, 221. Vgl. auch BGH v. 25.02.1999, MMR 1999, 665, 669 – Kopienversanddienst: „Durch die Übersendung selbst hergestellter Vervielfältigungsstücke übt ein Kopienversanddienst eine Funktion aus, die [...] die Tendenz in sich trägt, sich der Tätigkeit eines Verlages anzunähern [...].

107 BGH v. 25.02.1999, MMR 1999, 665, 669 – Kopienversanddienst.

108 *Nippe*, ZUM 1998, 382, 383.

109 Vgl. *Nippe*, ZUM 1998, 382, 383 für den Fall des Kopienversanddienstes; *Stintzing*, GRUR 1994, 871, 880 für den Fall des Recherchedienstes.

Zeitschrift abonnierte, so genügen bei der Nutzung von Pressespiegeln einige wenige.[110] Einzelne Zeitungsbezieher werden darüber hinaus ganz auf den Bezug der Zeitung zugunsten von Pressespiegeln verzichten.[111]

Diese dem Verleger durch die Tätigkeit der Kopienversanddienste, Recherchedienste und der Pressespiegelhersteller drohenden Gefahren werden noch dadurch verstärkt, daß die Informationsdienste sich zunehmend die modernen Übermittlungstechniken zunutze machen. Kopienversand- und Recherchedienste versenden die von ihnen vervielfältigten Printmedien nicht mehr auf dem Postweg als Fotokopie, sondern per Telefax oder immer häufiger per e-mail als elektronisches Dokument. Dadurch wird die Zeit für die Ausführung der Bestellung so sehr verkürzt, daß sie durch die Übersendung von Werkexemplaren kaum unterboten werden kann.[112] Bei einer elektronischen Übermittlung wird es zudem dem Endnutzer ermöglicht, das elektronische Dokument unbegrenzt auszudrucken, d.h. zu vervielfältigen, oder auch an Dritte weiter zu verschicken.[113] Gleichermaßen erfolgt das Herstellen und Versenden von Pressespiegeln zunehmend nicht mehr durch Ausschneiden, Fotokopieren und Verschicken per Post; vielmehr wird das Printmedium immer häufiger eingescannt, in eine Datenbank eingestellt und dann auf elektronischem Weg versandt.[114] Anders als bei herkömmlichen Pressespiegeln in Printform werden dabei vielfach nicht nur einzelne Artikel, sondern das gesamte Printmedium oder zumindest ein großer Teil davon eingescannt.[115] Die neuen Verbreitungstechniken verstärken somit die dem Verleger durch die Tätigkeit der Informationsdienste bei der Herstellung von Vervielfältigungsstücken für Endnutzer ohnehin drohenden Verluste. Nicht von ungefähr kommt es daher, daß, obwohl diese Informationsdienste zum Teil schon Jahrzehnte existieren, von Seiten der Verleger erst in den letzten Jahren verstärkt gerichtlich dagegen vorgegangen wurde und höchstgerichtliche Entscheidungen[116] ergangen sind.

---

110 *Eidenmüller*, CR 1992, 321.

111 *Loewenheim*, GRUR 1996, 636, 642.

112 BGH v. 25.02.1999, MMR 1999, 665, 669 – Kopienversanddienst.

113 Vgl. *Fischer*, ZUM 1995, 117.

114 Vgl. *Fischer*, ZUM 1995, 117; *Loewenheim*, GRUR 1996, 636, 637; *Melichar*, Die digitale Verwertung von Sprachwerken, S. 107, 108.

115 Vgl. *Eidenmüller*, CR 1992, 321; *Loewenheim*, GRUR 1996, 636, 637.

116 Im Hinblick auf Kopienversanddienste: BGH v. 25.02.1999, MMR 1999, 665 ff. – Kopienversanddienst; in bezug auf Recherchedienste: BGH v. 16.01.1997, GRUR 1997, 459 ff. – CB-infobank I und BGH v. 16.01.1997, GRUR 1997, 464 ff. – CB-infobank II; bezüglich Pressespiegeln/Pressearchiven: BGH v. 10.12.1998, WRP 1999, 417 ff. – Elektronische Pressearchive.

b. Zweitverwertung

Die Befriedigung des Amortisations- und Gewinninteresses des Verlegers wird aber nicht nur durch die neuen Vervielfältigungs- und Verbreitungstechniken gefährdet. Darüber hinaus wirkt sich auch die Zweitverwertung der Printmedien negativ auf ihre Erstverwertung durch Verkauf aus. Denn durch die Praxis, Printmedien im Rahmen von Lesezirkeln zu mieten und vor allem durch die Möglichkeit, sie in Leihbüchereien unentgeltlich auszuleihen,[117] sehen Endnutzer von deren Kauf ab. Auch das beträchtliche Ausmaß dieser Art von Zweitverwertung ist auf die Besonderheit des Produkts „Printmedium" zurückzuführen, das, anders als dies bei Gebrauchsgegenständen der Fall ist, sehr häufig von den Lesern nur einmal für eine beschränkte Zeit genutzt wird und das sich deshalb als Leih- oder Mietobjekt anbietet.[118] Auch in bezug auf die Zweitverwertungsarten der Vermietung und insbesondere des Verleihs ist der Verleger somit auf rechtlichen Schutz angewiesen.

3. Ergebnis

Der Verleger von Printmedien ist nicht nur dem allgemeinen wirtschaftlichen Verwertungsrisiko, das aus der Unsicherheit über die Marktakzeptanz des Printmediums resultiert und jeden Produzenten von Wirtschaftsgütern trifft, ausgesetzt. Darüber hinaus wird das berechtigte Amortisations- und Gewinninteresse des Verlegers auch durch spezifische, mit der Eigenart des Produkts „Printmedium" zusammenhängende Faktoren gefährdet. Dabei handelt es sich um Umsatzverluste, die durch die Inanspruchnahme der neuen Vervielfältigungs- und Verbreitungstechniken durch Verlegerkonkurrenten, Endnutzer und Informationsdienste wie auch durch die verstärkte Zweitverwertung von Printmedien durch deren Vermietung und insbesondere durch deren Verleih drohen. Da dem Verleger diesbezüglich, anders als hinsichtlich der ihm drohenden allgemeinen wirtschaftlichen Risiken, kaum praktische Möglichkeiten zur Verfügung stehen, sein Amortisations- und Gewinninteresse zu schützen, ist er insoweit auf rechtlichen Schutz angewiesen.

---

[117] Als Folge der Ausleihmöglichkeit ist im 20. Jahrhundert die Bedeutung von Mietbüchereien auf ein Minimum gesunken, vgl. *Fromm/Nordemann-Hertin*, § 27 UrhG Rn. 1; *Melichar*, Wahrnehmung von Urheberrechten, S. 88. Siehe auch *Möhring/Nicolini-Spautz*, § 27 UrhG Rn. 1: „Überall ist im 20. Jahrhundert die Bedeutung und Nutzung der öffentlichen Bibliotheken gewachsen."

[118] Anders sieht die Situation bei solchen Printmedien aus, die auf einen regelmäßigen oder zumindest häufigen Gebrauch ausgelegt sind, wie dies z.B. bei Lexika, Enzyklopädien und sonstigen Referenz- und Nachschlagewerken der Fall ist.

Weil kaum ein Verleger ohne den Anreiz eines gewinnversprechenden Monopols das beträchtliche Verwertungsrisiko auf sich nehmen würde,[119] hätte eine rechtliche Schutzlosigkeit des Verlegers nicht nur Auswirkungen auf die Gesamtwirtschaft, wie die Zahlen zur wirtschaftlichen Bedeutung der Verlage gezeigt haben, sondern auch Konsequenzen für das Geistesleben und die kulturelle Vielfalt[120]. Denn es bestünde die Gefahr, daß der Verleger in diesem Fall zur Befriedigung seines Amortisations- und Gewinninteresses nur noch kommerziell erfolgsversprechende Printmedien, sogenannte *Bestseller*, verlegt.[121] Werke unbekannter Autoren oder Werke mit Spezialthemen, die sich an ein begrenztes Fachpublikum wenden, drohten somit mangels Rentabilität nicht weiter verlegt zu werden.

IV. Zusammenfassung

Zusammenfassend bleibt festzuhalten, daß es sich bei der Tätigkeit des Verlegers um eine kommerzielle unternehmerische Leistung handelt, die aus wirtschaftlichen, organisatorischen und technischen Elementen zusammengesetzt ist und die im Rahmen der redaktionellen Tätigkeit auch ein kreatives Element aufweist. Diese Leistung ist sowohl aufgrund ihrer geistig-kulturellen Bedeutung als auch wegen ihrer wirtschaftlichen Bedeutung für die Gesamtkonjunktur als schutzwürdig anzusehen. Die Schutzbedürftigkeit der Leistung ergibt sich aus der Gefährdung des berechtigten Amortisations- und Gewinninteresses des Verlegers, die durch die Inanspruchnahme der neuen Vervielfältigungs-, Verbreitungs- und Übermittlungstechniken durch Verlegerkonkurrenten, Endnutzer und Informationsdienste für Endnutzer sowie durch die gesteigerte Zweitverwertung der Printmedien durch Vermietung und insbesondere durch Verleih droht.

C. Die Entwicklung des Urheberrechts unter besonderer Berücksichtigung der Rechtsstellung des Verlegers

Die rechtliche Stellung des Verlegers war im Laufe der Geschichte der Entwicklung des Urheberrechts steten Veränderungen unterworfen. Ohne näheren Einblick in diese geschichtliche Entwicklung läßt sich die heutige Ausgestaltung

---

119 *Schack*, Urheber- und Urhebervertragsrecht, Rn. 14; vgl. auch *Follett*, The Economics of the Publishing Project, S. 80, 88: *„Publishing requires economic success for its continued existence."*

120 Siehe hierzu auch *Grosheide*, Copyright and Publishers' Rights, S. 295, 304: *„[...] the free flow of information cannot do without an economically stable publishing industry."*

121 Vgl. *Rehbinder*, Urheberrecht, Rn. 71.

der Rechtsposition des Verlegers nicht hinreichend beurteilen. Daher ist im folgenden zu untersuchen, wie sich im Laufe der Geschichte der Entwicklung des Urheberrechts die heutige Rechtsposition des Verlegers herauskristallisiert hat.

I. Antike

Das Schriftwesen in der Antike, vor allem im antiken Rom, war bereits hoch entwickelt. Der Verleger der Antike ließ das Manuskript, das er vom Autor erwarb, durch Schreibsklaven oder freie Berufsschreiber vervielfältigen.[122] So gab es im antiken Rom bereits Auflagen von 1000 und mehr Exemplaren,[123] mit denen Handel auch außerhalb Roms betrieben wurde[124].

Trotz dieses fortgeschrittenen Entwicklungsstandes des Schriftwesens hat die Antike ein Urheberrecht im heutigen Sinne nicht gekannt.[125] Zwar lassen sich ideelle Interessen am Werk schon deutlich ausmachen. Den Autoren kam es auf Textreinheit[126], Namensnennung[127] und Anerkennung der Urheberschaft[128] an. Plagiate[129] wurden zumindest moralisch mißbilligt.[130]

Die vermögensrechtliche Seite des Urheberrechts war der Antike hingegen fremd.[131] Insbesondere wurde keine Unterscheidung getroffen zwischen dem in einem Manuskript enthaltenen geistigen Gut und dem körperlichen Manuskript.[132] Das Eigentum wurde nur an dem Manuskript selbst anerkannt.[133] Das Entgelt, das der Autor erhielt, bekam er somit für die Übertragung des Eigen-

---

122 Vgl. *Gieseke*, Vom Privileg zum Urheberrecht, S. 1.

123 *Bappert*, Wege zum Urheberrecht, S. 48.

124 *Gieseke*, Vom Privileg zum Urheberrecht, S. 1.

125 *Schricker*, Verlagsrecht, Einl. Rn. 5; *Haberstumpf/Hintermeier*, Verlagsrecht, § 2 I 3; *Schricker/Vogel*, Einl. Rn. 50.

126 *Bappert*, Wege zum Urheberrecht, S. 13.

127 *Gieseke*, Vom Privileg zum Urheberrecht, S. 2.

128 *Schack*, Urheber- und Urhebervertragsrecht, Rn. 90.

129 Der Ausdruck geht zurück auf ein berühmtes Epigramm von Martial, in dem er denjenigen, der seine Gedichte als eigene ausgegeben hat, mit einem Menschenräuber („*plagiarius*“) vergleicht (I.52, 5-9); abgedruckt bei *Bappert*, Wege zum Urheberrecht, S. 19.

130 *Bappert*, Wege zum Urheberrecht, S. 18; *Gieseke*, Vom Privileg zum Urheberrecht, S. 2 f.; *Ulmer*, Urheber- und Verlagsrecht, § 9 I.

131 *Seifert*, NJW 1992, 1270, 1272.

132 *Gieseke*, Vom Privileg zum Urheberrecht, S. 3; *Haberstumpf/Hintermeier*, Verlagsrecht, § 2 I 3; *Seifert*, NJW 1992, 1270, 1272.

133 *Bappert*, Wege zum Urheberrecht, S. 16; *Gieseke*, Vom Privileg zum Urheberrecht, S. 3; *Haberstumpf/Hintermeier*, Verlagsrecht, § 2 I 3.

tums an dem Manuskript.[134] Häufig überließ der Autor, der auf die Verbreitung seines Werkes bedacht war, dem Verleger sein Manuskript jedoch auch unentgeltlich.[135] Viele Autoren waren daher auf Ehrengeschenke („*honoratia*") von reichen Mäzenen[136] angewiesen.[137]

Die Rechtsstellung des Verlegers zeichnete sich dadurch aus, daß sich der Verleger gegenüber dem Autor in einer relativ schwachen Position befand. Der Autor konnte seine Manuskripte nämlich nicht nur mehreren Verlegern gleichzeitig zur Abschrift hinterlassen, sondern diese auch nachträglich ohne Einflußnahmemöglichkeit des Verlegers korrigieren.[138] Ferner war der Verleger - wie auch der Autor - nicht vor unerlaubtem Nachdruck geschützt.[139] Es stand jedermann frei, jedes veröffentlichte Schriftwerk in beliebiger Anzahl zu vervielfältigen.[140] Zumindest in tatsächlicher Hinsicht waren die Investitionen des Verlegers aber geschützt, da unautorisierte Abschriften selten waren. Dies wird allgemein auf die gleich hohen Kopierkosten und die geringe Marktresonanz aufgrund größerer Fehlerhaftigkeit[141] sowie auf kollegiale Rücksichten, die Furcht vor Repressalien und den zeitlichen Vorsprung des Besitzers der Erstschrift[142] zurückgeführt. Darüber hinaus werden als Grund für die Seltenheit unautorisierter Abschriften auch die innungsmäßige Selbstdisziplin der Verleger, die sich in einem *collegium* der *Bibliopolae* zusammengeschlossen hatten, sowie staatliche Monopolrechte und Gewerbeprivilegien genannt.[143]

II. Mittelalter

Mit dem Untergang der Alten Welt brach auch ihr hoch entwickelter Buchhandel zusammen.[144] Die Vervielfältigung von Manuskripten wurde fortan haupt-

---

134 *Bappert*, Wege zum Urheberrecht, S. 17; *Seifert*, NJW 1992, 1270, 1272.

135 *Bappert*, Wege zum Urheberrecht, S. 49; *Haberstumpf/Hintermeier*, Verlagsrecht, § 2 I 3.

136 Der Ausdruck geht zurück auf Maecenas, der römische Dichter wie Horaz und Vergil förderte; vgl. *Schack*, Urheber- und Urhebervertragsrecht, Rn. 90.

137 *Bappert*, Wege zum Urheberrecht, S. 50; *Seifert*, NJW 1992, 1270, 1272.

138 *Bappert*, Wege zum Urheberrecht, S. 50.

139 *Haberstumpf/Hintermeier*, Verlagsrecht, § 2 I 3.

140 *Gieseke*, Vom Privileg zum Urheberrecht, S. 3.

141 *Haberstumpf/Hintermeier*, Verlagsrecht, § 2 I 3.

142 *Bappert*, Wege zum Urheberrecht, S. 48 f.

143 *Kohler*, Autorrecht, S. 330 f.

144 *Schricker*, Verlagsrecht, Einl. Rn. 5.

sächlich in Klöstern von Mönchen vorgenommen.[145] Ein Berufsverlegertum, wie es im Alten Rom bekannt war, gab es nicht mehr.[146] Erst im späten Mittelalter nach dem Aufkommen der kostengünstigeren Papierherstellungstechnik wurden Abschriften nicht mehr allein in Klöstern hergestellt.[147] Es entstand vor allem in Universitätsstädten ein neuer Berufszweig, der sich mit der kommerziellen Herstellung von Abschriften und dem Manuskriptenhandel befaßte.[148]

Wie schon die Antike kannte das Mittelalter kein Urheberrecht im heutigen Sinne.[149] Der Grundsatz der Vervielfältigungs- und Verbreitungsfreiheit bestand fort,[150] denn das Abschreiben nützlicher Bücher galt als gottgefälliges Tun.[151] Zudem wurden meist nur Meßbücher, Bibeln und Werke längst verstorbener Autoren der Antike vervielfältigt.[152] In dem Fall, daß Werke noch lebender Autoren abgeschrieben wurden, empfanden diese es meist als Ehre, kopiert zu werden.[153] Zudem waren die Abschriften aufgrund der über dem Schreiberlohn liegenden hohen Tinten- und Pergamentkosten[154] selten, so daß Forderungen nach dem Schutz materieller Interessen an der Verwertung der Werke gar nicht erst aufkamen.

Demgegenüber lassen sich wie in der Antike ideelle Interessen der Autoren an ihrem Werk erkennen. Im Gegensatz zu den Autoren der Antike waren die Autoren des Mittelalters jahrhundertelang zwar selten namentlich bekannt.[155] Dies ist darauf zurückzuführen, daß sich die Werke, die in den Klöstern entstanden waren, oft gar nicht einem Individuum zuschreiben ließen,[156] daß manche Autoren es durch die Unterlassung der Namensnennung vermeiden wollten, sich dem

---

145 *Bappert*, Wege zum Urheberrecht, S. 55; *Gieseke*, Vom Privileg zum Urheberrecht, S. 3; *Haberstumpf/Hintermeier*, Verlagsrecht, § 2 II; *Ulmer*, Urheber- und Verlagsrecht, § 9 I.

146 *Bappert*, Wege zum Urheberrecht, S. 55.

147 Vgl. *Gieseke*, Vom Privileg zum Urheberrecht, S. 3 f.

148 *Ulmer*, Urheber- und Verlagsrecht, § 9 I.

149 *Ulmer*, Urheber- und Verlagsrecht, § 9 I.

150 Der einzige bekannte Fall, in dem die Freiheit der Abschrift in Frage gestellt wurde, hat sich in Irland zugetragen. Dort wurde, nachdem der Mönch St. Columba den Psalter des Abtes Finnian heimlich abgeschrieben hatte, zugunsten des Abtes mit den Worten entschieden: *„to every cow her calf and consequently to every book its copy."* (zitiert nach *Stewart*, International Copyright, Rn. 2.03).

151 *Haberstumpf/Hintermeier*, Verlagsrecht, § 2 II.

152 *Schricker*, Verlagsrecht, Einl. Rn. 5.

153 Vgl. *Bappert*, Wege zum Urheberrecht, S. 89 f.

154 *Gieseke*, Vom Privileg zum Urheberrecht, S. 6.

155 *Schack*, Urheber- und Urhebervertragsrecht, Rn. 91.

156 Vgl. *Stewart*, International Copyright, Rn. 2.03.

Verdacht der Häresie auszusetzen,[157] und daß es der grundsätzlichen Einstellung des Mittelalters entsprach, bewußt frühere Werke nachzuahmen, zu bearbeiten und darauf aufzubauen[158]. Seit dem 12. Jahrhundert lassen sich jedoch Anzeichen für ein vermehrtes persönliches Interesse der Autoren an ihren Werken erkennen.[159] So klagte z.B. *Albertus Magnus* über Plagiate, durch die der Plagiator den Ruhm der Urheberschaft raube und sich aneigne.[160] Am deutlichsten wird jedoch das vorhandene Bewußtsein für die ideellen Interessen des Urhebers durch die Sorge der Autoren um die Wahrung der Textintegrität.[161] So wurden Textfälscher, die in die Werkintegrität eingriffen, häufig mit sogenannten Bücherflüchen belegt.[162]

Wie in der Antike waren also auch im Mittelalter ideelle Interessen der Autoren an ihren Werken erkennbar, während materielle Interessen an der Werkverwertung kaum eine Rolle spielten.[163] Dies änderte sich erst mit der Erfindung der Druckkunst und dem Entstehen des Berufsstandes des „Verlegers".

III. Privilegienzeitalter

Die Erfindung der Buchdruckkunst mit beweglichen Lettern um 1440 durch Johannes Gutenberg brachte die entscheidende Wendung und läutete den „Beginn des Schutzes von Geisteswerken"[164] ein.[165] Von nun an mußten Abschriften nicht mehr mühsam und zeitaufwendig handschriftlich hergestellt werden; vielmehr konnten Bücher kostengünstiger, schneller und in größeren Auflagen kopiert

---

157 *Gieseke*, Vom Privileg zum Urheberrecht, S. 8; *Schack*, Urheber- und Urhebervertragsrecht, Rn. 91.

158 Vgl. *Bappert*, Wege zum Urheberrecht, S. 72 ff.

159 *Schricker/Vogel*, Einl. Rn. 51.

160 Abgedruckt bei *Gieseke*, Vom Privileg zum Urheberrecht, S. 9.

161 *Bappert*, Wege zum Urheberrecht, S. 76; *Schack*, Urheber- und Urhebervertragsrecht, Rn. 91; *Ulmer*, Urheber- und Verlagsrecht, § 9 I.

162 Vgl. *Bappert*, Wege zum Urheberrecht, S. 79. Das bekannteste Beispiel eines Bücherfluchs ist in der Vorrede zum Sachsenspiegel zu finden, in der *Eike von Repgow* allen, die sein Buch verfälschen, Aussatz und Hölle wünscht; teilweise abgedruckt bei *Gieseke*, Vom Privileg zum Urheberrecht, S. 11.

163 *Schricker/Vogel*, Einl. Rn. 51.

164 *Schricker/Vogel*, Einl. Rn. 52.

165 Die Erfindung des Buchdrucks ist jedoch nicht als allein ursächlich für die Entstehung des Schutzes von Geisteswerken anzusehen. Die Bedeutung der geistigen Strömungen des Humanismus, der Renaissance und der Reformation, die den Boden bereiteten für das Erwachen des Individuums und die Stärkung des künstlerischen Selbstbewußtseins, ist in diesem Zusammenhang nicht zu unterschätzen; vgl. *Schricker/Vogel*, Einl. Rn. 52.

werden.[166] Schon bald entstand der neue Berufsstand des „Verlegers", der damals noch Verleger, Drucker und Buchhändler in einer Person war[167] und der die notwendigen Investitionen für Druckerpresse, Papier und für die Beschaffung der zu vervielfältigenden Werke übernahm[168].

In den ersten Jahrzehnten nach Erfindung des Buchdrucks wurde zunächst weiterhin vom mittelalterlichen Grundsatz der Vervielfältigungs- und Verbreitungsfreiheit ausgegangen.[169] Erst allmählich, gegen Ende des 15. Jahrhunderts[170] wurden Forderungen nach einem rechtlichen Schutz gegen unbefugte Nachdrukke laut. Diese Forderungen kamen allerdings nicht aus dem Lager der Autoren, sondern aus dem der Verleger.

Die Autoren der damaligen Zeit, beeinflußt von den geistigen Strömungen der Renaissance, des Humanismus und der Reformation, sahen ihre Werke mehr und mehr als Ausdruck ihrer schöpferischen Persönlichkeit an.[171] Persönliche Interessen am Werk gewannen an Bedeutung, insbesondere war das Bewußtsein von einem Recht zur Veröffentlichung der Werke bereits vorhanden.[172] Ungenehmigte Änderungen,[173] Plagiate sowie das bewußte Verschweigen des Autors wurden mißbilligt.[174] In der Erfindung der Druckkunst und den damit verbunde-

---

166 Durch die Erfindung der Buchdruckkunst wurde die technisch bedingte Begrenzung einer wirtschaftlichen Verwertung der Texte überwunden; vgl. *Seifert*, NJW 1992, 1270, 1273.

167 *Asscher*, The Cottage by the Highway, S. 87, 88; *Heinold*, Bücher und Büchermacher, S. 16. Erst im 17./18. Jahrhundert wurde die Druckerei vom Verlag abgekoppelt, vgl. *Göbel*, Lektoren , S. 271, 274.

168 *Haberstumpf/Hintermeier*, Verlagsrecht, § 2 III 1.

169 *Bappert*, Wege zum Urheberrecht, S. 130.

170 *Gieseke*, Vom Privileg zum Urheberrecht, S. 17.

171 *Schricker/Vogel*, Einl. Rn. 52.

172 *Bappert*, Wege zum Urheberrecht, S. 97; *Schricker/Vogel*, Einl. Rn. 57; *Ulmer*, Urheber- und Verlagsrecht, § 9 II 4.

173 Berühmt sind *Luthers* „Eyn vermanung an die Drücker" in der Wittenberger Ausgabe der Postille von 1525 und *Luthers* „Warnung", die der Bibelausgabe von 1541 vorgedruckt war. Beide Dokumente sind abgedruckt bei *Gieseke*, Vom Privileg zum Urheberrecht, S. 23 f.

174 *Gieseke*, Vom Privileg zum Urheberrecht, S. 37. Er folgert daraus, daß damit wesentliche Elemente, die für das heutige Urheberpersönlichkeitsrecht bestimmend sind, bereits vorhanden gewesen wären und daß man deshalb eine wichtige Wurzel des heutigen deutschen Urheberrechts in den Jahrzehnten um das Jahr 1500 finde. Siehe auch *Bappert*, Wege zum Urheberrecht, S. 97 f., der darauf verweist, daß auch obrigkeitlicherseits bereits im ersten Jahrhundert nach Erfindung des Drucks verschiedentlich der Versuch unternommen worden sei, einen allerdings immer nur auf den konkreten Einzelfall be-

nen Vervielfältigungsmöglichkeiten sahen die Autoren somit hauptsächlich eine Steigerung der Gefahren, die ihnen auf persönlichkeitsrechtlichem Gebiet drohten.[175] Der reine Nachdruck ohne Verfälschung wurde dagegen von den Autoren weitgehend hingenommen und oft als Anerkennung ihrer Leistung verstanden.[176] Den Autoren waren daher weiterhin ein ausschließliches Vervielfältigungs- und Verbreitungsrecht und generell vermögensrechtliche Interessen weitgehend fremd. Sie standen immer noch unter dem Einfluß des jahrhundertelang geltenden Grundsatzes, daß ihr Werkschaffen ein gottgefälliges Tun sei, für das eine materielle Entlohnung nicht in Frage käme.[177] Allenfalls aus dem Verkauf des körperlichen Manuskripts, nicht aber aus der Schöpfung des Werkes wurden materielle Ansprüche abgeleitet.[178] Und auch die Honorarzahlungen, die ab der Mitte des 16. Jahrhunderts üblich wurden,[179] können nicht als Ausdruck der Anerkennung von urheberrechtlichen Vermögensinteressen angesehen werden, sondern wurden streng begrifflich als „Ehrengeschenke" verstanden.[180]

Im Gegensatz zu den Autoren sahen sich die Verleger durch unautorisierte Nachdrucke in ihren Vermögensinteressen bedroht. Denn trotz des gesteigerten Bildungshungers[181] und der damit erhöhten Nachfrage nach Büchern in der damaligen Zeit gefährdeten Nachdrucke nicht nur ihre Gewinnaussichten, sondern auch die Amortisation der von ihnen aufgewendeten Investitionskosten.[182] Den Forderungen der Verleger, ihre Verlagsobjekte gegen unautorisierte Nachdrucke rechtlich abzusichern, wurde von Seiten der Obrigkeit erst durch die Erteilung von Privilegien, später auch durch einzelne generelle Nachdruckverbote nachgekommen.

Zunächst wurden vereinzelt Privilegien an Drucker erteilt, die sicherstellten, daß sich am gleichen Ort kein anderer Buchdrucker niederlassen durfte, und die somit einem Gewerbemonopol gleichkamen.[183] Zu Beginn des 16. Jahrhunderts

---

schränkten ideellen und persönlichkeitsrechtlichen Schutz für den Urheber des Werkes zu schaffen.

175 *Bappert*, Wege zum Urheberrecht, S. 128.

176 *Gieseke*, Vom Privileg zum Urheberrecht, S. 33.

177 Vgl. *Bappert*, Wege zum Urheberrecht, S. 124.

178 *Bappert*, Wege zum Urheberrecht, S. 143.

179 *Haberstumpf/Hintermeier*, Verlagsrecht, § 2 III 1.

180 Vgl. *Bappert*, Wege zum Urheberrecht, S. 147 f.

181 Vgl. *Ellins*, Copyright Law, S. 59: „Wissensdurst der Oberschicht".

182 *Bappert*, Wege zum Urheberrecht, S. 132; *Gieseke*, Vom Privileg zum Urheberrecht, S. 17; *Schricker/Vogel*, Einl. Rn. 54.

183 *Ellins*, Copyright Law, S. 59; *Schricker*, Verlagsrecht, Einl. Rn. 6; *Seifert*, NJW 1992, 1270, 1273. Das erste Druckprivileg wurde 1469 in Venedig an Johann von Speyer ver-

ging man jedoch dazu über, Spezialprivilegien zum Schutz einzelner Werke oder Werkgattungen, sogenannte Bücherprivilegien, zu gewähren.[184] Diese stellten das Verbot dar, die in dem Privileg namentlich aufgeführten Druckwerke zu drucken sowie unrechtmäßig gedruckte Exemplare dieser Werke einzuführen oder zu verkaufen.[185] Dabei läßt sich ein einheitlicher Privilegientyp nicht ausmachen.[186] Als Folge der territorialen Zersplitterung wurden Privilegien sowohl von kaiserlicher, landesherrlicher als auch von städtischer Seite erteilt.[187] Die Privilegien dienten neben der Zensur[188] je nach Sachlage der Gewerbeförderung, dem Investitions- und Gewerbeschutz, dem Leistungsanreiz oder der Belohnung.[189] Und auch die Adressaten variierten. Privilegien wurden an Drucker und Verleger für den von ihnen erbrachten Druck- und Verlagsaufwand erteilt.[190] Schutzgegenstand dieser Privilegien war weniger das in dem Druckwerk enthaltene Geisteswerk, sondern das Druckwerk als solches, die drucktechnische Erscheinung.[191] Dem Leistungsschutzgedanken der Privilegien entsprach es aber, daß sie auch an Autoren in Ansehung von „Fleiß, Arbeit und Kunst“[192] ergingen.[193]

Außerhalb des Anwendungsbereichs der Privilegien bestand der Grundsatz der Vervielfältigungs- und Verbreitungsfreiheit fort.[194] Während es das Privilegien-

---

geben, der das Recht erhielt, fünf Jahre lang alleiniger Drucker der Stadt bleiben zu können.

184 *Ellins*, Copyright Law, S. 59; *Ulmer*, Urheber- und Verlagsrecht, § 9 II 1.

185 *Bappert*, Wege zum Urheberrecht, S. 182; *Gieseke*, Vom Privileg zum Urheberrecht, S. 39; *Schricker*, Verlagsrecht, Einl. Rn. 6.

186 *Schricker/Vogel*, Einl. Rn. 55.

187 *Schack*, Urheber- und Urhebervertragsrecht, Rn. 96.

188 *Gieseke*, Vom Privileg zum Urheberrecht, S. 57 f.; *Schack*, Urheber- und Urhebervertragsrecht, Rn. 95; *Schricker*, Verlagsrecht, Einl. Rn. 6.

189 Vgl. *Ellins*, Copyright Law, S. 61; *Schricker/Vogel*, Einl. Rn. 55.

190 Vgl. *Bappert*, Wege zum Urheberrecht, S. 168 f.; *Ulmer*, Urheber- und Verlagsrecht, § 9 II 2.

191 *Ellins*, Copyright Law, S. 59; *Haberstumpf/Hintermeier*, Verlagsrecht, § 2 III 1.

192 *Ulmer*, Urheber- und Verlagsrecht, § 9 II 2.

193 *Schricker/Vogel*, Einl. Rn. 56. Auf die Frage, ob die Autorenprivilegien nicht nur in Erwartung der Drucklegung erteilt worden sind, sondern an die Werkschöpfung als solche angeknüpft haben und ihnen somit bereits ein urheberrechtlicher Charakter zugekommen ist, soll hier nicht näher eingegangen werden. Bejahend u.a. *Pohlmann*, UFITA 36 (1962), 61 ff; GRUR 1962, 9 ff.; hingegen verneinend u.a. *Bappert*, Wege zum Urheberrecht, S. 183 ff; zusammenfassend *Gieseke*, Vom Privileg zum Urheberrecht, S. 67 ff.

194 *Bappert*, Wege zum Urheberrecht, S. 176.

wesen somit nicht vermochte, allen gedruckten Geisteswerken rechtlichen Schutz zu gewähren, lassen sich im 16. und 17. Jahrhundert auch generelle Nachdruckverbote[195] finden, die den Schutz auch nichtprivilegierter Werke bezweckten. Grundlage dieser durch Gesetz oder Verordnung begründeten Nachdruckverbote war die Lehre vom Verlagseigentum.[196] Diese Lehre basierte auf dem Gedanken, daß den Verlegern, auch ohne daß ihnen ein Privileg erteilt worden war, an den von ihnen herausgebrachten Werken ein ausschließliches, eigentumsähnliches Vervielfältigungs- und Verbreitungsrecht zustehen würde.[197] Dieses Recht konnte begründet werden durch den Erwerb eines Manuskripts vom Autor, durch den langjährigen Druck eines bestimmten Werkes sowie durch die Investitionen für Druck, Papier und Vertrieb.[198] Das Recht entstand selbst in dem Fall, daß es durch den Erwerb des Manuskripts vom Autor begründet wurde, originär beim Verleger und ist dementsprechend seinem Charakter nach als ein gewerbliches Schutzrecht einzuordnen.[199] Es konnte als *ius quaesitum* einem späteren Privileg entgegengehalten werden, bestand aber nur solange, wie der Verleger regelmäßig Nachdrucke herstellen ließ.[200] Generelle Nachdruckverbote, die auf der Grundlage der Lehre vom Verlagseigentum beruhten, waren allerdings hauptsächlich in städtischen Buchdruckerordnungen ohne größere überörtliche Bedeutung zu finden.[201] Dementsprechend kam der

---

195 Als Beispiele können angeführt werden die Baseler Verordnung von 1531, die Frankfurter Buchdruckerordnungen von 1588, 1598 und 1660 und die Nürnberger Buchdruckerordnung von 1673. Auch im kaiserlichen Mandat von 1685 sowie im Kursächsischen Mandat von 1686 lassen sich die Ideen der Lehre vom Verlagseigentum erkennen, jedoch bewirkten sie in der Praxis nicht den Schutz unprivilegierter Bücher; vgl. *Gieseke*, Vom Privileg zum Urheberrecht, S. 101 f.

196 *Schricker/Vogel*, Einl. Rn. 58. Das genaue Verhältnis zwischen dem Privilegienwesen und dem Verlagseigentumsprinzip ist umstritten. Teilweise wird angenommen, daß sich die Verlagseigentumslehre als eine Folge der Schwächen des Privilegienwesens zeitlich nach diesem entwickelt habe; vgl. *Bappert*, Wege zum Urheberrecht, S. 217; *Gieseke*, Vom Privileg zum Urheberrecht, S. 93. Nach anderer Ansicht handelt es sich bei der Lehre vom Verlagseigentum um eine besondere Ausgestaltung des Privilegienwesens; vgl. *Vogel*, ArchGB 1978, Sp. 1, 34, der die Lehre vom Verlagseigentum als die herrschende Bewußtseinsform des Privilegienzeitalters bezeichnet, sowie *Rehbinder*, Urheberrecht, Rn. 18, der die generellen Nachdruckverbote als Territorialprivilegien versteht.

197 Vgl. *Gieseke*, Vom Privileg zum Urheberrecht, S. 93.

198 *Schricker/Vogel*, Einl. Rn. 58.

199 Vgl. *Bappert*, Wege zum Urheberrecht, S. 225 f.; *Gieseke*, Vom Privileg zum Urheberrecht, S. 94. Aus diesem Grund kann die Lehre vom Verlagseigentum auch nicht als frühe Erscheinungsform der späteren Lehre vom geistigen Eigentum verstanden werden.

200 *Schricker/Vogel*, Einl. Rn. 58.

201 *Gieseke*, Vom Privileg zum Urheberrecht, S. 99.

Erteilung eines Privilegs weiterhin entscheidende Bedeutung für den Schutz von Geisteswerken zu.

Die Schwächen des Privilegienwesens wurden jedoch im Laufe der Zeit evident. Die Verbindung der Privilegienerteilung mit der Zensur führte dazu, daß das Privileg die Bedeutung einer Druckerlaubnis erhielt und bewirkte die fortschreitende Fiskalisierung des Druckprivilegienwesens.[202] Gleichzeitig wurden die Grundsätze für die Privilegienerteilung immer mehr verwässert, was eine erhebliche Rechtsunsicherheit zur Folge hatte.[203] Dies galt insbesondere für die kaiserlichen Privilegien,[204] die im ganzen Reichsgebiet durchsetzbar waren und damit den wirksamsten Schutz gegen unberechtigten Nachdruck boten. Diese verloren in der 2. Hälfte des 17. Jahrhunderts erheblich an Bedeutung[205] und waren in der 2. Hälfte des 18. Jahrhunderts praktisch nur noch in Frankfurt als dem Sitz der kaiserlichen Bücherkommission durchsetzbar[206]. Da die von den verschiedenen Landesfürsten erteilten Privilegien, denen fortan das größte Gewicht zukam, nur auf das jeweilige Gebiet beschränkte Geltung aufwiesen, konnten Raubdrucke jenseits der Territorialgrenzen kaum mehr verhindert werden.[207] Als dann mit dem zunehmenden Lese- und Bildungsdrang in der Aufklärungszeit die Nachfrage nach Büchern stieg[208] und Ende der 1750er Jahre kapitalistische Produktionsformen im Druckgewerbe ihren Einzug hielten[209], erreichte die Nachdruckbewegung ein bis dahin unerreichtes Ausmaß. Das sogenannte Nachdruckzeitalter hatte begonnen, in dem insbesondere die Bücher der marktbeherrschenden sächsischen Verleger von west- und süddeutschen Verlegern nachgedruckt wurden.[210] Das Privilegiensystem konnte keinen effektiven Schutz gegen diese Nachdrucke bieten und verlor an Autorität.[211] Hinzu kam, daß es nicht dem Ende

---

202 *Bappert*, Wege zum Urheberrecht, S. 216.

203 *Bappert*, Wege zum Urheberrecht, S. 213 f.; *Gieseke*, Vom Privileg zum Urheberrecht, S. 74 ff.

204 *Gieseke*, Vom Privileg zum Urheberrecht, S. 77.

205 *Schricker/Vogel*, Einl. Rn. 59. Ab Mitte des 17. Jahrhunderts galten die kaiserlichen Privilegien uneingeschränkt vor allem noch in den Reichsstädten; vgl. *Gieseke*, Vom Privileg zum Urheberrecht, S. 78.

206 *Gieseke*, Vom Privileg zum Urheberrecht, S. 160.

207 Vgl. *Ellins*, Copyright Law, S. 60 f.

208 Vgl. *Bappert*, Wege zum Urheberrecht, S. 265; *Gieseke*, Vom Privileg zum Urheberrecht, S. 160.

209 Vgl. *Ellins*, Copyright Law, S. 63; *Vogel*, ArchGB 1978, Sp. 1, 50.

210 Vgl. *Bappert*, Wege zum Urheberrecht, S. 262 ff.; *Gieseke*, Vom Privileg zum Urheberrecht, S. 158 ff.

211 *Ellins*, Copyright Law, S. 62; *Vogel*, ArchGB 1978, Sp. 1, 38.

des 18. Jahrhunderts aufkommenden Zeitgeist entsprach, der hoheitliche Lenkung durch Privilegienerteilung ablehnte und auf ökonomische Freiheit bedacht war.[212] Das Privilegienwesen neigte sich daher seinem Ende zu.[213]

IV. Vom Privilegienwesen zur Entwicklung des heutigen Urheberrechts

Die Mängel des Privilegienwesens, das keinen effektiven Schutz gegen den unkontrollierten Büchernachdruck bieten konnte, machten deutlich, daß eine allgemeine Rechtsgrundlage zum Schutz der Verlagsproduktion erforderlich war, die den Nachdruck unabhängig von der Erteilung regional durchsetzbarer Privilegien generell verbot.[214]

1. Die Lehre vom geistigen Eigentum

In den 1770er Jahren begannen deshalb Rechtsgelehrte und Philosophen, sich wieder auf die Grundsätze der Lehre vom geistigen Eigentum zu besinnen.[215] Diese durch das Naturrecht[216] beeinflußte Lehre war erstmals Anfang des 18. Jahrhunderts aufgekommen.[217] Sie beruhte auf dem Gedanken, daß dem Autor besondere Rechte an seinem Werk, eine Art dem Sacheigentum vergleichbares Eigentum, zustünden und daß dem Verleger nur vom Autor abgeleitete Rechte zukommen könnten.[218] Trotz dieser dogmatischen Ausgangsposition bezweckte die Lehre in ihren Anfängen weniger den Schutz des Autors, sondern vielmehr den Schutz des Aufwandes des Verlegers vor Verlusten, die ihm durch unautorisierte Nachdrucke drohten.[219] Dem Rekurs auf die Rechte des Autors kam lediglich die Funktion zu, die Verlegerinteressen durch das allge-

---

212 Vgl. *Dölemeyer/Klippel*, FS GRUR, S. 185, 195 f.; *Ellins*, Copyright Law, S. 64.

213 Der Abschluß der Privilegiengesetzgebung wird im Kursächsischen Mandat von 1773 gesehen, das, obwohl es das Privilegiensystem weiterentwickelte und vereinfachte, das im Verlagsgewerbe herrschende Chaos aufgrund seines territorial begrenzten Anwendungsbereichs nicht beseitigen konnte; vgl. *Gieseke*, Vom Privileg zum Urheberrecht, S. 150 ff.

214 *Ellins*, Copyright Law, S. 62; *Schricker/Vogel*, Einl. Rn. 59.

215 Vgl. *Gieseke*, Vom Privileg zum Urheberrecht, S. 157.

216 Vgl. *Gieseke*, Vom Privileg zum Urheberrecht, S. 131 ff.

217 Von besonderer Bedeutung sind die Abhandlungen von *Böhmer* (1718), *Gundling* (1726), *Birnbaum* (1733) und *Thurneysen* (1738); hierzu eingehend *Gieseke*, Vom Privileg zum Urheberrecht, S. 121 ff.

218 *Bappert*, Wege zum Urheberrecht, S. 256; *Gieseke*, Vom Privileg zum Urheberrecht, S. 115.

219 *Bappert*, Wege zum Urheberrecht, S. 256 f.; *Gieseke*, Vom Privileg zum Urheberrecht, S. 122; *Haberstumpf/Hintermeier*, Verlagsrecht, § 2 III 2.

meine Zivilrecht abzusichern[220] und somit auf eine allgemeine Rechtsgrundlage unabhängig von der Erteilung eines Privilegs zu stellen.

An dieser Zielsetzung änderte sich auch zunächst nichts, als die Lehre im Zusammenhang mit der Nachdruckbewegung in der 2. Hälfte des 18. Jahrhunderts wieder aufgegriffen wurde. So benutzte *Pütter* in seiner 1774 erschienenen Schrift „Der Büchernachdruck nach ächten Grundsätzen des Rechts geprüft" das geistige Eigentum des Autors zur Begründung eines vom Autor abgeleiteten, ewigen Verlagsrechts des Verlegers.[221] Erst im Laufe der Zeit erfolgte durch eine „philosophische Durchdringung der Rechte des Urhebers und ihre[r] naturrechtliche[n] Begründung als geistiges Eigentum"[222] eine Änderung der Blickrichtung vom gewerblichen Schutz des Verlegers hin zum Schutz des „Eigentums" des Verfassers.[223] Die differenzierteste Betrachtung[224] ist bei *Fichte* zu finden, der in seiner Abhandlung „Beweis der Unrechtmäßigkeit des Büchernachdrucks" aus dem Jahre 1793 zwischen der körperlichen und der geistigen Seite eines Schriftwerkes unterschied.[225] Er arbeitete heraus, daß dem Autor an der Form des Geisteswerkes, nicht aber am geistigen Inhalt selbst ein Eigentumsrecht zustünde und daß der Verleger vertraglich nicht dieses Eigentum, sondern nur ein Nießbrauchsrecht daran erlangen könnte.[226]

Insgesamt leistete die Lehre vom geistigen Eigentum mit der Änderung der Blickrichtung vom Gewerbeschutz zum Schutz des Autors, der damit zusammenhängenden Herausarbeitung der unterschiedlichen Positionen von Verleger und Autor[227] und der durch *Fichte* erfolgten Differenzierung zwischen der körperlichen und der geistigen Seite eines Schriftwerkes einen wichtigen Beitrag auf dem Weg zum heutigen Urheberrechtsverständnis. Hinsichtlich des Schutzes des Verlegers legte die Lehre durch die Abstellung auf den Schutz des geistigen Eigentums des Autors und die Verdrängung des Gewerbeschutzgedankens den theoretischen Grundstein für die Abkehr vom originären Schutz des Verlags-

---

220 *Ellins*, Copyright Law, S. 64.

221 Vgl. *Ellins*, Copyright Law, S. 64 f.; *Vogel*, ArchGB 1978, Sp. 1, 65.

222 *Schricker/Vogel*, Einl. Rn. 62. Der Begriff „geistiges Eigentum" wird erstmals um 1790 verwendet; vgl. *Gieseke*, Vom Privileg zum Urheberrecht, S. 115.

223 Besonderes Gewicht kam dabei den Beiträgen von *Feder* (1780), *Ehlers* (1784), *Cella* (1784) und *Becker* (1789) zu; vgl. Darstellung bei *Gieseke*, Vom Privileg zum Urheberrecht, S. 161 ff.

224 *Schricker/Vogel*, Einl. Rn. 63.

225 Dargestellt bei *Bappert*, Wege zum Urheberrecht, S. 270; *Gieseke*, Vom Privileg zum Urheberrecht, S. 176.

226 Vgl. *Gieseke*, Vom Privileg zum Urheberrecht, S. 176; *Schricker/Vogel*, Einl. Rn. 63.

227 Vgl. *Ellins*, Copyright Law, S. 65.

aufwandes hin zum Schutz des Verlegers durch derivative, vom Autor abgeleitete Rechte.

2. Die Gesetzgebung bis 1871

Trotz der zahlreichen wissenschaftlichen Beiträge zur Lehre vom geistigen Eigentum fand diese nur begrenzt Eingang in die Gesetzgebung der damaligen Zeit.[228] Das Preußische Allgemeine Landrecht von 1794, das Badische Landrecht von 1809 wie auch das österreichische AGBG von 1811 gingen zwar von einem derivativen Recht des Verlegers aus, stellten aber nicht den Schutz des Urhebers, sondern den Schutz des Verlagsrechts des Verlegers in den Mittelpunkt ihrer Regelungen.[229] Erst das Preußische Gesetz zum Schutz des Eigentums an Werken der Wissenschaft und Kunst aus dem Jahre 1837 stellte auf den Schutz des Urhebers ab und ist somit als das erste moderne deutsche Urheberrechtsgesetz anzusehen.[230] Gleichgerichtete, wenn auch weniger weitgehende Regelungen in anderen Staaten wie Hamburg (1838), Sachsen-Weimar (1839), Bayern (1840), Braunschweig (1842) und Sachsen (1844) folgten.[231] Demgegenüber hielten Staaten wie Mecklenburg, Sachsen-Weimar-Eisenach, Holstein und Lauenburg, Württemberg oder Frankfurt bis ins 19. Jahrhundert an der Praxis der Privilegienerteilung fest.[232] Somit bestand das durch die territoriale Zersplitterung Deutschlands bedingte Problem fort, daß mangels einheitlicher Rechtsgrundlage der Büchernachdruck überregional nicht effektiv unterbunden werden konnte.[233]

Im Laufe des 19. Jahrhunderts intensivierten sich deshalb die Bemühungen, zu einer einheitlichen Urheberrechtsregelung zu gelangen. Schon 1815 wurde auf dem Wiener Kongreß in Art. 18 d der Wiener Schlußakte festgelegt, daß die Bundesversammlung des neu gegründeten Deutschen Bundes sich bei ihrer ersten Zusammenkunft mit dem Problem, die Rechte der Schriftsteller und Verleger sicherzustellen, auseinandersetzen solle.[234] Ein daraus hervorgehender Gesetzesentwurf wurde jedoch letztlich nicht weiter verfolgt.[235] Ein erster erfolgreicher Schritt auf dem Weg zu einer einheitlichen urheberrechtlichen Gesetzgebung ist in dem Bundesbeschluß von 1832 zu sehen, der sämtliche Staaten zu

---

[228] *Ellins*, Copyright Law, S. 65.
[229] *Haberstumpf/Hintermeier*, Verlagsrecht, § 2 III 3.
[230] *Ulmer*, Urheber- und Verlagsrecht, § 9 III 3.
[231] *Schricker/Vogel*, Einl. Rn. 68.
[232] *Gieseke*, Vom Privileg zum Urheberrecht, S. 203.
[233] Vgl. *Ellins*, Copyright Law, S. 66; *Ulmer*, Urheber- und Verlagsrecht, § 9 III 3.
[234] *Gieseke*, Vom Privileg zum Urheberrecht, S. 206.
[235] *Gieseke*, Vom Privileg zum Urheberrecht, S. 210; *Schricker/Vogel*, Einl. Rn. 66.

der Anwendung ihrer Nachdruckgesetze auf die Angehörigen anderer Staaten verpflichtete.[236] 1835 erging ein Bundesbeschluß, der vorsah, daß der Nachdruck im gesamten Bundesgebiet zu verbieten und das schriftstellerische Eigentum nach gleichförmigen Grundsätzen festzustellen und zu schützen sei.[237] Damit bestand erstmals ein allgemeines Nachdruckverbot, das die Beendigung des Privilegienwesens auch in den Staaten, die bisher noch am System der Privilegienerteilung festgehalten hatten, erforderte.[238] Eine weitergehende Regelung erfolgte dann 1837 durch einen Beschluß der Bundesversammlung, nach dem der Urheber ein zehnjähriges Recht erhielt, seine literarischen Erzeugnisse oder seine Werke der Kunst auf mechanischem Weg zu vervielfältigen.[239]

Schließlich ermöglichten die Gründung des Deutschen Reiches und die in der Reichsverfassung vorgesehene Zuweisung der Gesetzgebungskompetenz für den „Schutz des geistigen Eigentums“ an das Reich eine umfassende einheitliche Regelung.[240] 1871 übernahm das Deutsche Reich das 1870 vom Norddeutschen Bund erlassene Gesetz betreffend das Urheberrecht an Schriftwerken, Abbildungen, musikalischen Kompositionen und dramatischen Werken und ergänzte es durch das Gesetz betreffend das Urheberrecht an Werken der bildenden Künste von 1876 und durch das Gesetz betreffend den Urheberrechtsschutz an Werken der Photographie von 1876. Trotz seines Titels stand das Urheberrechtsgesetz von 1871 aber weiterhin in der Tradition der Nachdruckgesetzgebung, da es Umfang, Dauer und Durchsetzungsmöglichkeit der Rechte des Urhebers aus dem Nachdruckverbot herleitete.[241]

3. Die Rechtswissenschaft auf dem Weg zum modernen Urheberrechtsverständnis

In der Mitte des 19. Jahrhunderts war die Lehre vom geistigen Eigentum wegen der ihr zugrunde liegenden Eigentumsdogmatik nicht mehr unangefochten.[242] In der Rechtswissenschaft entbrannte eine Diskussion über das Wesen und den Inhalt des Urheberrechts. Bedingt durch die Krise der Lehre vom geistigen Eigentum kamen noch einmal Begründungen auf, die die Herkunft des Urheber-

---

236 Vgl. *Gieseke*, Vom Privileg zum Urheberrecht, S. 230 f.; *Schricker/Vogel*, Einl. Rn. 67.

237 Vgl. *Gieseke*, Vom Privileg zum Urheberrecht, S. 231 ff.; *Schricker/Vogel*, Einl. Rn. 67.

238 Vgl. *Schricker/Vogel*, Einl. Rn. 67.

239 Vgl. *Gieseke*, Vom Privileg zum Urheberrecht, S. 233 ff.; *Schricker/Vogel*, Einl. Rn. 67.

240 Vgl. *Ulmer*, Urheber- und Verlagsrecht, § 9 III 3.

241 *Dölemeyer*, Urheber- und Verlagsrecht, 8. Kap., 7.; *Ellins*, Copyright Law, S. 68; *Schrikker/Vogel*, Einl. Rn. 73.

242 *Schricker/Vogel*, Einl. Rn. 69.

rechts aus dem Gewerberecht deutlich machten.[243] So verstanden die Anhänger der Reflextheorie[244] das Urheberrecht als einen bloßen Reflex gesetzlicher Nachdruckverbote, während die Vertreter der Monopoltheorie[245] das Urheberrecht als reines Monopolrecht, d.h. als generalisiertes Privileg, behandelten. Die Verlagsrechtstheorie[246] konzentrierte ihr Hauptaugenmerk hingegen auf das Verlagsrecht des Verlegers und sah die wesentliche Befugnis des Urhebers darin, dem Verleger das Recht zur Verwertung seines Werkes einzuräumen.

Entscheidend für die weitere Entwicklung des Urheberrechts waren jedoch die Theorien, die den Schöpfungsakt in den Mittelpunkt ihrer Überlegungen stellten.[247] Diese Theorien unterschieden sich durch die jeweilige Gewichtung und Koordinierung des persönlichkeitsrechtlichen und des vermögensrechtlichen Elementes des Urheberrechts.

Schon *Kant* hatte 1785 in seiner Abhandlung „Von der Unrechtmäßigkeit des Büchernachdrucks“[248] den Begriff des *ius personalissimum* für die persönlichkeitsrechtlichen Befugnisse des Autors gebraucht und damit den Grundstein für das persönlichkeitsrechtliche Verständnis des Urheberrechts gelegt.[249] Die Lehre vom Persönlichkeitsrecht wurde in der Folgezeit vor allem weiterentwickelt durch *Neustetel*, *Bluntschli*, *Beseler* und *Gareis* und erfuhr ihre Vollendung durch *von Gierke*.[250] Er ging vom Urheberrecht als einem aus der geistigen Schöpfung fließenden Persönlichkeitsrecht aus und verstand das vermögensrechtliche Element des Urheberrechts demzufolge als bloße Ausstrahlung des persönlichkeitsrechtlichen Herrschaftsbereiches.[251]

Demgegenüber wertete die Lehre vom Immaterialgüterrecht, die auf *Fichte*, *Hegel* und *Schopenhauer* zurückgeht,[252] die Bedeutung des vermögensrechtlichen Elementes auf. In ihrer dualistischen Ausprägung, deren Begründer und Haupt-

---

243 *Schricker/Vogel*, Einl. Rn. 69.

244 Eingehend *Bappert*, Wege zum Urheberrecht, S. 281 ff.

245 Im einzelnen siehe *Bappert*, Wege zum Urheberrecht, S. 287 f.

246 Vertiefend *Bappert*, Wege zum Urheberrecht, S. 288 ff.

247 *Ellins*, Copyright Law, S. 69.

248 5 (1785) Berlinische Monatsschrift, S. 403 ff.; abgedruckt in UFITA 106 (1987) 137 ff.

249 *Gieseke*, Vom Privileg zum Urheberrecht, S. 170.

250 Im einzelnen siehe *Bappert*, Wege zum Urheberrecht, S. 242 ff.

251 Deutsches Privatrecht, Bd. 1, § 85 III 7; vgl. auch *Ellins*, Copyright Law, S. 69 f.; *Schricker/Vogel*, Einl. Rn. 70.

252 *Bappert*, Wege zum Urheberrecht, S. 293; *Schricker/Vogel*, Einl. Rn. 71.

vertreter *Josef Kohler* war,[253] sieht sie das Vermögensrecht als ein selbständig neben dem Persönlichkeitsrecht stehendes Recht an.[254] Im 20. Jahrhundert hat sich jedoch die monistische Theorie[255] durchgesetzt, derzufolge das Urheberrecht ein einheitliches Recht ist, das sowohl eine materielle als auch eine ideelle Komponente beinhaltet, ohne in einen vermögensrechtlichen und einen persönlichkeitsrechtlichen Teil zu zerfallen.[256]

4. Die Gesetzgebung bis ins 20. Jahrhundert

Nicht nur die angeführten Entwicklungen in der Rechtswissenschaft ließen die Mängel der Gesetze von 1871 und 1876 hervortreten.[257] Auch die mit der Berner Übereinkunft einsetzende Entstehung eines internationalen Urheberrechts, die Weiterentwicklung des Urheberrechts durch die Rechtsprechung sowie der Fortschritt der Reproduktionsverfahren[258] trugen zur Notwendigkeit der Reform der bestehenden Gesetze bei.[259] Die Reformbewegung fand ihren Abschluß in dem Literaturhebergesetz[260] von 1901, das gegenüber dem Gesetz von 1871 wesentliche Verbesserungen brachte,[261] dem noch heute geltenden Verlagsgesetz (VerlG)[262] von 1901 und dem Kunsturhebergesetz[263] von 1907. Die Entwicklungen in der Rechtswissenschaft und der technische Fortschritt, der immer neue Möglichkeiten der Werkwiedergabe eröffnete, veranlaßten aber schon nach der Revision der Berner Übereinkunft auf der Rom-Konferenz im Jahre 1928 weitere Reformbestrebungen.[264] Diese mündeten schließlich im Gesetz über Ur-

---

253 *Schricker/Vogel*, Einl. Rn. 71. Die Lehre wurde weiterentwickelt durch *Michaelis* (1926), *Müller* (1929) und *de Boor* (1933); vgl. Übersicht bei *Bappert*, Wege zum Urheberrecht, S. 300.

254 *Bappert*, Wege zum Urheberrecht, S. 299.

255 Diese wurde u.a. entwickelt durch *Harum* (1857), *Anders* (1881), *Dernburg* (1882), *Allfeld* (1902), *Crome* (1908), *Riezler* (1909); vgl. Übersicht bei *Bappert*, Wege zum Urheberrecht, S. 301 ff.

256 Vgl. *Bappert*, Wege zum Urheberrecht, S. 302; *Schack*, Urheber- und Urhebervertragsrecht, Rn. 106; *Schricker/Vogel*, Einl. Rn. 72.

257 *Ellins*, Copyright Law, S. 71; *Schricker/Vogel*, Einl. Rn. 75.

258 *Dölemeyer*, Urheber- und Verlagsrecht, 8. Kap., 9.

259 *Ellins*, Copyright Law, S. 71; *Schricker/Vogel*, Einl. Rn. 75.

260 Gesetz betreffend das Urheberrecht an Werken der Literatur und der Tonkunst vom 19. Juni 1901.

261 Im einzelnen siehe *Schricker/Vogel*, Einl. Rn. 76.

262 Gesetz über das Verlagsrecht vom 19. Juni 1901.

263 Gesetz betreffend das Urheberrecht an Werken der bildenden Künste und der Photographie vom 9. Januar 1907.

264 *Ellins*, Copyright Law, S. 71.

heberrecht und verwandte Schutzrechte (UrhG) vom 9. September 1965, das die Materien des Literaturuhrhebergesetzes von 1901 und des Kunsturhebergesetzes von 1907 in einem Gesetz vereinigte und in der Folgezeit mehrfach novelliert wurde, um es dem Stand der internationalen Entwicklungen sowie europarechtlichen Vorgaben anzupassen.[265]

V. Allgemeiner Überblick über die Regelungen des Urheberrechtsgesetzes von 1965

Durch das UrhG wurden die rechtswissenschaftlichen Anschauungen, die sich in den vorangegangenen Jahrzehnten herausgebildet hatten, gesetzlich verankert.[266] So liegt dem UrhG die monistische Theorie zugrunde, wonach das einheitliche Urheberrecht den Urheber in seinen ideellen und in seinen materiellen Interessen schützt.[267] Darüber hinaus übernimmt das UrhG den von Rechtsprechung und Lehre herausgearbeiteten Wesensunterschied zwischen Werkschöpfung und Leistung.[268] Während es im 1. Teil das Urheberrecht behandelt, das dem Urheber in Ansehung des Schöpfungsaktes zusteht, geht es im 2. Teil um verwandte Schutzrechte oder Leistungsschutzrechte,[269] die den Rechteinhabern aufgrund kultureller oder wirtschaftlicher Leistungen im Hinblick auf ein bereits existierendes geistiges Gut zuteil werden.[270]

1. Urheberrecht

Das Urheberrecht knüpft an den Akt der Schöpfung des Werkes an. Dies ergibt sich aus § 2 Abs. 2 UrhG, wonach Werke im Sinne des UrhG nur persönliche geistige Schöpfungen sind. Das Werk muß vom individuellen Geist des Urhebers geprägt sein.[271] Entscheidendes Kriterium für die Annahme einer persönlichen geistigen Schöpfung ist somit die Individualität. Hingegen sind der Aufwand und die Kosten, die für die Entstehung des Werkes erforderlich sind, urhe-

---

265 Vgl. *Ellins*, Copyright Law, S. 72 ff.

266 *Ellins*, Copyright Law, S. 72.

267 § 11 UrhG.

268 *Ellins*, Copyright Law, S. 72.

269 Die Terminologie in diesem Bereich ist vielschichtig. Im folgenden wird der Begriff „Leistungsschutzrechte" deckungsgleich für die auch verwendeten Begriffe „verwandte Schutzrechte", „Nachbarrechte", „*neighbouring rights*" oder „*related rights*" verwendet.

270 Vgl. *Ellins*, Copyright Law, S. 72.

271 *Schricker/Loewenheim*, § 2 UrhG Rn. 23.

berrechtlich irrelevant.[272] Daher kann der Verlagsaufwand des Verlegers kein Urheberrecht an dem verlegten Werk begründen.

Inhaber des Urheberrechts ist der Urheber als Schöpfer des Werkes, § 7 UrhG. Als Urheber kommt nur eine natürliche Person, nicht aber eine juristische Person in Betracht, da diese nicht schöpferisch tätig sein kann.[273]

Das Urheberrecht schützt den Urheber in seinen geistigen und persönlichen Beziehungen zum Werk und in der Nutzung des Werkes, § 11 UrhG. Entsprechend der monistischen Theorie handelt es sich bei dem Urheberrecht also um ein einheitliches Recht, das den Urheber in seinen ideellen und materiellen Interessen schützt. Im einzelnen unterteilt das UrhG die Befugnisse des Urhebers in drei Gruppen: das Urheberpersönlichkeitsrecht (§§ 12-14 UrhG), die Verwertungsrechte (§§ 15-24 UrhG) und die sonstigen Rechte (§§ 25-27 UrhG), die keine Ausschließlichkeitsnatur aufweisen und die deshalb vom Gesetzgeber weder der einen noch der anderen Gruppe zugeordnet wurden[274]. Die Rechte unterliegen dem in §§ 45-63 UrhG vorgesehenen Schrankensystem und erlöschen gemäß § 64 UrhG 70 Jahre nach dem Tod des Urhebers.

Das Urheberrecht kann nur im Wege erbrechtlicher Bestimmungen an eine andere Person übergehen; ansonsten ist es nicht übertragbar, vgl. §§ 28, 29 UrhG. Der Urheber kann aber nach Maßgabe des § 31 UrhG einfache oder ausschließliche Nutzungsrechte an seinem Werk einräumen.

2. Leistungsschutzrechte

Während das Urheberrecht an den individuellen Akt der Schöpfung eines Geistesgutes anknüpft, werden Leistungsschutzrechte für kulturelle oder wirtschaftliche Leistungen im Hinblick auf ein bereits existierendes Geistesgut gewährt.[275] Es bedarf also zunächst des Schöpfungsaktes des Urhebers, damit die Leistungsschutzberechtigten als Werkmittler ihre Leistung erbringen können.[276] Im Unterschied zum Urheberrecht können Leistungsschutzrechte, da sie nicht für persönliche geistige Schöpfungen gewährt werden, nicht nur natürlichen, sondern auch juristischen Personen zustehen.

---

[272] Dies entspricht der allgemeinen Ansicht; vgl. z.B. BGH v. 07.12.1979, GRUR 1980, 227, 231 – Monumenta Germaniae Historica; BGH v. 09.05.1985, GRUR 1985, 1041, 1048 – Inkasso-Programm; *Schricker/Loewenheim*, § 2 UrhG Rn. 46.

[273] *Fromm/Nordemann-Nordemann*, § 7 UrhG Rn. 1; *Rehbinder*, Urheberrecht, Rn. 164; *Schricker/Loewenheim*, § 7 UrhG Rn. 7.

[274] *Rehbinder*, Urheberrecht, Rn. 249.

[275] Vgl. *Ellins*, Copyright Law, S. 107.

[276] Vgl. *Ellins*, Copyright Law, S. 107.

Den Leistungsschutzrechten ist gemeinsam, daß sie auf dem Leistungsschutz- bzw. Investitionsschutzprinzip beruhen.[277] Trotz dieser gemeinsamen Ausgangsbasis sind die durch die Leistungsschutzrechte geschützten Leistungen jedoch als Leistungen der unterschiedlichsten Art einzustufen.[278] Persönlichkeitsgeprägte Leistungen sind im Falle des Schutzes für ausübende Künstler (§ 73 ff. UrhG) sowie beim Schutz von Lichtbildern (§ 72 UrhG) und wissenschaftlichen Ausgaben (§ 70 UrhG) betroffen. Hingegen handelt es sich beim Schutz nachgelassener Werke (§ 71 UrhG) und den Leistungsschutzrechten des Veranstalters der Darbietung ausübender Künstler (§ 81 UrhG), des Tonträgerherstellers (§ 85 f. UrhG), des Sendeunternehmens (§ 87 UrhG), des Filmherstellers (§ 94 UrhG) sowie des Herstellers von Laufbildern (§ 95 i.V.m. § 94 UrhG) um unternehmerische Leistungen technisch-organisatorischer Art und somit um Produzentenschutz. Ihnen liegt damit der schon das Privilegienzeitalter beherrschende Leistungsschutzgedanke zugrunde. Während der Verleger im Privilegienzeitalter zum Kreis der Berechtigten gehörte, sieht das UrhG allerdings kein allgemeines Leistungsschutzrecht für den Verleger vor. Hieran knüpft die Forderung nach der Einführung eines allgemeinen Verlegerrechts an.[279]

Der Schutzinhalt der Leistungsschutzrechte ergibt sich zum Teil aus Verweisungen auf das Urheberrecht (vgl. §§ 70, 72 UrhG). Zum Teil sieht das UrhG aber auch umfassende, für das jeweilige Leistungsschutzrecht spezifische Regelungen vor (vgl. z.B. §§ 73 ff. UrhG). Allen Leistungsschutzrechten ist gemeinsam, daß ihre Schutzfrist kürzer ist als die des Urheberrechts.

3. Rechtsfolgen

Das UrhG sieht bei Verletzungen des Urheberrechts oder der Leistungsschutzrechte spezielle Rechtsfolgen vor, die die allgemeinen zivilrechtlichen Ansprüche ergänzen, wobei insbesondere Schadensersatzansprüche nach §§ 823, 826 BGB, Bereicherungsansprüche nach §§ 812 ff. BGB, Ansprüche aus einer Geschäftsführung ohne Auftrag nach §§ 677 ff. BGB und Ansprüche auf Auskunft und Rechnungslegung nach §§ 242, 259 BGB zu nennen sind.

§ 97 Abs. 1 S. 1 UrhG gewährt dem verletzten Rechtsinhaber einen Anspruch auf Beseitigung und bei Wiederholungsgefahr auf Unterlassung der Beeinträchtigung sowie, soweit dem Verletzer Vorsatz oder Fahrlässigkeit zur Last fällt, einen Anspruch auf Schadensersatz. Dabei hat der Verletzte die Möglichkeit,

---

[277] *Ellins*, Copyright Law, S. 108.

[278] Vgl. *Schricker/Schricker*, Einl. Rn. 28.

[279] Dazu siehe unten (E.II.2.).

seinen Schaden auf dreifache Art zu berechnen.[280] Er kann Ersatz des ihm konkret entstandenen Schadens einschließlich des entgangenen Gewinns verlangen.[281] Darüber hinaus kann er aber auch anstelle des konkreten Schadens die Zahlung einer angemessenen Lizenzgebühr verlangen, die sich danach richtet, was bei vertraglicher Einräumung ein vernünftiger Lizenzgeber gefordert und ein vernünftiger Lizenznehmer gewährt hätte.[282] Schließlich steht ihm auch die Möglichkeit offen, alternativ die Herausgabe des Gewinns, den der Verletzer durch die Verletzung des Rechts erzielt hat, sowie Rechnungslegung über diesen Gewinn zu verlangen, § 97 Abs. 1 S. 2 UrhG.

Weiterhin gewährt § 98 UrhG dem Rechtsinhaber einen Anspruch auf Vernichtung oder Überlassung rechtswidrig hergestellter, verbreiteter oder zur rechtswidrigen Verbreitung bestimmter Vervielfältigungsstücke. Und § 101 a UrhG sieht einen Auskunftsanspruch gegenüber Personen vor, die gewerbsmäßig rechtsverletzende Vervielfältigungsstücke herstellen oder verbreiten. Schließlich sind die unerlaubte Verwertung urheberrechtlich geschützter Werke und bestimmte Eingriffe in durch Leistungsschutzrechte geschützte Rechtspositionen gemäß §§ 106, 108 UrhG strafbar.

Die Ansprüche wegen Verletzung des Urheberrechts oder eines Leistungsschutzrechts verjähren gemäß § 102 UrhG grundsätzlich in drei Jahren von dem Zeitpunkt an, in dem der Berechtigte von der Verletzung und der Person des Verletzers Kenntnis erlangt.

VI. Zusammenfassung

Während Antike und Mittelalter noch vom Grundsatz der absoluten Vervielfältigungs- und Verbreitungsfreiheit ausgegangen sind, begann auf der Schwelle zur Neuzeit mit der Erfindung der Buchdruckkunst die Geschichte des Schutzes von Geisteswerken. Gewerbliche Schutzrechte in der Form von Privilegien waren die „erste Erscheinungsform besonderer Rechte an Geisteswerken"[283]. Erst Anfang des 18. Jahrhunderts entwickelte sich mit der naturrechtlichen Lehre vom geistigen Eigentum, die von originär beim Autor entstehenden Rechten an seinem Werk ausging, urheberrechtliches Gedankengut, das aber nur zögerlich

---

280 *Möhring/Nicolini-Lütje*, § 97 UrhG Rn. 157; *Rehbinder*, Urheberrecht, Rn. 451 f.; *Schricker/Wild*, § 97 UrhG Rn. 57.

281 *Fromm/Nordemann-Nordemann*, § 97 UrhG Rn. 38; *Rehbinder*, Urheberrecht, Rn. 452; *Schricker/Wild*, § 97 UrhG Rn. 57.

282 BGH v. 12.01.1966, BGHZ 44, 372, 380 f. – Meßmer-Tee II; BGH v. 24.01.1975, GRUR 1975, 323, 324 – Geflügelte Melodien; *Rehbinder*, Urheberrecht, Rn. 452.

283 *Dölemeyer*, Urheber- und Verlagsrecht, 8. Kap., 1.

Eingang in die Gesetze fand. Aufgrund der territorialen Zersplitterung Deutschlands kam es erst nach der Reichsgründung 1871 zu einem einheitlichen Urheberrechtsgesetz, das allerdings weiterhin in der Tradition der Nachdruckgesetzgebung stand.

Die in der Rechtswissenschaft seit dem Ende des 19. Jahrhunderts herausgearbeiteten Grundsätze über Wesen und Inhalt des Urheberrechts wurden schließlich im UrhG von 1965 niedergelegt. Diesem liegt die monistische Ausprägung der Theorie vom Immaterialgüterrecht zugrunde, wonach das Urheberrecht ein einheitliches Recht ist, das eine persönlichkeitsrechtliche und eine vermögensrechtliche Komponente aufweist. Darüber hinaus trennt das UrhG von 1965 entsprechend dem in Rechtsprechung und Lehre herausgearbeiteten Wesensunterschied zwischen Werkschöpfung und Leistung konsequent zwischen Urheberrecht einerseits und Leistungsschutzrechten andererseits.

Im Hinblick auf die Rechtsstellung des Verlegers sind zwei Aspekte festzuhalten. Erstens zeigt der geschichtliche Überblick, daß die Geschichte des Schutzes von Geisteswerken und der Entwicklung des Urheberrechts entscheidend durch wirtschaftliche Interessen der Verleger geprägt ist.[284] Schon die Entstehung eines rechtlichen Schutzes für Geisteswerke geht auf die Initiative des damals neuen Berufsstandes der „Verleger“ zurück, deren Forderungen nach einem Schutz ihrer Investitionen durch die Gewährung originärer gewerblicher Schutzrechte in der Form von Privilegien und vereinzelt auch mittels gesetzlichen Nachdruckverboten entsprochen wurde. Und auch die Abkehr vom Gewerbeschutzgedanken hin zu der Entwicklung von urheberrechtlichem Gedankengut wurde durch die Interessen der Verleger veranlaßt. Denn die diese Abkehr einleitende Lehre vom geistigen Eigentum bezweckte mit ihrer Abstellung auf das „Eigentum“ des Urhebers anfangs nicht unbedingt den Schutz des Autors. Sie diente zunächst vielmehr dazu, den Verlagsaufwand des Verlegers durch das allgemeine Zivilrecht unabhängig von der Erteilung eines Privilegs abzusichern.

Zweitens wird aus dem geschichtlichen Überblick deutlich, daß der Geschichte keineswegs auf dem gewerblichen Aufwand des Verlegers beruhende, originäre

---

[284] Auch auf die Entwicklung des internationalen Urheberrechts hatten die wirtschaftlichen Interessen des Verlegertums Einfluß. Art. 3 der Berner Übereinkunft in ihrer ursprünglichen Fassung von 1886 sah vor, daß die Bestimmungen der Übereinkunft Anwendung finden auf Verleger von solchen Werken der Literatur und Kunst, welche in einem Verbandsland veröffentlicht sind und deren Urheber einem Nichtverbandslande angehört; vgl. deutsche Übersetzung im RGBl. 1887, Nr. 40. Erst 1896 wurde die Vorschrift dahingehend geändert, daß der Schutz nicht mehr den Verlegern, sondern den Urhebern gewährt wurde, die keinem Verbandsland angehören, deren Werke aber erstmals in einem Verbandsland veröffentlicht worden sind.

Verlegerrechte fremd sind. Diese stellten vielmehr die erste Erscheinungsform besonderer Rechte an Geisteswerken dar. Erst unter dem Einfluß von naturrechtlichem Gedankengut, das die Schöpferpersönlichkeit in den Vordergrund stellte, wurden auf dem Investitionsschutzprinzip basierende originäre Verlegerrechte zugunsten des Schöpfungsprinzips und zugunsten vom Urheberrechtsinhaber abgeleiteter Rechte abgelöst. Die im UrhG vorgenommene systematische Trennung zwischen Urheberrecht einerseits und den Leistungsschutzrechten andererseits eröffnete die Möglichkeit der Einführung eines allgemeinen Leistungsschutzrechts für Verleger, eines Verlegerrechts. Hiervon hat der Gesetzgeber jedoch abgesehen.

D. Mögliche Schutzmethoden und Interessen Dritter

Bevor näher auf den nach deutschem Recht vor Umsetzung der EU-Datenbankrichtlinie gewährten Schutz der Leistung des Verlegers eingegangen wird, soll zunächst ein Überblick darüber gegeben werden, welche Schutzmethoden für die Leistung des Verlegers generell in Frage kommen und welche Interessen Dritter bei der Ausgestaltung des rechtlichen Schutzes der verlegerischen Leistung zu berücksichtigen sind.

I. Überblick über mögliche Methoden zum Schutz der Leistung des Verlegers

Das internationale Recht macht keine Vorgaben zum Schutz der Leistung des Verlegers. Zwar hatte im Jahre 1987 die Weltorganisation für Geistiges Eigentum (WIPO) in ihrem Dokument *„The Printed Word"*[285] die Einführung eines Verlegerrechts auf internationaler Ebene zur Diskussion gestellt. Diese Pläne wurden jedoch im Jahre 1989 zumindest vorläufig wieder aufgegeben.[286] Insofern steht es den Staaten nach internationalem Recht frei zu entscheiden, wie sie die Leistung des Verlegers schützen wollen. Als mögliche Schutzmethoden kommt dabei sowohl ein direkter, unmittelbarer als auch ein indirekter, mittelbarer Schutz in Betracht.[287]

---

[285] The Printed Word - Preparatory Document for and Report of the WIPO/Unesco Committee of Governmental Experts, Geneva, 07.-11.12.1987, abgedruckt in Copyright 24 (1988), 42, 94 ff., Rn. 320 ff.

[286] *Heker*, ZUM 1995, 97, 99.

[287] Siehe dazu *Soetenhorst*, GRUR Int. 1989, 760.

1. Direkter Schutz

Der direkte, unmittelbare Schutz ist dadurch gekennzeichnet, daß dem Rechtsinhaber – gegebenenfalls sachlich, zeitlich und räumlich beschränkte – Ausschließlichkeitsrechte gewährt werden, die originär bei ihm entstehen und die er gegenüber jedermann geltend machen kann.[288] Dem Rechtsinhaber steht somit ein Monopol zu. Ein solcher direkter Schutz wird sowohl durch das Urheberrecht als auch durch Leistungsschutzrechte gewährt.

a. Urheberrechtsschutz

Der unternehmerische Verlagsaufwand des Verlegers vermag es nicht, ein Urheberrecht des Verlegers an seinen Printmedien zu begründen.[289] Grundsätzlich sind vielmehr nach der im UrhG vorgenommenen Trennung von Urheberrechten einerseits und Leistungsschutzrechten andererseits die Leistungsschutzrechte die dogmatisch einschlägige direkte Schutzmethode für die unternehmerische Leistung des Verlegers. Allerdings ließe sich im Hinblick auf das kreative Element der Tätigkeit des Verlegers im Rahmen der redaktionellen Tätigkeit[290] auch an die Möglichkeit eines urheberrechtlichen Schutzes der verlegerischen Leistung denken.

aa. Miturheberschaft des Verlegers?

In der Literatur wird vereinzelt auf die Möglichkeit verwiesen, den Verleger aufgrund dieser kreativen Rolle, die ihm im Rahmen der redaktionellen Tätigkeit zukommt, neben dem Autor oder den Autoren als Miturheber des in dem Printmedium verkörperten Werkes anzusehen.[291] Häufig habe der Verleger die Idee für ein Verlagsprojekt, engagiere den Autor, stelle Autorenteams zusammen und bestimme die äußere Gestaltung, den Titel, den Preis etc. des Printmediums.[292] Dies rechtfertige die Annahme einer Miturheberschaft des Verlegers.

Dieser Auffassung ist darin zuzustimmen, daß der Verleger tatsächlich, wie bereits aufgezeigt,[293] eine gewisse kreative Rolle im Rahmen der redaktionellen Tätigkeit ausübt. Dies führt jedoch nicht zwangsläufig zu einer Miturheberschaft des Verlegers an dem in dem Printmedium verkörperten Werk.

---

288 Vgl. *Soetenhorst*, GRUR Int. 1989, 760, 762.

289 Vgl. oben (C.V.I.).

290 Hierzu siehe oben (B.I.).

291 *Dournes*, Rights 3/1989, 4; *Klaver*, Copyright 1987, 217, 218; *van Krevelen*, The Information Society, S. 97, 100.

292 Vgl. *Klaver*, Copyright 1987, 217, 218.

293 Siehe oben (B.I.).

Eine Miturheberschaft liegt vielmehr gemäß § 8 Abs. 1 UrhG nur dann vor, wenn mehrere ein Werk gemeinsam geschaffen haben, ohne daß sich ihre Anteile gesondert verwerten lassen. Entwickelt der Verleger das Verlagsprojekt, unterstützt und fördert er den Autor und nimmt er auf den Inhalt des Werkes Einfluß, so lassen sich die Anteile von Verleger und Autor nicht gesondert verwerten. Darüber hinaus muß das Werk aber auch gemeinsam geschaffen worden sein. Dies erfordert, daß sich mehrere Autoren über die gemeinsame Aufgabe verständigen und sich jeder einzelne dabei der Gesamtidee unterordnet.[294] Schon dies erscheint fraglich in dem Fall, daß der Verleger der Ideengeber ist.

Vor allem liegt eine Miturheberschaft aber auch nur bei solchen Mitwirkenden vor, deren Leistung die Voraussetzungen des Werkschaffens erfüllt.[295] Die Individualität des Mitwirkenden muß sich also in der für das Werk wesentlichen Ausdrucksform niedergeschlagen haben.[296] Dieses Erfordernis ist nicht erfüllt im Fall der sogenannten Anregung, bei der jemand einen Werkschöpfer nur auf eine Idee oder auf einen originellen Gedanken bringt, ohne an der für das Werk wesentlichen Ausdrucksform mitzuwirken.[297] Allein das Einbringen von Ideen und die Einflußnahme auf den Inhalt des Werkes reichen somit nicht aus, um eine Miturheberschaft des Verlegers zu begründen.[298] Und auch die ansonsten als Argument für eine Miturheberschaft angeführten Tätigkeiten des Verlegers, den Autor zu engagieren, Autorenteams zusammenzustellen und die äußere Gestaltung, den Titel, den Preis etc. des Printmediums zu bestimmen, vermögen es nicht, eine Miturheberschaft des Verlegers zu begründen. Denn auch bei diesen Tätigkeiten schlägt sich nicht die Individualität des Verlegers in der für das Werk wesentlichen Ausdrucksform nieder.

Somit kann der oben genannten Auffassung, daß aus der kreativen Rolle des Verlegers im Rahmen der redaktionellen Tätigkeit seine Miturheberschaft folgt, nicht zugestimmt werden. Nur in dem Fall, in dem der Verleger tatsächlich an der für das Werk wesentlichen Ausdrucksform mitwirkt und insofern die Rolle eines Autors übernimmt, ist er als Miturheber anzusehen. Dabei handelt es sich jedoch nicht um eine typische Leistung des Verlegers.[299]

---

294 Vgl. *Möhring/Nicolini-Ahlberg*, § 8 UrhG Rn. 4; *Rehbinder*, Urheberrecht, Rn. 168; *Schricker/Loewenheim*, § 8 UrhG Rn. 8 f.

295 BGH v. 19.10.1994, ZUM 1995, 482, 484 – Rosaroter Elefant.

296 Vgl. *Rehbinder*, Urheberrecht, Rn. 169.

297 *Rehbinder*, Urheberrecht, Rn. 169.

298 So auch *Schack*, ZUM 1990, 59, 61, Fn. 23.

299 Vgl. *Schricker*, IIC 1985, 411, 418.

bb. Verleger als Urheber eines Sammelwerkes?

Es bleibt zu untersuchen, ob das Urheberrecht nicht wenigstens als Schutzmethode für diejenige Leistung des Verlegers in Betracht kommt, die er beim Verlegen von Sammelwerken[300] erbringt.

(1) Schutzgegenstand

Unter Sammelwerken sind nach der Legaldefinition des § 4 Abs. 1 UrhG Sammlungen von Werken, Daten oder anderen unabhängigen Elementen zu verstehen, die aufgrund der Auswahl oder Anordnung der Elemente eine persönliche geistige Schöpfung sind.[301]

Das Erfordernis der im Hinblick auf die Auswahl oder Anordnung bestehenden persönlichen geistigen Schöpfung richtet sich nach dem Maßstab des § 2 Abs. 2 UrhG.[302] Eine persönliche geistige Schöpfung in der Auswahl oder Anordnung ist zu bejahen, wenn das vorhandene Material gesammelt, gesichtet und unter individuellen Ordnungsgesichtspunkten zusammengestellt wird.[303] Geschützt ist nach nicht unumstrittener Ansicht auch die sogenannte „kleine Münze", d.h. diejenigen Sammlungen, die bei einem Minimum an Gestaltungshöhe gerade noch urheberrechtsschutzfähig sind.[304] Zu den als Sammelwerke schutzfähigen Printmedien, die in der Regel das Erfordernis der persönlichen geistigen Schöpfung erfüllen, gehören z.B. Festschriften, Enzyklopädien, Anthologien, Konversationslexika, Wörterbücher, Jahrbücher, Liederbücher, Lesebücher, Kunstbände, Bildatlanten, Zeitungen und Zeitschriften.[305]

---

300 Einen Unterfall der Sammelwerke bilden die Datenbankwerke gemäß § 4 Abs. 2 UrhG, auf deren Besonderheiten an dieser Stelle allerdings nicht näher eingegangen werden soll.

301 Damit entfällt nach der Neufassung des § 4 Abs. 1 UrhG durch Art. 7 des Gesetzes zur Regelung der Rahmenbedingungen für Informations- und Kommunikationsdienste (IuKDG) v. 22.07.1997, BGBl. I S. 1870, die frühere Unterscheidung zwischen Sammelwerken, die § 4 UrhG a.F. unterfielen, und „organisierten Sammlungen", die von § 2 Abs. 1 Nr. 1 UrhG erfaßt waren. Nunmehr unterfallen auch Sammlungen bloßer Fakten oder Daten der Regelung des § 4 UrhG; vgl. *Schricker/Loewenheim*, § 4 UrhG Rn. 6.

302 *Schricker/Loewenheim*, § 4 UrhG Rn. 8.

303 Vgl. BGH v. 12.06.1981, GRUR 1982, 37, 39 – WK-Dokumentation.

304 Ausführlicher zum Schutz der „kleinen Münze" siehe unten (E.I.2.b.aa.).

305 Vgl. *Schricker/Loewenheim*, § 4 UrhG Rn. 8. Erfaßt werden somit sowohl periodische Sammelwerke, die darauf angelegt sind, in ständiger regelmäßiger oder unregelmäßiger Folge von einzelnen Ausgaben zu erscheinen, ohne je als Ganzes zu einem einheitlichen Abschluß zu gelangen, als auch nichtperiodische Sammelwerke, die von vornherein auf eine einzige oder auf eine begrenzte, in sich geschlossene Anzahl von Ausgaben ausge-

Der urheberrechtliche Schutz erstreckt sich nicht auf die einzelnen in der Sammlung enthaltenen Werke, Daten oder anderen unabhängigen Elemente; vielmehr ist Gegenstand des Urheberrechts am Sammelwerk nur die Sammlung als solche.[306] Geschützt wird somit nur die in der Auswahl oder Anordnung liegende schöpferische Leistung, so daß z.B. der unerlaubte Nachdruck eines einzelnen Beitrags aus einem Sammelwerk nicht das Urheberrecht am Sammelwerk verletzt.[307] Der Nachdruck mehrerer Beiträge aus einem Sammelwerk stellt nur dann eine Verletzung des Urheberrechts am Sammelwerk dar, wenn die Kombination dieser Beiträge bereits auf der in der Auswahl oder Anordnung liegenden geistigen Leistung des Urheberrechtsinhabers beruht.[308]

(2) Urheberschaft

Als Urheber ist derjenige anzusehen, der die schöpferische Leistung der Auswahl oder der Anordnung der Werke, Daten oder der anderen unabhängigen Elemente erbringt.[309] Darüber hinaus wird in der Literatur darauf hingewiesen, daß der Tätigkeitsbereich des Urhebers im Einzelfall auch die Festlegung des Themenkreises, die Gewinnung von Autoren für die einzelnen Beiträge, die Entgegennahme und Begutachtung der Manuskripte, die Verteilung des Schwergewichts der aufzunehmenden Beiträge und unter Umständen auch die äußere Gestaltung des Werkes umfassen könne.[310] Dabei handelt es sich zum Teil um Tätigkeiten, die, wie z.B. die Festlegung des Themenkreises oder die Gewinnung von Autoren, zum Aufgabenkreis des Verlegers gehören können.[311] Insofern ließe sich an die Möglichkeit denken, den Verleger als Urheber des Sammelwerkes anzusehen.[312]

Nach dem Gesetzeswortlaut und dem Zweck des § 4 UrhG soll jedoch die persönliche geistige Schöpfung, die durch Auswahl oder Anordnung von Werken,

---

richtet und darüber hinaus nicht fortgesetzt werden; vgl. *Siara*, Sammlungen und Sammelwerke, S. 28.

306 Vgl. BGH v. 21.11.1991, GRUR 1992, 382, 384 - Leitsätze; *Schricker/Loewenheim*, § 4 UrhG Rn. 18.

307 KG v. 16.02.1973, GRUR 1973, 602, 603 f. – Hauptmann-Tagebücher.

308 *Schricker/Loewenheim*, § 4 UrhG Rn. 18; *Siara*, Sammlungen und Sammelwerke, S. 29.

309 Vgl. *Schricker/Loewenheim*, § 4 UrhG Rn. 20; *Siara*, Sammlungen und Sammelwerke, S. 15.

310 Vgl. *Schricker/Loewenheim*, § 4 UrhG Rn. 13; *Siara*, Sammlungen und Sammelwerke, S. 29.

311 Vgl. oben (B.I.).

312 Vgl. van Krevelen, The Information Society, S. 97, 100: „*In the majority of cases the original publisher is in some way or another a co-author or compiler of the published work, but traditionally he gives all credit to the author.*“

Daten oder anderen unabhängigen Elementen erbracht wird, geschützt werden. Entscheidend für die Urhebereigenschaft ist somit die individuelle Erbringung der Leistung des Sammelns, Sichtens, Auswählens und Zusammenstellens der Elemente.[313] Allein die Gewinnung von Autoren oder die Festlegung des Themenkreises, ohne daß zugleich die schöpferische Leistung der Auswahl oder Anordnung erbracht wird, vermögen es nicht, die Urhebereigenschaft zu begründen. Ebensowenig genügen die bloße Idee oder das Anstoßgeben zur Herausgabe des Sammelwerkes.[314]

Dementsprechend ist Urheber eines Sammelwerkes in der Regel der zwischen den Verleger und den Urhebern der Einzelbeiträge tretende Herausgeber.[315] Dieser ist nicht notwendigerweise mit der als „Herausgeber" bezeichneten Person, dem „nominellen Herausgeber", identisch.[316] Denn insbesondere bei Zeitungen und wissenschaftlichen Zeitschriften wird häufig entweder eine juristische Person, deren Urheberschaft von vornherein ausgeschlossen ist, oder eine prominente Persönlichkeit, die dem Printmedium ihren zugkräftigen Namen leiht, als „Herausgeber" bezeichnet.[317] Urheberrechtsinhaber bleibt in diesen Fällen derjenige, der tatsächlich die schöpferische Leistung der Auswahl oder Anordnung erbringt.[318] Ist diese Leistung das Ergebnis einer Teamarbeit, so liegt unter den Voraussetzungen des § 8 UrhG Miturheberschaft am Sammelwerk vor.

Somit bleibt festzuhalten, daß Inhaber des Urheberrechts am Sammelwerk in der Regel der Herausgeber und nicht der Verleger ist. Insbesondere wird der Verleger nicht dadurch zum Urheberrechtsinhaber, daß er das von einem anderen zusammengestellte Sammelwerk herausgibt.[319] Nur wenn der Verleger im konkre-

---

313 Vgl. *Sellier*, Rechte bei Sammelwerken, S. 27; *Siara*, Sammlungen und Sammelwerke, S. 29.

314 *Sellier*, Rechte bei Sammelwerken, S. 28.

315 Vgl. *Rehbinder*, Urheberrecht, Rn. 158; *Schricker/Loewenheim*, § 4 UrhG Rn. 20; *Sellier*, Rechte bei Sammelwerken, S. 31; *Siara*, Sammlungen und Sammelwerke, S. 18.

316 *Sellier*, Rechte bei Sammelwerken, S. 31; *Siara*, Sammlungen und Sammelwerke, S. 18.

317 Vgl. *Sellier*, Rechte bei Sammelwerken, S. 31 f.; *Siara*, Sammlungen und Sammelwerke, S. 18 f.

318 Jedoch wird bis zum Beweis des Gegenteils nach § 10 Abs. 1 UrhG vermutet, daß die als Herausgeber angegebene Person Urheber des Sammelwerks ist. Wird nachgewiesen, daß ein anderer die schöpferische Leistung erbracht hat, wird nach § 10 Abs. 2 UrhG vermutet, daß der als Herausgeber Genannte oder, falls kein Herausgeber auf den Vervielfältigungsstücken des Werkes bezeichnet ist, der Verleger ermächtigt ist, die Rechte des Urhebers geltend zu machen; vgl. *Rehbinder*, Urheberrecht, Rn. 189; *Schrikker/Loewenheim*, § 10 UrhG Rn. 15.

319 *Sellier*, Rechte bei Sammelwerken, S. 76.

ten Fall die Herausgebertätigkeit der Auswahl bzw. Anordnung übernimmt, was in einigen wenigen Fällen vorkommt,[320] steht ihm die Urheberschaft am Sammelwerk zu. Dabei handelt es sich jedoch wiederum nicht um eine typische Verlegerleistung.[321] Insofern kommt auch ein aus einer Urheberschaft am Sammelwerk folgender urheberrechtlicher Schutz für die verlegerische Leistung nicht in Betracht.

b. Schutz durch Leistungsschutzrechte

Nach der im UrhG vorgesehenen Trennung von Urheberrecht und Leistungsschutzrechten sind vielmehr die Leistungsschutzrechte die für die unternehmerische Leistung des Verlegers einschlägige direkte Schutzmöglichkeit. Durch die Gewährung eines Leistungsschutzrechts für die unternehmerische Leistung des Verlegers wird diese zum Gegenstand des Immaterialgüterrechtsschutzes.[322] Dem Verleger steht in diesem Fall ein absolutes, gegenüber jedermann wirkendes Recht an seiner Leistung und somit ein Monopol zu.

2. Indirekter Schutz

Der indirekte oder mittelbare Schutz ist dadurch gekennzeichnet, daß dabei nicht unmittelbar an die Leistung des Verlegers als solche angeknüpft wird, sondern daß dieser nur indirekt Schutz zuteil wird.[323] Dies kann über das Urhebervertragsrecht oder das Wettbewerbsrecht erfolgen.

a. Schutz über das Urhebervertragsrecht

Anknüpfungspunkt für den Schutz des Verlegers über das Urhebervertragsrecht ist das urheberrechtlich geschützte Werk. Der Urheber dieses Werkes räumt dem Verleger Nutzungsrechte ein. Dadurch kommt dem Verleger ein absoluter, gegenüber jedermann wirkender Schutz zu, der jedoch im Gegensatz zu einem Schutz durch Leistungsschutzrechte nicht originär beim Verleger entsteht, sondern vom Urheber abgeleitet wird.[324]

b. Schutz über das Wettbewerbsrecht

Anknüpfungspunkt für einen wettbewerbsrechtlichen Schutz des Verlegers bildet ein bestimmtes wettbewerbswidriges Verhalten.[325] Dementsprechend handelt

---

320 *Siara*, Sammlungen und Sammelwerke, S. 19.

321 Vgl. *Schricker*, IIC 1985, 411, 418.

322 Vgl. *Soetenhorst*, GRUR Int. 1989, 760, 762.

323 Vgl. *Soetenhorst*, GRUR Int. 1989, 760, 763.

324 Vgl. *Soetenhorst*, GRUR Int. 1989, 760, 763.

325 *V. Gamm*, Wettbewerbsrecht, Kap. 31, Rn. 3; *Richter*, Schutz von Datenbanken, S. 47, 55.

es sich bei dem durch das Wettbewerbsrecht gewährten Schutz im Unterschied zu einem durch Leistungsschutzrechte gewährten Schutz nicht um einen absoluten, gegenüber jedermann wirkenden Schutz.[326] Der wettbewerbsrechtliche Schutz kann vielmehr nur hinsichtlich bestimmter wettbewerbswidriger Verhaltensweisen geltend gemacht werden.

II. Zu berücksichtigende Interessen Dritter

Die Ausgestaltung des rechtlichen Schutzes der Leistung des Verlegers, sei es durch die Gewährung von Leistungsschutzrechten, sei es mittels des Urhebervertrags- oder des Wettbewerbsrechts, darf sich nicht allein an den schutzwürdigen und schutzbedürftigen Interessen des Verlegers orientieren. Dies würde eine unangemessene Einschränkung der Handlungsfreiheit, des freien Wettbewerbs und eine Abkehr von grundlegenden Prinzipien des Immaterialgüterrechts bedeuten und damit zu einem zu weitgehenden Schutz der verlegerischen Leistung führen.[327] Deshalb ist bei der Ausgestaltung der Rechtsposition des Verlegers der Interessenlage auf dem Gebiet der Printmedien Rechnung zu tragen. Insbesondere sind die - zum Teil gegenläufigen - Interessen des die Inhalte der Printmedien liefernden Urhebers, der Allgemeinheit, der Leser und der Wettbewerber zu berücksichtigen.

1. Die Interessen des Urhebers

Die Interessen des die Inhalte der Printmedien liefernden Urhebers sind zum einen auf die Wahrung von persönlichkeitsrechtlichen Belangen gerichtet und werden insoweit durch das allgemeine Persönlichkeitsrecht nach Art. 1 Abs. 1, 2 Abs. 1 GG verfassungsrechtlich geschützt. Zum anderen ist der Urheber aber auch auf die wirtschaftliche Verwertung seiner Werke bedacht. Insofern wird ihm Schutz durch die Eigentumsgarantie des Art. 14 GG zuteil, die aber nicht absolut ist, sondern durch die Sozialpflichtigkeit des Eigentums begrenzt wird. In ständiger Rechtsprechung hat das BVerfG den nach Art. 14 GG „grundgesetzlich geschützten Kern des Urheberrechts" als die grundsätzliche Zuordnung des vermögenswerten Ergebnisses der schöpferischen Leistung an den Urheber im Wege privatrechtlicher Normierung und seine Freiheit, in eigener Verant-

---

326 Vgl. *Soetenhorst*, GRUR Int. 1989, 760, 763.

327 Vgl. für die Parallelsituation der Ausgestaltung der Rechtsposition des Datenbankherstellers: *Hornung*, EU-Datenbank-Richtlinie, S. 26; für die Rechtsposition des Softwareherstellers: *Marly*, Urheberrechtsschutz für Computersoftware, S. 12. Siehe auch für das gesamte Urheberrecht: EG-Kommission, Grünbuch über Urheberrecht und die technologische Herausforderung, KOM (88) 172 endg. v. 23.08.1988, S. 5.

wortung darüber verfügen zu können, bezeichnet.[328] Es ist somit Aufgabe des Urheberrechts, sicherzustellen, daß der Urheber an den wirtschaftlichen Früchten beteiligt wird, die andere aus der Nutzung seines Werkes ziehen.[329] Die Rechtsstellung des Verlegers darf daher nicht in einer Form ausgestaltet werden, die berechtigte Interessen des Urhebers, der mit seiner Tätigkeit erst die Grundlage zu der Werknutzungstätigkeit des Verlegers schafft,[330] außer acht läßt.

2. Das Allgemeininteresse

Dem Interesse der Allgemeinheit kommen bei der Ausgestaltung der Rechtsposition des Verlegers zwei widerstreitende Funktionen zu.

Einerseits begründet das Allgemeininteresse, wie bereits erörtert wurde,[331] die Schutzwürdigkeit der verlegerischen Leistung. Denn die Allgemeinheit hat ein Interesse daran, daß der Verleger seiner geistig-kulturellen Funktion, Werke und Informationen der Öffentlichkeit zugänglich zu machen und damit zum Fortschritt der Literatur, Wissenschaft und Kunst beizutragen, nachkommen kann. Auch wegen der wirtschaftlichen Bedeutung der Verlage für die Gesamtkonjunktur und für den Arbeitsmarkt entspricht der Schutz der verlegerischen Leistung dem Interesse der Allgemeinheit.[332] Das Allgemeininteresse ist somit einerseits darauf gerichtet, daß die Leistung des Verlegers geschützt wird, damit diesem ein Anreiz für die Wahrnehmung der Verlegerfunktion gegeben wird.

Andererseits fordert das Interesse der Allgemeinheit aber auch eine Einschränkung dieses Schutzes. Denn die Allgemeinheit hat ein berechtigtes Interesse daran, zum Zwecke einer offenen geistigen Auseinandersetzung auf Printmedien als Träger von kulturellem Gut und als Quellen von Informationen[333] zurückgreifen zu können. Jeder Fortschritt in der menschlichen Kultur knüpft an Bestehendes an,[334] so daß es im Allgemeininteresse liegt, daß bestehende Informationsquellen der Allgemeinheit zugänglich sind.[335] Dieses Interesse wird verfassungs-

---

[328] BVerfG v. 07.07.1971, BVerfGE 31, 229, 240 f.; und später z.B. BVerfG v. 25.10.1978, BVerfGE 49, 382, 392; BVerfG v. 11.10.1988, BVerfGE 79, 29, 40.

[329] *Schack*, Urheber- und Urhebervertragsrecht, Rn. 11 und 373.

[330] Vgl. *Boytha*, UFITA 85 (1979), 1, 32.

[331] Siehe oben (B.II.).

[332] Vgl. auch *Marly*, Urheberrechtsschutz für Computersoftware, S. 12 hinsichtlich des Allgemeininteresses an der Schaffung und Aufrechterhaltung eines Marktes für Schöpfer und Vermittler von Softwareprodukten.

[333] Vgl. BGH v. 16.01.1997, GRUR 1997, 459, 463 – CB-infobank I; *Hornung*, EU-Datenbank-Richtlinie, S. 26.

[334] *Baumbach/Hefermehl*, § 1 UWG Rn. 439.

[335] Vgl. hierzu auch *Fechner*, Geistiges Eigentum und Verfassung, S. 348.

rechtlich durch die in Art. 5 Abs. 1 GG verankerte Informationsfreiheit geschützt, wonach jeder das Recht hat, sich aus allgemein zugänglichen Quellen ungehindert zu unterrichten. Zwar wird diese gemäß Art. 5 Abs. 2 GG nicht uneingeschränkt gewährleistet, so daß ein Immaterialgüterrechtsschutz von Informationsquellen der Informationsfreiheit nicht *per se* entgegensteht.[336] Jedoch bedarf es wohlüberlegter Grenzen des Immaterialgüterrechtsschutzes zugunsten der Informationsfreiheit.[337]

Der Zugang zu allgemein zugänglichen Informationen muß dem Grundsatz nach frei sein.[338] Tatsachen und Informationen dürfen nicht mit den Mitteln des Immaterialgüterrechts monopolisiert werden.[339] Insbesondere ist eine zeitliche und inhaltliche Begrenzung des durch Immaterialgüterrechte gewährten Monopols erforderlich. In zeitlicher Hinsicht ist zu gewährleisten, daß die Nutzung urheberrechtsschutzfähiger Geisteswerke nicht auf Dauer künstlich verteuert und daß das Werk, wenn das Entlohnungsinteresse des Urhebers und das Amortisationsinteresse der Verwerter nicht mehr tragen, zum Kulturgut der Allgemeinheit wird und damit von jedermann frei benutzt und auch kommerziell verwertet werden kann.[340] In inhaltlicher Hinsicht ist das durch Immaterialgüterrechte gewährte Monopol dadurch einzuschränken, daß die gewährten Ausschließlichkeitsrechte keine umfassende Nutzungsmöglichkeit für die Rechteinhaber eröffnen und daß sie durch eine Schrankenregelung, die dem Prinzip der Gemeinfreiheit der Information Rechnung trägt, begrenzt werden.[341]

3. Die Interessen des Endnutzers

Die Interessen des Endnutzers von Printmedien, sprich des Lesers, stimmen in erster Linie mit dem Interesse der Allgemeinheit überein, auf Printmedien als Träger von Kulturgut und als Quelle von Informationen zugreifen zu können. Auch hat der Leser ein rechtlich anerkanntes Interesse daran, am kulturellen Leben teilzunehmen.[342] Dabei richtet sich sein Interesse auf einen möglichst unge-

---

336 *Grützmacher*, Schutz von Datenbanken, S. 141; *v. Mangoldt/Klein/Starck-Starck*, Art. 5 Abs. 1, 2 GG, Rn. 58.

337 Vgl. für Einschränkungen des Eigentumsrechts an Daten zugunsten der Informationsfreiheit: *Grützmacher*, Schutz von Datenbanken, S. 146.

338 Vgl. *Hornung*, EU-Datenbank-Richtlinie, S. 26.

339 Vgl. *Schack*, Urheber- und Urhebervertragsrecht, Rn. 18.

340 *Schack*, Urheber- und Urhebervertragsrecht, Rn. 18.

341 Vgl. *Hornung*, EU-Datenbank-Richtlinie, S. 27.

342 So gehört nach § 12 Abs. 1 BSHG zum notwendigen Lebensunterhalt auch in vertretbarem Umfang die Teilnahme am kulturellen Leben; vgl. auch *Schack*, Urheber- und Urhebervertragsrecht, Rn. 16.

hinderten Zugang zum Inhalt der Printmedien sowie auf eine zustimmungsfreie und möglichst kostenlose Nutzung derselben.[343] Wären private Vervielfältigungen jedoch uneingeschränkt zustimmungs- und vergütungsfrei, so wären angesichts der durch die modernen Vervielfältigungstechniken eröffneten Kopiermöglichkeiten das Amortisationsinteresse des Verlegers wie auch das Entlohnungsinteresse des Urhebers gefährdet.[344] Eine unbegrenzte Zulässigkeit zustimmungs- und vergütungsfreier privater Vervielfältigungen kann somit nicht ernsthaft in Erwägung gezogen werden. Dem berechtigten Interesse des Lesers am Zugang zu Informationen und an einer Teilhabe am kulturellen Leben ist jedoch bei der Ausgestaltung der Rechtsposition des Verlegers Rechnung zu tragen.

4. Die Interessen der Wettbewerber

Die bestehende Wirtschaftsverfassung basiert auf dem Prinzip des freien Wettbewerbs.[345] Wettbewerber haben somit ein rechtlich anerkanntes Bedürfnis daran, sich wirtschaftlich betätigen und untereinander in Wettbewerb treten zu können.[346] Dieses Interesse ist mit den Interessen des Originalverlegers in einen angemessenen Ausgleich zu bringen. Dabei sollte ein dem Originalverleger zu gewährender Schutz es diesem in angemessener Weise ermöglichen, seine Investitionen zu amortisieren, ohne dabei das Funktionieren nützlichen Wettbewerbs zu verhindern.[347] Die wirtschaftliche Betätigungsfreiheit erfordert, daß die Wettbewerber Zugang zu in den Printmedien des Originalverlegers enthaltenen Informationen haben, um diese auf eigene Art und Weise verarbeiten zu können.[348] Insofern decken sich die Interessen der Verlegerkonkurrenten mit dem Allgemeininteresse am größtmöglichen Zugang zu Informationen.

III. Zusammenfassung

Neben einem indirekten Schutz des Verlegers durch das Urhebervertrags- und das Wettbewerbsrecht steht nach der im UrhG vorgesehenen Trennung zwischen

---

343 Vgl. *Schack*, Urheber- und Urhebervertragsrecht, Rn. 16.

344 *Schack*, Urheber- und Urhebervertragsrecht, Rn. 16.

345 BVerfG v. 08.02.1972, BVerfGE 32, 311, 317. Dabei ist lediglich umstritten, ob die Wettbewerbsfreiheit durch Art. 2 GG oder durch Art. 12 GG gewährleistet wird; siehe zur Diskussion: *Jarass/Pieroth-Jarass*, Art. 2 GG Rn. 4, Art. 12 GG Rn. 15.

346 BVerwG v. 17.05.1988, BVerwGE 79, 326, 329.

347 Vgl. *Schricker/Schricker*, Einl. Rn. 10.

348 Vgl. *Hornung*, EU-Datenbank-Richtlinie, S. 28 in bezug auf die Interessen konkurrierender Datenbankherstellers; *Marly*, Urheberrechtsschutz für Computersoftware, S. 16 hinsichtlich der Interessen konkurrierender Softwarehersteller.

Urheberrecht einerseits und Leistungsschutzrechten andererseits auch die Gewährung von Leistungsschutzrechten als direkte Schutzmethode für die unternehmerische Leistung des Verlegers zur Verfügung. Hingegen kommt das Urheberrecht grundsätzlich nicht als direkte Schutzmethode für die verlegerische Leistung in Betracht. Zwar kann der Verleger im Einzelfall sowohl Miturheber eines in seinem Printmedium enthaltenen urheberrechtlich geschützten Werkes als auch alleiniger Urheber eines in seinem Printmedium verkörperten Sammelwerkes sein. Dies ist jedoch nur dann der Fall, wenn der Verleger eigenschöpferisch tätig wird, was allerdings nicht der typischen Leistung des Verlegers entspricht.

Bei der Ausgestaltung des Rechtsschutzes des Verlegers ist nicht nur den Besonderheiten der verlegerischen Tätigkeit Rechnung zu tragen. Vielmehr sind auch die grundrechtlich geschützten Interessen der Urheber, der Allgemeinheit, der Leser und der Wettbewerber zu berücksichtigen.

E. Die Rechtsstellung des Verlegers vor Umsetzung der EU-Datenbankrichtlinie

Seit dem Internationalen Urheberrechtssymposium von Heidelberg, das im April 1986 anläßlich des einhundertjährigen Bestehens der Berner Übereinkunft zum Schutz von Werken der Literatur und Kunst stattgefunden hat, wurden auch in Deutschland verstärkt Stimmen laut, die eine für den Verleger günstigere Ausgestaltung seiner gesetzlichen Rechtsposition in Form eines allgemeinen Leistungsschutzrechts forderten. Um die Berechtigung dieser Forderung beurteilen zu können, ist zunächst der Frage nachzugehen, wie die Leistung des Verlegers im deutschen Recht vor Umsetzung der EU-Datenbankrichtlinie tatsächlich geschützt war.

I. Der Schutz der Leistung des Verlegers vor Umsetzung der EU-Datenbankrichtlinie

Vor Umsetzung der EU-Datenbankrichtlinie war der Verleger hauptsächlich auf den indirekten Schutz seiner Leistung durch das Urhebervertrags- und das Wettbewerbsrecht angewiesen.

1. Schutz durch Leistungsschutzrechte

Bei den Leistungsschutzrechten handelt es sich um diejenige direkte Schutzmethode, die dogmatisch einschlägig für die unternehmerische Leistung des Verlegers ist.[349] Der Gesetzgeber hat jedoch auf die Einführung eines allgemeinen, auf alle Arten von Printmedien anwendbaren Leistungsschutzrechts für Verleger verzichtet. Im Bereich der Printmedien finden sich allerdings zwei spezielle Leistungsschutzrechte, nämlich der Schutz wissenschaftlicher Ausgaben gemäß § 70 UrhG und der Schutz nachgelassener Werke gemäß § 71 UrhG.

a. Der Schutz wissenschaftlicher Ausgaben, § 70 UrhG

§ 70 Abs. 1 i.V.m. Abs. 3 UrhG sieht vor, daß Ausgaben urheberrechtlich nicht geschützter Werke oder Texte in entsprechender Anwendung der Vorschriften über das Urheberrecht für die Dauer von 25 Jahren nach dem Erscheinen der Ausgabe geschützt werden, wenn sie das Ergebnis wissenschaftlich sichtender Tätigkeit darstellen und sich wesentlich von den bisher bekannten Ausgaben der Werke oder Texte unterscheiden. Mit der Einführung dieses Leistungsschutzrechts sollte die Schutzlücke geschlossen werden, die dadurch bestand, daß die Herausgabe solcher Ausgaben zwar häufig bedeutende wissenschaftliche Arbeit und die Aufwendung hoher Kosten erfordert, aber nur dann urheberrechtlich geschützt ist, wenn eigenes Werkschaffen, z.B. in Form von Ergänzungen, Anmerkungen und Kommentierungen, insbesondere in Form des „wissenschaftlichen Apparates“,[350] vorliegt.[351]

Geschützt sind diese Ausgaben urheberrechtlich nicht geschützter Werke oder Texte nur, wenn sie das Ergebnis wissenschaftlich sichtender Tätigkeit darstellen und sich wesentlich von den bisher bekannten Ausgaben der Werke oder Texte unterscheiden. Die zweite Voraussetzung dient nach der Begründung des Gesetzgebers der Rechtssicherheit, während das erste Kriterium hervorheben soll, daß das bloße Auffinden eines alten Schriftstückes das Schutzrecht nicht begründet.[352] Erforderlich ist vielmehr eine sichtende, ordnende und abwägende Tätigkeit unter Anwendung wissenschaftlicher Methoden,[353] die insbesondere in der text- und quellenkritischen Arbeit zur Rekonstruktion der Originalfassung liegt.[354]

Dementsprechend steht das Leistungsschutzrecht gemäß § 70 Abs. 2 UrhG dem Verfasser der Ausgabe zu. Gemeint ist damit der Literaturwissenschaftler selbst, nicht der Verlag oder das Institut, für das er tätig wird.[355] Der Verleger ist also in

---

349 Siehe oben (D.I.1.b.).

350 *Schricker/Loewenheim*, § 70 UrhG Rn. 1.

351 Vgl. BT-Drucks. IV/270, S. 87.

352 BT-Drucks. IV/270, S. 87.

353 BGH v. 23.05.1975, GRUR 1975, 667, 668 – Reichswehrprozeß.

354 *Schricker/Loewenheim*, § 70 UrhG Rn. 6.

355 BT-Drucks. IV/270, S. 87.

der Regel nicht der Rechtsinhaber des in § 70 UrhG gewährten Leistungsschutzrechts für wissenschaftliche Ausgaben. Etwas anderes gilt nur, wenn er - über seine typische Tätigkeit als Verleger hinausgehend - selbst wissenschaftlich sichtend tätig wird. In diesem Fall stehen ihm sowohl die persönlichkeitsrechtlichen als auch die vermögensrechtlichen Befugnisse des Urheberrechts in vollem Umfang für die Dauer von 25 Jahren zu.

b. Der Schutz nachgelassener Werke, § 71 UrhG

§ 71 Abs. 1 S. 1 i.V.m. Abs. 3 UrhG bestimmt, daß derjenige, der ein nicht erschienenes Werk nach Erlöschen des Urheberrechts erlaubterweise erstmals erscheinen läßt oder erstmals öffentlich wiedergibt, das ausschließliche Recht hat, das Werk für die Dauer von 25 Jahren nach seinem Erscheinen bzw. nach der ersten öffentlichen Wiedergabe, sofern diese früher erfolgt ist, zu verwerten. Das gleiche gilt nach § 71 Abs. 1 S. 2 UrhG für nicht erschienene Werke, die im Geltungsbereich des UrhG niemals geschützt waren, deren Urheber aber schon länger als 70 Jahre tot ist.

Im Unterschied zu § 70 UrhG erfordert § 71 UrhG keine wissenschaftlich sichtende Leistung, sondern knüpft allein an das erstmalige Erscheinenlassen bzw. die erstmalige öffentliche Wiedergabe des urheberrechtlich nicht mehr geschützten Werkes an. Nach der Begründung des Gesetzgebers findet der Schutz dieser *editio princeps* seine Berechtigung in dem erheblichen Arbeits- und Kostenaufwand, den das Sammeln alter Märchen, Volkslieder oder Volkstänze, das Auffinden alter Schriften oder Kompositionen und die Herausgabe solcher Werke oft erfordern, auch wenn eine wissenschaftlich-textkritische Bearbeitung entbehrlich ist.[356]

aa. Schutzgegenstand und Schutzinhalt

Geschützt durch § 71 UrhG ist nur das Erscheinenlassen oder die öffentliche Wiedergabe eines bisher nicht erschienenen Werkes, für das entweder der Urheberrechtsschutz abgelaufen ist oder das im Geltungsbereich des UrhG niemals geschützt war und dessen Urheber schon länger als 70 Jahre tot ist. Das Schutzrecht besteht also nicht für das Erscheinenlassen oder die öffentliche Wiedergabe von Werken zeitgenössischer ausländischer Urheber, die mangels gegenseitiger internationaler Abkommen in Deutschland nicht geschützt sind.[357]

Ein „Erscheinenlassen“ liegt nach § 6 Abs. 2 S. 1 UrhG vor, wenn mit Zustimmung des Berechtigten Vervielfältigungsstücke des Werkes nach ihrer Herstellung in genügender Anzahl der Öffentlichkeit angeboten oder in Verkehr ge-

---

[356] BT-Drucks. IV/270, S. 87.

[357] Vgl. BT-Drucks. IV/270, S. 88.

bracht werden. Unter „öffentlicher Wiedergabe“ ist demgegenüber nach § 15 Abs. 2 UrhG die Werkverwertung in unkörperlicher Form zu verstehen. Zu beachten ist, daß nur das Erscheinenlassen und die öffentliche Wiedergabe von *Werken*, d.h. von persönlichen geistigen Schöpfungen i.S.v. § 2 Abs. 2 UrhG, zur Begründung des Schutzrechts führt. Somit ist das Erscheinenlassen und die öffentliche Wiedergabe von Printmedien, deren Inhalt nicht diesen Werkbegriff erfüllt, im Rahmen des § 71 UrhG von vornherein unerheblich.

Die ursprüngliche, bis zum 01.07.1995 geltende Fassung des § 71 UrhG hat im Zuge der Umsetzung von Art. 4 der EU-Schutzdauerrichtlinie[358] durch das Dritte Gesetz zur Änderung des Urheberrechtsgesetzes vom 23.06.1995[359] einige zum Teil als problematisch zu bewertende Änderungen erfahren.

Nach der neuen Fassung wird das Leistungsschutzrecht sowohl für das erstmalige Erscheinenlassen als auch für die erstmalige öffentliche Wiedergabe eines bisher nicht erschienenen Werkes gewährt. Hingegen sah die ursprüngliche Fassung das Recht nur für das erstmalige Erscheinenlassen vor, und zwar mit der überzeugenden Begründung, daß erst dadurch, daß Vervielfältigungsstücke des Werkes hergestellt und der Öffentlichkeit angeboten werden, der Allgemeinheit der bleibende Besitz des Werkes vermittelt werde.[360] Durch die öffentliche Wiedergabe wird der Allgemeinheit hingegen kein solcher bleibender Besitz vermittelt, und es erscheint fraglich, ob die Gewährung eines Monopolrechts allein aufgrund einer flüchtigen öffentlichen Wiedergabe gerechtfertigt ist.[361] Darüber hinaus ist die Ausdehnung des schutzbegründenden Tatbestandes auf die öffentliche Wiedergabe aus zwei weiteren Gründen problematisch.

Zunächst macht sie eine berichtigende Auslegung des § 71 UrhG erforderlich.[362] Nach seinem Wortlaut bezieht sich das Leistungsschutzrecht des § 71 UrhG nur auf das erstmalige Erscheinenlassen bzw. die erstmalige öffentliche Wiedergabe eines *bisher nicht erschienenen* Werkes. Jedoch ist die öffentliche Wiedergabe eines Werkes, das bereits öffentlich wiedergegeben wurde, nicht erstmalig, so daß es sich im Falle der Schutzbegründung durch öffentliche Wiedergabe bei dem Werk *de facto* um ein *bisher noch nicht öffentlich wiedergegebenes* Werk handeln muß. Da aber die öffentliche Wiedergabe eines Werkes keine Spuren

---

358 Richtlinie 93/98/EWG des Rates vom 29. Oktober 1993 zur Harmonisierung der Schutzdauer des Urheberrechts und bestimmter verwandter Schutzrechte; abgedruckt im ABl.EG Nr. L 290 vom 24.11.1993, S. 9 ff.

359 BGBl. I, S. 842 ff.

360 BT-Drucks. IV/270, S. 88.

361 Vgl. auch *Fromm/Nordemann-Hertin*, § 71 UrhG Rn. 1.

362 *Schricker/Loewenheim*, § 71 UrhG Rn. 6.

hinterläßt, kann bei alten Werken kaum jemals mit Sicherheit festgestellt werden, ob sie bereits früher einmal öffentlich wiedergegeben worden sind, so daß die Einbeziehung der öffentlichen Wiedergabe zu einer erheblichen Rechtsunsicherheit führt.[363]

Des weiteren ist die Ausdehnung des schutzbegründenden Tatbestandes des § 71 UrhG auf die öffentliche Wiedergabe auch problematisch im Hinblick auf den erweiterten Schutzumfang. Die ursprüngliche Fassung gewährte dem Leistungsschutzberechtigten die ausschließliche Befugnis, das Werk zu vervielfältigen und zu verbreiten sowie die Vervielfältigungsstücke des Werkes zur öffentlichen Wiedergabe zu benutzen. Nach der Rechtsprechung des BGH durften danach Vervielfältigungsstücke, die vor Entstehung des Schutzrechts aus § 71 UrhG von einem anderen als dem Inhaber des Schutzrechts hergestellt und verbreitet worden sind, von demjenigen, in dessen Verfügungsgewalt sie sich im Zeitpunkt der Entstehung des Schutzrechts befunden haben, auch nach Entstehung des Schutzrechts zu öffentlichen Wiedergaben benutzt werden.[364] Nach der neuen Fassung des § 71 UrhG stehen dem Leistungsschutzberechtigten hingegen die urheberrechtlichen Verwertungsrechte in vollem Umfang zu. Insbesondere ist das Recht zur öffentlichen Wiedergabe nicht mehr auf Vervielfältigungsstükke beschränkt, die der Schutzrechtsinhaber hergestellt hat. Die oben genannten Rechtsprechungsgrundsätze sind somit nicht mehr anwendbar.[365] Vielmehr kommt dem Leistungsschutzberechtigten ein den vermögensrechtlichen Befugnissen des Urheberrechts entsprechendes 25-jähriges Monopolrecht an seiner Leistung zu. Zu diesem sehr weitreichenden Monopolrecht steht die Leistungsintensität der erstmaligen öffentlichen Wiedergabe in keinem angemessenen Verhältnis.[366] Wenn z.B. vor einem nur kleinen öffentlichen Publikum ein bisher weder erschienenes noch öffentlich wiedergegebenes Werk einmal öffentlich vorgetragen wird, kann der Leistungsschutzberechtigte den öffentlichen Vortrag dieses Werkes von der Originalschrift für eine Dauer von 25 Jahren verbieten. Auch kann er während der Laufdauer des Schutzes ein Erscheinenlassen des Werkes durch Dritte verhindern, was zu der Gefahr führt, daß das Werk weiterhin großen Teilen der Öffentlichkeit entzogen bleibt.[367]

---

363 Aus diesem Grund hatte der Gesetzgeber bei der Ausarbeitung der ursprünglichen Fassung des § 71 Abs. 1 UrhG auch lediglich das Erfordernis aufgestellt, daß das Werk bisher nicht erschienen war; vgl. BT-Drucks. IV/270, S. 88.

364 BGH v. 21.3.1975, GRUR 1975, 447 – TE DEUM.

365 Vgl. BT-Drucks. 13/781, S. 14.

366 Fromm/Nordemann-Hertin, § 71 UrhG Rn. 1.

367 Vgl. *Fromm/Nordemann-Hertin*, § 71 UrhG Rn. 1; *Rehbinder*, Urheberrecht, Rn. 408.

Die Neufassung des § 71 UrhG hat ferner das Erfordernis eingefügt, daß das erstmalige Erscheinenlassen oder die erstmalige öffentliche Wiedergabe „erlaubterweise“ erfolgt sein muß. Was unter diesem Kriterium zu verstehen ist, bleibt unklar. Das diesem Begriff im urheberrechtlichen Kontext üblicherweise zukommende Verständnis, daß der Urheber bzw. dessen Rechtsnachfolger der Verwertung zuzustimmen hat, kann im Rahmen des § 71 UrhG nicht gemeint sein, da es dort um gemeinfreie Werke geht.[368] In Betracht käme eine Auslegung des Begriffs „erlaubterweise“ in dem Sinne, daß Rechte Dritter, z.B. das Eigentumsrecht am Original, nicht verletzt werden dürfen.[369] Der deutsche Gesetzgeber hat den Begriff aus Art. 4 der EU-Schutzdauerrichtlinie unverändert übernommen und seine Auslegung den Gerichten überlassen.[370]

Schließlich ist durch die im Zuge der Umsetzung der EU-Schutzdauerrichtlinie erfolgte Änderung des UrhG auch die Vorschrift des § 64 Abs. 2 UrhG a.F. aufgehoben worden. Danach erlosch bei der Veröffentlichung eines nachgelassenen Werkes innerhalb der letzten 10 Jahre vor Ablauf der urheberrechtlichen Schutzfrist das Urheberrecht erst 10 Jahre nach der Veröffentlichung. Die Aufhebung dieser Regelung hat zur Folge, daß ein „unerfreulicher übergangsloser Bruch“ zwischen der urheberrechtlichen Schutzdauerregelung und dem Leistungsschutzrecht des § 71 UrhG entstanden ist[371] und dementsprechend in den letzten Jahren vor Ablauf der urheberrechtlichen Schutzfrist kein Anreiz für die Veröffentlichung nachgelassener Werke mehr besteht. Der Leistungsschutzberechtigte wird angehalten, mit dem Erscheinenlassen bzw. der öffentlichen Wiedergabe bis nach dem Ablauf der urheberrechtlichen Schutzfrist abzuwarten. Dies läuft einem der Zwecke der Vorschrift, nämlich die Veröffentlichung nachgelassener Werke zu fördern,[372] zuwider.[373]

bb. Inhaber des Leistungsschutzrechts

Anders als in § 70 UrhG wird in § 71 UrhG nicht explizit bestimmt, wer der Inhaber des Leistungsschutzrechts für nachgelassene Werke ist. Hierzu wird einerseits vertreten, daß das Recht dem Herausgeber zusteht, und andererseits, daß der Verleger Rechtsinhaber ist.[374]

---

368 Vgl. BT-Drs. 13/781, S. 14.

369 *Rehbinder*, Urheberrecht, Rn. 408.

370 BT-Drs. 13/781, S. 14.

371 *Dietz*, GRUR Int. 1995, 670, 673.

372 *Schricker/Loewenheim*, § 71 UrhG Rn. 1.

373 Vgl. *Burrell/Haslam*, EIPR 1998, 210, 213.

374 Differenzierend vertritt *Ekrutt*, UFITA 84 (1979), 45, 52 ff. die Ansicht, daß die Frage der Rechtsinhaberschaft entsprechend den hinsichtlich der Inhaberschaft des Rechts am

Ein Großteil der Rechtswissenschaftler sieht im Anschluß an die Begründung des Gesetzgebers, in der der „Herausgeber" als Rechtsinhaber genannt wird,[375] diesen als Schutzsubjekt an.[376] Der Herausgeber trage den erheblichen Arbeits- und Kostenaufwand, der oft mit dem Sammeln alter Märchen, Volkslieder oder Volkstänze, dem Auffinden alter Schriften oder Kompositionen und ihrer Herausgabe verbunden ist. Er sei derjenige, der die im Auffinden des Werkes, dem Erkennen seines Wertes und seiner Veröffentlichung liegende Leistung erbringt.[377] Darüber hinaus wird darauf verwiesen, daß dem Herausgeber, wäre er nicht durch § 71 UrhG geschützt, bei nicht wissenschaftlich aufgearbeiteten Texten keinerlei Herausgeberschutz zustünde.[378]

In Anlehnung an die „TE DEUM"-Entscheidung des BGH[379] versteht ein anderer Teil des Schrifttums[380] das Leistungsschutzrecht für nachgelassene Werke hingegen als spezielles Verlegerrecht.[381] Der Schutz der *editio princeps* knüpfe nicht an die textkritische Revision, sondern an das Erscheinenlassen an. Dieses aber erfolge nicht durch den Herausgeber, sondern durch den Verleger. Das

---

Sammelwerksunternehmen geltenden Grundsätzen zu beantworten sei. Stehe der Herausgeber in einem Dienst- oder Werkvertragsverhältnis zu einem Verlag, so stünden dem Verlag die Rechte aus § 71 UrhG zu. Der Herausgeber sei jedoch der Rechtsinhaber, wenn er aus eigenem freien Antrieb als Herausgeber auftrete, indem er nachgelassene Werke sucht oder suchen läßt, zusammenfaßt und dann durch einen Verlag erscheinen läßt.

375 BT-Drucks. IV/270, S. 87 f.; ebenso BT-Drucks. 13/781, S. 14.

376 *Fromm/Nordemann-Hertin*, § 71 UrhG Rn. 6; *Klinkenberg*, GRUR 1985, 419, 421 f.; *Möhring/Nicolini-Kroitzsch*, § 71 UrhG Rn. 12; *Rehbinder*, Urheberrecht, Rn. 408; *Schricker/Loewenheim*, § 71 UrhG Rn. 13; *Ulmer*, Urheber- und Verlagsrecht, § 118 II 3.

377 So *Schricker/Loewenheim*, § 71 UrhG Rn. 13.

378 So *Klinkenberg*, GRUR 1985, 419, 422.

379 BGH v. 21.3.1975, GRUR 1975, 447 ff. In dieser Entscheidung ist der BGH davon ausgegangen, daß Inhaber des Rechts aus § 71 UrhG der klagende Verlag war und nicht der Kammermusiker, der das Werk aufführungsfertig vorbereitet, die Zustimmung des Eigentümers der Originalpartitur zur Aufführung eingeholt und dann mit dem Verlag vereinbart hatte, daß das Werk bei diesem erscheinen sollte. Denn durch das Schutzrecht des § 71 UrhG werde nicht eine urheberrechtliche Leistung, sondern eine verlegerische, wettbewerbliche Leistung dessen geschützt, der das Werk erstmals hat erscheinen lassen.

380 *Gentz*, UFITA 52 (1969), 135, 146 f.; *Melichar*, Verleger und Verwertungsgesellschaften, S. 74, 77; *Ruzicka*, UFITA 84 (1979), 65, 74; *Schack*, Urheber- und Urhebervertragsrecht, Rn. 662; *Schmieder*, UFITA 73 (1975), 65, 68.

381 Auch die britischen Rechtswissenschaftler sehen überwiegend den Verleger als Inhaber des der Umsetzung von Art. 4 der EU-Schutzdauerrichtlinie dienenden *Publication Right* an, so z.B. *Copinger/Skone James*, Rn. 17-01, 17-36; *Cornish*, Intellectual Property, Rn. 13-17.

Schutzrecht bezwecke somit den Schutz der Investitionen, die der Verleger als gewerblicher Verwerter im Hinblick auf das nachgelassene Werk tätige.[382]

Den Ausgangspunkt der Frage, wer als Inhaber des Rechts aus § 71 UrhG anzusehen ist, bildet der Gesetzeswortlaut. Nach diesem ist anders als in § 70 UrhG keine wissenschaftlich sichtende Tätigkeit zur Schutzbegründung erforderlich. Vielmehr liegt die schutzbegründende Handlung im erstmaligen Erscheinenlassen oder in der erstmaligen öffentlichen Wiedergabe der *editio princeps*.[383] Bei dem Erscheinenlassen als dem Angebot bzw. dem Inverkehrbringen von Vervielfältigungsstücken des Werkes handelt es sich jedoch um eine Tätigkeit, die typischerweise in den Aufgabenkreis des Verlegers fällt. Die typische Leistung des Herausgebers liegt demgegenüber darin, Werke zu redigieren und zusammenzustellen, nicht jedoch, diese erscheinen zu lassen.[384] Insofern spricht der Gesetzeswortlaut dafür, den Verleger als Schutzrechtsinhaber anzusehen.

Auch ein Blick auf den Schutzzweck des § 71 UrhG scheint dieses Verständnis zu bestätigen. Nach der Begründung des Gesetzgebers ist die Gewährung des Schutzrechts durch den erheblichen Arbeits- und Kostenaufwand gerechtfertigt, der, auch wenn eine wissenschaftlich-textkritische Bearbeitung entbehrlich ist, in dem Sammeln alter Märchen, Volkslieder oder Volkstänze, dem Auffinden alter Schriften oder Kompositionen und der Herausgabe des Werkes liegt.[385] Anknüpfungspunkt ist somit der Arbeits- und Kostenaufwand und damit das wirtschaftliche Risiko, das mit dem Erscheinenlassen verbunden ist. Träger des wirtschaftlichen Risikos ist jedoch nicht der Herausgeber, sondern der Verleger. Somit scheint auch aus dem Gesetzeszweck eine Rechtsinhaberschaft des Verlegers zu folgen.

Gleichwohl bezeichnet der Gesetzgeber in der Gesetzesbegründung mit Blick auf den Arbeits- und Kostenaufwand den „Herausgeber“ als den Inhaber des Leistungsschutzrechts.[386] Es stellt sich jedoch die Frage, ob der Gesetzgeber mit der Bezeichnung „Herausgeber“ wirklich den Herausgeber im verlagstechnischen Sinn gemeint hat. Ein Blick auf die Gesetzesbegründung zur ursprünglichen Fassung des § 71 UrhG, wonach § 71 UrhG die „faktische Heraus-

---

382 Vgl. *Schmieder*, UFITA 73 (1975), 65, 68.

383 Da das Erscheinenlassen in bezug auf die den Gegenstand dieser Abhandlung bildenden Printmedien von größerer Relevanz ist, konzentriert sich die nachfolgende Diskussion auf diese Form der schutzbegründenden Handlungen.

384 Vgl. oben (D.I.1.a.bb.(2)).

385 BT-Drucks. IV/270, S. 87.

386 BT-Drucks. IV/270, S. 87 f.; ebenso BT-Drucks. 13/781, S. 14.

gabe" des Werkes belohnen soll,[387] erweckt vielmehr den Eindruck, daß der Gesetzgeber den Begriff der „Herausgabe" mit dem des „Erscheinenlassens" gleichsetzt und somit den Begriff „Herausgeber" als Synonym für denjenigen verwendet, der die *editio princeps* erscheinen läßt.

Der Eindruck, daß der Gesetzgeber unter dem „Herausgeber" nicht notwendig den Herausgeber im verlagstechnischen Sinn versteht, wird durch die Gesetzesbegründung zum 3. Urheberrechtsänderungsgesetz noch verstärkt. In dieser faßt der Gesetzgeber die Rechtsprechung des BGH unter ausdrücklicher Nennung der „TE DEUM"-Entscheidung mit den Worten zusammen, daß nicht dem Verbotsrecht des „Herausgebers" unterliege, wer die Originalpartitur einer nicht mehr geschützten Komposition verwende.[388] Die zitierte Entscheidung bezeichnete als Schutzgegenstand des § 71 UrhG jedoch ausdrücklich die „verlegerische, wettbewerbliche Leistung dessen [...], der das Werk erstmals hat erscheinen lassen", und sah im konkreten Fall den Verleger als Rechtsinhaber an.[389] Somit ist davon auszugehen, daß der Gesetzgeber in den Gesetzesbegründungen mit der Bezeichnung „Herausgeber" nicht den Herausgeber im verlagstechnischen Sinn, sondern den Verleger, der die faktische Herausgabe, d.h. das Erscheinenlassen bewirkt, gemeint hat.

Ferner spricht der Umstand, daß § 71 UrhG dem Rechtsinhaber keine persönlichkeitsrechtlichen Befugnisse gewährt, dafür, daß der Verleger als Inhaber des Unternehmens, das das wirtschaftliche Risiko trägt, durch § 71 UrhG für eine gewisse Zeit vor einer Leistungsübernahme durch seine Konkurrenten geschützt werden soll.[390]

Eine andere Beurteilung ergibt sich auch nicht aus dem Argument, daß dem Herausgeber, sofern er nicht durch § 71 UrhG geschützt würde, keinerlei Herausgeberschutz bei nicht wissenschaftlich aufgearbeiteten Texten zustünde.[391] Denn eine etwaige Schutzbedürftigkeit kann nicht ausschlaggebend für die Auslegung von Gesetzesvorschriften sein. Im übrigen ließe sich das Argument genauso gut umkehren mit dem Ergebnis, daß wegen der Schutzbedürftigkeit des Verlegers dieser als Schutzrechtsinhaber angesehen werden müsse.

Aus all dem folgt, daß § 71 UrhG die unternehmerische Leistung schützen will, die in dem erstmaligen Erscheinenlassen oder der erstmaligen öffentlichen Wie-

---

387 BT-Drucks. IV/270, S. 88.

388 BT-Drucks. 13/781, S. 14.

389 Siehe Fn. 379.

390 Ebenso *Schack*, Urheber- und Urhebervertragsrecht, Rn. 662.

391 So aber *Klinkenberg*, GRUR 1985, 419, 422.

dergabe der *editio princeps* liegt. Inhaber des Schutzrechts ist daher der Verleger.

c. Zusammenfassung

Vor Umsetzung der EU-Datenbankrichtlinie enthielt das UrhG kein auf alle Arten von Printmedien anwendbares allgemeines Leistungsschutzrecht für Verleger, und auch das in § 70 UrhG vorgesehene spezielle Leistungsschutzrecht für wissenschaftliche Ausgaben wird nicht dem Verleger, sondern dem Herausgeber gewährt.

Hingegen handelt es sich bei dem Schutz der *editio princeps* in § 71 UrhG um ein Leistungsschutzrecht, das entgegen einer verbreiteten Auffassung nicht dem Herausgeber, sondern dem Verleger des nachgelassenen Werkes im Hinblick auf seine erbrachten Investitionen zusteht. Die dem Verleger dadurch für die Dauer von 25 Jahren nach Erscheinen des Werkes gewährten Verwertungsrechte entsprechen denen eines Urhebers und sind damit sehr weitreichend. Das Recht besteht jedoch nur im Hinblick auf solche Printmedien, bei deren Inhalt es sich um ein bisher nicht erschienenes[392] urheberrechtsschutzfähiges Werk handelt, für das entweder der Urheberrechtsschutz abgelaufen ist oder das im Geltungsbereich des UrhG niemals geschützt war und dessen Urheber schon länger als 70 Jahre tot ist. Somit fallen Reprint-Ausgaben alter Bücher und Zeitschriftenbände regelmäßig nicht in den Anwendungsbereich des § 71 UrhG, da solche Werke fast alle in diesem oder im vergangenen Jahrhundert bereits einmal erschienen sind.[393] Aufgrund der engen Schutzvoraussetzungen besteht das Recht daher nur im Hinblick auf einen eng begrenzten Kreis von Printmedien.

2. Schutz über das Urhebervertragsrecht

Von praktisch weitaus größerer Relevanz für den Schutz der Leistung des Verlegers war vor Umsetzung der EU-Datenbankrichtlinie - und ist auch weiterhin - das Urhebervertragsrecht.

a. Überblick über das Urhebervertragsrecht im Verlagsbereich

Nach momentaner Gesetzeslage gibt es keine allgemeine, auf alle Vertragstypen auf dem Gebiet des Urheberrechts anwendbare Regelung zum Urhebervertragsrecht. Das UrhG enthält in seinem Fünften Abschnitt lediglich eine „rudimentäre Regelung“[394] zum Urhebervertragsrecht. Zwar hatte der Urheberrechtsgesetzge-

---

[392] Im Falle der Schutzbegründung durch öffentliche Wiedergabe darf das Werk darüber hinaus nicht bereits öffentlich wiedergegeben worden sein.

[393] *Ekrutt*, UFITA 84 (1979), 45, 57.

[394] *Schricker/Schricker*, Vor §§ 28 ff. UrhG Rn. 1.

ber 1965 die Absicht geäußert, eine umfassende Regelung in einem im Anschluß an das UrhG auszuarbeitenden Urhebervertragsgesetz zu schaffen,[395] eine Verwirklichung dieser Absicht steht jedoch noch aus.[396]

aa. Das Verlagsgesetz vom 19.06.1901

Lediglich für den Teilbereich des Verlagswesens bestehen mit dem Gesetz über das Verlagsrecht vom 19.06.1901 (VerlG) detaillierte urhebervertragsrechtliche Regelungen, die allerdings größtenteils[397] von dispositiver Natur sind. Als älteres Spezialgesetz bleibt das VerlG von dem jüngeren allgemeinen UrhG unberührt, wird jedoch durch die Vorschriften der §§ 28 ff. UrhG ergänzt und dadurch modifiziert, daß das VerlG auf urheberrechtsgesetzlichen Begriffen aufbaut.[398]

Gegenstand des VerlG sind nach dessen § 1 Verlagsverträge über Werke der Literatur oder der Tonkunst, durch die der Verfasser verpflichtet wird, dem Verleger das Werk zur Vervielfältigung und Verbreitung für eigene Rechnung zu überlassen, während der Verleger verpflichtet wird, das Werk zu vervielfältigen und zu verbreiten. Als Verfasser und damit als Verlaggeber kommen zunächst die Schöpfer urheberrechtlich geschützter Werke i.S.v. § 2 UrhG in Betracht, sofern es sich um Werke der Literatur[399] oder der Tonkunst handelt. Daneben können auch der Herausgeber als Urheber eines Sammelwerkes i.S.v. § 4 UrhG,[400] der Inhaber eines Leistungsschutzrechts an wissenschaftli-

---

395 BT-Drucks. IV/270, S. 56.

396 Zur Entwicklung der Reformpläne, die im Mai 2000 in einem „Entwurf eines Gesetzes zur Stärkung der vertraglichen Stellung von Urhebern und ausübenden Künstlern“ mündeten, siehe *Schricker*, Verlagsrecht, Einl. Rn. 26 ff.

397 Eine Ausnahme bildet § 36 VerlG; vgl. *Schricker*, Verlagsrecht, Einl. Rn. 9.

398 Vgl. *Schricker/Schricker*, Vor §§ 28 ff. UrhG Rn. 3. Einzelheiten zur Wechselwirkung von UrhG und VerlG sind dargestellt bei: *Schricker*, Verlagsrecht, Einl. Rn. 19 ff.; *Schricker*, GRUR Int. 1983, 446 ff.

399 Unter „Werke der Literatur“ fallen Sprachwerke nach § 2 Abs. 1 Nr. 1 UrhG, wozu Gedichte, Romane, Novellen, Bühnenwerke aller Art, wissenschaftliche Abhandlungen und Vorträge, politische Reden, Predigten, Zeitschriften- und Zeitungsartikel, Nachschlagewerke, Kochbücher und Rezeptsammlungen, Kataloge usw. gehören; vgl. *Schricker*, Verlagsrecht, § 1 VerlG Rn. 33. Darüber hinaus erfaßt der Begriff aber auch die Darstellungen wissenschaftlicher oder technischer Art nach § 2 Abs. 1 Nr. 7 UrhG sowie pantomimische Werke einschließlich Werke der Tanzkunst nach § 2 Abs. 1 Nr. 3 UrhG, sofern sie schriftlich niedergelegt sind; vgl. *Möhring/Nicolini-Ahlberg*, Einl. Rn. 111.

400 Der Verleger wird jedoch mit dem Herausgeber nur dann einen Verlagsvertrag abschließen, wenn der Herausgeber als Herr des Sammelwerkunternehmens anzusehen ist. Gehört das Sammelwerk als Unternehmen dem Verleger, so handelt es sich bei dem zwischen Verleger und Herausgeber geschlossenen Vertrag um einen Arbeitsvertrag, sofern der Herausgeber Angestellter des Verlegers ist, ansonsten um einen Dienst- oder Werk-

chen Ausgaben i.S.v. § 70 UrhG[401] sowie, wie sich aus §§ 39, 40 VerlG ergibt, der Verfasser eines Werkes, an dem ein Urheberrecht nicht besteht, Verlaggeber sein.

Begriffsnotwendig für das Vorliegen eines Verlagsvertrages ist auf der einen Seite die Verpflichtung des Verfassers, dem Verleger das Werk zur Vervielfältigung und Verbreitung für eigene Rechnung zu überlassen, und auf der anderen Seite die Verwertungspflicht des Verlegers.

Das dem Verleger einzuräumende Vervielfältigungs- und Verbreitungsrecht ist jedoch nicht sehr weitreichend. Es unterliegt insbesondere den Einschränkungen der §§ 2 Abs. 2, 4, 5-7 VerlG, §§ 24, 37 UrhG.[402] Zudem ist der verlagsrechtliche Vervielfältigungsbegriff auf die typischen Reproduktionsformen des Verlagsgewerbes beschränkt, d.h. auf das mechanische Druckverfahren und ihm ähnliche moderne Vervielfältigungsverfahren wie Fotokopie, Mikrokopie, elektronischer Satz und Computersatz.[403] Nicht erfaßt von dem Vervielfältigungsrecht sind vor allem auf elektronischem Weg vorgenommene Vervielfältigungen wie die Einspeicherung in elektronische Datenverarbeitungsanlagen, die Einspeisung in den Computer oder die elektronische Aufzeichnung auf CD-ROM.[404] Gleichermaßen umfaßt das Verbreitungsrecht - wie in §§ 15 Abs. 1, 17 UrhG - lediglich die Verbreitung körperlicher Vervielfältigungsstücke, nicht hingegen die Verbreitung in unkörperlicher Form, vor allem nicht die elektronische Verbreitung *online*.[405]

Die für das Vorhandensein eines Verlagsvertrages begriffsnotwendige Verwertungspflicht des Verlegers besteht bei periodischen Sammelwerken lediglich dann, wenn dem Verfasser der Zeitpunkt, in welchem der Beitrag erscheinen soll, von dem Verleger bezeichnet worden ist (§ 45 Abs. 2 VerlG). Nur wenn dies der Fall ist, handelt es sich daher bei der Annahme von Beiträgen zur Ver-

---

vertrag, der auf eine Geschäftsbesorgung gerichtet ist und dem verlagsrechtliche Elemente beigemischt sind; vgl. *Rehbinder*, Urheberrecht, Rn. 370.

401 *Möhring/Nicolini-Ahlberg*, Einl. Rn. 109 sowie *Schricker*, Verlagsrecht, § 1 VerlG Rn. 25, die auch auf die Möglichkeit verweisen, daß als „Verfasser" i.S.v. § 1 VerlG auch der Inhaber eines Leistungsschutzrechts nach § 71 UrhG in Frage kommt. Nach der hier vertretenen Auffassung (siehe E.I.1.b.bb.) ist der Verleger selbst Inhaber des Leistungsschutzrechts nach § 71 UrhG, so daß er in bezug auf nachgelassene Werke nicht des Rückgriffs auf den vertragsrechtlichen Schutz bedarf.

402 Vgl. *Schricker*, Verlagsrecht, § 8 VerlG Rn. 11.

403 *Schricker*, Verlagsrecht, § 1 VerlG Rn. 51.

404 Vgl. *Schricker*, Verlagsrecht, § 1 VerlG Rn. 51; *Straus*, Verlagsvertrag bei wissenschaftlichen Werken, 291, 312.

405 Vgl. *Rehbinder*, Urheberrecht, Rn. 345.

öffentlichung in periodischen Sammelwerken um einen Verlagsvertrag, auf den das VerlG Anwendung findet (vgl. § 41 VerlG). Fehlt es an der Verwertungspflicht des Verlegers, so liegt ein Nutzungsvertrag anderer Art, ein Abdruckvertrag, vor.[406]

Soweit sich nicht aus dem Verlagsvertrag etwas anderes ergibt, hat der Verfasser dem Verleger nach § 8 VerlG das ausschließliche Recht zur Vervielfältigung und Verbreitung (Verlagsrecht) zu verschaffen. Bei diesem gegenständlichen subjektiven Recht handelt es sich um ein ausschließliches Nutzungsrecht i.S.v. § 31 Abs. 1 S. 2, Abs. 3 S. 1 UrhG.[407] Ausnahmsweise kann allerdings auch ein einfaches Nutzungsrecht eingeräumt sein.[408] Dies ist im Zweifel der Fall bei der Überlassung von Zeitungsbeiträgen (§ 38 Abs. 3 S. 1 UrhG). Werden ausschließliche Nutzungsrechte eingeräumt, so endet die Ausschließlichkeit, sofern nichts anderes vereinbart ist, bei Zeitungen sogleich nach Erscheinen des Beitrags (§ 38 Abs. 3 S. 2 UrhG), bei sonstigen periodisch erscheinenden Sammlungen nach Ablauf eines Jahres seit Erscheinen (§ 38 Abs. 1 S. 2 UrhG).

Soweit der Schutz des Verlagsrechts es erfordert, kann der Verleger gegen den Verfasser sowie gegen Dritte die Befugnisse ausüben, die zum Schutze des Urheberrechts durch das Gesetz vorgesehen sind (§ 9 Abs. 2 VerlG). Auch ohne Zustimmung des Verfassers kann der Verleger somit nicht nur Schadensersatz-, Beseitigungs-, Unterlassungs- und Bereicherungsansprüche geltend machen, sondern ihm steht auch der Anspruch auf Vernichtung rechtswidrig hergestellter Exemplare nach § 98 UrhG sowie das Recht zu, Strafantrag zu stellen.[409] Der Umfang des Abwehrrechts richtet sich nach dem zum Schutz des Verlagsrechts Erforderlichen und erstreckt sich damit anders als das positive Nutzungsrecht nicht nur auf diejenigen Werknutzungsformen, die der Verfasser dem Verleger im Verlagsvertrag ausdrücklich eingeräumt hat.[410] Zum Schutz seines Verlagsrechts kann es z.B. erforderlich sein, daß der Verleger, der das Recht zu einer Hardcover-Ausgabe hat, gegen eine Paperback-Ausgabe vorgehen kann.[411] Auch kann der Verleger in der Regel die ihm in § 4 VerlG verbotenen Werknutzungsformen selbst verbieten.[412] Hingegen erstreckt sich das Verbietungsrecht des Verlegers weder auf diejenigen Bearbeitungs- und Werknutzungsformen, die in

---

406 *Schricker/Schricker*, Vor § 28 ff. UrhG Rn. 74.

407 *Schricker/Schricker*, Vor §§ 28 ff. UrhG Rn. 68; *Schricker*, Verlagsrecht, Einl. Rn. 2.

408 *Schricker/Schricker*, Vor §§ 28 ff. UrhG Rn. 68.

409 *Rehbinder*, Urheberrecht, Rn. 355; *Schricker*, Verlagsrecht, § 8 VerlG Rn. 8.

410 *Schricker*, Verlagsrecht, § 8 VerlG Rn. 21.

411 *Schricker*, Verlagsrecht, § 8 VerlG Rn. 5c.

412 *Schricker*, Verlagsrecht, § 8 VerlG Rn. 23.

§ 2 Abs. 2 Nr. 1-5 VerlG aufgezählt sind und dem Verfasser vorbehalten bleiben, noch, wie sich aus § 37 Abs. 1 UrhG ergibt, auf sonstige Bearbeitungen.[413]

Der Verfasser ist nach §§ 1, 10, 11 VerlG verpflichtet, dem Verleger das Werk rechtzeitig und in einem für die Vervielfältigung geeigneten Zustand abzuliefern. Ferner hat er sich nach § 2 Abs. 1 VerlG während der Dauer des Vertragsverhältnisses jeder Vervielfältigung und Verbreitung des Werkes zu enthalten, die einem Dritten während der Dauer des Urheberrechts untersagt ist.

Im Gegenzug ist der Verleger nach §§ 1, 14, 20, 21 VerlG verpflichtet, das Werk auf seine Rechnung und unter seiner Verantwortung ordnungsgemäß zu vervielfältigen und zu verbreiten,[414] und muß nach § 22 VerlG dem Verfasser die vereinbarte Vergütung oder bei fehlender Vereinbarung eine angemessene Vergütung zahlen, wenn die Überlassung des Werkes den Umständen nach nur gegen eine Vergütung zu erwarten ist. Darüber hinaus hat er unter bestimmten Voraussetzungen dem Verfasser Freiexemplare zu liefern (§ 25 VerlG), Abzüge zum Vorzugspreis zu überlassen (§ 26 VerlG) und das Manuskript zurückzugeben (§ 27 VerlG). Der Verleger ist weder berechtigt, Änderungen am Werk, am Titel oder an der Urheberbezeichnung vorzunehmen (§ 39 Abs. 1 UrhG), noch ist er berechtigt, ein Einzelwerk für eine Gesamtausgabe oder ein Sammelwerk sowie Teile einer Gesamtausgabe oder eines Sammelwerkes für eine Sonderausgabe zu verwerten (§ 4 VerlG).

Die Übertragung des Verlagsrechts und die Einräumung abgeleiteter Nutzungsrechte ist nach Maßgabe der §§ 28 VerlG, 34, 35 UrhG zugunsten des Verfassers eingeschränkt.[415] Schließlich sehen §§ 29-38 VerlG, ergänzt durch §§ 41, 42 UrhG, eine detaillierte Regelung zu den Voraussetzungen vor, unter denen der Verlagsvertrag endet oder beendigt werden kann.

bb. Die Vertragsgestaltung in der Praxis

In der Praxis findet das VerlG allerdings bedingt durch seine dispositive Natur allenfalls eine ergänzende Anwendung. Das Urhebervertragsrecht wird vielmehr von Tarifverträgen, Normverträgen sowie einseitig aufgestellten Vertragsmustern und Formularverträgen beherrscht, die die Vorschriften des VerlG häufig weitgehend abbedingen. Dies gilt insbesondere im Hinblick auf den Umfang der Rechtseinräumung an den Verleger, der in aller Regel nicht auf das verlagsrechtliche Recht zur Vervielfältigung und Verbreitung beschränkt ist, sondern sich auch auf sogenannte Nebenrechte erstreckt.

---

413 *Schricker*, Verlagsrecht, § 8 VerlG Rn. 27.

414 *Schricker*, Verlagsrecht, Einl. Rn. 4.

415 *Schricker*, Verlagsrecht, Einl. Rn. 4.

Handelt es sich bei den Urhebern um Arbeitnehmer oder um arbeitnehmerähnliche Personen, was insbesondere im Zeitschriften- und Zeitungsbereich häufig der Fall ist, so unterfallen sie vielfach den im Verlagsbereich bestehenden Tarifverträgen.[416] Außerhalb des Geltungsbereichs der Tarifverträge, insbesondere bei nicht Tarifgebundenen (§ 3 TVG), ist bei Fehlen einer speziellen arbeitsvertraglichen Regelung zudem die Vorschrift des § 43 UrhG zu beachten. Danach ist von der Einräumung eines Nutzungsrechts an den Verleger auszugehen, wenn der Urheber das Werk in Erfüllung seiner Verpflichtungen aus einem Arbeits- oder Dienstverhältnis geschaffen hat.

Außerhalb der einer tarifvertraglichen Regelung zugänglichen Bereiche finden sich häufig von Verbänden der Urheber und Verwerter gemeinsam geschaffene Normverträge. Zu nennen sind vor allem der zwischen dem Verband deutscher Schriftsteller in der IG Medien und dem Börsenverein des Deutschen Buchhandels abgeschlossene „Normvertrag für den Abschluß von Verlagsverträgen" vom 19.10.1978 in der ab 01.04.1999 gültigen Fassung,[417] die zwischen dem Deutschen Hochschulverband und dem Börsenverein des Deutschen Buchhandels am 24.03.2000 unterzeichneten „Vertragsnormen für wissenschaftliche Verlagswerke (Fassung 2000)"[418] sowie der zwischen dem Börsenverein für den Deutschen Buchhandel und dem Verband deutscher Schriftsteller in der IG Druck und Papier abgeschlossene „Normvertrag für den Abschluß von Übersetzungsverträgen" vom 04.05./13.05.1982 in der ab 01.07.1992 gültigen Fassung[419]. Diese Normverträge haben den Charakter von Vertragsmustern oder Empfehlungen.[420] Sie können den Einzelvertrag zwischen Urheber und Verleger nur mittelbar prägen, indem sie die Vertragsschließenden veranlassen, sich an das Muster zu halten.[421] Ferner können aus diesen Normverträgen auch Rück-

---

416 Abgedruckt bei *Schulze*, Urhebervertragsrecht – Materialsammlung mit Erläuterungen, 3. Auflage, München 1982, Materialien Nr. 11 ff, 48, 49, 52, 53, 108-111.

417 Abgedruckt bei *Schricker*, Verlagsrecht, Anhang 3.

418 Abgedruckt bei *Schricker*, Verlagsrecht, Anhang 2. Diese Vertragsnormen bilden die ursprünglich 1929 im „Abkommen über die Vertragsnormen bei wissenschaftlichen Verlagswerken" festgelegten und 1951 sowie 1980 revidierten Vertragsnormen fort. Sie werden erstmals durch Musterverträge für den Abschluß von Verlags- und anderen Verträgen in Zusammenhang mit wissenschaftlichen Publikationen konkretisiert.

419 Abgedruckt bei *Schricker*, Verlagsrecht, Anhang 4.

420 *Schricker/Schricker*, Vor §§ 28 ff. UrhG Rn. 6.

421 *Schricker/Schricker*, Vor §§ 28 ff. UrhG Rn. 7. So verpflichten sich z.B. die vertragsschließenden Partner im Rahmenvertrag zum „Normvertrag für den Abschluß von Verlagsverträgen", darauf hinzuwirken, daß ihre Mitglieder nicht ohne sachlich gerechtfertigten Grund zu Lasten des Autors von diesem Normvertrag abweichen. Gleichermaßen verpflichten sich die vertragsschließenden Verbände der „Vertragsnormen für wissen-

schlüsse auf Usancen, Bräuche und Verkehrssitten sowie unter Umständen auch auf die ethische Bewertung gewisser Praktiken durch beteiligte Kreise gezogen und somit Anhaltspunkte für die Auslegung von Einzelverträgen gewonnen werden.[422]

Schließlich wird das Urhebervertragsrecht, abgesehen von den oben genannten Tarif- und Normverträgen, von einseitig aufgestellten Vertragsmustern und Formularverträgen beherrscht, die zumeist von den Verwerterunternehmen und deren Verbänden stammen.[423]

Aus all dem ergibt sich, daß die Vertragspraxis im Verlagsbereich ein „buntes Bild“[424] bietet, das durch einige zwingende Normen des UrhG, dispositive Vorschriften des VerlG, normative Tarifverträge, auf die Verlagsverträge einwirkende Normverträge, Vertragsmuster und Formularverträge sowie im Zeitschriften- und teilweise im Zeitungsbereich auch durch stillschweigend geschlossene Verträge gekennzeichnet ist[425].

b. Der dem Verleger durch das Urhebervertragsrecht gewährte Schutz

Das Urhebervertragsrecht gewährt dem Verleger einen vom Rechtsinhaber abgeleiteten Schutz.

aa. Einem urhebervertragsrechtlichen Schutz zugängliche Printmedien

Der urhebervertragsrechtliche Schutz steht dem Verleger daher nur im Hinblick auf solche Printmedien offen, bei deren Inhalt es sich um ein urheberrechtlich geschütztes Werk handelt. Zwar sehen §§ 39 , 40 VerlG auch die Möglichkeit vor, daß ein Verlagsvertrag über ein ungeschütztes Werk abgeschlossen wird. Der dem Verleger dadurch gewährte Schutz bleibt jedoch weit hinter dem Schutz zurück, der ihm durch die Übertragung eines ausschließlichen Nutzungsrechts an einem urheberrechtlich geschützten Werk zukommt. Durch die in § 39 Abs. 3 VerlG statuierte Enthaltungspflicht des Verfassers wird der Verleger

---

schaftliche Verlagswerke (Fassung 2000)“, ihren Mitgliedern zu empfehlen, sich an die Vertragsnormen und damit an die Musterverträge beim Abschluß von Verträgen über wissenschaftliche Verlagswerke zu halten.

422 *Schricker/Schricker*, Vor §§ 28 ff. UrhG Rn. 7.

423 *Schricker/Schricker*, Vor §§ 28 ff. UrhG Rn. 9. Siehe insbesondere die Muster- und Standardverträge bei: *Delp*, Der Verlagsvertrag, 6. Auflage, München 1994; *Nordemann*, in: *Schütze/Weipert*, Münchener Vertragshandbuch, Band 3, Wirtschaftsrecht, 1. Halbband, 4. Auflage, München 1998, IX.4 - IX.15; *Schulze*, Urhebervertragsrecht – Materialsammlung mit Erläuterungen, 3. Auflage, München 1982.

424 *Schricker*, Verlagsrecht, Einl. Rn. 11.

425 Vgl. *Schricker*, Verlagsrecht, Einl. Rn. 11.

lediglich für die Dauer von sechs Monaten nach Veröffentlichung des Werkes davor geschützt, daß der Verfasser mit ihm in Wettbewerb tritt. Dem Verleger stehen jedoch keine Verbietungsrechte gegen einen Konkurrenzverleger, dem das Werk unbefugt überlassen wurde, zu, da er kein Verlagsrecht besitzt (vgl. § 39 Abs. 1 VerlG).[426] Diesem gegenüber ist er auf einen Schutz durch das Wettbewerbsrecht angewiesen.

Damit der Verleger in den Genuß des eigentlichen, weitreichenden urhebervertragsrechtlichen Schutzes kommen kann, ist es dementsprechend erforderlich, daß sein Printmedium einem urheberrechtlichen Schutz zugänglich ist. Keinen Schutz kann das Urhebervertragsrecht dem Verleger somit in bezug auf solche Werke bieten, die wegen Ablaufs der urheberrechtlichen Schutzfrist gemeinfrei geworden sind.

Vor allem vermag das Urhebervertragsrecht den Verleger aber nicht in bezug auf solche Werke schützen, die den Anforderungen der „persönlichen geistigen Schöpfung" i.S.v. § 2 Abs. 2 UrhG nicht genügen. Entscheidend dafür ist die Individualität des Werkes, d.h. ob das Werk vom individuellen Geist des Urhebers geprägt ist.[427] Die Rechtsprechung stellt dabei bei den einzelnen Werkkategorien unterschiedliche Anforderungen an das erforderliche Ausmaß der Individualität des Werkes, an dessen Gestaltungshöhe.[428] Bei literarischen Werken, bei denen sich die Individualität aus der Gedankenformung und -führung des dargestellten Stoffes, d.h. der Art, wie der Stoff vom Urheber verarbeitet wird, ergibt,[429] werden - wie bei Werken der Musik[430] und bei Werken der bildenden Kunst[431] - grundsätzlich nur geringe Anforderungen an die Individualität gestellt.[432] Da somit auch die „kleine Münze", bei der das Maß der Individualität und Eigenständigkeit auf ein Minimum herabgesetzt ist,[433] geschützt wird, erfüllen literarische Werke in aller Regel das Erfordernis der persönlichen geistigen Schöpfung.

---

426 *Schricker*, Verlagsrecht, §§ 39/40 VerlG Rn. 6.

427 *Schricker/Loewenheim*, § 2 UrhG Rn. 23.

428 Überblick bei *Schricker/Loewenheim*, § 2 UrhG Rn. 32 ff.

429 Vgl. *Möhring/Nicolini-Ahlberg*, § 2 UrhG Rn. 86; *Schricker/Loewenheim*, § 2 UrhG Rn. 83.

430 Dazu *Schricker/Loewenheim*, § 2 UrhG Rn. 121.

431 Dazu *Schricker/Loewenheim*, § 2 UrhG Rn.. 137.

432 Vgl. *Schricker/Loewenheim*, § 2 UrhG Rn. 88.

433 *Fromm/Nordemann-Vinck*, § 2 UrhG Rn. 19; *Schack*, Urheber- und Urhebervertragsrecht, Rn. 260. Kritisch zum Schutz der „kleinen Münze": *Rehbinder*, Urheberrecht, Rn. 51; *Schack*, Urheber- und Urhebervertragsrecht, Rn. 264 f.; *Schulze*, Die kleine Münze, S. 279 ff.; *Thoms*, Schutz der kleinen Münze, S. 272 f. Für den urheberrechtlichen Schutz der „kleinen Münze": *Schricker/Schricker*, Einl. Rn. 30.

Auch die einzelnen Beiträge in Zeitungen und Zeitschriften sind regelmäßig nach § 2 Abs. 1 Nr. 1 UrhG als Schriftwerke geschützt.[434] Lediglich bei schlichten Nachrichten oder Mitteilungen tatsächlichen Inhalts, z.B. Mitteilungen über aus Agenturmeldungen übernommene Tagesneuigkeiten oder über Personalveränderungen in Unternehmen, verneint der BGH die urheberrechtliche Schöpfungshöhe.[435]

Anders stellte sich jedoch die Situation für solche Werke dar, bei denen sich die Gestaltungshöhe nicht aus der Gedankenformung und -führung, sondern vor allem aus der Form und der Art der Sammlung und Anordnung des dargebotenen Stoffes ergibt, wie dies bei wissenschaftlichen Werken[436] und bei Sammelwerken[437] der Fall ist.[438] Solche Werke mußten nach den vom BGH in den 1980er Jahren aufgestellten Kriterien das Erfordernis einer erheblich über dem durchschnittlichen Schaffen liegenden Gestaltung erfüllen, um urheberrechtlich geschützt zu werden.[439] Konsequenz dieser Rechtsprechung war, daß der „kleinen Münze" kein urheberrechtlicher Schutz zukam.[440] In der Folgezeit rückte der BGH[441] jedoch von den hohen Anforderungen an die Gestaltungshöhe wieder ab und kehrte zu dem bereits in früheren Entscheidungen[442] herangezogenen Erfordernis eines bescheidenen Maßes an geistiger Leistung und somit zum Schutz

---

434 *Schricker/Loewenheim*, § 2 UrhG Rn. 116. Auch der Gesetzgeber geht in § 49 UrhG von der grundsätzlichen Werkqualität von Beiträgen in Zeitungen aus.

435 BGH v. 16.01.1997, GRUR 1997, 459, 461 – CB-infobank I.

436 vgl. BGH v. 09.05.1985, GRUR 1985, 1041, 1047 – Inkasso-Programm; BGH v. 17.04.1986, GRUR 1986, 739, 741 – Anwaltsschriftsatz; BGH v. 12.07.1990, GRUR 1991, 130, 132 – Themenkatalog; BGH v. 10.10.1991, GRUR 1993, 34, 36 – Bedienungsanweisung; BGH v. 16.01.1997, GRUR 1997, 459, 461 – CB infobank I.

437 Vgl. § 4 UrhG.

438 Ausführlich zur Entwicklung der Rechtsprechung zur Frage, welche Anforderungen an die Gestaltungshöhe einer traditionellen Informationssammlung zur Begründung der Werkseigenschaft zu stellen sind: *Kappes*, Computergestützte Informationssammlungen, S. 41 ff.; *Mehrings*, Computergestützte Fachinformationen, S. 118 ff.

439 BGH v. 29.03.1984 , GRUR 1984, 659, 661 – Ausschreibungsunterlagen; BGH v. 09.05.1985, GRUR 1985, 1041, 1047 f. – Inkasso-Programm; BGH v. 17.04.1986, GRUR 1986, 739, 741 – Anwaltsschriftsatz; BGH v. 10.10.1991, GRUR 1993, 34, 36 – Bedienungsanweisung.

440 *Hornung*, EU-Datenbank-Richtlinie, S. 36 f.

441 BGH v. 12.03.1987, GRUR 1987, 704, 706 – Warenzeichenlexika; BGH v. 12.07.1990, GRUR 1991, 130, 132 f. – Themenkatalog; BGH v. 21.11.1991, GRUR 1992, 382, 385 – Leitsätze.

442 Vgl. BGH v. 07.12.1979, GRUR 1980, 227, 231 – Monumenta Germaniae Historica; BGH v. 21.11.1980, GRUR 1981, 352, 353 – Staatsexamensarbeit.

der „kleinen Münze“ bei wissenschaftlichen Werken und bei Sammelwerken[443] zurück.[444]

Nicht urheberrechtsschutzfähig mangels Individualität ist jedoch weiterhin das rein handwerkliche, alltägliche Schaffen.[445] Dies wirkt sich vor allem auf den urheberrechtlichen Schutz von Informationssammlungen aus. Denn insbesondere wenn Auswahl oder Anordnung des Inhaltes sich aus der Natur der Sache ergeben, durch Zweckmäßigkeit oder Logik vorgegeben sind oder nach allgemein gebräuchlichen Ordnungsprinzipien erfolgen, wie dies z.B. bei einer numerischen, alphabetischen oder chronologischen Anordnung der Fall ist, ist individuelles Schaffen nicht möglich.[446] Adressen-, Fernsprech- oder Branchenverzeichnisse, Fernseh-, Rundfunk- oder Theaterprogramme, Preislisten, Sammlungen von Börsenverzeichnissen etc. sind daher häufig nicht urheberrechtlich schutzfähig, da sie vielfach auf Vollständigkeit angelegt sind und allgemein gebräuchlichen Ordnungsprinzipien folgen.[447]

Insgesamt läßt sich jedoch festhalten, daß die Inhalte einer Vielzahl von Printmedien den Erfordernissen der persönlichen geistigen Schöpfung genügen und somit einem urheber(vertrags)rechtlichen Schutz zugänglich sind. So besitzen nicht nur literarische Werke, Zeitungs- und Zeitschriftenbeiträge regelmäßig die erforderliche Individualität. Auch wissenschaftliche Werke sind, nachdem die Rechtsprechung wieder zum Schutz der „kleinen Münze“ zurückgekehrt ist, häufig als Schriftwerke nach § 2 Abs. 1 Nr. 1 UrhG geschützt. Ferner weisen Festschriften, Enzyklopädien, Anthologien, Konversationslexika, Wörterbücher, Jahrbücher, Liederbücher, Lesebücher, Zeitungen und Zeitschriften in der Regel Werkqualität auf und sind damit als Sammelwerke i.S.v. § 4 UrhG schutzfä-

---

443 Die vom BGH nun für die Gestaltungshöhe von Sammelwerken herangezogenen Anforderungen entsprechen dem Erfordernis der „eigenen geistigen Schöpfung“ nach Art. 3 Abs. 1 der EU-Datenbankrichtlinie und machten somit eine Änderung des Urheberrechtsgesetzes entbehrlich; vgl. *Heinrich*, WRP 1997, 275, 281; *Hornung*, EU-Datenbank-Richtlinie, S. 37; *Kappes*, Computergestützte Informationssammlungen, S. 266 f. Kritisch zur Nichtaufnahme des Kriteriums der eigenen geistigen Schöpfung angesichts der Uneinheitlichkeit der Instanzgerichte über die urheberrechtliche Schutzfähigkeit von Telefonbüchern: *Leistner*, Rechtsschutz von Datenbanken, S. 275; *Nordemann/Czychowski*, NJW 1998, 1603, 1606.

444 Vgl. *Hornung*, EU-Datenbank-Richtlinie, S. 36 f.; *Schricker*, GRUR 1996, 815, 817.

445 Vgl. BGH v. 12.03.1987, GRUR 1987, 704, 706 - Warenzeichenlexika; *Kappes*, Computergestützte Informationssammlungen, S. 43; *Schack*, Urheber- und Urhebervertragsrecht, Rn. 165; *Schricker/Loewenheim*, § 2 UrhG Rn. 26.

446 Vgl. *Schricker/Loewenheim*, § 4 UrhG Rn. 9.

447 *Heinrich*, WRP 1997, 275, 276. In bezug auf Telefonverzeichnisse: BGH v. 06.05.1999, GRUR 1999, 923, 924 f. – Tele-Info-CD.

hig.[448] Darüber hinaus sind, wie sich aus der Verweisung auf die Vorschriften des Ersten Teils ergibt, auch solche Printmedien einem urhebervertragsrechtlichen Schutz zugänglich, bei denen es sich um wissenschaftliche Ausgaben i.S.v. § 70 Abs. 1 UrhG handelt.

bb. Reichweite des urhebervertragsrechtlichen Schutzes

Wie weit der urhebervertragsrechtliche Schutz reicht, ist eine Frage der Vertragsgestaltung.

(1) Einräumung von Nutzungsrechten

Dem Verleger ist durch die dispositive Natur des VerlG die Möglichkeit eröffnet, sich nicht nur das im VerlG vorgesehene begrenzte Vervielfältigungs- und Verbreitungsrecht (Verlagsrecht), sondern darüber hinausgehende, weitreichende Nutzungsrechte einräumen zu lassen. Zwar steht die Zweckübertragungsregel des § 31 Abs. 5 UrhG der pauschalen Gewährung eines umfassenden Nutzungsrechts entgegen, und es besteht bei Auslegungszweifeln auch keine den §§ 88, 89 UrhG entsprechende Vermutungsregel zugunsten des Verlegers. Jedoch bleibt es den Vertragsparteien unbenommen, durch eine detaillierte Auflistung der einzelnen Rechte dem Verleger im Ergebnis ein umfassendes Nutzungsrecht einzuräumen.

Von dieser Möglichkeit wird in den in der Praxis verwendeten Verträgen in aller Regel Gebrauch gemacht.[449] Dem Verleger werden üblicherweise sowohl „buchnahe" als auch „buchferne" Nebenrechte eingeräumt, die er gewöhnlich nur zum Teil selbst auswertet, zum Teil in den gesetzlich vorgeschriebenen Grenzen der §§ 28 VerlG, 34, 35 UrhG weiterüberträgt oder an denen er abgeleitete Nutzungsrechte bestellt.[450] Zu den „buchnahen" Nebenrechten gehören z.B. das Recht zur Veranstaltung von Taschenbuch-, Volks-, Sonder-, Reprint-, Schul- oder Buchgemeinschaftsausgaben, das Recht zum Vorab- und Nachdruck in Zeitungen oder Zeitschriften, das Übersetzungsrecht oder das Recht zur Veranstaltung von Mikrokopie-Ausgaben und zu sonstiger Vervielfältigung.[451] Auch

---

[448] Vgl. *Schricker/Loewenheim*, § 4 UrhG Rn. 8.

[449] Siehe auch *Möhring/Nicolini-Ahlberg*, Einl. Rn. 112, die darauf hinweisen, daß gerade der Erwerb von Nebenrechten für die Verlage heutzutage immer wichtiger wird, da sich die Verlage zunehmend mit dem *Electronic Publishing* und Musikverlage nicht mehr mit der Vervielfältigung und Verbreitung von Noten befassen, sondern hauptsächlich mit der Auswertung der Rechte zur Wiedergabe in unkörperlicher Form sowie der mechanischen Vervielfältigung und dem Filmrecht befassen.

[450] *Schricker/Schricker*, Vor §§ 28 ff. UrhG Rn. 70; *Schricker*, Verlagsrecht, Einl. Rn. 2.

[451] Vgl. *Knaak*, Der Verlagsvertrag im Bereich der Belletristik, S. 263, 273. Vgl. auch § 2 Abs. 2 des „Normvertrags für den Abschluß von Verlagsverträgen" sowie § 2 Abs. 2

das Recht zur Übertragung auf Trägermaterial zur digitalen Wiedergabe und zu dessen Vervielfältigung wird ungeachtet noch bestehender Unklarheiten über die urheberrechtliche Einordnung von digitalen Speicherungen[452] in den neueren Verlagsverträgen als „buchnahes“ Nebenrecht aufgenommen.[453] „Buchferne“ Nebenrechte sind unter anderem das Vortrags-, Aufführungs-, Vorführungs- und Senderecht, das Recht zur Verfilmung, das Recht zur Bearbeitung, das Recht, das Werk in Datenbanken, Dokumentationssysteme oder in Speicher ähnlicher Art, wie z.B. das Internet, einzubringen und das eingebrachte Werk elektronisch zu übermitteln, sowie das Recht zum Ausleihen und Vermieten.[454]

Lediglich in bezug auf noch nicht bekannte Nutzungsarten kann nach § 31 Abs. 4 UrhG weder ein Nutzungsrecht eingeräumt noch eine Verpflichtung hierzu eingegangen werden. Dadurch soll der Urheber davor geschützt werden, daß er sich in Unkenntnis künftiger technischer Entwicklungen seiner Rechte begibt, ohne die wirtschaftliche Tragweite einschätzen zu können.[455] Eine Nutzungsart ist schon dann nicht mehr neu, wenn ihre wirtschaftliche Bedeutung und Verwertbarkeit bekannt ist.[456] Dies wird bei der elektronischen Nutzung von in Printmedien erschienenen Beiträgen in *Online*-Datenbanken ab 1984, auf CD-ROMs ab 1988 und im Internet ab 1995 angenommen.[457] Verträge, die vor dem

---

des Vertragsmusters für einen Autoren-Verlagsvertrag (für Schriftwerke aller Art), abgedruckt bei *Nordemann*, a.a.O. (siehe Fn. 423), IX.5.

452 Momentan noch bestehende Unklarheiten über die rechtliche Behandlung von digitalen Speicherungen und Übermittlungen werden aber nach Umsetzung der Richtlinie 2001/29/EG des Europäischen Parlaments und des Rates vom 22. Mai 2001 zur Harmonisierung bestimmter Aspekte des Urheberrechts und der verwandten Schutzrechte in der Informationsgesellschaft (EU-Urheberrechtsrichtlinie), abgedruckt in GRUR Int. 2001, 745 ff., beseitigt.

453 Vgl. z.B. § 2 Abs. 2 lit. f des Vertragsmusters für einen Autoren-Verlagsvertrag (für Schriftwerke aller Art), abgedruckt bei *Nordemann*, a.a.O. (siehe Fn. 423), IX.5. Der „Normvertrag für den Abschluß von Verlagsverträgen“ vom 19.10.1978 in der Fassung vom 01.04.1999 enthält momentan hingegen lediglich Rechte in bezug auf körperliche elektronische Ausgaben. Er sieht jedoch vor, daß sich der Verband deutscher Schriftsteller in der IG Medien und der Börsenverein über eine Ergänzung des Normvertrages verständigen, sobald sich die Rahmenbedingungen für elektronische Werknutzung in Datenbanken und *Online*-Datenbanken geklärt haben, und verweist darauf, daß bis dahin entsprechende Rechtseinräumungen einzelvertraglich geregelt werden sollten.

454 Vgl. § 2 Abs. 3 des Vertragsmusters für einen Autoren-Verlagsvertrag (für Schriftwerke aller Art), abgedruckt bei *Nordemann*, a.a.O. (siehe Fn. 423), IX.5.

455 *Götting*, Grundlagen, S. 53, 71.

456 BGH v. 26.01.1995, GRUR 1995, 212, 213 – Videozweitauswertung III; BGH v. 16.01.1997, GRUR 1997, 464, 465 – CB-infobank II.

457 *Van Look*, ZIP 1998, 454, 457.

jeweiligen Zeitpunkt abgeschlossen wurden, vermochten es somit nicht, dem Verleger, auch wenn sie ihm ansonsten ein umfassendes Nutzungsrecht gewährten, das Nutzungsrecht für die jeweilige neue Nutzungsart einzuräumen.

Mit Ausnahme dieser Regelung des § 31 Abs. 4 UrhG ist es dem Verleger jedoch möglich, vom Urheber vertraglich ein zwar den Schranken des Urheberrechts unterliegendes, ansonsten aber inhaltlich, zeitlich und räumlich unbeschränktes und damit umfassendes ausschließliches Nutzungsrecht eingeräumt zu bekommen. Dieses Recht ermächtigt ihn nach § 31 Abs. 3 UrhG, das Werk unter Ausschluß aller anderen Personen einschließlich des Urhebers auf die ihm erlaubte Art zu nutzen und einfache Nutzungsrechte einzuräumen. Insbesondere kann er die dem Urheber in §§ 97 ff. UrhG gewährten zivilrechtlichen Ansprüche auch ohne Zustimmung des Urhebers geltend machen[458] und ist berechtigt, in den Fällen der §§ 106, 108 UrhG Strafantrag nach § 109 UrhG zu stellen[459].

(2) Abtretung von gesetzlichen Vergütungsansprüchen

Dem Verleger wird durch das Urhebervertragsrecht aber nicht nur die Möglichkeit eröffnet, ein umfassendes Nutzungsrecht eingeräumt zu bekommen. Darüber hinaus können dem Verleger vertraglich auch gesetzliche Vergütungsansprüche abgetreten werden.[460]

(a) Für den Verleger zentrale Vergütungsansprüche

Bei den gesetzlichen Vergütungsansprüchen handelt es sich zum Teil[461] um eigenständige Rechte, durch die über den Bereich der absoluten Berechtigungen hinaus dem Urheber noch ein materieller Vorteil gesichert werden soll; größtenteils[462] werden die gesetzlichen Vergütungsansprüche aber als Ausgleich für im Rahmen der Sozialbindung des Eigentums (Art. 14 Abs. 2 GG) zulässige Verwertungshandlungen gewährt.[463]

---

[458] Vgl. *Fromm/Nordemann-Hertin*, §§ 31/32 UrhG Rn. 3; *Schricker/Wild*, § 97 UrhG Rn. 28, §§ 98/99 UrhG Rn. 11.

[459] *Schricker/Wild*, § 109 UrhG Rn. 3, 6.

[460] Für diese vom Urheberrecht sich ablösenden schuldrechtlichen Ansprüche gilt das Übertragungsverbot des § 29 S. 2 UrhG nicht; vgl. *Rossbach*, Vergütungsansprüche, S. 117; *Schricker/Schricker*, Vor §§ 28 ff. UrhG Rn. 30. Zum Teil wird zum Schutz des Urhebers angenommen, daß den Vergütungsansprüchen eine dem Urheber verbleibende Verfügungsbefugnis als Stammrecht zugrunde liegt, vgl. *Rossbach*, Vergütungsansprüche, S. 116 f.; *Schricker/Schricker*, § 29 UrhG Rn. 10. Kritisch zu dieser Konstruktion: *Schack*, Urheber- und Urhebervertragsrecht, Rn. 433.

[461] §§ 26, 27 Abs. 1 UrhG

[462] Z.B. §§ 54, 54 a UrhG.

[463] *Forkel*, Gebundene Rechtsübertragungen, S. 214; *Schricker/Schricker*, Einl. Rn. 20.

Im Rahmen der Sozialbindung des Eigentums sind auch einige Verwertungshandlungen zulässig, hinsichtlich derer grundsätzlich eine Schutzbedürftigkeit[464] des Verlegers gegeben ist.

So ist nach § 17 Abs. 2 UrhG die Weiterverbreitung des Originals oder eines Vervielfältigungsstückes eines Werkes zulässig, das mit Zustimmung des zur Verbreitung Berechtigten im Gebiet der Europäischen Union oder eines anderen Vertragsstaates des Abkommens über den Europäischen Wirtschaftsraum im Wege der Veräußerung in Verkehr gebracht worden ist. Ist dies der Fall, so steht dem Verleger zwar weiterhin das (vom Urheber abgeleitete) Verbietungsrecht gegen die Vermietung der von ihm verlegten Werke z.B. durch Lesezirkel zu, da die Vermietung von dem Erschöpfungsgrundsatz ausgenommen ist. Hingegen kann der Verleger das Ausleihen der von ihm verlegten Werke durch Bibliotheken nicht mehr untersagen.[465]

Auch gegen die seine schutzwürdigen Interessen beeinträchtigenden Vervielfältigungs- und Verbreitungshandlungen von Verlegerkonkurrenten ist die (vom Urheber abgeleitete) rechtliche Handhabe des Verlegers insoweit eingeschränkt, als daß diese unter den Voraussetzungen des § 46 Abs. 1 UrhG bestimmte, von ihm verlegte Werke in Teilen und ausnahmsweise auch im ganzen in Sammlungen für den Kirchen- , Schul- oder Unterrichtsgebrauch aufnehmen dürfen.

Weiterhin sind die Vervielfältigung und Verbreitung einzelner Artikel aus Zeitungen und anderen lediglich Tagesinteressen dienenden Informationsblättern in anderen Zeitungen und Informationsblättern dieser Art in den Grenzen des § 49 Abs. 1 UrhG zulässig. Durch diese Vorschrift wird vor allem die Tätigkeit von Pressespiegelherstellern[466] privilegiert, so daß auch insoweit die (vom Urheber abgeleiteten) Rechtsschutzmöglichkeiten des Verlegers eingeschränkt sind.

---

[464] Hierzu siehe oben (B.III.2.)

[465] *Schricker/Loewenheim*, § 17 UrhG Rn. 56.

[466] Nach überwiegender Ansicht in der Literatur ist die Schrankenregelung des § 49 Abs. 1 UrhG dabei nicht nur auf herkömmliche, sondern zudem auch auf elektronische Pressespiegel anwendbar; vgl. *Eidenmüller*, CR 1992, 321, 323; *Fischer*, ZUM 1995, 117, 121; *Hoeren*, MMR 1999, 412, 413 (Anm. zu BGH v. 10.12.1998 – Elektronische Pressearchive); *Schricker/Melichar*, § 49 UrhG Rn. 33. Es wird darauf verwiesen, daß es auf das Trägermedium nicht ankomme. Das Urheberrecht sei offen für den technischen Fortschritt, der die immer häufiger vorkommende Ablösung des Papiers als Trägermedium durch die elektronische Speicherung bedinge. Schließlich dienten elektronische Pressespiegel ebenso der schnellen Unterrichtung wie herkömmliche Pressespiegel und erfüllten diesen Zweck sogar noch besser als diese.

Schließlich dürfen Privatleute, Unternehmen, Betriebe, Behörden, Hochschulen, Schulen, Bibliotheken etc. in den Grenzen des § 53 Abs. 1 und Abs. 2 UrhG ebenso Vervielfältigungen vornehmen, wie dies unter den Voraussetzungen des § 53 Abs. 3 UrhG zum Unterrichts- und Prüfungsgebrauch statthaft ist. Gleichermaßen ist nach der Rechtsprechung des BGH[467] die Tätigkeit einer als Kopienversanddienst agierenden öffentlichen Bibliothek, die auf Einzelbestellung Vervielfältigungen einzelner Zeitschriftenbeiträge fertigt, um sie an den Besteller im Wege des Post- oder Faxversands zu übermitteln, zulässig, wenn sich der Besteller auf einen durch § 53 UrhG privilegierten Zweck berufen kann.[468]

Auch in bezug auf diese nach den Bestimmungen des UrhG zulässigen Verwertungshandlungen, die die schutzwürdigen Interessen des Verlegers berühren, sieht das UrhG gesetzliche Vergütungsansprüche des Urhebers vor. So bestimmt § 27 Abs. 2 UrhG, daß dem Urheber für das Verleihen von Originalen oder Vervielfältigungsstücken eines Werkes, deren Weiterverbreitung nach dem Erschöpfungsgrundsatz des § 17 Abs. 2 UrhG zulässig ist, eine angemessene Vergütung (die Bibliothekstantieme) zu zahlen ist, wenn die Originale oder Vervielfältigungsstücke durch eine der Öffentlichkeit zugängliche Einrichtung[469] verliehen werden. Ferner ist dem Urheber für die nach § 46 UrhG zulässige Aufnahme eines Werkes in Sammlungen für den Kirchen-, Schul- oder Unterrichtsgebrauch sowie für die nach § 49 UrhG statthafte Übernahme einzelner Zeitungsartikel durch Pressespiegelhersteller eine angemessene Vergütung zu zahlen (§§ 46 Abs. 4, 49 Abs. 1 S. 2 UrhG).

Schließlich gewährt § 54 a UrhG dem Urheber eines Werkes, bei dem nach der Art des Werkes zu erwarten ist, daß es nach §§ 53 Abs. 1 - 3 UrhG durch Ablichtung eines Werkstücks oder in einem Verfahren vergleichbarer Wirkung vervielfältigt wird, einen Vergütungsanspruch gegen den Hersteller, gegen den gewerblichen Importeur und unter bestimmten Voraussetzungen gegen den Händler von Reprographiegeräten (Abs. 1) sowie gegen bestimmte Großbetrei-

---

467 BGH v. 25.02.1999, MMR 1999, 665 ff. – Kopienversanddienst; ebenso *Nippe*, ZUM 1998, 382, 384 ff; aA *Baronikians*, Kopienversanddienste, S. 13 ff.

468 Hingegen war nach den in BGH v. 16.01.1997, GRUR 1997, 459 ff. – CB-infobank I sowie in BGH v. 10.12.1998, WRP 1999, 417 ff. - Elektronische Pressearchive vorliegenden Sachverhalten die Tätigkeit des in Rede stehenden Recherchedienstes bzw. elektronischen Pressesarchivherstellers nicht von § 53 UrhG privilegiert.

469 Verpflichtet sind nicht nur die Bibliotheken und Sammlungen des Staates, der Gemeinden und anderer öffentlicher Körperschaften, sondern auch nichtstaatliche Bibliotheken und Sammlungen, sofern sie der Öffentlichkeit zugänglich sind; vgl. *Schrikker/Loewenheim*, § 27 UrhG Rn. 17.

ber[470] von Reprographiegeräten (Abs. 2). Gleichermaßen hat der BGH im „Kopienversanddienst"-Urteil[471] in dem Fall, daß die Tätigkeit einer als Kopienversanddienst agierenden öffentlichen Bibliothek nach § 53 UrhG zulässig ist, in analoger Anwendung der §§ 27 Abs. 2, Abs. 3, 49 Abs. 1, 54 a Abs. 2, 54 h Abs. 1 UrhG einen Anspruch des Urhebers auf angemessene Vergütung anerkannt, der nur durch eine Verwertungsgesellschaft geltend gemacht werden kann.[472]

(b) Abtretung

In der Praxis werden die gesetzlichen Vergütungsansprüche regelmäßig durch Verwertungsgesellschaften wahrgenommen. Für den Verlagsbereich ist dabei vor allem die VG Wort[473] von Bedeutung, die die Rechte an Sprachwerken wahrnimmt, die von Urhebern und Verlagen eingebracht werden.[474]

Der Verleger läßt sich regelmäßig pauschal[475] alle durch die VG Wort wahrgenommenen Rechte des Urhebers zur gemeinsamen Einbringung einräumen.[476]

---

470 Unbefriedigend ist allerdings, daß von der Betreiberabgabe weder Behörden noch freie Berufe oder die gewerbliche Wirtschaft erfaßt werden, da auch in diesen Bereichen in erheblichem Umfang urheberrechtlich geschütztes Material kopiert wird; vgl. *Schrikker/Loewenheim*, § 54 a UrhG Rn. 2.

471 BGH v. 25.02.1999, MMR 1999, 665, 668 ff.

472 Als Folge dieses Urteils wurde am 01.09.2000 zwischen der Bundesrepublik Deutschland und den Bundesländern einerseits und der VG Wort und der VG Bild Kunst andererseits der „Vertrag zur Abgeltung urheberrechtlicher Ansprüche für den Direktversand von Kopien durch der Öffentlichkeit zugängliche Einrichtungen" (Gesamtvertrag „Kopiendirektversand") abgeschlossen (im Internet abrufbar unter: http://www.bdbibl.de/dbv/rechtsgrundlagen/urheberrecht.html, abgerufen am 06.11.2001).

473 Die VG Wort ist nach § 1 ihrer Satzung ein gemeinnütziger rechtsfähiger Verein, dessen Zweck es ist, die urheberrechtlichen Befugnisse seiner Mitglieder und Wahrnehmungsberechtigten treuhänderisch wahrzunehmen, die ihm vertraglich diese Wahrnehmung anvertrauen. Ihre Wahrnehmungsberechtigten sind Wortautoren und Verleger.

474 *Schricker*, Verlagsrecht, Einl. Rn. 17.

475 Problematisch hierbei ist, ob auf eine solche pauschale Einräumung gesetzlicher Vergütungsansprüche die Zweckübertragungsregel des § 31 Abs. 5 UrhG analoge Anwendung findet mit der Folge, daß im Zweifel nicht mehr Rechte abgetreten werden, als zur Erreichung des Vertragszwecks erforderlich ist. Die analoge Anwendung des § 31 Abs. 5 UrhG auf die Abtretung von Vergütungsansprüchen wird von der wohl vorherrschenden Ansicht angenommen; vgl. *Rossbach*, Vergütungsansprüche, S. 129 f.; *Schricker*, Verlagsrecht, § 2 VerlG Rn. 34; *Schricker/Schricker*, §§ 31/32 UrhG Rn. 37. Die Problematik tritt praktisch allerdings nicht voll hervor, soweit die Vergütungsansprüche über Verwertungsgesellschaften geltend gemacht werden, denen sowohl Urheber als auch Verleger angehören, wie dies bei der VG Wort der Fall ist; vgl. *Schricker*, Verlagsrecht, § 2 VerlG Rn. 34.

Da die Urheber diese Ansprüche zudem häufig auch in Wahrnehmungsverträgen an die VG Wort abtreten, stellt sich theoretisch die Frage, welche Abtretung zuerst erfolgte, da der Anspruch nur einmal wirksam abgetreten werden kann.[477] Hat der Urheber seine Ansprüche zuerst an die VG Wort abgetreten, so müßte er den vollen Betrag der auf sein Werk entfallenden Vergütung erhalten, wohingegen dieser Betrag bei einer Erstabtretung an den Verleger – nach Abschluß eines Wahrnehmungsvertrages mit der VG Wort – dem Verleger zustünde.[478] Jedoch würde es für die VG Wort zu einem kaum tragbaren verwaltungstechnischen Aufwand führen, wenn sie in jedem Einzelfall prüfen müßte, was in den Verträgen zwischen dem einzelnen Verleger und seinem Autor geregelt ist und ob eine eventuell vereinbarte Abtretung zeitlich vor einer Abtretung an die VG Wort erfolgte. In der Praxis wird das Problem daher dadurch gelöst, daß sich die Aufteilung der jeweiligen Beträge nach den in den Verteilungsplänen der VG Wort enthaltenen Prozentpauschalen[479] bestimmt, deren Geltung beide Parteien durch den Abschluß des Wahrnehmungsvertrages anerkennen.[480] Auch wenn sich diese Lösung den Vorwurf der „bewußte[n] Mißachtung der Vertragsfreiheit“[481] gefallen lassen muß, so hat sie sich doch in der Praxis bewährt. Denn die Quoten in den Verteilungsplänen beruhen auf einem kollektiven Konsens zwischen den beteiligten Berufsgruppen[482] und stellen dementsprechend das Ergebnis einer

---

476 Vgl. z.B. § 2 Abs. 4 des „Normvertrages für den Abschluß von Verlagsverträgen“ sowie § 2 Abs. 3 lit. l des Vertragsmusters für einen Autoren-Verlagsvertrag (für Schriftwerke aller Art), abgedruckt bei *Nordemann*, a.a.O. (siehe Fn. 423), IX.5.

477 Hat der Autor seine bestehenden oder zukünftigen gesetzlichen Vergütungsansprüche an die VG Wort abgetreten, so schlägt die spätere Abtretung an den Verleger somit fehl; vgl. *Melichar*, Wahrnehmung von Urheberrechten, S. 62; *Schricker/Schricker*, Vor §§ 28 ff. UrhG Rn. 30. Der Autor kann allenfalls noch über den Anspruch gegen die VG Wort auf Auszahlung der ihm zustehenden Ausschüttung verfügen; vgl. BGH v. 13.12.1963, GRUR 1964, 326, 332 – Subverleger.

478 Vgl. für die Abtretung des Anspruchs auf die Bibliothekstantieme: *v. Lewinski*, Urheberrechtliche Vergütung, S. 12.

479 So erhalten nach den Verteilungsplänen der VG Wort Autoren und Verleger im Wissenschaftsbereich je 50% der ausgeschütteten Tantiemen, während ansonsten an den Autor 70% und an den Verleger 30% ausgeschüttet werden; vgl. *Melichar*, Wahrnehmung von Urheberrechten, S. 86. Aus Pressespiegeln erhalten die Journalisten, deren Werke genutzt wurden, hingegen 100% der Tantiemen, da die Zeitungsverlage in § 18 Abs. 1 des Manteltarifvertrages für Redakteure und Redakteurinnen an Tageszeitungen in der ab 01.01.1998 gültigen Fassung auf eine Beteiligung verzichtet haben.

480 *Melichar*, Wahrnehmung von Urheberrechten, S. 86. Speziell im Hinblick auf die Bibliothekstantieme: *v. Lewinski*, Urheberrechtliche Vergütung, S. 12 f.

481 *Schack*, Urheber- und Urhebervertragsrecht, Rn. 1222.

482 *Melichar*, Verleger und Verwertungsgesellschaften, S. 74, 85.

„sorgsam ausbalancierte[n] Interessenlage zwischen Verlegern und Autoren“[483] dar.

Dem Verleger wird somit, auch ohne daß ihm die jeweiligen Vergütungsansprüche explizit abgetreten werden,[484] durch die auf ihn nach den Verteilungsplänen der Verwertungsgesellschaften entfallenden Entgelte ein finanzieller Ausgleich für die Einbußen bei der Erstverwertung seiner Printmedien gewährt, die ihm durch die oben angeführten,[485] nach dem UrhG zulässigen Verwertungshandlungen entstehen.

c. Zusammenfassung

Mangels einer umfassenden gesetzlichen Regelung des Urhebervertragsrechts stellt sich die Vertragspraxis auf dem Gebiet des Verlagswesens als ein buntes Bild dar, das durch einige zwingende Normen des UrhG, dispositive Vorschriften des VerlG, normative Tarifverträge und auf die Verlagsverträge einwirkende Normverträge und Vertragsmuster gekennzeichnet ist.

Das Urhebervertragsrecht gewährt dem Verleger einen absoluten, gegenüber jedermann wirkenden Schutz. Dieser entsteht jedoch im Gegensatz zu einem durch Leistungsschutzrechte gewährten Schutz nicht originär beim Verleger. Vielmehr wird der durch das Urhebervertragsrecht dem Verleger gewährte Schutz vom originären Rechtsinhaber abgeleitet.

Was die Reichweite des Schutzes betrifft, so hat der Verleger die Möglichkeit - und nimmt diese in der Praxis in der Regel auch wahr -, sich vertraglich nicht nur das im VerlG vorgesehene begrenzte Vervielfältigungs- und Verbreitungsrecht (Verlagsrecht), sondern darüber hinausgehend Nutzungsrechte für alle bekannten Nutzungsarten einräumen zu lassen. Diese Rechtseinräumung kann zeitlich, räumlich und inhaltlich unbeschränkt erfolgen und reicht in diesem Fall soweit, wie auch der Urheber bzw. Leistungsschutzberechtigte geschützt ist. Darüber hinaus läßt sich der Verleger vom Urheber in aller Regel auch die durch die VG Wort wahrgenommenen Vergütungsansprüche zur gemeinsamen Einbringung abtreten und erhält einen Anteil an den Einnahmen aus der Bibliothekstantieme (§ 27 Abs. 2 UrhG), der Vergütung für die Aufnahme eines Werkes in Sammlungen für den Kirchen-, Schul- oder Unterrichtsgebrauch

---

[483] *Becker*, Börsenblatt 62/1990, 2317, 2320.

[484] Die Verleger verschaffen sich jedoch durch eine Abtretung der Vergütungsansprüche eine bessere Ausgangsposition bei der Aufstellung der Verteilungspläne der Verwertungsgesellschaften, die diese Ansprüche geltend machen; vgl. *Schricker*, Verlagsrecht, § 8 VerlG Rn. 5.

[485] Siehe oben (E.I.2.b.bb.(2)(a)).

(§ 46 Abs. 4 UrhG), der Geräte- und Betreiberabgabe (§ 54 a UrhG) sowie der Kopienversanddienstabgeltung.

Das Urhebervertragsrecht bietet dem Verleger daher die Möglichkeit, durch die Einräumung des Vervielfältigungs- und Verbreitungsrechts, des Rechts zur Übertragung auf Trägermaterial zur digitalen Wiedergabe, des Rechts zur elektronischen Übermittlung, des Rechts zum Verleih und zur Vermietung sowie der Vergütungsansprüche über all diejenigen Rechte zu verfügen, die er bezüglich der Produktpiraterie, des Reprographieproblems und der Zweitverwertung seiner Printmedien durch Verleih oder Vermietung benötigt.

Jedoch vermag das Urhebervertragsrecht den Verleger nur im Hinblick auf solche Printmedien schützen, deren Inhalt einem urheber- oder leistungsschutzrechtlichen Schutz zugänglich ist. Dementsprechend bietet das Urhebervertragsrecht, sieht man von der Regelung der §§ 39, 40 VerlG ab, dem Verleger von wegen Ablaufs der urheberrechtlichen Schutzfrist gemeinfreien Werken sowie von Werken, die nicht die urheberrechtliche Schöpfungshöhe des § 2 Abs. 2 UrhG erreichen, keinen Schutz. Die in der Praxis größte und damit wichtigste Kategorie von Werken, die mangels Erreichens der urheberrechtlichen Schöpfungshöhe nicht urheberrechtsschutzfähig sind, bilden Informationssammlungen, die auf Vollständigkeit angelegt sind und deren Anordnung allgemein gebräuchlichen Ordnungsprinzipien folgen, wie dies häufig bei Adressen-, Fernsprech- oder Branchenverzeichnissen, Fernseh-, Rundfunk- oder Theaterprogrammen, Preislisten, etc. der Fall ist.

3. Schutz über das Wettbewerbsrecht

In den Fällen, in denen dem Verleger kein urhebervertragsrechtlicher Schutz zuteil wird, war der Verleger vor Umsetzung der EU-Datenbankrichtlinie allein auf den ergänzenden wettbewerbsrechtlichen Leistungsschutz nach § 1 UWG angewiesen. § 1 UWG sieht vor, daß derjenige, der im geschäftlichen Verkehre zu Zwecken des Wettbewerbes Handlungen vornimmt, die gegen die guten Sitten verstoßen, auf Unterlassung und Schadensersatz in Anspruch genommen werden kann.

a. Zulässigkeit eines ergänzenden wettbewerbsrechtlichen Leistungsschutzes

Die Rechtsprechung hat schon früh bestimmten Leistungen unter dem Aspekt der Ausnutzung fremder Leistung durch Dritte einen wettbewerbsrechtlichen Leistungsschutz gewährt und ist damit zum Wegbereiter neuer gesetzlicher Leistungsschutzrechte geworden.[486] So gingen den gesetzlichen Leistungsschutzrechten der ausübenden Künstler,[487] des Veranstalters der Darbietung ausübender Künstler,[488] des Tonträgerherstellers[489] und des Sendeunternehmens[490] entsprechende wettbewerbsrechtliche Entscheidungen voraus.

Die Zulässigkeit eines ergänzenden wettbewerbsrechtlichen Leistungsschutzes ist allerdings problematisch im Hinblick auf die der Gewährung oder Nichtgewährung eines Sonderrechtsschutzes für bestimmte Leistungen zu entnehmende gesetzgeberische Wertentscheidung. Aus der gesetzlichen Anerkennung besonderer ausschließlicher Rechte folgt nämlich, daß die wirtschaftliche Betätigung des einzelnen außerhalb der geschützten Sonderbereiche frei sein soll.[491] Es ist also generell vom Grundsatz der Nachahmungsfreiheit auszugehen.[492] Denn es entspricht dem Allgemeininteresse, daß einer auf dem aufbaut, was andere geschaffen haben, und somit auf den Schultern seiner Vormänner steht, da jeder Fortschritt in der menschlichen Kultur an Bestehendes anknüpft.[493] Das Wettbewerbsrecht kann daher grundsätzlich nicht als Mittel dazu benutzt werden, neue Ausschließlichkeitsrechte für sonderrechtlich nicht geschützte Leistungen zu schaffen.[494]

Den Sonderschutzrechten und dem Wettbewerbsrecht liegen jedoch unterschiedliche Schutzgegenstände zugrunde. Während die Sonderschutzrechte die in einem Arbeitsergebnis verkörperte Leistung als solche schützen, richtet sich

---

486 Vgl. *Baumbach/Hefermehl*, § 1 UWG Rn. 579; *v. Gamm*, Wettbewerbsrecht, Kap. 21, Rn. 1; *Heker*, ZUM 1995, 97, 100; *Schack*, Urheber- und Urhebervertragsrecht, Rn. 71; *Wiebe*, CR 1996, 198, 201; *Ulmer*, Urheber- und Verlagsrecht, § 7 I 5.

487 BGH v. 31.05.1960, BGHZ 33, 20 ff. – Figaros Hochzeit; BGH v. 31.05.1960, GRUR 1960, 627 – Künstlerlizenz.

488 BGH v. 24.05.1963, GRUR 1963, 575 ff. – Vortragsabend.

489 RG v. 07.04.1910, RGZ 73, 294 ff. – Schallplatten.

490 RG v. 29.04.1930, RGZ 128, 330 ff. – Sportreportage; BGH v. 27.02.1962, BGHZ 37, 1 ff. – AKI.

491 *Baumbach/Hefermehl*, § 1 UWG Rn. 439. Vgl. auch *v. Gamm*, Wettbewerbsrecht, Kap. 21, Rn. 3; *Köhler/Piper*, § 1 UWG Rn. 261.

492 Dies entspricht der allgemeinen Ansicht, siehe u.a. *Baumbach/Hefermehl*, § 1 UWG Rn. 495; *Heker*, ZUM 1995, 97, 101; *Köhler/Piper*, § 1 UWG Rn. 261; *Schricker/Schricker*, Einl. Rn. 43. Darüber hinaus wird der Grundsatz der Nachahmungsfreiheit auch mit Argumenten der Wettbewerbsfreiheit begründet; vgl. *Richter*, Schutz von Datenbanken, S. 47, 57; *Schricker*, ArchivPT 1996, 5, 14.

493 Vgl. *Baumbach/Hefermehl*, § 1 UWG Rn. 438 f.; *Richter*, Schutz von Datenbanken, S. 47, 57; *Schricker*, ArchivPT 1996, 5, 14.

494 Vgl. BGH v. 04.11.1966, GRUR 1967, 315, 317 – skai cubana; *Soetenhorst*, GRUR Int. 1989, 760, 764.

das Wettbewerbsrecht gegen das Wettbewerbsverhalten, d.h. gegen die Art und Weise, wie das fremde Leistungsergebnis ausgenutzt wird.[495] Wegen der Verschiedenheit des Schutzgegenstandes schließt die Nichtgewährung eines sondergesetzlichen Schutzrechts für eine bestimmte Leistung somit grundsätzlich nicht die Möglichkeit eines wettbewerbsrechtlichen Schutzes gegen bestimmte wettbewerbswidrige Verhaltensweisen aus, auch wenn dieser „reflexartig" dem Leistungsergebnis zugute kommt.[496] Es bedarf aber in jedem Fall besonderer, außerhalb der abschließenden Regelung der Sonderschutzrechte liegender wettbewerblicher Umstände, damit die nach der einschlägigen Spezialregelung an sich zulässige Handlung wettbewerbswidrig ist.[497]

b. Die unmittelbare und die nachschaffende Leistungsübernahme

Ansatzpunkt für einen ergänzenden wettbewerbsrechtlichen Leistungsschutz sind somit wettbewerbswidrige Verhaltensweisen, hinsichtlich derer Schutz begehrt wird. Wie oben dargestellt,[498] ist die verlegerische Leistung schutzbedürftig im Hinblick auf die Übernahme der Printmedien durch Verlegerkonkurrenten, durch Endnutzer und durch Informationsdienste wie auch im Hinblick auf die Zweitverwertungsarten der Leihe und Vermietung. Soweit ersichtlich, ist das Wettbewerbsrecht bisher noch nicht bemüht worden, Schutz gegen Verleih und Vermietung zu bieten. Aufgrund der Verschiedenheit der Verwertungsarten des Verkaufs einerseits und des Verleihs und der Vermietung andererseits, die unterschiedliche Marktbedürfnisse betreffen, handelt es sich bei den auf dem Sekundärmarkt tätigen Bibliotheken und Lesezirkeln aber auch nicht um Wettbewerber der auf dem Primärmarkt agierenden Verleger, so daß das Wettbewerbsrecht als Schutzinstrument der Verleger im Hinblick auf Verleih und Vermietung ausscheidet. Das Wettbewerbsrecht ist somit lediglich geeignet, den Verleger gegen die Ausbeutung seiner Leistung durch Übernahmehandlungen zu schützen.

---

495 BGH v. 04.11.1966, GRUR 1967, 315, 317 – skai cubana; *Baumbach/Hefermehl*, § 1 UWG Rn. 439; *v. Gamm*, Wettbewerbsrecht, Kap. 21, Rn. 3; *Köhler/Piper*, § 1 UWG Rn. 259; *Nirk*, GRUR 1993, 247, 249.

496 Vgl. *Baumbach/Hefermehl*, § 1 UWG Rn. 439; *Hornung*, EU-Datenbank-Richtlinie, S. 47.

497 So die ständige Rspr.: u.a. BGH v. 13.10.1965, GRUR 1966, 503, 506 – Apfel-Madonna; BGH v. 20.11.1986, GRUR 1987, 814, 816 – Die Zauberflöte; BGH v. 16.01.1997, GRUR 1997, 459, 464 – CB-infobank I; BGH v. 10.12.1998, WRP 1999, 417, 419 – Elektronische Pressearchive; BGH v. 25.02.1999, MMR 1999, 665, 668 – Kopienversanddienst. Ebenso die ganz überwiegende Ansicht in der Literatur: u.a. *v. Gamm*, Wettbewerbsrecht, Kap. 21, Rn. 3; *Heker*, ZUM 1995, 97, 101; *Schricker/Schricker*, Einl. Rn. 43.

498 Siehe oben (B.III.2.).

Der Schutz wettbewerbsrechtlicher Leistungen gegen ihre Ausbeutung durch Übernahmehandlungen wird generell anhand der Fallgruppen der unmittelbaren bzw. der nachschaffenden Leistungsübernahme erörtert.[499] Da bei der unmittelbaren Leistungsübernahme geringere Anforderungen an das Vorliegen der besonderen, die Wettbewerbswidrigkeit begründenden Umstände gestellt werden,[500] ist zunächst die Frage zu klären, ob es sich bei der Übernahme der verlegerischen Leistung durch Verlegerkonkurrenten, Endnutzer oder durch Informationsdienste um eine nachschaffende oder um eine unmittelbare Leistungsübernahme handelt.

Die unmittelbare Leistungsübernahme ist dadurch gekennzeichnet, daß sich jemand zu Zwecken des Wettbewerbs das fertige Arbeitsergebnis eines anderen mittels eines meist technischen Vervielfältigungsverfahrens unter Einsparung eigener Kosten aneignet und das durch die Vervielfältigung entstehende Produkt ohne Änderungen auf den Markt bringt.[501] Dem steht der Fall der (fast) identischen Leistungsübernahme gleich,[502] bei dem der Nachahmende sich das fremde ungeschützte Arbeitsergebnis zwar nicht mittels Vervielfältigung aneignet, es aber auch nicht bloß als Anregung zu eigenem Schaffen benutzt, sondern es ohne zwingenden Grund in identischer oder nahezu identischer Form nachmacht.[503]

Dagegen zeichnet sich die nachschaffende Leistungsübernahme dadurch aus, daß der Nachschaffende die fremde Leistung nicht schlichtweg kopiert, sondern seine eigene Leistung von der eines anderen ableitet, indem er die fremde Leistung als Vorbild benutzt und nachschaffend unter Einsatz eigener Leistung wiederholt.[504] Das nachgeahmte Erzeugnis wird originär hergestellt, wobei das Original als Vorbild dient.[505] Eine solche nachschaffende Leistungsübernahme

---

[499] Uneinigkeiten bestehen allerdings im Hinblick auf die Terminologie. So wird die nachschaffende Leistungsübernahme z.T. als „unlautere Nachahmung" (*Richter*, Schutz von Datenbanken, S. 47, 56) z.T. als „sklavische Nachahmung" (BGH v. 13.10.1965, GRUR 1966, 503, 504 – Apfel-Madonna) bezeichnet, während die unmittelbare Leistungsübernahme auch „unmittelbare Aneignung" (*Baumbach/Hefermehl*, § 1 UWG Rn. 498 ff.) oder „identische Leistungsübernahme" (*Mehrings*, CR 1990, 305, 308) genannt wird.

[500] BGH v. 19.06.1974, WRP 1976, 370, 371 – Ovalpuderdose; BGH v. 20.10.1978, GRUR 1979, 119 - Modeschmuck; *Baumbach/Hefermehl*, § 1 UWG Rn. 500; *v. Gamm*, Wettbewerbsrecht, Kap. 21, Rn. 20; *Nirk*, GRUR 1993, 247, 250.

[501] *Baumbach/Hefermehl*, § 1 UWG Rn. 498; *Mehrings*, CR 1990, 305, 308.

[502] Vgl. BGH v. 20.10.1978, GRUR 1979, 119 – Modeschmuck; *v. Gamm*, Wettbewerbsrecht, Kap. 21, Rn. 17 f.; *Hornung*, EU-Datenbankrichtlinie, S. 48.

[503] *Baumbach/Hefermehl*, Wettbewerbsrecht, § 1 UWG Rn. 506.

[504] *V. Gamm*, Wettbewerbsrecht, Kap. 21, Rn. 22; *Mehrings*, CR 1990, 305, 307.

[505] *Mehrings*, CR 1990, 305, 307; *Richter*, Schutz von Datenbanken, S. 47, 56.

ist hauptsächlich in bezug auf körperliche Gegenstände denkbar, wohingegen die Ausnutzung geistiger Tätigkeit in der Regel nicht auf diese Weise, sondern mittels eines technischen Verfahrens im Wege der Vervielfältigung erfolgt.[506]

Dies wird bestätigt durch einen Blick auf die der verlegerischen Leistung drohenden Übernahmehandlungen durch Endnutzer, Informationsdienste oder Verlegerkonkurrenten. So wird sowohl beim Fotokopieren durch Endnutzer als auch beim Fotokopieren oder Einscannen der Printmedien durch Kopienversand- oder Recherchedienste unzweifelhaft das Printmedium nicht nachschaffend unter Einsatz eigener Leistung wiederholt, sondern lediglich mittels eines technischen Verfahrens kopiert. Auch die Hersteller von Pressespiegeln nehmen wegen des damit verbundenen Aufwandes im allgemeinen keine Kürzungen, Änderungen oder Zusätze vor,[507] sondern vervielfältigen vielmehr mittels eines technischen Verfahrens die jeweiligen Zeitungen oder Zeitschriften im ganzen oder teilweise. Aber selbst in dem Fall, daß sie sachlich unwesentliche und vom Umfang unbedeutende Modifikationen und Ergänzungen vornehmen, steht dies nach der Rechtsprechung des BGH der Annahme einer identischen Leistungsübernahme, die sich nach den für die unmittelbare Leistungsübernahme geltenden Regeln richtet, nicht entgegen.[508]

Auch die Übernahmehandlungen durch Verlegerkonkurrenten werden im allgemeinen als unmittelbare Übernahme einzustufen sein. Zwar sind Fälle denkbar, in denen der Verlegerkonkurrent lediglich die Konzeption oder die Darstellungsform des Printmediums nachahmt. In der Regel wird er jedoch aus Kostengründen das Printmedium mittels eines technischen Verfahrens ganz oder teilweise vervielfältigen und somit unmittelbar übernehmen. Auch der Umstand, daß der Verlegerkonkurrent die Schriftart oder sonstige Gestaltungsmerkmale des übernommenen Printmediums ändert, vermag die Charakterisierung der Übernahme als unmittelbare Übernahme nicht zu beeinflussen.[509] Gleichermaßen hat der BGH das Einscannen und nachfolgende Übertragen der eingelesenen Zeichen in eine Schrift, die am Computer weiterverarbeitet werden kann, als unmittelbare Übernahme behandelt.[510] Und selbst in dem Fall, daß es sich bei dem Printmedium um eine Sammlung von Beiträgen oder Informationen handelt und die Übernahme dadurch geschieht, daß der Verlegerkonkurrent die einzelnen Beiträge oder Informationen vervielfältigt und dann in einer anderen äußeren Anordnung

---

506 *Mehrings*, CR 1990, 305, 308.

507 *Loewenheim*, GRUR 1996, 636, 637.

508 BGH v. 10.12.1987, AfP 1988, 32, 33 – Informationsdienst.

509 Vgl. im Ergebnis BGH v. 06.05.1999, GRUR 1999, 923, 927 – Tele-Info-CD.

510 BGH v. 06.05.1999, GRUR 1999, 923, 927 – Tele-Info-CD.

anbietet, handelt es sich nach der Rechtsprechung des BGH um eine identische Leistungsübernahme, die nach den Regeln der unmittelbaren Übernahme zu beurteilen ist.[511] Denn das Leistungsergebnis, auf das es entscheidend ankommt, sind „Sammlung und Inhalt der umfangreichen, detaillierten Spezialinformationen, nicht ihre äußere Darstellungsform".

Somit sind die Übernahmehandlungen, hinsichtlich derer der Verleger schutzbedürftig ist, regelmäßig als Fälle der unmittelbaren Leistungsübernahme einzustufen.

c. Anspruchsvoraussetzungen

Die frühere Rechtsprechung hat die unmittelbare Leistungsübernahme, bei der es an einer eigenständigen Leistung des Übernehmers fehlt, als wettbewerbswidrig angesehen, ohne daß das Vorliegen von besonderen, die Wettbewerbswidrigkeit im Einzelfall begründenden Umstände erforderlich gewesen wäre.[512] Ein solches Verständnis trägt jedoch nicht hinreichend dem Umstand Rechnung, daß das übernommene Arbeitsergebnis nicht unter Sonderrechtsschutz steht.[513] Zudem läßt es sich auch nicht mit § 1 UWG vereinbaren, der mit dem Merkmal der Sittenwidrigkeit auf die Umstände des Einzelfalls verweist.[514] Dementsprechend wird heute auch bei einer unmittelbaren Leistungsübernahme eine Wettbewerbswidrigkeit nur dann angenommen, wenn besondere, im Wettbewerbsbereich liegende unlauterkeitsbegründende Umstände hinzutreten.[515]

Darüber hinaus setzt ein wettbewerbsrechtlicher Schutz voraus, daß die in Frage stehende Leistung eine wettbewerbliche Eigenart aufweist und daß der Übernehmer im geschäftlichen Verkehr zu Zwecken des Wettbewerbs handelt. Dabei ist anerkannt, daß eine Wechselbeziehung zwischen den einzelnen Tatbestandsmerkmalen des § 1 UWG besteht, was insbesondere im Hinblick auf die wett-

---

511 BGH v. 10.12.1987, AfP 1988, 32, 33 – Informationsdienst.

512 Im Anschluß an RG v. 07.04.1910, RGZ 73, 294, 297 f. – Schallplatten; BGH v. 31.05.1960, GRUR 1960, 627, 630 – Künstlerlizenz; BGH v. 24.05.1963, GRUR 1963, 575, 576 – Vortragsabend.

513 *Baumbach/Hefermehl*, § 1 UWG Rn. 500.

514 BGH v. 30.10.1968, GRUR 1969, 186, 188 – Reprint.

515 Vgl. BGH v. 30.10.1968, GRUR 1969, 186, 188 – Reprint; BGH v. 17.09.1971, GRUR 1972, 127 – Formulare; BGH v. 06.02.1986, ZUM 1987, 238, 239 – Notenstichbilder; *Baumbach/Hefermehl*, § 1 UWG Rn. 500; *v. Gamm*, GRUR 1978, 453; *Heker*, ZUM 1995, 97, 101; *Mehrings*, CR 1990, 305, 308; *Schack*, Urheber- und Urhebervertragsrecht, Rn. 72.

bewerbliche Eigenart des Leistungsergebnisses deutlich wird.[516] Je größer die Eigenart des übernommenen Erzeugnisses ist, um so geringere Anforderungen sind an die unlauterkeitsbegründenden Umstände zu stellen, die die Übernahme unzulässig machen; umgekehrt sind an die wettbewerbliche Eigenart des übernommenen Erzeugnisses keine allzu hohen Anforderungen zu stellen, wenn die Übernahme aus besonderen Gründen in hohem Maße anstößig erscheint.[517]

aa. Wettbewerbliche Eigenart

Wettbewerbliche Leistungen sind nur dann schutzwürdig, wenn sie eine wettbewerbliche Eigenart aufweisen. Dies ist immer dann der Fall, wenn die konkrete Ausgestaltung oder einzelne Merkmale des Leistungsergebnisses geeignet sind, die interessierten Verkehrskreise auf die betriebliche Herkunft oder auf die Besonderheiten des Erzeugnisses hinzuweisen und das Erzeugnis somit aus der Massen- oder Dutzendware herauszuheben.[518] Im Fall der unmittelbaren Leistungsübernahme wird es für die Annahme der wettbewerblichen Eigenart darüber hinaus als ausreichend angesehen, daß das Erzeugnis Besonderheiten aufweist, die dem Erbringer der Leistung eine Gewinnchance eröffnen.[519] Als Indiz dafür gelten Kosten, Arbeit und sonstiger Aufwand für die Herstellung des Erzeugnisses.[520]

Der Verleger investiert in seine Printmedien ein beträchtliches Maß an Kosten, Arbeit und Aufwand, was insbesondere an seinen hohen *prepublication costs* sichtbar wird.[521] Es ist daher davon auszugehen, daß die verlegerische Leistung

---

516 BGH v. 06.02.1986, WRP 1986, 377, 379 – Beschlagprogramm; *v. Gamm*, Wettbewerbsrecht, Kap. 21, Rn. 9; *Köhler/Piper*, § 1 UWG Rn. 287.

517 *V. Gamm*, Wettbewerbsrecht, Kap. 21, Rn. 9; *Hornung*, EU-Datenbank-Richtlinie, S. 53; *Köhler/Piper*, § 1 UWG Rn. 287.

518 So die ständige Rechtsprechung: u.a. BGH v. 20.10.1978, GRUR 1979, 119 - Modeschmuck; BGH v. 08.11.1984, GRUR 1985, 876, 877 – Tchibo/Rolex, BGH v. 14.04.1988, GRUR 1988, 690, 693 – Kristallfiguren, BGH v. 21.03.1991, GRUR 1992, 523, 525 – Betonsteinelemente. Siehe auch *v. Gamm*, Wettbewerbsrecht, Kap. 21, Rn. 10; *Köhler/Piper*, § 1 UWG Rn. 266.

519 Vgl. BGH v. 19.01.1973, GRUR 1973, 478, 480 – Modeneuheit; *Baumbach/Hefermehl*, § 1 UWG Rn. 504.

520 Vgl. BGH v. 02.07.1969, GRUR 1969, 618, 620 – Kunststoffzähne; BGH v. 19.01.1973, GRUR 1973, 478, 480 – Modeneuheit; BGH v. 19.06.1974, WRP 1976, 370, 372 – Ovalpuderdose; BGH v. 10.12.1987, AfP 1988, 32, 33 – Informationsdienst; *Baumbach/Hefermehl*, § 1 UWG Rn. 504; *Lehmann*, Schutz von Computerprogrammen gem. § 1 UWG, S. 383, 392 f., Rn. 10; *Loewenheim*, CR 1988, 799, 802; *Schricker/Schricker*, Einl. Rn. 44; *Wiebe*, Know-how-Schutz, S. 135.

521 Hierzu siehe oben (B.III.1.).

in der Regel die Erfordernisse der wettbewerblichen Eigenart erfüllt. Dies gilt um so mehr, als daß bei der unmittelbaren Leistungsübernahme geringere Anforderungen an das erforderliche Maß der wettbewerblichen Eigenart gestellt werden als bei der nachschaffenden Leistungsübernahme.[522]

Dementsprechend hat der BGH die wettbewerbliche Eigenart sowohl von urheberrechtsschutzfähigen, aber gemeinfreien Werken der Literatur[523] und von Notenstichbildern gemeinfreier Werke der Musik[524] als auch von nicht-urheberrechtsschutzfähigen Formularen für Bundeswehr-Dienststellen[525] angenommen. Auch reine Informationssammlungen weisen nach der Rechtsprechung des BGH meist wettbewerbliche Eigenart auf. So hat der BGH die wettbewerbliche Eigenart eines in Form von Informationsblättern verbreiteten Bauinformationsdienstes bejaht, der unter erheblichem Personal- und Kostenaufwand mit monatlich 8000 neuen Daten einen umfassenden, aktuellen Überblick über die wirtschaftlich interessanten Ereignisse der Branche verschafft.[526] Gleichermaßen ist der BGH auch von der wettbewerblichen Eigenart des „amtlichen" Telefonbuchs der *DeTeMedien* ausgegangen, da der Verkehr mit den Teilnehmerverzeichnissen besondere Gütevorstellungen verbinde, die sich auf ein Vertrauen in die Vollständigkeit und Richtigkeit der Einträge stütze.[527]

Dementsprechend erfüllen Printmedien in ihren unterschiedlichsten Erscheinungsformen in der Regel die im Fall der unmittelbaren Leistungsübernahme geringen Anforderungen an die wettbewerbliche Eigenart und unterfallen daher dem Anwendungsbereich des § 1 UWG. Gleichwohl ist im Rahmen der Gesamtabwägung danach zu differenzieren, ob das konkret übernommene Printmedium eine hohe oder nur eine geringe wettbewerbliche Eigenart aufweist. So sind an die Zulässigkeit des Nachdrucks von Büchern, insbesondere von Werken spezialwissenschaftlichen Charakters, aufgrund der Art des mit ihnen verbundenen Arbeits- und Kostenaufwandes höhere Anforderungen zu stellen als an die Zulässigkeit des Nachdrucks von Vordrucken und Formularen.[528]

---

[522] *V. Gamm*, Wettbewerbsrecht, Kap. 21, Rn. 19; *Köhler/Piper*, § 1 UWG Rn. 266.
[523] BGH v. 30.10.1968, GRUR 1969, 186 ff. – Reprint.
[524] BGH v. 06.02.1986, ZUM 1987, 238 ff. – Notenstichbilder.
[525] BGH v. 17.09.1971, GRUR 1972, 127 ff. – Formulare.
[526] BGH v. 10.12.1987, AfP 1988, 32 ff. – Informationsdienst.
[527] BGH v. 06.05.1999, GRUR 1999, 923, 927 - Tele-Info-CD.
[528] Vgl. BGH v. 17.09.1971, GRUR 1972, 127, 128 – Formulare.

bb. Handeln im geschäftlichen Verkehr zu Zwecken des Wettbewerbs

Der Schutz nach § 1 UWG setzt ferner voraus, daß die angegriffene Handlung im geschäftlichen Verkehr zu Zwecken des Wettbewerbs erfolgt.

(1) Handeln im geschäftlichen Verkehr

Ein Handeln im geschäftlichen Verkehr erfaßt jede selbständige, wirtschaftliche Zwecke verfolgende Tätigkeit, in der eine Teilnahme am Erwerbsleben zum Ausdruck kommt, die also auf Außenwirkung gerichtet ist.[529] Dieses Tatbestandsmerkmal führt zu einer nicht unbedeutenden Einschränkung des wettbewerbsrechtlichen Schutzes des Verlegers gegen die Übernahme seiner Printmedien.

Zunächst handelt es sich bei den zahlreichen, von Privatpersonen im privaten Bereich vorgenommenen Vervielfältigungs- und Nutzungshandlungen nicht um wirtschaftliche Zwecke verfolgende Tätigkeiten, in denen eine Teilnahme am Erwerbsleben zum Ausdruck kommt, und somit nicht um Handlungen im geschäftlichen Verkehr.[530] Solange diese die Vervielfältigungsstücke nicht gewerbsmäßig veräußern, bietet das Wettbewerbsrecht daher keinen Schutz gegen Vervielfältigungs- und Nutzungshandlungen von Privatpersonen.

Gleichermaßen stellen rein betriebsinterne Vorgänge innerhalb eines Geschäftsbetriebs mangels Außenwirkung kein Handeln im geschäftlichen Verkehr dar.[531] Daher besteht kein wettbewerbsrechtlicher Schutz des Verlegers gegen die betriebsinterne Vervielfältigung seiner Printmedien und deren Mehrfachnutzung.

Schließlich greift der wettbewerbsrechtliche Schutz erst gegenüber dem In-Verkehr-Setzen unerlaubt hergestellter Vervielfältigungsstücke ein, während der Herstellungsvorgang noch nicht erfaßt wird.[532] Denn auch bei der Herstellung

---

[529] *Baumbach/Hefermehl*, Einl. UWG Rn. 208.

[530] Vgl. *Baumbach/Hefermehl*, Einl. UWG Rn. 208; *v. Gamm*, Wettbewerbsrecht, Kap. 17 Rn. 19 f.; *Hornung*, EU-Datenbank-Richtlinie, S. 55; *Lehmann*, Schutz von Computerprogrammen gem. § 1 UWG, S. 383, 391, Rn. 8; *Loewenheim*, CR 1988, 799, 802; *Marly*, Urheberrechtsschutz für Computersoftware, S. 58 f.; *Mehrings*, CR 1990, 305, 308; *Paefgen*, CR 1989, 699, 700; *Richter*, Schutz von Datenbanken, S. 47, 59; *Wiebe*, Know-how-Schutz, S. 133 f.

[531] Vgl. BGH v. 25.09.1970, GRUR 1971, 119 f. – Branchenverzeichnis; *Baumbach/ Hefermehl*, Einl. UWG Rn. 208; *v. Gamm*, Wettbewerbsrecht, Kap. 17, Rn. 21; *Hornung*, EU-Datenbank-Richtlinie, S. 54; *Loewenheim*, CR 1988, 799, 802; *Marly*, Urheberrechtsschutz für Computersoftware, S. 59; *Paefgen*, CR 1989, 699, 700; *Wiebe*, Know-how-Schutz, S. 133.

[532] BGH v. 03.05.1968, GRUR 1968, 591, 592 – Pulverbehälter; BGH v. 23.10.1981, GRUR 1982, 305, 308 - Büromöbelprogramm; BGH v. 14.01.1999, WRP 1999, 816,

von Vervielfältigungsstücken mangelt es an der für einen wettbewerbsrechtlichen Anspruch erforderlichen Außenwirkung.[533] Zudem ist zu berücksichtigen, daß Ansprüche gemäß § 1 UWG auf die Reichweite der Sittenwidrigkeit begrenzt sind, so daß es auf das die Wettbewerbswidrigkeit begründende Verhalten ankommt.[534] Dieses liegt in der Verschaffung eines Wettbewerbsvorsprunges durch Nichterbringung eines eigenen Aufwandes durch den Übernehmer.[535] Da die Herstellung von Vervielfältigungsstücken dem Übernehmer noch keinen Wettbewerbsvorsprung verschafft, ist es nur folgerichtig anzunehmen, daß allein die Herstellung in der Regel keinen Anspruch gemäß § 1 UWG begründet.[536]

(2) Handeln zu Zwecken des Wettbewerbs

Das Tatbestandsmerkmal des Handelns zu Zwecken des Wettbewerbs erfordert in objektiver Hinsicht ein Handeln, das geeignet ist, den Absatz einer Person zum Nachteil des Absatzes einer anderen Person zu fördern, und in subjektiver Hinsicht eine entsprechende Wettbewerbsabsicht.[537] Die Rechtsprechung leitet aus diesem Tatbestandsmerkmal darüber hinaus die Voraussetzung ab, daß zwischen dem Verletzten und dem Begünstigten ein Wettbewerbsverhältnis beste-

---

821 - Güllepumpen; BGH v. 06.05.1999, GRUR 1999, 923, 927 f. – Tele-Info-CD; *v. Gamm*, GRUR 1978, 453, 457; *Hornung*, EU-Datenbank-Richtlinie, S. 56; *Loewenheim*, CR 1988, 799, 803; *Marly*, Urheberrechtsschutz für Computersoftware, S. 59 f.; *Wiebe*, Know-how-Schutz, S. 143; aA *Lehmann*, Schutz von Computerprogrammen gem. § 1 UWG, S. 383, 392, Rn. 9, der davon ausgeht, daß die Vervielfältigung und sogar schon jede unmittelbare Vorbereitungshandlung für die Vervielfältigung von § 1 UWG erfaßt werden, da das Wirtschaftsrecht mit seinen Verboten möglichst früh eingreifen sollte.

533 *Hornung*, EU-Datenbank-Richtlinie, S. 56; *Marly*, Urheberrechtsschutz für Computersoftware, S. 60.

534 *V. Gamm*, Wettbewerbsrecht, Kap. 21, Rn. 80; *Hornung*, EU-Datenbank-Richtlinie, S. 56; *Wiebe*, Know-how-Schutz, S. 143.

535 *Hornung*, EU-Datenbank-Richtlinie, S. 56; siehe auch *Baumbach/Hefermehl*, § 1 UWG Rn. 438.

536 Im Ergebnis ebenso: *Hornung*, EU-Datenbank-Richtlinie, S. 56; *Wiebe*, Know-how-Schutz, S. 143. *Marly*, Urheberrechtsschutz für Computersoftware, S. 60 geht hingegen davon aus, daß der Kopiervorgang dann als unmittelbare Vorbereitungshandlung zu einem Wettbewerbsverstoß von § 1 UWG erfaßt wird, wenn etwa professionelle Raubkopierer massenhaft Vervielfältigungsstücke anfertigen, die allein dem späteren In-Verkehr-Setzen dienen können.

537 BGH v. 6.12.1982, GRUR 1983, 374, 375 - Spendenbitte; BGH v. 22.05.1986, GRUR 1986, 898, 899 – Frank der Tat; *Baumbach/Hefermehl*, Einl. UWG Rn. 215, 232; *v. Gamm*, Wettbewerbsrecht, Kap. 17, Rn. 30.

hen muß.[538] Dieses liegt dann vor, wenn zwischen den Vorteilen, die jemand durch eine Maßnahme für sein Unternehmen oder das eines Dritten zu erreichen sucht, und den Nachteilen, die ein anderer dadurch erleidet, eine Wechselbeziehung in dem Sinne besteht, daß der eigene Wettbewerb gefördert und der fremde Wettbewerb beeinträchtigt werden kann.[539] Der Anspruch aus § 1 UWG steht also nur gegen Mitbewerber zu, wobei die Gleichheit des Kundenkreises wesentlich ist.[540]

Unzweifelhaft ist die Tätigkeit des Verlegerkonkurrenten objektiv geeignet, den eigenen Absatz zum Nachteil desjenigen des Originalverlegers zu fördern, und es besteht eine entsprechende Wettbewerbsabsicht des Verlegerkonkurrenten. Auch zielt der unautorisiert nachdruckende Verlegerkonkurrent auf denselben Kundenkreis wie der Originalverleger ab, so daß das erforderliche Wettbewerbsverhältnis zu bejahen ist.

Fraglich ist jedoch, ob es sich bei dem durch die Informationsdienste anvisierten Kundenkreis um den Kundenkreis des Originalverlegers handelt. Es ließe sich argumentieren, daß der Kundenkreis verschieden ist, da die Bezieher von Zeitungen und Zeitschriften an der Information über eine Vielzahl von Themen interessiert sind, während die Kunden von Kopienversanddiensten, Recherchediensten oder Pressearchivherstellern lediglich Informationen zu einem eng umgrenzten Themenkreis wünschen.[541] Dementsprechend würde die Tätigkeit der Informationsdienste keine Alternative zum Bezug der Zeitungen oder Zeitschriften selbst darstellen, sondern lediglich als Alternative zu dem kostenträchtigen und zeitaufwendigen Aufbau eines eigenen Archivs durch den einzelnen Endnutzer angesehen werden können.[542]

Jedoch besteht zumindest eine Teilidentität des Marktes von Informationsdiensten und Verlegern, da beide das Bedürfnis des Endnutzers nach aktueller Information bedienen und zum Teil identische Informationen liefern.[543] Zumindest

---

538 U.a. BGH v. 26.01.1951, GRUR 1951, 283, 284 – Möbelbezugstoffe; BGH v. 21.02.1989, GRUR 1989, 430 – Krankentransportbestellung; BGH v. 07.12.1989, GRUR 1990, 375, 376 – Steuersparmodell; kritisch *Baumbach/Hefermehl*, Einl. UWG Rn. 247 ff.

539 *Baumbach/Hefermehl*, Einl. UWG Rn. 216.

540 Vgl. *Baumbach/Hefermehl*, Einl. UWG Rn. 216.

541 So in bezug auf Recherchedienste: OLG Köln v. 02.12.1994, GRUR 1995, 265, 268 – Infobank.

542 Vgl. OLG Köln, v. 02.12.1994, GRUR 1995, 265, 268 – Infobank.

543 Vgl. in bezug auf Kopienversanddienste: *Baronikians*, Kopienversanddienste, S. 77 f.; für Recherchedienste: *Baronikians*, Kopienversanddienste, S. 117; *Stintzing*,

diejenigen Leser, die nicht nur eine einzelne Zeitung oder Zeitschrift beziehen, sondern einen Überblick über die wichtigsten Veröffentlichungen zu einem umgrenzten Themenkreis benötigen, können auf den Bezug mehrerer Zeitungen oder Zeitschriften verzichten, wenn ihnen die gewünschten Informationen durch Informationsdienste geliefert werden.[544] Aufgrund dieser Teilidentität des Kundenkreises ist das Vorhandensein eines Wettbewerbsverhältnisses zwischen Originalverleger und Informationsdienst zu bejahen.[545]

Somit liegt in der Verbreitung unautorisiert übernommener Printmedien sowohl durch Verlegerkonkurrenten als auch durch Informationsdienste ein Handeln im geschäftlichen Verkehr zu Zwecken des Wettbewerbs.

cc. Unlauterkeitsbegründende Umstände

Das Verhalten des Übernehmenden ist nur dann wettbewerbswidrig, wenn besondere, im Wettbewerbsbereich liegende, unlauterkeitsbegründende Umstände gegeben sind.

In subjektiver Hinsicht setzt § 1 UWG lediglich die Kenntnis der die Unlauterkeit begründenden Umstände voraus.[546] Qualifizierende subjektive Merkmale wie eine Verwechslungs- und Täuschungsabsicht, eine gewollte Behinderung oder eine Planmäßigkeit, die das Schmarotzen zu einem besonders intensiven, nachhaltigen und systematischen wettbewerblichen Angriff machen, sind nicht erforderlich. Liegen sie allerdings vor, sind sie im Rahmen der unlauterkeitsbegründenden Umstände zu berücksichtigen.[547]

(1) Die Wettbewerbswidrigkeit der Übernahme durch Verlegerkonkurrenten

Bei einem Blick auf die höchstgerichtliche Rechtsprechung zur unmittelbaren Übernahme von Printmedien fällt auf, daß es wiederkehrende Gesichtspunkte gibt, die bei der Beurteilung der Wettbewerbswidrigkeit der Übernahme von Printmedien jeglicher Art durch Verlegerkonkurrenten herangezogen werden.

GRUR 1994, 871, 881; hinsichtlich Pressespiegeln: OLG Düsseldorf v. 14.05.1996, CR 1996, 728 – Elektronische Archive.

544 Vgl. LG Düsseldorf v. 24.02.1988, AfP 1988, 93.

545 Ebenso in bezug auf Kopienversanddienste und Recherchedienste: *Baronikians*, Kopienversanddienste, S. 77 f., 117; sowie in bezug auf Pressespiegel: LG Düsseldorf v. 24.02.1988, AfP 1988, 93; OLG Düsseldorf v. 14.05.1996, CR 1996, 728 – Elektronische Archive; *Loewenheim*, GRUR 1996, 636, 642.

546 BGH v. 19.06.1974, WRP 1976, 370, 371 - Ovalpuderdose; *Nirk*, GRUR 1993, 247, 250; *Schricker*, ArchivPT 1996, 5, 15.

547 *Heker*, ZUM 1995, 97, 101 f.; *Schricker/Schricker*, Einl. Rn. 44.

Insbesondere lassen sich den BGH-Entscheidungen „Reprint“,[548] „Formulare“[549] und „Notenstichbilder“[550] entscheidende Kriterien für die Beurteilung der Wettbewerbswidrigkeit der Übernahme durch Verlegerkonkurrenten entnehmen. Danach richtet sich die Wettbewerbswidrigkeit insbesondere danach, ob die unmittelbare Leistungsübernahme zum Schaden desjenigen geschieht, dem billigerweise die Früchte davon zukommen müßten.[551] Die Frage der Unbilligkeit ist hierbei maßgeblich danach zu entscheiden, ob die vom Nachdrucker angewandte Methode des Nachdrucks nach Zeit und Umständen geeignet ist, einen nach den Gepflogenheiten ordentlicher Verleger planenden Erstverleger mit einem zusätzlichen Risiko zu belasten, das zu tragen ihm nicht zugemutet werden kann.[552]

In der Entscheidung „Reprint“[553] hat der BGH den fotomechanischen Nachdruck eines gemeinfreien wissenschaftlichen Spezialwerkes, dessen Erstdruck seit 12 Jahren vergriffen war, für zulässig gehalten. Wesentliche Bedeutung wurde dabei aufgrund der im UrhG für die Leistungsschutzrechte festgesetzten Schutzfristen, die kürzer als die urheberrechtliche Schutzdauer sind, dem Zeitfaktor beigemessen. Auch wenn sich keine festen Zeitmaßstäbe setzen lassen könnten, so sei beim wettbewerbsrechtlichen Schutz zu berücksichtigen, welcher Zeitraum dem Leistenden zur Verfügung gestanden hat, um die Früchte seiner Arbeit zu ziehen. Darüber hinaus hat der BGH darauf hingewiesen, daß der Aktualität des Wettbewerbs ein großes Gewicht zukomme. Hierbei sei dem Umstand Rechnung zu tragen, daß es sich bei dem in Frage stehenden Werk um ein Werk handele, das wegen seines spezialwissenschaftlichen Gegenstandes nur einen sehr begrenzten Leserkreis anspreche und das deshalb dem Verleger im allgemeinen erst in längeren Zeiträumen die ihm „billigerweise zukommenden Früchte“ bringen könne. Da jedoch der Erstdruck bei Erscheinen des Nachdrucks bereits seit etwa 12 Jahren vergriffen war, ein allgemeines wissenschaftliches Interesse an dem Erscheinen des Neudrucks bestand und angesichts des nach Art des Werkes zu erwartenden kleinen Käuferkreises allein der fotomechanische Nachdruck wirtschaftlich tragbar war, hat der BGH in dem Nachdruck keinen Verstoß gegen die Anschauungen des redlichen Verkehrs gesehen.

---

548 BGH v. 30.10.1968, GRUR 1969, 186 ff. – Reprint.

549 BGH v. 17.09.1971, GRUR 1972, 127 ff. – Formulare.

550 BGH v. 06.02.1986, ZUM 1987, 238 ff. – Notenstichbilder.

551 BGH v. 30.10.1968, GRUR 1969, 186, 188 – Reprint.

552 BGH v. 30.10.1968, GRUR 1969, 186, 188 – Reprint.

553 BGH v. 30.10.1968, GRUR 1969, 186 ff. – Reprint.

In der Entscheidung „Formulare“[554] ging es um den fotomechanischen Nachdruck urheberrechtlich nicht geschützter Formulare für Bundeswehr-Dienststellen, die von dem Erstdrucker bereits seit vielen Jahren in hoher Stückzahl abgesetzt worden waren. Nach Ansicht des Erstdruckers ergab sich die Wettbewerbswidrigkeit des fotomechanischen Nachdrucks unter Anwendung der in der „Reprint“-Entscheidung aufgestellten Rechtsgrundsätze daraus, daß Aktualität des Wettbewerbs zu bejahen war, daß die Erstdrucke nicht vergriffen waren, daß nicht allein der fotomechanische Nachdruck tragbar war und daß kein allgemeines Interesse an dem Nachdruck bestand. Der BGH wies all diese Argumente zurück und verneinte die Wettbewerbswidrigkeit der Nachdrucke. Ausgangspunkt seiner Überlegungen war, daß die Formulare weder nach Art des Arbeits- und Kostenaufwandes noch im Hinblick auf das Arbeitsergebnis mit Büchern, insbesondere nicht mit einem Werk spezialwissenschaftlichen Charakters, verglichen werden konnten. Bedeutung kam ferner dem aus den unterschiedlichen Vertriebsverhältnissen resultierenden Umstand zu, daß bei dem Nachdruck der Formblätter ein dem Buchverleger vergleichbares Risiko fehlte. Denn während es sich bei einem Vertrieb über den Buchhandel nicht absehen lasse, ob die hergestellte Auflage überhaupt bzw. in welchem Zeitraum sie abgesetzt werden könne, seien die Formulare, abgesehen von einer gewissen Vorratshaltung, im wesentlichen erst auf Bestellung gedruckt worden. Schließlich habe der Erstdrucker die Formulare bereits seit vielen Jahren in hoher Stückzahl herausgebracht und die Mehrkosten längst hereingeholt. Angesichts all dieser Umstände führten nach Ansicht des BGH auch nicht die Tatsachen, daß der Erstdruck nicht vergriffen war und daß nicht allein der fotomechanische Nachdruck wirtschaftlich tragbar war, zu einem ungerechtfertigten Wettbewerbsvorsprung des Nachdruckers.

In der Entscheidung „Notenstichbilder“[555] wurde schließlich der fotomechanische Nachdruck von Noten gemeinfreier Musikwerke für wettbewerbsrechtlich zulässig angesehen, da seit der Herstellung der Druckvorlagen für diese Notenbilder 50 Jahre verstrichen waren und auch keine anderweitigen unlauterkeitsbegründenden Umstände vorlagen. Der BGH verwies insbesondere darauf, daß tatsächlich bereits eine Amortisation der Herstellungskosten erfolgt sei. Ein Zeitraum von 50 Jahren sei auch mit Rücksicht darauf, daß Notendrucke meist nur allmählich abgesetzt werden und die Erstdrucke weiterhin auf dem Markt erhältlich waren, als ausreichend anzusehen. Denn auch in den Fällen, in denen ein gesetzlich geregelter Leistungsschutz bestünde, sei dieser Schutz wesentlich kürzer.

---

554 BGH v. 17.09.1971, GRUR 1972, 127 ff. – Formulare.

555 BGH v. 06.02.1986, ZUM 1987, 238 ff. – Notenstichbilder.

Diesen drei Entscheidungen lassen sich zahlreiche Kriterien für die Beurteilung der Unlauterkeit der unmittelbaren Übernahme von Printmedien entnehmen. Die Unlauterkeit richtet sich insbesondere danach, ob die Übernahme des fremden Leistungsergebnisses zum Schaden desjenigen geschieht, dem billigerweise die Früchte davon zukommen müßten, wobei dem Zeitfaktor und der Aktualität des Wettbewerbs besondere Bedeutung zuzumessen sind.[556]

Der Zeitfaktor hängt vorwiegend mit dem Amortisationsgedanken zusammen.[557] Hat der Erstdrucker seine Kosten amortisiert, so spricht dies für die Zulässigkeit des Nachdrucks.[558] Auch wenn sich genaue Zeitgrenzen nicht nennen lassen, so können doch die im UrhG für die Leistungsschutzrechte festgesetzten Schutzfristen als Orientierungshilfe herangezogen werden.[559]

Im Hinblick auf die Aktualität des Wettbewerbs ist zu berücksichtigen, daß manche Printmedien aufgrund ihres speziellen Gegenstandes dem Verleger erst in längeren Zeiträumen die ihm billigerweise zukommenden Früchte bringen.[560] Ist der Erstdruck hingegen schon seit einem längeren Zeitraum vergriffen, so spricht dies für die Zulässigkeit des Nachdrucks.[561] Umgekehrt folgt aus der Erhältlichkeit des Erstdrucks und damit aus dem Vorliegen eines aktuellen Wettbewerbs aber nicht zwangsläufig die Unzulässigkeit des Nachdrucks.[562]

Neben diesen beiden Hauptfaktoren sind im Rahmen der Gesamtabwägung noch weitere Umstände zu berücksichtigen. So sind an die Zulässigkeit des Nachdrucks von Büchern, insbesondere von Werken spezialwissenschaftlichen Charakters, aufgrund der Art des mit ihnen verbundenen Arbeits- und Kostenaufwandes höhere Anforderungen zu stellen als an die Zulässigkeit des Nachdrucks von Vordrucken und Formularen.[563] Gleichermaßen sind auch an die Zulässigkeit des Nachdrucks von Printmedien, die über den Handel auf den Markt gebracht werden, aufgrund der damit verbundenen Unsicherheiten hinsichtlich ih-

---

556 So erstmals BGH v. 30.10.1968, GRUR 1969, 186, 188 – Reprint.

557 Vgl. BGH v. 30.10.1968, GRUR 1969, 186, 188 – Reprint; BGH v. 17.09.1971, GRUR 1972, 127, 129 – Formulare; BGH v. 06.02.1986, ZUM 1987, 238, 239 – Notenstichbilder.

558 Vgl. BGH v. 17.09.1971, GRUR 1972, 127, 129 – Formulare und BGH v. 06.02.1986, ZUM 1987, 238, 239 – Notenstichbilder.

559 Vgl. BGH v. 30.10.1968, GRUR 1969, 186, 188 – Reprint und BGH v. 06.02.1986, ZUM 1987, 238, 239 f. – Notenstichbilder.

560 BGH v. 30.10.1968, GRUR 1969, 186, 188 f. – Reprint.

561 Vgl. BGH v. 30.10.1968, GRUR 1969, 186, 189 – Reprint.

562 Vgl. BGH v. 17.09.1971, GRUR 1972, 127, 129 – Formulare.

563 BGH v. 17.09.1971, GRUR 1972, 127, 128 – Formulare.

res Absatzes höhere Anforderungen zu stellen als an den Nachdruck von solchen Printmedien, die im wesentlichen erst auf Bestellung gedruckt werden.[564] Schließlich spricht ein allgemeines wissenschaftliches Interesse am Erscheinen des Nachdrucks für dessen Zulässigkeit.[565]

Zu guter letzt läßt sich den Entscheidungen entnehmen, daß es im Rahmen der Abwägung weniger auf die verwandten Mittel als vielmehr auf die Auswirkungen des Vorgehens ankommt.[566] Dies war durch die „Reprint"-Entscheidung noch nicht abschließend geklärt. Denn obwohl in der Entscheidung ausdrücklich festgestellt wurde, daß es nicht entscheidend sei, welches Mittel zur Vervielfältigung angewandt wird, so verwies der BGH schließlich darauf, daß angesichts des nach der Art des Werkes zu erwartenden kleinen Käuferkreises allein der fotomechanische Nachdruck wirtschaftlich tragbar wäre.[567] Aus den Entscheidungen „Formulare" und „Notenstichbilder" ergibt sich jedoch, daß der Tatsache, daß es sich um einen fotomechanischen Nachdruck handelt, keine entscheidende Bedeutung zuzumessen ist.

Neben dem Gesichtspunkt, ob die Übernahme zum Schaden desjenigen geschieht, dem billigerweise die Früchte daran zukommen müßten, können auch die Gesichtspunkte der vermeidbaren Herkunftstäuschung, der Rufausbeutung und der Behinderung im Wettbewerb eine Rolle bei der Beurteilung der Wettbewerbswidrigkeit der unmittelbaren Übernahme durch Verlegerkonkurrenten spielen.

Die vermeidbare Herkunftstäuschung ist dadurch gekennzeichnet, daß das übernommene Erzeugnis Merkmale aufweist, mit denen der Verkehr eine betriebliche Herkunftsvorstellung verbindet, und daß die Gefahr besteht, daß der Verkehr aufgrund der Übernahme dieser Merkmale über die betriebliche Herkunft irregeführt wird.[568] Bei der Fallgruppe der Rufausbeutung besteht über die vermeidbare Herkunftstäuschung hinausgehend die Gefahr, daß der Kunde irrtümlich annimmt, es handele sich bei dem ihm angebotenen Erzeugnis um das des Originalherstellers, so daß gleichzeitig der Ruf des fremden Erzeugnisses ausgenutzt wird.[569] Die Behinderung im Wettbewerb zeichnet sich demgegenüber dadurch aus, daß ein Wettbewerber systematisch und zielbewußt jedes oder fast

---

564 Vgl. BGH v. 17.09.1971, GRUR 1972, 127, 128 f. – Formulare.

565 BGH v. 30.10.1968, GRUR 1969, 186, 189 – Reprint.

566 So auch *Baumbach/Hefermehl*, § 1 UWG Rn. 500; *v. Gamm*, Wettbewerbsrecht, Kap. 21, Rn. 20.

567 BGH v. 30.10.1968, GRUR 1969, 186, 188 f. – Reprint.

568 Vgl. *Baumbach/Hefermehl*, § 1 UWG Rn. 459; *Köhler/Piper*, § 1 UWG Rn. 280.

569 Vgl. *Baumbach/Hefermehl*, § 1 UWG Rn. 459.

jedes vom Mitbewerber auf den Markt gebrachte Erzeugnis übernimmt, um so – womöglich noch durch eine Preisunterbietung – die geschäftliche Betätigung des Mitbewerbers zu behindern.[570]

Diesen Gesichtspunkten kommt insbesondere bei der unmittelbaren Übernahme von Printmedien in Form von Informationssammlungen eine entscheidende Rolle zu, wie sich den BGH-Entscheidungen „Informationsdienst" und „Tele-Info-CD" entnehmen läßt.

So hat der BGH in der Entscheidung „Informationsdienst"[571] die fortlaufende, systematische Übernahme von Meldungen eines Informationsdienstes zur Herausgabe eines Konkurrenzproduktes als unlauter i.S.v. § 1 UWG angesehen. Dies wurde vor allem auf den Aspekt der Behinderung im Wettbewerb gestützt. Denn dadurch, daß der Übernehmer die Aufwendungen für eigene Ermittlungen erspart habe und somit einen wesentlich günstigeren Preis fordern könnte, werde der Bezieherkreis des Originalverlegers verringert und schließlich der Fortbestand des Betriebes gefährdet. Dabei werde der Originalverleger systematisch um die ihm billigerweise zustehenden Früchte seiner Arbeit gebracht.

Gleichermaßen hat der BGH die im Wege des Einscannens erfolgte unmittelbare Übernahme von Telefonverzeichnissen der *DeTeMedien*, nachdem diese mehrfach Gegenstand unterinstanzlicher Entscheidungen war,[572] insbesondere unter dem Gesichtspunkt der Rufausbeutung als wettbewerbswidrig beurteilt.[573] Der Verkehr erwarte vom Angebot des Übernehmers dieselbe Vollständigkeit und Richtigkeit, wie sie für die „amtlichen" Daten der *DeTeMedien* prägend sei, und nehme dementsprechend an, daß es sich bei dem Angebot der Tele-Info-CD um die übernommenen „amtlichen" und nicht um auf eigenen Recherchen beruhende Teilnehmerdaten handele. Neben dem Aspekt der Rufausbeutung hat der BGH weiterhin im Rahmen der Unlauterkeit berücksichtigt, daß die fortlaufende und systematische Übernahme des gesamten Datenbestandes der *DeTeMedien*, den diese mit erheblichen Mühen und Kosten aufgebaut habe, zu einem unge-

---

570 *Baumbach/Hefermehl*, § 1 UWG Rn. 480.

571 BGH v. 10.12.1987, AfP 1988, 32 ff. – Informationsdienst.

572 Den wettbewerbsrechtlichen Leistungsschutz im Ergebnis verneinend die Vorinstanz OLG Frankfurt/Main v. 29.10.1996, WRP 1996, 1175, 1186 ff. sowie OLG Frankfurt/Main v. 26.05.1994, CR 1995, 85, 87 f. Einen wettbewerbsrechtlichen Leistungsschutz demgegenüber bejahend: LG Hamburg v. 21.10.1993, CR 1994, 476 ff.; LG Mannheim v. 29.03.1996, CR 1996, 411 ff.; LG Mannheim v. 30.08.1996, CR 1996, 672 ff.; LG Stuttgart v. 04.06.1996, CR 1997, 83 ff. Eingehend die Zusammenstellungen bei *Leistner*, Rechtsschutz von Datenbanken, S. 333 ff.; *Richter*, Schutz von Datenbanken, S. 47, 61 ff.

573 BGH v. 06.05.1999, GRUR 1999, 923, 926 ff. – Tele-Info-CD.

rechtfertigten Preiswettbewerb mit den Verzeichnissen der *DeTeMedien* führe. Auch bestehe die in § 12 Abs. 2 TKG statuierte Pflicht, Teilnehmerdaten zum Zwecke der Aufnahme eines Auskunftsdienstes oder der Herausgabe eines Telefonverzeichnisses zugänglich zu machen, lediglich gegen Zahlung eines angemessenen Entgeltes.

(2) Die Wettbewerbswidrigkeit der Übernahme durch Informationsdienste

Die Frage der Wettbewerbswidrigkeit der Tätigkeit der Informationsdienste war bisher noch nicht Hauptgegenstand höchstgerichtlicher Entscheidungen. Zwar hat der BGH in all seinen zu Informationsdiensten ergangenen Entscheidungen darauf hingewiesen, daß die Tätigkeit des jeweiligen Informationsdienstes dann wettbewerbswidrig sei, wenn besondere, außerhalb der Sonderschutztatbestände des UrhG liegende Umstände hinzutreten würden, welche die beanstandete Handlung als unlauter i.S.v. § 1 UWG erscheinen ließen.[574] Wie diese Umstände konkret auszusehen haben, hat der BGH jedoch noch nicht näher erläutert.

Lediglich der Entscheidung „CB-infobank I" läßt sich indirekt entnehmen, welche Umstände für die Begründung der Wettbewerbswidrigkeit nicht ausreichen. Denn in „CB-infobank I" hat der BGH die Entscheidung des OLG Köln, welches die den Gegenstand des Rechtsstreites bildende Tätigkeit eines Recherchedienstes als wettbewerbsrechtlich zulässig beurteilt hat,[575] insofern nicht beanstandet.[576] Das OLG Köln hatte seine Entscheidung darauf gestützt, daß der Originalverleger nicht dargetan habe, daß seine bisherigen Käufer wegen der Tätigkeit des Recherchedienstes auf einen weiteren Bezug verzichtet hätten. Auch würde die Tätigkeit des Recherchedienstes keine Übernahme und Ausschlachtung der Publikationen des Originalverlegers zum eigenen Gewinn darstellen, da der Recherchedienst sich das Versenden von Kopien nicht gesondert vergüten lasse. Schließlich würde in der Werbung des Recherchedienstes, die auf die Publikationen des Originalverlegers Bezug nimmt, auch keine unzulässige Rufausbeutung liegen, da lediglich die Quellen, auf die sich der Recherchedienst stützt, angegeben würden.

Auch wenn somit unter den vom OLG Köln zu entscheidenden Umständen die Wettbewerbswidrigkeit der Tätigkeit des fraglichen Informationsdienstes verneint wurde, so sind doch - auch nach Ansicht des BGH - Fälle denkbar, in denen die Tätigkeit eines Kopienversanddienstes, eines Recherchedienstes oder ei-

---

[574] BGH v. 16.01.1997, GRUR 1997, 459, 464 – CB-infobank I; BGH v. 10.12.1998, WRP 1999, 417, 419 – Elektronische Pressearchive; BGH v. 25.02.1999, MMR 1999, 665, 668 - Kopienversanddienst.

[575] OLG Köln v. 02.12.1994, GRUR 1995, 265, 268 f. – Infobank.

[576] BGH v. 16.01.1997, GRUR 1997, 459, 464 – CB-infobank I.

nes Pressespiegelherstellers als unlauter i.S.v. § 1 UWG zu bewerten ist. Als unlauterkeitsbegründende Umstände können dabei in der Regel nicht die Fallgruppen der vermeidbaren Herkunftstäuschung und der Rufausbeutung herangezogen werden. Denn die Tätigkeit der Informationsdienste besteht darin, ihren Kunden Informationen aus Primärpublikationen zu verschaffen. Der Kunde wird also in der Regel weder über die betriebliche Herkunft irregeführt, noch nimmt er irrtümlich an, daß es sich bei dem angebotenen Erzeugnis um das des Originalverlegers handelt.

Es ist jedoch denkbar, daß die Tätigkeit eines Informationsdienstes unter dem Gesichtspunkt, daß die Übernahme zum Schaden desjenigen geschieht, dem billigerweise die Früchte daran zukommen müßten, sowie unter dem Aspekt der Behinderung im Wettbewerb als unlauter anzusehen ist. So ließe sich z.B. die Wettbewerbswidrigkeit der Übernahme im Rahmen eines Pressespiegels annehmen, wenn die Originalpublikationen in systematischer Weise weitgehend vollständig ausgewertet und den Endnutzern zeitnah zur Erstveröffentlichung angeboten werden mit der Folge, daß der Originalverleger Kunden verliert, deshalb seine geschäftliche Betätigung behindert wird und er um die Früchte seiner Arbeit gebracht wird.[577]

(3) Ergebnis

Somit ist festzuhalten, daß die unmittelbare Übernahme von (Teilen von) Printmedien sowohl durch Verlegerkonkurrenten als auch durch Informationsdienste dann wettbewerbswidrig ist, wenn besondere, im Wettbewerbsbereich liegende unlauterkeitsbegründende Umstände gegeben sind. Als solche kommen neben dem Gesichtspunkt, daß die Übernahme zum Schaden desjenigen geschieht, dem billigerweise die Früchte davon zukommen müßten, auch die Gesichtspunkte der vermeidbaren Herkunftstäuschung, der Rufausbeutung und der Behinderung im Wettbewerb in Betracht. Eine pauschalierende Betrachtung ist jedoch nicht möglich. Entscheidend für die Wettbewerbswidrigkeit ist, ob eine Gesamtschau aller Umstände des Einzelfalles unter Berücksichtigung der Inter-

---

577 Vgl. *Fischer*, ZUM 1995, 117, 120, der eine Unlauterkeit unter dem Gesichtspunkt des systematischen Nachahmens bejaht, wenn sich ein Pressespiegelhersteller an ein einzelnes Blatt „anhängen" und unter Ausschöpfung der 20 %-Grenze eine Zusammenfassung dieses einzelnen Druckwerkes herstellen und vertreiben würde. Siehe auch LG Düsseldorf v. 24.02.1988, AfP 1988, 93, 94, das die Tätigkeit eines Pressespiegels, der täglich mehr als 200 Zeitungen, Zeitschriften und Dienste auf 20 Seiten zusammenfaßt, deshalb für sittenwidrig hielt, weil die Leistung und der Ruf dieser Zeitungen, Zeitschriften und Dienste planmäßig ausgenutzt und die Originalverleger jedenfalls zum Teil um die Früchte ihrer Arbeit gebracht werden.

essenlage ergibt, daß die Übernahme im konkreten Fall als unlauter anzusehen ist.

d. Vertrieb und Erwerb durch Dritte

Insbesondere wenn dem Verleger der Hersteller der unautorisierten Vervielfältigungsstücke nicht bekannt ist und sich auch nicht ermitteln läßt, wird es für ihn von großem Interesse sein, zumindest gegen den die Vervielfältigungsstücke vertreibenden Händler sowie gegen die Endnutzer, die diese erwerben und nutzen, vorgehen zu können.

Der wettbewerbsrechtliche Schutz gegenüber Endnutzern, die die unautorisiert übernommenen Printmedien erwerben, ist jedoch zunächst dadurch eingeschränkt, daß der gutgläubige Erwerb des Endnutzers nicht vom Verbotsbereich des § 1 UWG erfaßt wird.[578] Zwar kann dem Endnutzer nach entsprechender Aufklärung für zukünftige Nutzungen Bösgläubigkeit bewiesen werden.[579] Ein Anspruch des Verlegers gegen den Endnutzer nach § 1 UWG setzt allerdings auch in diesem Fall voraus, daß besondere unlauterkeitsbegründende Umstände vorliegen, die die Weiterbenutzung wettbewerbswidrig machen.[580] Vor allem muß die Weiterbenutzung jedoch ein Handeln im geschäftlichen Verkehr zu Zwecken des Wettbewerbs darstellen, so daß kein Schutz des Verlegers gegen private oder innerbetriebliche Nutzungen des Endnutzers besteht.[581] Somit scheidet ein wettbewerbsrechtlicher Anspruch des Verlegers gegen Endnutzer, die unautorisiert hergestellte Vervielfältigungsstücke erwerben und nutzen, in aller Regel aus.

Ein Anspruch des Verlegers gegen den Händler aus § 1 UWG ist problematisch im Hinblick auf das von der Rechtsprechung für erforderlich gehaltene Bestehen eines Wettbewerbsverhältnisses zwischen Verleger und Händler, wofür die Gleichheit des Kundenkreises maßgeblich ist[582]. Händler und Verleger haben unzweifelhaft dann den gleichen Kundenkreis, wenn der Verleger seine Print-

---

578 *Hornung*, EU-Datenbank-Richtlinie, S. 56; *Lehmann*, Schutz von Computerprogrammen gem. § 1 UWG, S. 383, 402, Rn. 21; *Marly*, Urheberrechtsschutz für Computersoftware, S. 60, Fn. 323; *Wiebe*, Know-how-Schutz, S. 144.

579 *Hornung*, EU-Datenbank-Richtlinie, S. 56; *Marly*, Urheberrechtsschutz für Computersoftware, S. 60.

580 *Marly*, Urheberrechtsschutz für Computersoftware, S. 60 f.

581 *Hornung*, EU-Datenbank-Richtlinie, S. 56; *Marly*, Urheberrechtsschutz für Computersoftware, S. 60 f.; *Wiebe*, Know-how-Schutz, S. 144. Hinsichtlich der Einschränkungen des wettbewerbsrechtlichen Schutzes bei privater oder innerbetrieblicher Nutzung siehe oben (E.I.3.c.bb.(1)).

582 Siehe oben (E.I.3.c.bb.(2)).

medien direkt an den Endnutzer absetzt. Jedoch sind auch in dem Fall, daß der Verleger nur an Händler liefert, die Kunden der Händler mittelbar auch Kunden des Verlegers, so daß aus diesem Grund das Wettbewerbsverhältnis zwischen Verleger und Händler zu bejahen ist, auch wenn es sich um Gewerbetreibende verschiedener Wirtschaftsstufen handelt.[583] Als entscheidend ist demnach anzusehen, daß beide Parteien gleichartige Waren innerhalb derselben Endverbraucherstufen abzusetzen suchen.[584]

Auch wenn somit in der Regel ein Wettbewerbsverhältnis zwischen Händler und Verleger zu bejahen ist, so steht dem Verleger dennoch kein Anspruch aus § 1 UWG zu, wenn der Händler die unautorisiert hergestellten Vervielfältigungsstücke „gutgläubig", d.h. in Unkenntnis der die Wettbewerbswidrigkeit begründenden Umstände, erworben hat.[585] Lediglich wenn der Händler beim Erwerb der Vervielfältigungsstücke Kenntnis von diesen Umständen hatte oder sich der Kenntnis bewußt verschlossen oder entzogen hatte, haftet er nach § 1 UWG.[586] Darüber hinaus darf der Händler aber auch dann, wenn er erst später Kenntnis von den unlauterkeitsbegründenden Umständen erlangt, die zunächst „gutgläubig" erworbene Ware nicht mehr weiter veräußern.[587] Ansonsten würden wettbewerbsrechtlich schützenswerte Arbeitsergebnisse durch den Vertrieb von unautorisiert hergestellten Vervielfältigungsstücken bei voller Kenntnis der unlauterkeitsbegründenden Umstände weiterhin ausgenutzt und damit würde am wettbewerbswidrigen Verhalten des Herstellers nunmehr bewußt partizipiert.[588]

Etwas anderes kann sich lediglich in den Fällen ergeben, in denen die Unlauterkeit auf einer betrieblichen Herkunftsverwechslung beruht. In diesen Fällen ist ein Weiterverkauf dann als zulässig anzusehen, wenn der Händler ihm zumutba-

---

583 *Baumbach/Hefermehl*, Einl. UWG Rn. 226. Auch die Rechtsprechung hat ein Wettbewerbsverhältnis zwischen Händler und Hersteller in einigen Fällen angenommen: BGH v. 21.04.1983, GRUR 1983, 582, 583 – Tonbandgerät; BGH v. 26.11.1992, GRUR 1993, 563, 564 – Neubau nach Umbau.

584 *Baumbach/Hefermehl*, Einl. UWG Rn. 226.

585 *Köhler/Piper*, § 1 UWG Rn. 264.

586 BGH v. 30.01.1992, GRUR 1992, 448, 449 – Pullovermuster; *Nirk*, GRUR 1993, 247, 250.

587 BGH v. 30.01.1992, GRUR 1992, 448, 449 f. – Pullovermuster; zustimmend *Köhler/Piper*, § 1 UWG Rn. 264; *Nirk*, GRUR 1993, 247, 250. So jetzt auch OGH v. 11.03.1997, ÖBl. 1997, 167, 169 f.; aA noch OGH v. 04.11.1980, ÖBl. 1981, 98, 100; OGH v. 10.09.1985, ÖBl. 1986, 15, 16.

588 BGH v. 30.01.1992, GRUR 1992, 448, 450 – Pullovermuster.

re Maßnahmen trifft, um eine Irreführung des Kunden auszuschließen.[589] Denn dadurch entfallen die unlauterkeitsbegründenden Umstände und somit auch der Unlauterkeitsvorwurf. Das gleiche muß gelten, wenn die Unlauterkeit aus einer Rufausbeutung resultiert und der Händler ihm zumutbare Maßnahmen trifft, um die Annahme des Kunden auszuschließen, es handele sich bei dem ihm angebotenen Erzeugnis um das des Originalherstellers.

Mit Ausnahme der soeben geschilderten Fälle kann der Verleger jedoch einen wettbewerbsrechtlichen Anspruch gegen den die unautorisiert hergestellten Vervielfältigungsstücke vertreibenden Händler geltend machen, sofern dieser bereits beim Erwerb der Vervielfältigungsstücke Kenntnis von den unlauterkeitsbegründenden Umständen hatte bzw. sich dieser bewußt verschlossen oder entzogen hatte oder nachträglich davon Kenntnis erlangt.

e. Rechtsfolgen und Verjährung

Nach § 1 UWG steht dem Geschädigten neben den allgemeinen zivilrechtlichen Ansprüchen ein Anspruch auf Unterlassung und auf Schadensersatz zu. Dabei entspricht es der allgemeinen Ansicht, daß der Unterlassungsanspruch auch die Pflicht zur Beseitigung eines fortdauernden Störungszustandes umfaßt.[590] Dieser Beseitigungsanspruch kann sich, sofern dies erforderlich und verhältnismäßig ist, auch auf die Herausgabe oder Vernichtung der unautorisiert hergestellten Vervielfältigungsstücke erstrecken, wenn deren Verbleib auf dem Markt die Verletzungshandlung perpetuieren würde.[591] Dabei ist jedoch zu berücksichtigen, daß lediglich die Verbreitung unautorisiert hergestellter Vervielfältigungsstücke von Printmedien nach § 1 UWG untersagt werden kann, wohingegen der Herstellungsvorgang allein mangels Außenwirkung nicht von § 1 UWG erfaßt wird.[592] Somit besteht kein Anspruch gegen den Hersteller auf Herausgabe und Vernichtung unautorisiert hergestellter Vervielfältigungsstücke.[593] Der Anspruch

---

589 So *Baumbach/Hefermehl*, § 1 UW Rn. 474; zögernd BGH v. 30.01.1992, GRUR 1992, 448, 450 – Pullovermuster.

590 *Baumbach/Hefermehl*, Einl. UWG Rn. 251a.

591 Vgl. *Lehmann*, Schutz von Computerprogrammen gem. § 1 UWG, S. 383, 403, Rn. 23; *Wiebe*, Know-how-Schutz, S. 174.

592 Siehe oben (E.I.3.c.bb.(1)).

593 BGH v. 14.04.1988, GRUR 1988, 690, 693 – Kristallfiguren; BGH v. 06.05.1999, GRUR 1999, 923, 928 – Tele-Info-CD; *Baumbach/Hefermehl*, Einl. UWG Rn. 312; *Wiebe*, Know-how-Schutz, S. 174; aA wohl *Lehmann*, Schutz von Computerprogrammen gem. § 1 UWG, S. 383, 403, Rn. 23, der aufgrund einer anderen Auffassung zur Reichweite des § 1 UWG (dazu siehe oben Fn. 532) aus einer Gesamtanalogie zu §§ 98, 99 UrhG, 14a Abs. 2 GeschmMG, 30 WZG folgert, daß sich der wettbewerbsrechtliche Beseitigungsanspruch auf die Beschlagnahme, Beseitigung oder Herausgabe

auf Herausgabe und Vernichtung kommt daher allein in bezug auf bereits vertriebene Vervielfältigungsstücke in Betracht.[594] Anspruchsgegner des Herausgabe- und Vernichtungsanspruchs ist damit in aller Regel der Händler.

Im Hinblick auf den Schadensersatzanspruch ist anerkannt, daß dieser nur bei vorsätzlichem oder fahrlässigem Verhalten besteht.[595] Darüber hinaus können nach der Rechtsprechung des BGH die im Urheberrecht anerkannten drei Möglichkeiten der Schadensberechnung, nämlich die konkrete Schadensberechnung, die Herausgabe des Verletzergewinns und die Lizenzanalogie,[596] auch in den Fällen einer wettbewerbswidrigen Leistungsübernahme angewendet werden.[597]

Auch in bezug auf Auskunftsansprüche korrelieren die durch die Rechtsprechung beim ergänzenden wettbewerbsrechtlichen Leistungsschutz gewährten Rechtsfolgen mit den im UrhG vorgesehenen Rechtsfolgen. Denn der BGH hat anerkannt, daß gemäß §§ 242 BGB, 1 UWG auch beim ergänzenden wettbewerbsrechtlichen Leistungsschutz eine der Vorschrift des § 101 a UrhG entsprechende Verpflichtung zur Auskunft über Dritte besteht, um die Quellen und Vertriebswege der Waren aufzudecken.[598]

Anders als der durch Urheberrechte und Leistungsschutzrechte gewährte Schutz ist der wettbewerbsrechtliche Schutz nach § 1 UWG hingegen nicht durch Strafandrohung abgesichert.

Schadensersatz-, Unterlassungs- und Beseitigungsansprüche aus ergänzendem wettbewerbsrechtlichen Leistungsschutz verjähren gemäß § 21 UWG in sechs Monaten von dem Zeitpunkt, in welchem der Anspruchsberechtigte von der Handlung und von der Person des Verpflichteten Kenntnis erlangt, ohne Rücksicht auf diese Kenntnis in drei Jahren von der Begehung der Handlung an. Die Regelung des § 21 UWG geht als wettbewerbsrechtliche Sonderregelung der dreijährigen Verjährungsfrist des § 852 BGB vor.[599] Da der Verstoß gegen

---

der durch eine unmittelbare Leistungsübernahme erstellten Kopien bezieht, weil dies für die Verhinderung und Ausschließung weiterer wettbewerbswidriger Beeinträchtigungen notwendig ist und auch dem Verpflichteten gegenüber zumutbar erscheint.

594 Vgl. *Wiebe*, Know-how-Schutz, S. 174.

595 Vgl. *Baumbach/Hefermehl*, Einl. UWG Rn. 339.

596 Siehe oben (C.V.3.).

597 BGH v. 22.04.1993, GRUR 1993, 757, 759 – Kollektion „Holiday"; zustimmend: *v. Gamm*, GRUR 1978, 453, 457; *Heil/Roos*, GRUR 1994, 26, 31; *Nirk*, GRUR 1993, 247, 253.

598 BGH v. 24.03.1994, GRUR 1994, 630, 632 f. – Cartier-Armreif.

599 BGH v. 14.01.1999, WRP 1999, 816, 820 – Güllepumpen; *Baumbach/Hefermehl*, § 21 UWG Rn. 9; *Köhler/Piper*, § 1 UWG Rn. 304; aA *Nirk*, GRUR 1993, 247, 254.

§ 1 UWG immer auch eine unerlaubte Handlung ist, hätte § 21 UWG sonst keine sachliche Bedeutung.[600] Nur wenn die wettbewerbswidrige Handlung zugleich auch gegen § 826 BGB verstößt, ist die Verjährungsregelung des § 852 BGB anwendbar.[601]

f. Ergebnis

Zusammenfassend bleibt festzuhalten, daß dem Verleger mit dem ergänzenden wettbewerbsrechtlichen Leistungsschutz nach § 1 UWG eine Möglichkeit zur Verfügung steht, seine Printmedien gegen bestimmte wettbewerbswidrige Verhaltensweisen zu schützen. Geschützt sind dabei Printmedien jeglicher Art, da Printmedien in der Regel die für den Anspruch aus § 1 UWG erforderliche wettbewerbliche Eigenart aufweisen. Zwar bietet der Anspruch aus § 1 UWG dem Verleger keinen Schutz gegen die Zweitverwertung seiner Printmedien durch Leihe oder Vermietung, jedoch gewährt er prinzipiell Schutz gegen die durch Vervielfältigung seiner Printmedien erfolgende unmittelbare Übernahme seiner verlegerischen Leistung. Dabei liegt auch dann eine unmittelbare Leistungsübernahme vor, wenn bei der Übernahme die Schriftart oder sonstige Gestaltungsmerkmale des Printmediums verändert werden, wenn das eingescannte Printmedium als elektronisches Dokument gespeichert wird oder wenn die in dem übernommen Printmedium enthaltenen einzelnen Beiträge oder Informationen neu angeordnet werden.

Das Wettbewerbsrecht stellt allerdings keinen umfassenden Schutz gegen jegliche Art von Übernahmehandlungen zur Verfügung. Der Anspruch aus § 1 UWG kann vielmehr lediglich gegen Handlungen geltend gemacht werden, die im geschäftlichen Verkehr zu Zwecken des Wettbewerbs erfolgen. So bietet das Wettbewerbsrecht keinen Schutz gegen private und innerbetriebliche Übernahme- und Nutzungshandlungen, da diese Handlungen nicht im geschäftlichen Verkehr erfolgen. Aus dem gleichen Grund greift der wettbewerbsrechtliche Schutz auch erst gegenüber dem In-Verkehr-Setzen von unautorisiert hergestellten Vervielfältigungsstücken ein, während der Herstellungsvorgang noch nicht erfaßt wird.

Auch die Tätigkeit von Verlegerkonkurrenten und Informationsdiensten, die als Handeln im geschäftlichen Verkehr zu Zwecken des Wettbewerbs dem Anwendungsbereich des § 1 UWG unterfällt, ist grundsätzlich nach dem Prinzip der Nachahmungsfreiheit zulässig. Der Verleger kann gegen diese lediglich dann vorgehen, wenn besondere unlauterkeitsbegründende Umstände vorliegen. Die

---

600 *Baumbach/Hefermehl*, § 21 UWG Rn. 5; *Köhler/Piper*, § 1 UWG Rn. 304.

601 *Köhler/Piper*, § 1 UWG Rn. 304.

Frage der Unlauterkeit richtet sich insbesondere danach, ob die Übernahme des fremden Printmediums zum Schaden desjenigen geschieht, dem billigerweise die Früchte daran zukommen müßten. Entscheidende Bedeutung wird dabei der Frage beigelegt, ob der Erstverleger bereits seine Kosten amortisiert hat, wobei berücksichtigt wird, daß manche Printmedien aufgrund ihres speziellen Gegenstandes dem Verleger erst in längeren Zeiträumen die ihm billigerweise zukommenden Früchte bringen. Dementsprechend lassen sich auch keine festen Zeitgrenzen für das Bestehen eines Anspruchs nennen, auch wenn die im UrhG für die Leistungsschutzrechte festgesetzten Schutzfristen als Orientierungshilfe dienen. Darüber hinaus kommen bei der Frage der Wettbewerbswidrigkeit der Übernahme auch den Aspekten der vermeidbaren Herkunftstäuschung, der Rufausbeutung und der Behinderung im Wettbewerb Bedeutung zu.

Ob dem Verleger letztlich ein Anspruch aus § 1 UWG in bezug auf die Übernahme seiner Printmedien zusteht, kann somit nicht pauschal beantwortet werden, sondern ist eine Frage des Einzelfalles. Eine Gesamtschau aller im Einzelfall vorliegenden Umstände unter Berücksichtigung der Interessenlage muß ergeben, daß die Übernahme im konkreten Fall als unlauter anzusehen ist. Ist dies der Fall, so steht dem Verleger nicht nur ein Anspruch gegen den Übernehmer selbst, sondern auch gegen den die unautorisiert hergestellten Vervielfältigungsstücke vertreibenden Händler zu, sofern dieser bösgläubig ist. Mangels geschäftlicher Tätigkeit hat der Verleger allerdings keine wettbewerbsrechtliche Handhabe gegen den Endnutzer, der diese Vervielfältigungsstücke erwirbt und dann privat oder innerbetrieblich nutzt.

Was die Rechtsfolge des wettbewerbsrechtlichen Anspruchs betrifft, so gewährt § 1 UWG dem Verleger Unterlassungs-, Beseitigungs- und Schadensersatzansprüche, die nach § 21 UWG in sechs Monaten verjähren.

4. Zusammenfassung

Das deutsche Recht sah vor Umsetzung der EU-Datenbankrichtlinie kein allgemeines Leistungsschutzrecht für den Verleger vor. Lediglich dem Verleger von nachgelassenen Werken wurde - und wird weiterhin - in § 71 UrhG ein spezielles Leistungsschutzrecht gewährt. Dieses Recht besteht jedoch nur im Hinblick auf einen eng begrenzten Kreis von Printmedien, bei deren Inhalt es sich um ein bisher nicht erschienenes, urheberrechtsschutzfähiges Werk handelt, für das entweder der Urheberrechtsschutz abgelaufen ist oder das im Geltungsbereich des UrhG niemals geschützt war und dessen Urheber schon länger als 70 Jahr tot ist. Der Verleger von Printmedien, die diese engen Schutzvoraussetzungen nicht erfüllen, war hingegen vor Umsetzung der EU-Datenbankrichtlinie allein auf den indirekten Schutz durch das Urhebervertrags- und das Wettbewerbsrecht angewiesen.

Das Urhebervertragsrecht gewährt dem Verleger einen absoluten, gegenüber jedermann wirkenden Schutz, der im Gegensatz zu einem durch Leistungsschutzrechte gewährten Schutz nicht originär beim Verleger entsteht, sondern vom Rechtsinhaber abgeleitet wird. Es bietet dem Verleger im Hinblick auf alle Printmedien, deren Inhalt durch Urheber- oder Leistungsschutzrechte geschützt ist, die Möglichkeit, durch die Einräumung des Vervielfältigungs- und Verbreitungsrechts, des Rechts zur Übertragung auf digitales Trägermaterial zur digitalen Wiedergabe, des Rechts zum Verleih und zur Vermietung sowie der Vergütungsansprüche über all diejenigen Rechte zu verfügen, die er bezüglich der Produktpiraterie, des Reprographieproblems und der Zweitverwertung seiner Printmedien benötigt.

Im Hinblick auf solche Printmedien, für die dem Verleger weder Schutz durch § 71 UrhG noch durch das Urhebervertragsrecht zugute kommt, war er vor Umsetzung der EU-Datenbankrichtlinie allein auf den ergänzenden wettbewerbsrechtlichen Leistungsschutz gemäß § 1 UWG angewiesen. Dieser steht dem Verleger zwar für Printmedien jeglicher Art zu. Anders als das Urhebervertragsrecht vermag das Wettbewerbsrecht dem Verleger allerdings weder Schutz in bezug auf die Zweitverwertungsarten der Vermietung und des Verleihs noch gegen private und innerbetriebliche Übernahme- und Nutzungshandlungen bieten, die nicht im geschäftlichen Verkehr erfolgen. Und auch der gegen die Übernahme der Verlegerleistung durch Verlegerkonkurrenten und Informationsdienste gewährte Schutz greift nur dann, wenn die Übernahme aufgrund einer Gesamtschau der Umstände des Einzelfalles unter Berücksichtigung der Interessenlage als unlauter zu bewerten sind.

Die Lücken des Wettbewerbsrechts bildeten den Anknüpfungspunkt für die Forderung nach der Einführung eines allgemeinen, auf alle Arten von Printmedien anwendbaren Leistungsschutzrechts für Verleger, eines Verlegerrechts.

II. Diskussion über die Einführung eines allgemeinen Leistungsschutzrechts für Verleger

Die Diskussion über die Einführung eines allgemeinen Leistungsschutzrechts für Verleger, eines Verlegerrechts, wurde auf nationaler wie auch auf internationaler Ebene im wesentlichen Ende der 1980er und Anfang der 1990er Jahre geführt. Den Anstoß zu der Diskussion gaben das Internationale Urheberrechtssymposium von Heidelberg im Jahre 1986 sowie das im Jahre 1987 von der Weltorganisation für Geistiges Eigentum (WIPO) herausgegebene Dokument *„The Printed Word"*, in dem die Einführung eines Rechts für Verleger an der typographischen Gestaltung ihrer veröffentlichten Ausgaben, und zwar unabhängig davon, ob die Ausgaben urheberrechtlich geschützte Werke enthielten, angestrebt wurde[602].

Daß die Diskussion gerade zu dem Zeitpunkt aufkam, hing mit den Gefahren, die der Leistung des Verlegers durch die Erfindung der Reprographie drohten,[603] zusammen. Darüber hinaus wurde die Diskussion auch durch die Änderung des britischen *Copyright Law* durch den *Copyright, Designs and Patents Act 1988* (CDPA) vorangetrieben, der das bereits im *Copyright Act 1956* (CA 1956) enthaltene *Publisher's Right* übernahm und es noch ausbaute. Dieses *Publisher's Right* wurde von den Verfechtern der Einführung eines allgemeinen Verlegerrechts im deutschen UrhG als Vorbild herangezogen.[604] Aus diesem Grund sollen hier zunächst ein Überblick über das *Publisher's Right* gegeben werden, bevor näher auf die Diskussion über die Einführung eines Verlegerrechts in Deutschland eingegangen wird.

1. Das Vorbild des britischen *Publisher's Right*

Das *Publisher's Right* wurde im CA 1956 gesetzlich eingeführt und bei der Neuregelung des *Copyright Law* im CDPA in modifizierter Form beibehalten. Seine Existenz, seine Ausgestaltung und seine Rechtsnatur lassen sich nicht losgelöst von der Entwicklung des *Copyright Law* in Großbritannien betrachten, das trotz anfänglicher Parallelen schließlich einen anderen Weg als das deutsche und generell als das kontinentaleuropäische Urheberrechtssystem einschlug.

a. Die Entwicklung des *Copyright Law* in Großbritannien

Die Entwicklung des *Copyright Law* in Großbritannien verlief zunächst parallel zu der Entwicklung des Urheberrechts in Deutschland. Mit Einführung der Buchdruckkunst in England im Jahre 1476 durch *William Caxton* entstand, wie in Deutschland, nicht nur der Berufsstand des Verlegers, dieser wurde vielmehr auch alsbald durch unautorisierte Nachdrucke in seinen Vermögensinteressen bedroht.[605] Den Forderungen nach einem rechtlichen Schutz gegen die Nachdrucker wurde zunächst durch königliche Verleihung von Privilegien in der Form von *Letters Patent* nachgekommen, die zeitlich beschränkte, ausschließli-

---

602 Copyright 24 (1988), 42, 95, Rn. 336.

603 Dazu siehe oben (B.III.2.a.).

604 Laut WIPO hatten unter dem Einfluß der britischen Regelung zu diesem Zeitpunkt bereits andere Länder, wie Australien, Bangladesch, Indien, Irland, Neuseeland, Pakistan und Singapur, ähnliche Regelungen zum Schutz der Leistung des Verlegers eingeführt; vgl. The Printed Word, Copyright 24 (1988), 42, 94, Rn. 327 f.

605 Vgl. *Ploman/Hamilton*, Copyright, S. 9: *„Publishing and piracy appeared almost simultaneously."*

che Druckrechte für bestimmte Arten von Büchern gewährten.[606] Als dann *Queen Mary* im Jahre 1557 der *Stationers' Company*, der Buchdruckergilde, das ewig währende, ausschließliche Recht zum Buchdruck (das *Copyright*) einräumte, wurde diese zum „Dreh- und Angelpunkt des Privilegienwesens und zum Hauptinstrument der Krone für Zwecke der Zensur“[607]. Ausschließlich Mitglieder der Gilde durften Bücher drucken und herausgeben. Da die Mitgliedschaft nur Verlegern, nicht aber Autoren offen stand, handelte es sich bei dem *Copyright* um ein Recht des Verlegers,[608] so daß auch in England originäre Verlegerrechte die erste Erscheinungsform besonderer Rechte an Geisteswerken bildeten.[609] Die der *Stationers' Company* mit dem ausschließlichen Recht zum Buchdruck eingeräumte Monopolstellung wurde noch dadurch verstärkt, daß ihr zusätzlich die Gerichtsbarkeit über den Buchdruck und Buchhandel sowie das Recht zustand, verbindliche Vorschriften für das Verlagswesen (sogenannte *bylaws*) zu erlassen.[610]

Als im Jahre 1694 der *Licensing Act*, der die rechtliche Grundlage für den Schutz der *Stationers* gegen unautorisierte Nachdrucke gebildet hatte, nicht verlängert wurde, nahm der Nachdruck rapide zu, und die Verleger setzten sich für ein neues Gesetz zu ihrem Schutz ein.[611] Ihre Bemühungen mündeten schließlich 1709 im *Act of Anne*,[612] der vielfach als erstes Urheberrechtsgesetz

---

606 Vgl. *Ellins*, Copyright Law, S. 36; *Osterrieth*, UFITA 131 (1996), 171, 178 f.

607 *Ellins*, Copyright Law, S. 37, die die strategische Glanzleistung der Krone hervorhebt, die darin bestand, die Eigeninteressen der *Stationers* untrennbar mit den Zensurbestrebungen zu verbinden. Auch *Stewart*, International Copyright, Rn. 2.12 betont, daß das System die parallelen Interessen der Verleger und der Regierung verkörperte.

608 Vgl. *Ellins*, Copyright Law, S. 38. Den Autoren stand lediglich das Recht auf ein Entgelt für die Übertragung der Eigentumsrechte an ihren Werken zu. In der Praxis wurde aber aus ökonomischen Gründen auch dem Interesse der Autoren an einer unverfälschten Wiedergabe ihrer Werke entsprochen, da die *Stationers* annahmen, daß eine unverfälschte Wiedergabe den Wert des Buches und deshalb ihre Einnahmen steigern würde; vgl. *Gleason*, International Copyright, S. 186, 188 sowie *Ploman/Hamilton*, Copyright, S. 11.

609 Vgl. *Boytha*, GRUR Int. 1983, 379; *Gieseke*, Vom Privileg zum Urheberrecht, S. 138.

610 Vgl. *Ellins*, Copyright Law, S. 37.

611 Da die Nichtverlängerung des *Licensing Act* gleichzeitig auch das endgültige Ende der Zensur bedeutete, hatte die Krone kein Interesse mehr an der Monopolstellung der *Stationers' Company*, so daß auch das Ende des staatlichen Protektionismus zugunsten der *Stationers* gekommen war; vgl. *Ellins*, Copyright Law, S. 40.

612 *Act 8 Anne c. 19*. Der englische Wortlaut und eine deutsche Übersetzung sind abgedruckt bei: *Osterrieth*, UFITA 132 (1996), 101, 104 ff.

der Welt bezeichnet wird.[613] Der *Act of Anne* brachte zwei wesentliche Neuerungen.[614] Das ausschließliche Recht zur Drucklegung währte nicht mehr ewig, vielmehr war die Schutzfrist auf 14 Jahre ab Veröffentlichung mit einer Verlängerungsmöglichkeit von weiteren 14 Jahren beschränkt.[615] Vor allem wurde das Recht aber nicht mehr den Mitgliedern der *Stationers' Company*, sondern den Urhebern und ihren Abtretungsempfängern gewährt. Auch wenn dadurch erstmals die Urheber in den Mittelpunkt gerückt und als originäre Rechtsinhaber angesehen wurden, übertrugen sie in der Praxis doch in aller Regel für geringe Summen ihre Rechte an die Verleger.[616] Dies hatte zur Folge, daß die Verleger im *Act of Anne* die Verwirklichung ihres Schutzbedürfnisses im Hinblick auf die unautorisierten Nachdrucke sahen.[617]

Erst als die im *Act of Anne* festgelegten Schutzfristen abliefen, vermochte der *Act* die Verleger nicht mehr zu schützen, und es kam durch verstärkte Nachdrucke seitens schottischer, irischer und provinzieller Verleger zur *Battle of the Booksellers*. Die Londoner Verleger beriefen sich zum Schutz gegen die Nachdrucke auf ein dem Naturrecht entspringendes, ewiges *Copyright* nach *Common Law*, das dem Urheber eines veröffentlichten Werkes nach Ablauf der Schutzfrist zustünde und dem Verleger übertragen werden könnte.[618] Während der *Court of King's Bench* 1769 ein solches Recht im Fall *Millar v. Taylor* zunächst anerkannte, entschied schließlich 1774 das *House of Lords* als höchstgerichtliche Instanz im Fall *Donaldson v. Beckett*, daß an veröffentlichten Werken kein ewiges *Common Law Copyright* besteht.[619]

---

613 *Copinger/Skone James*, Rn. 2-15; *Gieseke*, Vom Privileg zum Urheberrecht, S. 138 f.; *Stewart*, International Copyright, Rn. 2.14.

614 Vgl. *Copinger/Skone James*, Rn. 2-15. Diese Neuerungen bewirkten eine Steigerung des Interesses der Autoren an der Schaffung neuer Werke, eine Verbesserung ihrer finanziellen Situation sowie der Entwicklung der Literatur in England; vgl. *Boytha*, RIDA 151 (1992), 52, 65.

615 Für bereits gedruckte Bücher sah eine Übergangsregelung eine einmalige Schutzfrist von 21 Jahren vor.

616 Vgl. *Ellins*, Copyright Law, S. 43 f.; *Feather*, Publishing, Piracy and Politics, S. 122.

617 *Ellins*, Copyright Law, S. 41. Nach *Feather*, A History of British Publishing, S. 75 ist der *Act of Anne* deshalb sogar als ein Verleger- und nicht als ein Autorengesetz anzusehen.

618 Vgl. *Ellins*, Copyright Law, S. 45.

619 Ausführlich zum ganzen: *Ellins*, Copyright Law, S. 47 ff., die unter anderem darauf verweist, daß die Entscheidung des *House of Lords* auch davon beeinflußt war, daß die Monopolambitionen der Londoner Verleger als so repressiv empfunden wurden, daß man sie auch im Namen des *public interest* in ihre Grenzen weisen wollte. Die Entscheidung zwang die Verleger in der Praxis dazu, sich nicht weiterhin auf das Verlegen von nicht

Mit dieser Entscheidung war allen naturrechtlichen Begründungen eine Absage erteilt, und das *Copyright Law* entwickelte sich anders als das deutsche Urheberrecht als positivistisches Konzept fort, das ein *Copyright* nur in dem Ausmaß anerkennt, wie es der Gesetzgeber vorsieht.[620] Bereits im *Act of Anne* war das *Copyright* als Recht zur ausschließlichen Drucklegung ausgestaltet, das nicht nur dem Autor, sondern durch die Möglichkeit der Rechtsübertragung auch dem Verleger Schutz gegen unautorisierte Vervielfältigungen gewähren sollte.[621] Das *Copyright* bezweckte den Schutz von Investitionen an Werken und war daher anders als das sich in Deutschland entwickelnde, von naturrechtlichem Gedankengut beeinflußte Urheberrecht von ausschließlich ökonomischer Natur.[622] Dieser fundamentale Unterschied wird auch durch die Sprache reflektiert: während beim „Urheberrecht" die Person des Urhebers in ihrer schöpferisch-kreativen Tätigkeit im Vordergrund steht, ist das „*Copyright*" auf das Produkt der Leistung, das Werkstück, bezogen und damit auf kommerzielle Interessen ausgerichtet.[623] Der *Act of Anne* führte das anglo-amerikanische Recht dementsprechend auf einen eindeutigen und ausschließlich kommerziellen Weg zum *Copyright Law* und nicht zum Urheberrecht.[624]

---

mehr geschützten Klassikern zu konzentrieren, sondern zeitgenössische Autoren mit neuen Büchern zu finden. Dies führte zu einer Stärkung der Position der Autoren sowie zu einer Ausweitung des britischen Buchmarktes; vgl. *Feather*, Publishing, Piracy and Politics, S. 94.

620 *Ellins*, Copyright Law, S. 76. Siehe auch *Ellins*, a.a.O., S. 75: „Die unterschiedliche Aufnahme des Naturrechts im britischen und deutschen Rechtskreis symbolisiert den Meilenstein, an dem das britische *Copyright Law* und das deutsche Urheberrecht so unterschiedliche Wege einschlugen."

621 Vgl. *Cornish*, Das "Statute of Anne", S. 57, 65; *Ploman/Hamilton*, Copyright, S. 13: *„However, the Statute concerned the right to copy and no more. The protection afforded was against piracy of printed works. There was nothing in this Statute that touched upon the creative or moral rights of the author. The right protected was a property right."*

622 Vgl. *Ellins*, Copyright Law, S. 77. Siehe auch *Holyoak/Torremans*, Intellectual Property Law, S. 10: *„There was however no shift from an entrepreneurial copyright to an author's right with the emphasis exclusively on literary creation and its creators. The emphasis remained on the commercial exploitation of books."*

623 Vgl. *Ellins*, Copyright Law, S. 85; *Schack*, Urheber- und Urhebervertragsrecht, Rn. 24 f.

624 *Cornish*, Das „Statute of Anne", S. 57, 65. Vgl. auch *Boytha*, RIDA 151 (1992), 52, 69: *„It should be kept in mind, however, that the exclusive rights to print and distribute books have been granted to the authors in view of their assignment to the publishers by which the latter became, for a determined period, the owners of those exclusive rights. Consequently, Queen Anne's statute and the subsequent copyright acts following its basic philosophy did not take much care of the authors' personal interests already manifested by them in ancient times."*

Die nächsten beiden Jahrhunderte brachten keine wesentlichen Veränderungen. Lediglich die Schutzfrist wurde nach und nach verlängert; ferner erweiterten neue Gesetze die durch das *Copyright* geschützten Materien.[625] Erst der *Copyright Act 1911* (CA 1911) führte zu einer einheitlichen Kodifikation des britischen *Copyright Law*, schaffte das nach der Entscheidung in *Donaldson v. Beckett* noch bestehende *Common Law Copyright* für unveröffentlichte Werke ab und paßte das nationale Recht an die im Rahmen der Berliner Revision der Berner Übereinkunft vorgenommenen internationalen Entwicklungen an.[626] Von Bedeutung für die Bestimmung der Rechtsnatur des *Copyright* war, daß den Herstellern von Tonträgeraufnahmen das ausschließliche Recht verliehen wurde, Vervielfältigungen ihrer Aufnahmen zu untersagen. Dieses Recht wurde als „*Copyright*" bezeichnet, obwohl es nicht den ausübenden Künstlern, deren Aufführung Gegenstand der Aufnahmen war, sondern den Unternehmern, die die Tonträger herstellten, verliehen wurde. Dies steht im Einklang mit der oben dargestellten ökonomischen Natur des *Copyright*, das auf das Werk abzielend dem Investitionsschutz dient und somit auch geeignet ist, Unternehmern Schutz für ihre Investitionen zukommen zu lassen.[627]

Der CA 1956, der hauptsächlich dazu diente, den neuen technologischen Entwicklungen Rechnung zu tragen, sah zusätzlich zu dem *Copyright* an Tonträgern drei weitere Arten von *entrepreneurial copyright* vor, nämlich an Filmen, Rundfunk- und Fernsehsendungen sowie typographischen Gestaltungen veröffentlichter Werkausgaben (das *Publisher's Right*). Wie im CA 1911 wurde dabei in terminologischer Hinsicht kein Unterschied gemacht zwischen den Rechten der Unternehmer und den Rechten der Urheber; beide Kategorien wurden unter dem Begriff des *Copyright* behandelt.[628] Indem die *entrepreneurial copyrights* im zweiten Teil des CA 1956 (*Part II*) geregelt wurden, waren sie jedoch formal von dem im ersten Teil (*Part I*) behandelten *Copyright* der Schöpfer literarischer, dramatischer, musikalischer und künstlerischer Werke (den *author's rights*) getrennt. Aber auch diese formale Unterscheidung wurde schließlich im CDPA aufgegeben.

---

625 Vgl. *Stewart*, International Copyright, Rn. 2.16.

626 Vgl. *Cornish*, Intellectual Property, Rn. 9-07 f.

627 Vgl. *Boytha*, RIDA 151 (1992), 52, 71; *Ellins*, Copyright Law, S. 100.

628 Vgl. *Ellins*, Copyright Law, S. 54.

b. Überblick über die Regelungen des *Copyright, Designs and Patents Act 1988*

Der CDPA,[629] der am 01.08.1989 in Kraft trat, diente dazu, die Mißstände des als unübersichtlich empfundenen CA 1956 zu beseitigen, den technologischen Entwicklungen Rechnung zu tragen sowie das *Copyright Law* der Pariser Fassung der RBÜ anzupassen.[630] Er befaßt sich nicht nur mit Materien des *Copyright Law*, sondern auch mit Mustern, Patenten und Warenzeichen.[631] In bezug auf das *Copyright Law* führte der CDPA einige bedeutsame Neuerungen ein, wobei insbesondere die im Hinblick auf Art. 6bis der RBÜ erfolgte, erstmalige Einführung von Urheberpersönlichkeitsrechten (*moral rights*), die Gewährung von zivilrechtlichen Ansprüchen an ausübende Künstler und ihre Produzenten[632] sowie der Schutz von Computersoftware, Kabel- und Satellitenübertragungen zu nennen sind.[633]

Zu den durch das *Copyright* geschützten Werken zählen nach Sec. 1(1) CDPA zunächst die „klassischen" Urheberrechtsmaterien,[634] nämlich literarische und dramatische Werke sowie Werke der Musik und der Kunst, sofern sie *original* sind. Anders als im deutschen Recht, das nur persönliche geistige Schöpfungen als Werke schützt und dafür ein gewisses Maß an Individualität verlangt,[635] wird im britischen Recht auf die Investitionsleistung abgestellt und die Originalität eines Werkes schon dann bejaht, wenn seine konkrete Form nicht von einem anderen Werk kopiert wurde und das Werk ein Mindestmaß an „Fertigkeit, Mühe und Verstand" („*skill, labour and judgement*") aufweist.[636] Um in den Genuß des

---

629 Der CDPA ist abgedruckt bei *Möhring/Schulze/Ulmer/Zweigert*, Quellen des Urheberrechts, Band II, Großbritannien/II, Stand Dezember 1991. Die folgenden Ausführungen zum CDPA orientieren sich an der dortigen Übersetzung.

630 *Ellins*, Copyright Law, S. 55 f.

631 Auf letztere soll im Rahmen dieser Abhandlung jedoch nicht weiter eingegangen werden.

632 Diesen wird in Teil II des CDPA ein „Quasi-*Copyright*" gewährt; vgl. *Cornish*, Intellectual Property, Rn. 9-17.

633 Vgl. *Ellins*, Copyright Law, S. 57 f.

634 Der Begriff „klassisch" wird im folgenden verwendet für diejenigen Materien des *Copyright Law*, die sich mit den in Sec. 1(1)(a) CDPA aufgezählten „*literary, dramatic, musical or artistic works*" befassen, d.h. den *authorial works*, die nach kontinentaleuropäischer Systematik durch Urheber- und nicht durch Leistungsschutzrechte geschützt würden.

635 Dazu siehe oben (C.V.I.).

636 Vgl. *Cornish*, Intellectual Property, Rn. 10-04 und 10-08; *Ellins*, Copyright Law, S. 90 ff.; *Laddie/Prescott/Vitoria*, Rn. 1.9. Siehe auch *Ellins*, Copyright Law, S. 111: „Im *Copyright Law* ist also selbst der Bereich der klassischen Werkkategorien nicht vom Schöpferprinzip geprägt, sondern vom Investionsschutzprinzip."

Copyright-Schutzes zu kommen, bedarf es somit keiner schöpferischen Leistung, sondern lediglich eines Minimums an Aufwand. Aufgrund dieser niedrigen Schutzschwelle[637] dehnt sich das Konzept des *Copyright* sehr weit aus und schützt in großzügiger Weise auch einfache Erzeugnisse, wie z.B. Etiketten oder Wettzettel.[638] Auch haben britische Gerichte die Schutzfähigkeit von einer weitreichenden Anzahl von Informationssammlungen bejaht, wie z.B. von einer Zusammenstellung von Fahrplänen, einem Firmenkatalog, einem Straßenverzeichnis oder einer Aufstellung von Rundfunkprogrammen.[639] Die niedrige Schutzschwelle ermöglicht es somit, nahezu allen größeren Zusammenstellungen *Copyright*-Schutz zu gewähren und damit jede substantielle Investition in eine Sammlung effektiv zu schützen.[640]

Inhaber (*owner*) des *Copyright* ist nach Sec. 9(1), 11(1) CDPA ursprünglich der „Urheber" (*author*), d.h. die Person, die das Werk geschaffen hat. Wird das Werk hingegen von einem Arbeitnehmer im Rahmen seiner Anstellung geschaffen, so ist - anders als im deutschem Recht - nach der Vermutungsregelung in Sec. 11(2) CDPA der Arbeitgeber von Beginn an Inhaber des *Copyright*. Dem Inhaber des *Copyright* stehen für die Dauer von 70 Jahren nach dem Tod des *author* in den Schranken der Sec. 28 – 76 CDPA die in Sec. 16(1) CDPA umschriebenen Nutzungsrechte zu. Er ist geschützt gegen die in Sec. 17 – 21 CDPA umschriebenen, mit seinen positiven Nutzungsrechten korrelierenden, unmittelbaren Verletzungshandlungen und außerdem gegen die mittelbaren

---

637 Daß die Anforderungen so niedrig sind, wird einerseits darauf zurückgeführt, daß dadurch subjektive Wertungen der Gerichte in bezug auf die Schutzwürdigkeit der Werke auf ein Minimum reduziert werden, und andererseits damit erklärt, daß das Fehlen einer umfassenden Regelung zur *unfair competition* kompensiert werden soll; vgl. *Cornish*, Intellectual Property, Rn. 10-09. Die niedrige Schutzschwelle gilt jedoch nicht für als Werke der Kunst schutzfähige Werke der Architektur und des Kunsthandwerks i.S.v. Sec. 4(1)(b) und (c) CDPA. Für diese wird vielmehr aus gesetzessystematischen Gründen verlangt, daß sie das Erfordernis der „*artistic quality*" erfüllen; vgl. *Ellins*, Copyright Law, S. 92 f.

638 *Ellins*, Copyright Law, S. 92.

639 Vgl. *Cornish*, Intellectual Property, Rn. 10-05.

640 *Leistner*, Rechtsschutz von Datenbanken, S. 7. Handelt es sich bei den Informationssammlungen um Datenbanken i.S.v. Sec. 3A(1) CDPA, sind sie allerdings nach Umsetzung der EU-Datenbankrichtlinie nur dann als *original works* geschützt, wenn sie als „*the author's own intellectual creation*" zu qualifizieren sind (vgl. Sec. 3A(2) CDPA). Durch diese separate Definition der Originalität werden die Schutzanforderungen verschärft mit der Folge, daß ein Teil der Informationssammlungen, die nach bisherigem Recht geschützt waren, nun keinen *Copyright*-Schutz mehr erlangen können; vgl. *Bainbridge*, Intellectual Property, S. 228; *Cornish*, Intellectual Property, Rn. 10-31; *Leistner*, Rechtsschutz von Datenbanken, S. 241; aA *Copinger/Skone James*, Rn. 3-97.

Verletzungshandlungen nach Sec. 22 – 26 CDPA. Dem *author* im klassischen Sinne werden darüber hinaus noch die *moral rights* in Sec. 77, 80 CDPA gewährt.

Neben den klassischen Urheberrechtsgegenständen werden nach Sec. 1(1) CDPA aber auch Tonaufnahmen, Filme, Sendungen, Kabelprogramme sowie die typographische Gestaltung veröffentlichter Werkausgaben unterschiedslos als *„works"* geschützt. Auch der jeweilige Rechtsinhaber wird einheitlich als *„creator"* bezeichnet. Damit hat der CDPA, wie bereits erwähnt, so die noch im CA 1956 vorgenommene formale Trennung zwischen den klassischen *author's rights* in *Part I* und den *entrepreneurial rights* in *Part II* aufgehoben.[641] Dies entspricht dem auf dem Investitionsschutzgedanken beruhenden britischen *Copyright*-Verständnis.[642] Der Unterschied zwischen den beiden Kategorien ist im Ergebnis jedoch bestehen geblieben.[643] Dies kommt in der Definition des Urhebers der jeweiligen Werkart zum Ausdruck, denn im Falle der *entrepreneurial copyrights* ist der Rechtsinhaber diejenige Person, die für die Herstellung des Materials in finanzieller Hinsicht verantwortlich ist.[644] Zudem sind die klassischen *authorial works* und die *entrepreneurial works* auch nicht im Hinblick auf die Dauer des *Copyright* und die Gewährung von *moral rights* gleichgestellt.[645]

---

641 Die Aufhebung der Trennung bietet den Vorteil, ein einheitliches Auffangbecken für neue Arten schützenswerter Leistungen zu schaffen, die mit dem Fortschritt der Technik auf den Gesetzgeber zukommen würden; vgl. *Ellins*, Copyright Law, S. 115.

642 Für *Ellins*, Copyright Law, S. 117 war die Abschaffung der Trennung mit Blick auf die geschichtlich fundierte Logik des britischen *Copyright*-Systems dementsprechend als vorprogrammiert anzusehen.

643 Vgl. *Adams*, UFITA 120 (1992), 5, 7. Siehe auch *Cornish*, Intellectual Property, Rn. 10-30: *„Despite their new guise, [the entrepreneurial copyrights] remain in truth neighbouring rights. They are accorded directly in order to protect investment, not creativity, and therefore do not depend upon any level of aesthetic achievement, [...]"*.

644 Vgl. *Cornish*, Intellectual Property, Rn. 10-30. Lediglich in bezug auf das *copyright in films* wird nach Sec. 9(2)(ab) CDPA neben dem Filmproduzenten, d.h. demjenigen, der für die Herstellung des Films in finanzieller Hinsicht verantwortlich ist, auch der schöpferisch tätige Hauptregisseur als *author* angesehen. Diese Ausnahme ist darauf zurückzuführen, daß nach Art. 2 Abs. 1 der EU-Schutzdauerrichtlinie der Hauptregisseur eines Films als dessen Urheber gilt. Durch die Umsetzung dieser Vorgabe in Form einer Miturheberschaft von Produzent und Regisseur wurde ein *„admixed, author-cum-neighbour, copyright for films"*, ein *„hybrid among intellectual property rights"*, geschaffen; vgl. *Cornish*, Intellectual Property, Rn. 10-23.

645 Eine Ausnahme bildet – bedingt durch die in Umsetzung der EU-Schutzdauerrichtlinie geschaffene Mischnatur - das *copyright in films*. Dieses wird nach Sec. 13B CDPA wie die „klassischen" Urheberrechte bis 70 Jahre nach dem Tod einer der dort aufgezählten

Der *Copyright*-Inhaber kann das *Copyright* ganz oder teilweise unter Einhaltung von Formerfordernissen an Dritte übertragen[646] oder ihnen eine beschränkte oder ausschließliche Lizenz erteilen (vgl. Sec. 90 CDPA). Ferner stehen ihm die in Sec. 96 ff. CDPA bestimmten Rechtsschutzmöglichkeiten zu.

c. Das *Publisher's Right*

Das *Publisher's Right* wurde 1956 ins britische *Copyright Law* eingeführt.

aa. Hintergrund der Einführung des *Publisher's Right*

Vor der Einführung des *Publisher's Right* bestand die Möglichkeit, daß der typographischen Gestaltung indirekt Schutz unter dem *Engraving Copyright Act 1766* oder unter dem *Fine Arts Copyright Act 1862* zukam.[647] Der seit Ende des 19. Jahrhunderts gemachte Fortschritt beim typographischen Design sowie die Erfindung moderner Reprographietechniken und die dadurch eröffnete Möglichkeit, Verlagsprodukte schnell, einfach und kostengünstig zu übernehmen, veranlaßte die Verleger seit den 1930er Jahren dann jedoch dazu, sich verstärkt für die Einführung eines *Publisher's Right* einzusetzen.[648]

Dabei stützten sich die Verleger, wie sich aus dem den CA 1956 vorbereitenden Bericht des *Gregory Committee* ergibt,[649] hauptsächlich auf zwei Argumente. Erstens wiesen sie auf die Ähnlichkeit der Leistung des Verlegers mit der des Tonträgerherstellers hin, dem bereits im CA 1911 ein *Copyright* gewährt worden war. Beide würden Zeit und Mühe aufwenden, um ein *original work*, unabhängig davon, ob es durch *Copyright* geschützt sei oder nicht, der Öffentlichkeit in einer zweckmäßigen und ansprechenden Form zu präsentieren. Zweitens betonten die Verleger die wettbewerbsrechtliche Schutzlücke im britischen Recht. Während die Ausbeutung fremder Leistungen in anderen Ländern unter bestimmten Umständen durch eine Regelung zum unlauteren Wettbewerb verhin-

---

Personen gewährt. Zudem stehen dem Filmregisseur die *moral rights* in Sec. 77, 80 CDPA zu.

646 Die Übertragbarkeit des *Copyright* ist auf dessen ausschließlich ökonomische Natur als *property right* (Sec. 1(1) CDPA) zurückzuführen. Da die *moral rights* vom *Copyright* unabhängig sind, kann dieses eine vom Urheber völlig losgelöste Existenz führen; vgl. *Ellins*, Copyright Law, S. 157. Hingegen sind die *moral rights* nach Sec. 94 CDPA nicht übertragbar. Gemäß Sec. 87 CDPA kann jedoch die Person, die zu ihrer Ausübung berechtigt ist, auf sie verzichten.

647 Laddie/Prescott/Vitoria, Rn. 9.2.

648 Vgl. *Newspaper Licensing Agency Ltd v. Marks & Spencer Plc*, [2001] 3 WLR 290, 292 f. (per Lord Hoffmann) (H.L.).

649 *Gregory Report*, Board of Trade, Report of the Copyright Committee 1951, London 1952, Cmnd. 8662, §§ 306 f.

dert werden kann, wie dies z.B. in Deutschland mit Hilfe des § 1 UWG möglich ist, fehlt in Großbritannien ein generalklauselartiges Verbot der *unfair competition*. Denn mit den Klagen wegen *Passing Off* (falsche Herkunftsangabe), *Breach of Confidence* (Vertrauensbruch oder Verletzung der Geheimhaltungspflicht) und *Injurious Falsehood* (Rufschädigung) können lediglich einige Handlungen aus dem Bereich des unlauteren Wettbewerbs erfaßt werden.[650]

Schutzhintergrund der Einführung des *Publisher's Right* im CA 1956 ist dementsprechend eine Kombination von urheberrechtlichen und wettbewerbsrechtlichen Elementen.[651] Zweck des *Publisher's Right* ist es, die Investitionen, die der Verleger für Entwurf und Satz seiner Werkausgabe, d.h. für die Herstellung des Printmediums erbringt, zu schützen.[652]

bb. Überblick über das *Publisher's Right* im CA 1956

Das *Publisher's Right* in Sec. 15 CA 1956[653] gehörte als *entrepreneurial copyright* zu den sogenannten *Part II - Copyrights*.[654]

Schutzgegenstand war nach Sec. 15(1) CA 1956 die veröffentlichte Ausgabe eines oder mehrerer literarischer, dramatischer oder musikalischer Werke, sofern sie nicht die typographische Anordnung einer früheren Ausgabe desselben Werkes oder derselben Werke reproduzierte. Das Recht war dementsprechend beschränkt auf Schriftträger, die ein literarisches, dramatisches oder musikalisches Werk enthielten. Nicht erforderlich war es hingegen, daß die typographische Gestaltung Originalitätsanforderungen erfüllte, sie durfte lediglich keine Reproduktion der typographischen Anordnung einer früheren Ausgabe sein.[655]

Sec. 15(3) CA 1956 definierte den Schutzinhalt des *Publisher's Right* als das ausschließliche Recht, Vervielfältigungen der typographischen Anordnung der Ausgabe mittels eines photographischen oder eines ähnlichen Verfahrens herzu-

---

650 *Ellins*, Copyright Law, S. 98.

651 *Soetenhorst*, GRUR Int. 1989, 760, 766.

652 Vgl. *Whitford Report*, Report of the Committee to consider the Law on Copyright and Designs, London 1977, Cmnd. 6732, § 902; *Laddie/Prescott/Vitoria*, Rn. 9.1.

653 Die Vorschrift ist abgedruckt bei *Dittrich*, Verlegerrecht, S. 135, 155 f. Die folgenden Ausführungen orientieren sich an der dortigen Übersetzung.

654 Dazu siehe bereits oben (E.II.1.a.).

655 Nach dem Wortlaut von Sec. 15(1) CA 1956 konnte der Verleger dann, wenn er einen wesentlichen Teil der typographischen Anordnung einer früheren Ausgabe reproduzierte, zugleich aber auch einen neuen Teil mit eigener typographischer Anordnung hinzufügte, kein *Publisher's Right* an dem neuen Teil erwerben; vgl. *Laddie/Prescott/Vitoria*, Rn. 9.12, die aber die Möglichkeit einer Auslegung nach dem Zweck der Vorschrift in Erwägung ziehen.

stellen. Das Recht war somit nicht nur auf die Verwertung des Schriftträgers in körperlicher, gedruckter Form, sondern auch auf eine bestimmte Vervielfältigungsart beschränkt, nämlich auf die unmittelbare photographische Vervielfältigung und ähnliche Verfahren.[656] Das *Publisher's Right* bot dem Verleger demnach insbesondere keinen Schutz gegen Verlegerkonkurrenten, die die veröffentlichte Ausgabe nachahmten, ohne sie mittels eines photographischen oder ähnlichen Verfahrens zu vervielfältigen.

Was die Reichweite des *Publisher's Right* betraf, so war es nach Maßgabe von Sec. 15(4) CA 1956 inhaltlich eingeschränkt im Falle des Fotokopierens durch Bibliothekare. In zeitlicher Hinsicht wurde das Recht bis zum Ablauf von 25 Jahren seit dem Ende des Kalenderjahres, in dem die Ausgabe erstmalig veröffentlicht wurde, gewährt (Sec. 15(2) CA 1956).

cc. Das Publisher's Right im CDPA

Mit der Aufhebung der Unterscheidung zwischen *Part I - Copyright* und *Part II - Copyright* wird das *Publisher's Right* im CDPA systematisch den Rechten der klassischen Urheberrechtsinhaber gleichgestellt. Der dem Verleger gewährte Schutz bleibt jedoch weiterhin in inhaltlicher und zeitlicher Hinsicht hinter dem klassischen Urheberrechtsschutz zurück.[657]

(1) Schutzgegenstand

Schutzgegenstand des *Publisher's Right* ist nach Sec. 1(1)(c) CDPA die typographische Gestaltung veröffentlichter Werkausgaben. Der Begriff „veröffentlichte Werkausgabe" ist in Sec. 8(1) CDPA definiert als eine veröffentlichte Ausgabe des ganzen oder eines Teiles eines oder mehrerer literarischer, dramatischer Werke oder Werke der Musik. Sec. 8(2) CDPA sieht darüber hinaus vor, daß kein *Copyright* an einer typographischen Gestaltung einer veröffentlichten Werkausgabe besteht, wenn oder soweit sie eine Vervielfältigung der typographischen Gestaltung einer früheren Werkausgabe darstellt. Trotz kleinerer Änderungen im Wortlaut ist der Schutzgegenstand der gleiche wie unter Sec. 15 CA 1956 geblieben.[658]

(a) „Typographische Gestaltung"

Wie in Sec. 15 CA 1956 ist die typographische Gestaltung der veröffentlichten Werkausgabe geschützt. Anknüpfungspunkt für das *Publisher's Right* ist somit

---

[656] Vgl. *Soetenhorst*, GRUR Int. 1989, 760, 766.

[657] Vgl. *Schack*, ZUM 1990, 59; *Soetenhorst*, GRUR Int. 1989, 760, 767; siehe auch bereits oben (E.II.1.b.).

[658] Ebenso *Soetenhorst*, GRUR Int. 1989, 760, 767 f.

das durch die Veröffentlichung festgelegte Druckbild.[659] Beispiele für die typographische Gestaltung einer Ausgabe sind die Anzahl der Wörter auf einer Seite, die Anordnung von Illustrationen im Verhältnis zum Text oder die Größe der benutzten Schriftzeichen.[660]

Abzugrenzen ist der Schutz der typographischen Gestaltung vom *Layout* einer Seite, das als ursprüngliches Werk der Kunst (z.B. als Collage oder als graphisches Werk) oder als ursprüngliches literarisches Werk (als *compilation*) geschützt sein kann.[661] Im Unterschied zum *Publisher's Right* wird dabei nicht das Druckbild geschützt, sondern vielmehr die Fertigkeit und Mühe, die aufgewendet wurden, um das *Layout* herzustellen.[662] Der *author* ist dementsprechend auch nicht der Verleger, sondern der *Layouter*. Gleichwohl wurde aber in *The Newspaper Licensing Agency Ltd v. Marks & Spencer Plc*[663] angenommen, daß das *Layout* ungeachtet des Umstandes, daß es selbst urheberrechtsschutzfähig ist, auch einen Bestandteil der typographischen Gestaltung einer Ausgabe bildet.[664] Denn das Konzept der typographischen Gestaltung sei weit genug, um alle Aspekte der typographischen Gestaltung, einschließlich *Layout* und Erscheinung, zu erfassen.[665]

Ferner ist der Schutz der typographischen Gestaltung abzugrenzen von den benutzten Schriftzeichen (*typefaces*), die als Werke der Kunst schutzfähig sind. Was in diesem Fall geschützt wird, sind die Fertigkeit und Mühe beim Entwerfen einzelner Buchstaben oder anderer typographischer Symbole und nicht, wie beim *Publisher's Right*, die Wechselbeziehung zwischen den Symbolen im allgemeinen.[666] Unter Zugrundelegung der in *NLA v. M&S* angewendeten Argumentation, daß das *Layout* eine Komponente der typographischen Gestaltung darstellt, ist davon auszugehen, daß auch die Schriftzeichen einen Bestandteil

---

659 *Dietz*, ZUM 1990, 54, 57; *Schack*, ZUM 1990, 59. Vgl. auch *Laddie/Prescott/Vitoria*, Rn. 9.1: *„This is a special and narrow type of copyright: what is protected is the image on the page."*

660 *Holyoak/Torremans*, Intellectual Property Law, S. 189.

661 *Laddie/Prescott/Vitoria*, Rn. 9.6.

662 Vgl. *Laddie/Prescott/Vitoria*, Rn. 9.6.

663 Im folgenden: *NLA v. M&S*.

664 *NLA v. M&S*, [2000] 3 WLR 1256, 1266 (per *Peter Gibson L.J.*), 1281 (per *Mance L.J.*) (C.A.).

665 *NLA v. M&S*, [2000] 3 WLR 1256, 1282 (per *Mance L.J.*) (C.A.).

666 *Laddie/Prescott/Vitoria*, Rn. 9.5.

derselben bilden, denn auch diese wirken sich auf die Präsentation und Erscheinung der Ausgabe aus.[667]

Es ist somit festzuhalten, daß als typographische Gestaltung das durch die Veröffentlichung festgelegte Druckbild geschützt wird, d.h. die äußere Erscheinungsform, in der das Werk herausgebracht und dem Publikum zur Verfügung gestellt wird.[668] Geschützt sind nicht die Einzelbestandteile der typographischen Gestaltung, wie z.B. die Anzahl der Wörter auf einer Seite, die Anordnung von Illustrationen im Verhältnis zum Text, die Art und Größe der benutzten Schriftzeichen oder das *Layout*. Was durch das *Publisher's Right* geschützt wird, ist vielmehr das Gesamtdesign, das sich aus einer Kombination der Einzelbestandteile der typographischen Gestaltung zusammensetzt und der veröffentlichten Ausgabe ihr spezielles Erscheinungsbild gibt.[669]

(b) Literarische, dramatische Werke und Werke der Musik

Das *Publisher's Right* besteht nur in bezug auf veröffentlichte Ausgaben des ganzen oder eines Teiles eines oder mehrerer literarischer, dramatischer Werke oder Werke der Musik (Sec. 8(1) CDPA). Nicht geschützt wird somit die typographische Gestaltung veröffentlichter Ausgaben von Werken der Kunst.[670] Hintergrund des Ausschlusses von Werken der Kunst ist, daß der Verleger bei dem Abdruck eines solchen Werkes lediglich dieses Werk reproduziert und nicht im gleichen Maße wie bei literarischen, dramatischen Werken und Werken der Musik Zeit und Mühe aufwenden muß, um das Werk der Öffentlichkeit in einer zweckmäßigen und ansprechenden Form zu präsentieren.[671] Handelt es sich aber bei einer Sammlung von Werken der Kunst um ein literarisches Werk in Form einer Zusammenstellung (*compilation*), so kann der Verleger jedoch ein *Publisher's Right* an der typographischen Gestaltung der veröffentlichten Ausgabe dieser *compilation* und somit indirekt auch in bezug auf Werke der Kunst erwerben.[672]

Keine Voraussetzung für das Entstehen des *Publisher's Right* ist, daß an dem veröffentlichten Werk ein *Copyright* besteht.[673] Das *Publisher's Right* besteht

---

667 Im Ergebnis ebenso: *Holyoak/Torremans*, Intellectual Property Law, S. 189.

668 Vgl. *Soetenhorst*, GRUR Int. 1990, 760, 766 zum inhaltsgleichen Begriff in Sec. 15 CA 1956.

669 Vgl. *NLA v. M&S*, [2001] 3 WLR 290, 298 (per *Lord Hoffmann*) (H.L.).

670 Kritisch zu dem Ausschluß von Werken der Kunst: *Cornish*, Intellectual Property, Rn. 13-16, Fn. 68; *Dworkin/Taylor*, Blackstone's Guide to the CDPA, S. 30.

671 Vgl. *Copinger/Skone James*, Rn. 3-73.

672 Vgl. *Laddie/Prescott/Vitoria*, Rn. 9.9.

673 *Copinger/Skone James*, Rn. 3-73; *Cornish*, Intellectual Property, Rn. 13-16.

somit auch an der typographischen Gestaltung veröffentlichter Ausgaben von Werken, die wegen Ablaufs der Schutzfrist gemeinfrei geworden sind oder die sich aufgrund der in Sec. 153 ff. CDPA aufgestellten Voraussetzungen nicht für *Copyright*-Schutz in Großbritannien qualifizieren.

Nach dem Wortlaut von Sec. 8(1) CDPA ist es für das Entstehen des *Publisher's Right* auch nicht erforderlich, daß das veröffentlichte Werk *original* ist. Dieser Punkt war bisher noch nicht Gegenstand gerichtlicher Entscheidungen, was darauf zurückgeführt werden dürfte, daß aufgrund der geringen Anforderungen, die an die Originalität gestellt werden,[674] ohnehin eine Vielzahl einfacher Erzeugnisse einschließlich vieler Informationssammlungen als *original* anzusehen ist[675]. Nach dem Zweck des *Publisher's Right*, die Investitionen des Verlegers bei der Herstellung des Printmediums zu schützen, kann es jedenfalls keinen Unterschied machen, ob das veröffentlichte Werk *original* ist oder nicht, da die Investitionen, die der Verleger für Entwurf und Satz der Ausgabe tätigen muß, in beiden Fällen gleich sind. Insofern ist davon auszugehen, daß es entsprechend dem Wortlaut von Sec. 8(1) CDPA für das Entstehen des *Publisher's Right* unerheblich ist, ob das veröffentlichte Werk den Originalitätsanforderungen nach Sec. 1(1)(a) CDPA genügt.[676] Gleichwohl besteht der besondere Wert des *Publisher's Right* in Großbritannien wegen der niedrigen Originalitätsanforderungen nicht im Hinblick auf Werke, die nicht *original* sind, sondern im Hinblick auf solche Werke, die wegen Ablauf der Schutzfrist gemeinfrei geworden sind.[677]

(c) Veröffentlichte Ausgabe

Geschützt wird nach Sec. 1(1)(c) CDPA nur die typographische Gestaltung „veröffentlichter Werkausgaben", d.h. veröffentlichter Ausgaben des ganzen oder eines Teiles eines oder mehrerer der in Sec. 8(1) CDPA aufgelisteten Werke. Dabei ist der Begriff der Veröffentlichung in Sec. 175(1) CDPA definiert als die Herausgabe von Vervielfältigungsstücken an die Öffentlichkeit.

An unveröffentlichten Ausgaben kann selbst dann kein *Publisher's Right* entstehen, wenn für sie eine spätere Veröffentlichung vorgesehen ist. Dies erscheint auf den ersten Blick unbefriedigend angesichts der Tatsache, daß der Verleger,

---

674 Dazu siehe oben (E.II.1.b.).

675 Zur Auswirkung der Umsetzung der EU-Datenbankrichtlinie auf die Schutzfähigkeit von Datenbanken siehe Fn. 640.

676 Davon gehen auch *Copinger/Skone James*, Rn. 3-73 aus: *„It is to be noted that there is no requirement that the work itself should still be, or indeed should ever have been, the subject of copyright, although it must qualify under the Act as a literary, dramatic or musical work."*

677 Vgl. *Cornish*, Intellectual Property, Rn. 13-16.

dessen Ausgabe noch nicht veröffentlicht ist, durch eine Übernahme seiner Leistung größere Verluste erleidet als derjenige Verleger, der durch die Veröffentlichung seine Kosten zumindest schon teilweise amortisiert hat.[678] Jedoch ist der Verleger auch in diesem Fall nicht völlig schutzlos.[679] Gegen einen Verlegerkonkurrenten, der sich auf irgendeine Weise seine typographische Gestaltung einer unveröffentlichten Werkausgabe verschafft und der ihm mit der Veröffentlichung zuvor kommt, stünde dem Verleger in den meisten Fällen eine Klage wegen *Breach of Confidence* (Vertrauensbruch oder Verletzung der Geheimhaltungspflicht) oder wegen *Trespass* (unbefugtes Betreten oder Eigentumsstörung) zu. Der Verlegerkonkurrent würde kein *Publisher's Right* an der typographischen Gestaltung seiner Werkausgabe erhalten, da eine Veröffentlichung unautorisiert übernommener Werkausgaben gemäß Sec. 175(6) CDPA[680] keine Veröffentlichung im Sinne des CDPA bewirken kann. Würde der Originalverleger im nachhinein seine Werkausgabe veröffentlichen, so erhielte er das *Publisher's Right* und könnte die weitere Verbreitung der vom Verlegerkonkurrenten hergestellten Vervielfältigungsstücke untersagen. Lediglich in bezug auf vor dem Entstehen seines Verlegerrechts vorgenommene Vervielfältigungs- und Verbreitungshandlungen hätte er keine Handhabe.

Was unter einer „Ausgabe" zu verstehen ist, war Gegenstand des Musterprozesses, den *Newspaper Licensing Agency Ltd (NLA)* gegen *Marks & Spencer Plc (M&S)* geführt hat.[681] *NLA* ist eine Verwertungsgesellschaft, die die Lizenzierung bestimmter Arten der Vervielfältigung von Zeitungsartikeln wahrnimmt und die sich dafür unter anderem von Zeitungsverlegern deren *Copyright* an der typographischen Gestaltung veröffentlichter Ausgaben übertragen läßt. *M&S* hatte einen Pressespiegelhersteller beauftragt, internationale, nationale und regionale Zeitungen durchzusehen und *M&S* für das Unternehmen bedeutsame Kopien von Zeitungsausschnitten zur Verfügung zu stellen. Die Vervielfältigung der Zeitungsausschnitte sowie die Weitergabe der Kopien durch den Pressespiegelhersteller erfolgten rechtmäßig im Rahmen einer von *NLA* vergebenen Lizenz. Nicht von der Lizenz erfaßt waren jedoch das anschließend von *M&S* vor-

---

678 Vgl. *Phillips/Firth*, Introduction to Intellectual Property Law, Rn. 12.22.

679 Zum folgenden: *Laddie/Prescott/Vitoria*, Rn. 9.13.

680 Sec. 175(6) CDPA bestimmt, daß für die Zwecke dieser *Section* jegliche nicht genehmigte Handlung außer Betracht bleibt.

681 Dabei handelt es sich, soweit ersichtlich, um den ersten Fall unter dem CDPA, der das *Publisher's Right* eingehend beleuchtet. Auch unter dem CA 1956 war das *Publisher's Right* nur äußerst selten Gegenstand gerichtlicher Auseinandersetzungen. Lediglich in *Machinery Market Ltd v. Sheen Publishing Ltd*, F.S.R 1983. 431, 432 f. wurde entschieden, daß jede neue Art, Werbeanzeigen zu drucken, eine neue Ausgabe i.S.v. Sec. 15 CA 1956 darstellte.

genommene Vervielfältigen der Kopien der Zeitungsausschnitte und die Weitergabe der Vervielfältigungsstücke an Angestellte.

In dem von *NLA* deshalb begonnenen Rechtsstreit ging es zunächst um die Frage, ob lediglich die gesamte Zeitungsausgabe oder ob bereits jeder einzelne Zeitungsartikel eine „veröffentlichte Werkausgabe" i.S.v. Sec. 1(1)(c), 8(1) CDPA darstellt. Die Beantwortung dieser Frage war deshalb von Relevanz, weil das *Publisher's Right* nur dann verletzt ist, wenn zumindest ein „wesentlicher Teil" der typographischen Gestaltung der veröffentlichten Werkausgabe vervielfältigt wird.[682] Wäre somit bereits jeder einzelne Zeitungsartikel eine „veröffentlichte Werkausgabe", so wäre die weitere Prüfung, ob die Vervielfältigung einzelner Zeitungsartikel aus einer Zeitung einen wesentlicher Teil der Ausgabe betraf, hinfällig gewesen.

Die Richter des *House of Lords* sprachen sich einstimmig gegen die Annahme aus, daß jeder Zeitungsartikel eine „veröffentlichte Werkausgabe" darstellt.[683] Ansatzpunkt für den Begriff der „veröffentlichten Werkausgabe" sei vielmehr die Verlagssprache, wonach eine Ausgabe das Produkt sei, das der Verleger, gewöhnlich in einem Einband, der Öffentlichkeit anbietet.[684] Dafür spreche auch die Definition in Sec. 8(1) CDPA, wonach eine veröffentlichte Werkausgabe eine veröffentlichte Ausgabe *eines oder mehrerer* der dort genannten Werkarten ist.[685] Es wäre auch schwierig zu erklären, warum der Gesetzgeber beabsichtigt haben sollte, verschiedene überlappende *Copyrights* an der typographischen Gestaltung eines zusammengesetzten Werkes zu schaffen, die alle zur gleichen Zeit, nämlich wenn die Ausgabe veröffentlicht wird, entstehen und der gleichen Person, dem Verleger, zustehen würden.[686] Zwar könne ein auf das Verlagsprodukt abzielendes Verständnis des Begriffs der „veröffentlichten Werkausgabe" dazu führen, daß die typographische Gestaltung eines in einer Sammlung enthaltenen einzelnen Werkes, weil sie keinen wesentlichen Teil der veröffentlichten Ausgabe bildet, keinen Schutz erlangt, während sie, würde sie allein veröffentlicht, durch das *Publisher's Right* geschützt wäre.[687] Die Antwort zu diesem Problem liege jedoch nicht darin, dem Ausdruck „veröffentlichte Werkausgabe"

---

682 Dazu siehe unten (E.II.1.c.cc.(3)(cc)).

683 Damit bestätigten sie die australische Entscheidung in *Nationwide News Pty Ltd v. Copyright Agency Ltd,* IPR 1994-1995, 159, 172 ff. (per *Wilcox J.*).

684 *NLA v. M&S,* [2001] 3 WLR 290, 295 (per *Lord Hoffmann*) (H.L.).

685 *NLA v. M&S,* [2001] 3 WLR 290, 295 (per *Lord Hoffmann*) (H.L.).

686 *NLA v. M&S,* [2001] 3 WLR 290, 296 (per *Lord Hoffmann*) (H.L.).

687 *NLA v. M&S,* [2001] 3 WLR 290, 296 (per *Lord Hoffmann*) (H.L.).

eine unnatürliche Bedeutung zu geben, sondern vielmehr in der richtigen Anwendung des Begriffs „wesentlicher Teil".[688]

Was das *Publisher's Right* schützt, korrespondiert daher mit dem kommerziellen Produkt, das der Verleger schafft, verlegt und verkauft, d.h. mit der gesamten Ausgabe.[689] Dies entspricht auch dem Schutzzweck des *Publisher's Right.* Denn das Recht dient gerade nicht dem Schutz der in einer Ausgabe enthaltenen Werke, sondern vielmehr dem Schutz des durch die Veröffentlichung festgelegten Druckbildes. Geschützt werden soll, wie sich aus dem Bericht des *Gregory Committee* ergibt, das Produkt der verlegerischen Leistung vor einer Reproduktion durch skrupellose Wettbewerber.[690] Auch korrespondiert dieses Verständnis des Begriffs der „veröffentlichten Werkausgabe", wie der *Court of Appeal* in *NLA v. M&S* zutreffend betont hat,[691] mit der Definition des *author* in Sec. 9(2) CDPA. Denn mit dem allgemeinen Verständnis des Begriffs des „Verlegers" wäre es kaum vereinbar, den Verleger als *author* der typographischen Gestaltung jedes einzelnen literarischen, dramatischen Werkes oder Werkes der Musik anzusehen, das in einer von ihm herausgegebenen Ausgabe erscheint.

Schutzgegenstand des *Publisher's Right* ist somit die typographische Gestaltung des gesamten Printmediums als dem Produkt der verlegerischen Leistung.

(d) Ersterstellung

Gemäß Sec. 8(2) CDPA besteht kein *Copyright* an der typographischen Gestaltung einer veröffentlichten Werkausgabe, wenn oder soweit sie eine Vervielfältigung der typographischen Gestaltung einer früheren Werkausgabe darstellt. Offen bleibt dabei, ob die frühere Werkausgabe selbst veröffentlicht gewesen sein muß oder ob auch die Reproduktion einer unveröffentlichten Werkausgabe das Entstehen des *Publisher's Right* verhindert.[692] Mit der Einfügung der Worte „oder soweit" ist aber zumindest die unter dem CA 1956 bestehende Unklarheit beseitigt, ob der Verleger dann, wenn er einen wesentlichen Teil der typographischen Gestaltung einer früheren Ausgabe reproduziert, zugleich aber auch einen neuen Teil mit eigener typographischer Gestaltung hinzufügt, zumindest das *Publisher's Right* an dem neuen Teil erwirbt.[693]

---

688 *NLA v. M&S*, [2001] 3 WLR 290, 296 (per *Lord Hoffmann*) (H.L.).

689 So *NLA v. M&S*, [2000] 3 WLR 1256, 1278 (per *Mance L.J.*) (C.A.).

690 Vgl. *Gregory Report*, a.a.O. (Fn. 649), § 306.

691 *NLA v. M&S*, [2000] 3 WLR 1256, 1279 (per *Mance L.J.*) (C.A.).

692 Vgl. dazu *Laddie/Prescott/Vitoria*, Rn. 9.10.

693 Dazu siehe Fn. 655.

(2) Rechtsinhaber
Der Verleger wird in Sec. 9(2)(d) CDPA ausdrücklich als *author* der typographischen Gestaltung der veröffentlichten Werkausgabe genannt. Gemäß Sec. 11(1) CDPA ist er auch Inhaber des *Copyright*.

(3) Schutzinhalt
Durch das *Publisher's Right* steht dem Verleger das Vervielfältigungs- und Verbreitungsrecht sowie Schutz gegen bestimmte mittelbare Verletzungshandlungen zu.

(a) Vervielfältigungs- und Verbreitungsrecht
Dem Verleger wird das ausschließliche Recht gewährt, sein Werk zu vervielfältigen (Sec. 16(1)(a) CDPA) sowie Vervielfältigungsstücke des Werkes an die Öffentlichkeit herauszugeben (Sec. 16(1)(b) CDPA). Das Vervielfältigungs- und Verbreitungsrecht wird allerdings nur dann verletzt, wenn zumindest „ein wesentlicher Teil" des Werkes vervielfältigt oder an die Öffentlichkeit herausgegeben wird (Sec. 16(3)(a) CDPA).

(aa) Vervielfältigungsrecht
Wie unter dem CA 1956 steht dem Verleger nach Sec. 16(1)(a), 17 CDPA das ausschließliche Recht zu, sein Werk zu vervielfältigen. Nach Sec. 17(5) CDPA bedeutet Vervielfältigen in bezug auf die typographische Gestaltung einer veröffentlichten Werkausgabe das Herstellen eines Faksimile-Vervielfältigungsstückes der typographischen Gestaltung, wobei nach Sec. 178 CDPA der Begriff „Faksimile-Vervielfältigungsstück" auch ein Vervielfältigungsstück umfaßt, das im Maßstab verkleinert oder vergrößert ist.

Das Vervielfältigungsrecht schützt somit - wie unter dem CA 1956 - nur gegen die unmittelbare Übernahme der Leistung des Verlegers.[694] Es steht den Konkurrenten des Verlegers dementsprechend weiterhin frei, die den Inhalt der veröffentlichten Ausgabe des Originalverlegers bildenden Werke zur Herstellung eines eigenen Printmediums zu nutzen, sofern dadurch nicht das *Copyright* der Urheber dieser Werke verletzt wird.

Anders als nach Sec. 15(3) CA 1956, wonach das Recht des Verlegers auf die Herstellung von Vervielfältigungen mittels eines photographischen oder eines ähnlichen Verfahrens beschränkt war, begrenzt Sec. 17(5) CDPA das Recht aber nicht mehr auf bestimmte Vervielfältigungsarten. Entscheidend ist nunmehr allein, daß ein Faksimile-Vervielfältigungsstück hergestellt wird. Nicht nur das Fotokopieren, sondern z.B. auch der Vorgang des elektronischen Einscannens

---

694 Vgl. *Soetenhorst*, GRUR Int. 1989, 760, 765 zur Rechtslage unter Sec. 15 CA 1956.

des Printmediums verletzen somit unter dem CDPA das Vervielfältigungsrecht des Verlegers.[695] Damit reicht das *Publisher's Right* unter dem CDPA weiter als das Recht nach Sec. 15 CA 1956 und trägt insbesondere der technischen Entwicklung Rechnung.[696]

Hingegen verletzt die elektronische Speicherung des eingescannten und in eine Textdatei umgewandelten Werkes nicht das Vervielfältigungsrecht des Verlegers, da die zur Umwandlung benutzte Software die typographische Gestaltung neu erzeugt.[697] Wird die Textdatei jedoch durch Ausdruck in ein Printdokument mit der ursprünglichen typographischen Gestaltung zurückverwandelt, so ist anzunehmen, daß dadurch das Vervielfältigungsrecht des Verlegers zumindest indirekt verletzt wird. Denn Sec. 16(3)(b) CDPA sieht vor, daß Bezugnahmen auf die Vornahme einer durch das *Copyright* an einem Werk vorbehaltenen Handlung die Vornahme dieser Handlung in unmittelbarer oder mittelbarer Weise betreffen, wobei es unerheblich ist, ob irgendwelche dazwischentretende Handlungen selbst das *Copyright* verletzen. Auch Sec. 178 CDPA, wonach ein „Faksimile-Vervielfältigungsstück" auch ein Vervielfältigungsstück umfaßt, das im Maßstab verkleinert oder vergrößert ist, läßt sich entnehmen, daß es nicht auf die Art und Weise, wie das Vervielfältigungsstück hergestellt wird, ankommt, sondern vielmehr auf das Ergebnis des Vervielfältigungsvorganges.

(bb) Verbreitungsrecht

Über die nach dem CA 1956 gewährten Rechte hinausgehend erhält der Verleger in Sec. 16(1)(b), 18 CDPA zudem das dem Erschöpfungsgrundsatz unterliegende Verbreitungsrecht. Dieses wird definiert als das ausschließliche Recht, Vervielfältigungsstücke des Werkes sowie das Original selbst an die Öffentlichkeit herauszugeben. Dem Verleger wird dadurch z.B. die Möglichkeit eröffnet, das Faxen seines Printmediums an die Öffentlichkeit zu untersagen. Hingegen bietet das Verbreitungsrecht dem Verleger keine Handhabe gegen die elektronische Weiterverbreitung seines eingescannten und in eine Textdatei umgewandelten Werkes, da die zur Umwandlung benutzte Software die typographische Gestaltung neu erzeugt.[698]

Anders als im deutschen Recht erstreckt sich das Verbreitungsrecht nach Sec. 18 CDPA nicht auf die Vermietung und den Verleih des Werkes und seiner

---

695 Vgl. *Copinger/Skone James*, Rn. 7-103.

696 Vgl. auch *Laddie/Prescott/Vitoria*, Rn. 9.22.: *"[...] protection now is somewhat wider: in these days of computer typesetting one might make a facsimile by the use of electronic means, for example."*

697 *Copinger/Skone James*, Rn. 7-103.

698 Siehe oben (E.II.1.c.cc.(3)(a)(aa)).

Vervielfältigungsstücke. Das Vermietungs- und Verleihrecht wird vielmehr gesondert in Sec. 18A CDPA behandelt, dem Verleger allerdings nicht in bezug auf die typographische Gestaltung seiner veröffentlichten Werkausgaben zugestanden.

(cc) „Wesentlicher Teil"

Das dem Verleger gewährte Vervielfältigungs- und Verbreitungsrecht ist, wie sich aus Sec. 16(3)(a) CDPA ergibt, nur dann verletzt, wenn zumindest ein „wesentlicher Teil" des Werkes vervielfältigt oder an die Öffentlichkeit herausgegeben wird. Die Vervielfältigung und Verbreitung unwesentlicher Teile sind somit frei.

(i) Allgemein

Die Frage, was ein wesentlicher Teil der typographischen Gestaltung veröffentlichter Werkausgaben ist, war vor der Entscheidung in *NLA v. M&S* noch nicht Gegenstand gerichtlicher Entscheidungen. In der Literatur wurde vertreten, daß diese Frage unter Berücksichtigung des Zwecks des *Publisher's Right*, die Investition von Fertigkeit und Mühe des Verlegers bei Präsentation und Layout der Ausgabe zu schützen, beantwortet werden sollte.[699]

Das *House of Lords* entschied schließlich in *NLA v. M&S*, daß die Frage der Wesentlichkeit unter Berücksichtigung des Zwecks, warum dem Werk *Copyright*-Schutz gewährt werde, beurteilt werden müsse.[700] Im Falle des *Publisher's Right* müsse gefragt werden, ob genügend von der maßgeblichen Fertigkeit und Mühe kopiert worden sei, um einen wesentlichen Teil der typographischen Gestaltung der Ausgabe auszumachen.[701] Diese Fertigkeit und Mühe bei der Erstellung der typographischen Gestaltung drücke sich im Gesamtdesign, dem Erscheinungsbild und *Layout* der Ausgabe, aus.[702]

Ob ein wesentlicher Teil der typographischen Gestaltung übernommen worden sei, sei quantitativ wie auch qualitativ zu bestimmen. Der Test sei insoweit quantitativ, als daß immer gefragt werden müsse, ob jemand genug von der veröffentlichten Werkausgabe vervielfältigt habe, daß dies einen wesentlichen Teil

---

699 *Copinger/Skone James*, Rn. 7-104 mit Verweis auf die australische Entscheidung in *Nationwide News Pty Ltd v. Copyright Agency Ltd*, IPR 1994-1995, 159 (1. Instanz); ALR 1996, 273 (2. Instanz).

700 *NLA v. M&S*, [2001] 3 WLR 290, 296 f. (per *Lord Hoffmann*) (H.L.).

701 Vgl. *NLA v. M&S*, [2001] 3 WLR 290, 297 (per *Lord Hoffmann*) (H.L.).

702 *NLA v. M&S*, [2001] 3 WLR 290, 298 (per *Lord Hoffmann*) (H.L.); siehe auch bereits oben (E.II.1.c.cc.(1)(a)).

derselben ausmache.[703] Aber die Frage, was als genug angesehen werden könne, sei qualitativ.[704] Sie hänge nicht von dem Verhältnis des übernommenen Teils zu der ganzen Ausgabe, sondern davon ab, ob das Vervielfältigungsstück sich das Erscheinungsbild und das *Layout* der Ausgabe zu eigen gemacht habe. So sei die Vervielfältigung eines einzigen Artikels einer Zeitungsseite, der sich nicht entnehmen lasse, wie das *Layout* des übrigen Teils der Seite gestaltet ist, keine Vervielfältigung eines wesentlichen Teils der Zeitung.[705] Auf dieser Grundlage würden die kopierten Zeitungsausschnitte, die von *M&S* weiter vervielfältigt wurden, nicht genug von dem *Layout* auch nur einer Zeitungsseite übernehmen, um einen wesentlichen Teil der typographischen Gestaltung auszumachen.[706]

Dementsprechend läßt sich festhalten, daß sich die Frage, wann ein übernommener Teil als wesentlicher Teil anzusehen ist, nicht nach dem Ausmaß des übernommenen Teils im Verhältnis zur Gesamtausgabe richtet, sondern danach, ob so viel von dem Erscheinungsbild und dem *Layout* übernommen wurde, daß dies einen wesentlichen Teil der typographischen Gestaltung ausmacht. Es läßt sich somit keine allgemeingültige Aussage darüber treffen, wann ein kopierter Teil als wesentlicher Teil anzusehen ist. Dies hängt vielmehr von der Art des fotokopierten Printmediums sowie von der Art des kopierten Teils und daher von den Umständen des Einzelfalles ab. Die Tätigkeit eines Pressespiegelherstellers wird in der Regel nicht das *Publisher's Right* verletzen, da er nur einzelne Artikel einzelner Seiten übernimmt und diese dann neu anordnet. Kopienversanddienste und Recherchedienste, die die Seiten mit den gewünschten, häufig seitenlangen Artikeln im ganzen einschließlich etwaiger Werbeanzeigen etc. kopieren, werden hingegen regelmäßig das *Publisher's Right* verletzen.

(ii) Wiederholte und systematische Übernahme unwesentlicher Teile

Die britische Rechtsprechung hat darüber hinaus in einigen Fällen angenommen, daß auch das wiederholte und systematische Kopieren unwesentlicher Teile aus einem Werk, z.B. aus einem Fußballspielplan,[707] oder aus einem Periodikum, z.B. aus einer Tageszeitung,[708] als Entnahme eines wesentlichen Teils zu behandeln ist. Diese Rechtsprechung ist zwar in jüngster Zeit von *Laddie J.* in *Electronic Techniques (Anglia) Ltd. v. Critchley Components Ltd.* aus dem Grunde

---

703 *NLA v. M&S*, [2001] 3 WLR 290, 298 (per *Lord Hoffmann*) (H.L.).

704 *NLA v. M&S*, [2001] 3 WLR 290, 298 (per *Lord Hoffmann*) (H.L.).

705 *NLA v. M&S*, [2001] 3 WLR 290, 298 f. (per *Lord Hoffmann*) (H.L.).

706 *NLA v. M&S*, [2001] 3 WLR 290, 299(per *Lord Hoffmann*) (H.L.).

707 *Football League Ltd. v. Littlewoods Pool Ltd.*, [1959] 3 WLR 42, 56 ff. (per *Upjohn J.*).

708 *Cate v. Devon and Exeter Constitutional Newspaper Company*, (1889) 40 Ch.D. 500, 507 (per *North J.*).

angezweifelt worden, daß ihre Logik im Ergebnis dazu führe, daß die zeitlich zuerst erfolgten Entnahmen unwesentlicher Teile im nachhinein zu *Copyright*-Verletzungen würden.[709] Bisher ist diese Frage jedoch noch nicht, wie von *Laddie* J. vorgeschlagen,[710] grundlegend von einem höheren Gericht untersucht worden, so daß davon auszugehen ist, daß die oben genannte Rechtsprechung weiterhin das geltende britische Recht darstellt.

In *NLA v. M&S* wurde vorgebracht, daß das wiederholte Kopieren unwesentlicher Teile aus verschiedenen Zeitungen im Ergebnis als das Kopieren eines wesentlichen Teils zu behandeln wäre. Die Richter im *Court of Appeal* wiesen jedoch zutreffend darauf hin, daß es in den bisherigen Fällen um das systematische und wiederholte Kopieren unwesentlicher Teile aus einem Werk oder einem Periodikum ging. Das *Case Law* würde hingegen keineswegs die Annahme gebieten, daß die Entnahme unwesentlicher Teile aus verschiedenen Zeitungen als Übernahme eines wesentlichen Teils zu behandeln sei.[711] Die Annahme, daß die Entnahme eines unwesentlichen Teils aus einem Werk zusammen mit der Entnahme eines unwesentlichen Teils aus einem anderen Werk als die Entnahme eines wesentlichen Teils aus den verbundenen Werken zu behandeln sei, widerspräche zudem der Logik und sei deshalb nicht hinnehmbar.[712]

Daraus läßt sich schließen, daß die Tätigkeit von Informationsdiensten in der Regel nicht aus dem Grund einer systematischen und wiederholten Übernahme eine Verletzung des *Publisher's Right* darstellt. Denn die Übernahmetätigkeit der Informationsdienste erfolgt im Hinblick auf eine ganze Bandbreite von Zeitungen oder Zeitschriften, sie vervielfältigen jedoch in der Regel nicht systematisch Teile aus einer bestimmten Zeitung oder Zeitschrift.

(b) Mittelbare Verletzungshandlungen

Neben dem Vervielfältigungs- und Verbreitungsrecht steht dem Verleger als Inhaber des *Publisher's Right* auch die Möglichkeit zu, gegen die in Sec. 22-24 CDPA umschriebenen mittelbaren Verletzungshandlungen vorzugehen. Der Verleger hat somit eine Handhabe gegen Personen, die nach Sec. 22 CDPA rechtsverletzende Vervielfältigungsstücke seines Werkes in das Vereinte Königreich einführen, die unter den in Sec. 23 CDPA beschriebenen Umständen rechtsverletzende Vervielfältigungsstücke besitzen oder damit handeln, sowie gegen Personen, die unter den Voraussetzungen von Sec. 24 CDPA Mittel für

---

709 F.S.R. 1997, 401, 409 (Ch.D.); kritisch auch *Copinger/Skone James*, Rn. 7-32.

710 F.S.R. 1997, 401, 410 (Ch.D.).

711 *NLA v. M&S*, [2001] 3 WLR 1256, 1266 (per *Peter Gibson L.J.*), 1285 f. (per *Mance L.J.*) (C.A.).

712 *NLA v. M&S*, [2001] 3 WLR 1256, 1266 (per *Peter Gibson L.J.*) (C.A.).

die Herstellung rechtsverletzender Vervielfältigungsstücke zur Verfügung stellen. Was unter einem rechtsverletzenden Vervielfältigungsstück zu verstehen ist, wird in Sec. 27 CDPA definiert. Danach ist ein Gegenstand dann ein rechtsverletzendes Vervielfältigungsstück, wenn seine Herstellung eine Verletzung des *Copyright* an dem betreffenden Werk darstellte oder wenn er in das Vereinte Königreich eingeführt worden ist oder werden soll und seine Herstellung im Vereinten Königreich eine Verletzung des *Copyright* an dem betreffenden Werk oder einen Bruch eines Vertrages über eine ausschließliche Lizenz bezüglich jenes Werkes dargestellt hätte.

Die Verantwortlichkeit der jeweiligen Personen ist jedoch insoweit eingeschränkt, als daß ihre Handlungen nur dann das *Copyright* des Verlegers verletzen, wenn sie wissen oder Grund zu der Annahme haben, daß es sich bei dem Gegenstand ihrer Aktivitäten um ein rechtsverletzendes Vervielfältigungsstück handelt (im Fall von Sec. 22, 23 CDPA) bzw. daß die von ihnen zur Verfügung gestellten Mittel zur Herstellung von rechtsverletzenden Vervielfältigungsstükken gebraucht werden sollen (im Fall von Sec. 24 CDPA).

(4) Schranken des *Publisher's Right*

Das *Publisher's Right* besteht nicht uneingeschränkt, sondern ist vielmehr im Interesse der Allgemeinheit, des Lesers und der Konkurrenzverleger eingeschränkt. Insbesondere sind hier die Einschränkungen der redlichen Benutzung zu Zwecken der Forschung oder des Privatstudiums (Sec. 29 CDPA), der redlichen Benutzung zum Zwecke der Kritik oder Besprechung sowie zum Zwecke der Berichterstattung über Tagesereignisse (Sec. 30 CDPA),[713] der beiläufigen Aufnahme in ein Werk der Kunst, eine Tonaufnahme, einen Film, eine Sendung oder ein Kabelprogramm (Sec. 31 CDPA), der Benutzung zu Zwecken des Unterrichts oder einer Prüfung (Sec. 32 CDPA) sowie die Einschränkungen zugunsten von Bibliotheken und Archiven (Sec. 37-44 CDPA) sowie zugunsten der öffentlichen Verwaltung (Sec. 45-50 CDPA) zu erwähnen.[714] Auf diese Schran-

---

[713] Ein kontrovers diskutierter Punkt in *NLA v. M&S* war die Frage, ob das von *M&S* getätigte Vervielfältigen der Kopien der Zeitungsausschnitte eine redliche Benutzung zum Zwecke der Berichterstattung über Tagesereignisse darstellte. Dies wurde sowohl von *Lightman J.* im *High Court of Justice*, *NLA v. M&S*, R.P.C. 1999, 536, 547 als auch vom *Court of Appeal* verneint, [2001] 3 WLR 1256, 1268 f. (per *Peter Gibson L.J.*), 1286 f. (per *Mance L.J.*); aA *Chadwick L.J.*, [2001] 3 WLR 1256, 1276 f.

[714] Eine Liste der für das *Publisher's Right* einschlägigen Schrankenbestimmungen findet sich bei *Laddie/Prescott/Vitoria*, Rn. 9.23.

ken soll allerdings nicht näher eingegangen werden, da die Schrankenbestimmungen nicht den Gegenstand der Untersuchung bilden.[715]

(5) Schutzdauer

Sec. 15 CDPA sieht vor, daß das *Copyright* an der typographischen Gestaltung einer veröffentlichten Werkausgabe mit dem Ablauf von 25 Jahren seit dem Ende des Kalenderjahres, in dem die Werkausgabe erstmals veröffentlicht wurde, erlischt. Gibt der Verleger eine neue Ausgabe derselben literarischen, dramatischen Werke oder Werke der Musik heraus, so erwirbt er, soweit die typographische Gestaltung keine Vervielfältigung der typographischen Gestaltung seiner früheren Werkausgabe darstellt, ein neues *Publisher's Right* mit voller Schutzdauer von 25 Jahren. Da es durch den technischen Fortschritt heutzutage für den Verleger problemlos möglich ist, die typographische Gestaltung seiner Printmedien zu verändern, erlaubt Sec. 8, 15 CDPA somit eine unbegrenzte „Verlängerung" der Schutzdauer des *Publisher's Right*.

(6) Rechtsnatur des *Publisher's Right*

Das dem Verleger gewährte Recht wird ohne Unterschied zu den klassischen Urheberrechtsinhabern gewährten Rechten als *Copyright*, die typographische Gestaltung als *work* und der Verleger als *author* bezeichnet. Dies entspricht der geschichtlich bedingten ökonomischen Natur des britischen *Copyright*,[716] die eine Gleichstellung von *author's rights* und *entrepreneurial rights* systemkohärent zuläßt.

Auf internationaler Ebene hat sich jedoch mit dem TRIPS-Übereinkommen der Begriff der verwandten Schutzrechte und somit eine Unterscheidung zwischen Urheberrecht einerseits und Leistungsschutzrechten andererseits durchgesetzt.[717] Auch auf europäischer Ebene ist der Begriff der verwandten Schutzrechte anerkannt.[718] Nicht nur werden die im Rom-Abkommen geregelten Rechte der aus-

---

715 Siehe oben (A.I.).

716 Dazu siehe oben (E.II.1.a.).

717 Vgl. *Dietz*, ZUM 1990, 54, 56; *Leistner*, Rechtsschutz von Datenbanken, S. 132. Es war bereits für das Rom-Abkommen angestrebt worden, die in diesem Abkommen geschützten Rechte als *neighbouring rights* zu bezeichnen. Aufgrund der Gegenwehr der britischen Tonträgerhersteller und Sendeunternehmen, die den Verlust ihres im CA 1956 errungenen *Copyright*-Status befürchteten, wurde dann allerdings von einer offiziellen Klassifizierung der Rechte als *neighbouring rights* im Text des Abkommens abgesehen. Gleichwohl wurde der Begriff aus Zweckmäßigkeitsgründen im Sinne der Ermöglichung sprachlicher Verständigung gebraucht; siehe *Ellins*, Copyright Law, S. 113 f.

718 Vgl. allgemein *Leistner*, Rechtsschutz von Datenbanken, S. 131 f.; *Loewenheim*, GRUR Int. 1997, 285, 291.

übenden Künstler, Sendeunternehmen und Tonträgerhersteller im 2. Kapitel der Vermiet- und Verleihrechts-Richtlinie[719] zusammen mit dem Recht der Filmproduzenten als verwandte Schutzrechte bezeichnet. Darüber hinaus ist das europäische Urheberrecht, wie sich aus Art. 12 sowie aus Erw.-Grd. 20 der EU-Schutzdauerrichtlinie ergibt, für die Einführung neuer verwandter Schutzrechte offen.[720] Aufgrund der Anerkennung der Unterscheidung zwischen Urheberrecht und Leistungsschutzrechten auf internationaler wie auch auf europäischer Ebene erscheint eine Untersuchung der Rechtsnatur des britischen *Publisher's Right* unter Zugrundelegung dieser Unterscheidung statthaft, ohne daß damit eine Kritik an der geschichtlich bedingten Verquickung von *author's rights* und *entrepreneurial rights* in dem Begriff des *Copyright* im britischen Recht verbunden sein soll. Eine derartige Einordnung des *Publisher's Right* ist zudem im Hinblick auf die im folgenden zu behandelnde Forderung nach Einführung eines Verlegerrechts nach dem Vorbild des britischen *Publisher's Right* im deutschen Recht hilfreich.

Die verschiedenen nationalen Rechtsordnungen kennen eine unterschiedliche Anzahl und Art von Leistungsschutzrechten, deren hauptsächliche Gemeinsamkeit sich darin erschöpft, daß kulturelle oder wirtschaftliche Leistungen geschützt werden, die in irgendeiner Weise mit urheberrechtlich geschützten Leistungen oder sonstigen geistigen Leistungen auf kulturellem Gebiet in Verbindung stehen.[721] Dabei schützen einige Leistungsschutzrechte, wie z.B. das dem ausübenden Künstler gewährte Recht, persönlichkeitsgeprägte Leistungen, während die unternehmensbezogenen Leistungsschutzrechte des Tonträgerherstellers, des Sendeunternehmens oder des Filmherstellers den Schutz technisch-organisatorischer unternehmerischer Leistungen bezwecken.[722] Sie werden deshalb als im Kern investitionsschützende Rechte demjenigen Unternehmen originär zugeordnet, das die organisatorisch-investive Leistung verantwortet.[723] Die den Leistungsschutzberechtigten gewährten ausschließlichen Verwertungsrechte knüpfen meist an die Rechte des Urhebers an, sind aber häufig beschränkter als

---

719 Richtlinie 92/100/EWG des Rates vom 19.11.1992 zum Vermietrecht und Verleihrecht sowie zu bestimmten dem Urheberrecht verwandten Schutzrechten im Bereich des geistigen Eigentums; abgedruckt im ABl.EG Nr. L 346 vom 27.11.1992, S. 61 ff.

720 *Leistner*, Rechtsschutz von Datenbanken, S. 132.

721 Ähnlich: *Bensinger*, Sui-generis Schutz für Datenbanken, S. 114; *Heker*, ZUM 1995, 97, 99.

722 Siehe bereits oben (C.V.2.) für die Charakterisierung der Leistungsschutzrechte im UrhG.

723 *Leistner*, Rechtsschutz von Datenbanken, S. 139.

die dem Urheber gewährten Rechte,[724] da sie regelmäßig auf das Schutzbedürfnis des Berechtigten genau zugeschnitten sind[725]. Gleichermaßen ist die Schutzdauer von Leistungsschutzrechten kürzer als die urheberrechtliche Schutzfrist und richtet sich nicht nach persönlichen Kriterien (der Lebensdauer des Urhebers), sondern nach dem Produkt der Leistung und der Dauer der Verwertbarkeit.[726]

Ein Vergleich dieser Charakteristika der Leistungsschutzrechte mit dem *Publisher's Right* ergibt viele Gemeinsamkeiten.

Was den Schutzgegenstand betrifft, so wird das *Publisher's Right* wie die unternehmensbezogenen Leistungsschutzrechte für die unternehmerische Leistung des Verlegers gewährt, die aus wirtschaftlichen, organisatorischen und technischen Elementen zusammengesetzt ist[727]. Die Leistung des Verlegers wird in der Regel auch im Zusammenhang mit urheberrechtlich geschützten Werken erbracht, da die Inhalte der meisten Printmedien aufgrund der niedrigen Auslöseschwelle durch *Copyright* geschützt sind. Aber selbst wenn dies ausnahmsweise nicht der Fall sein sollte, so steht dies einer Einordnung des *Publisher's Right* als Leistungsschutzrecht nicht entgegen, wie die Beispiele der unstreitig leistungsschutzrechtlich geschützten Funksendungen oder Tonträger mit nicht-urheberrechtsfähigem Inhalt zeigen.[728]

Rechtsinhaber des *Publisher's Right* ist wie bei den herkömmlichen unternehmensbezogenen Leistungsschutzrechten der Verleger als derjenige, der das wirtschaftliche Risiko trägt.

Was den Schutzinhalt betrifft, so sind die dem Verleger gewährten ausschließlichen Verwertungsrechte auf das Vervielfältigungs- und das Verbreitungsrecht beschränkt und reichen damit, wie dies auch bei den herkömmlichen Leistungsschutzrechten der Fall ist, nicht so weit wie die Rechte der *authors* im klassischen Sinn. Im Unterschied zu den unternehmensbezogenen Leistungsschutzrechten sind die dem Verleger gewährten Rechte allerdings auf die Gesamtheit oder einen wesentlichen Teil der typographischen Gestaltung beschränkt. Dabei handelt es sich jedoch um ein im britischen *Copyright Law* für alle Werkarten geltendes Kriterium, das als nationale Besonderheit ebensowenig einer Einord-

---

724 *Bensinger*, Sui-generis Schutz für Datenbanken, S. 115.

725 Vgl. *Dietz*, ZUM 1990, 54, 57.

726 Vgl. *Bensinger*, Sui-generis Schutz für Datenbanken, S. 115; *Dietz*, ZUM 1990, 54, 56.

727 Siehe oben (A.I.).

728 Vgl. im Zusammenhang mit dem Recht des Datenbankherstellers: *Becker*, Rechtsschutz von Datenbanken, S. 164; *Hornung*, EU-Datenbank-Richtlinie, S. 98; *Leistner*, Rechtsschutz von Datenbanken, S. 141.

nung des *Publisher's Right* als Leistungsschutzrecht entgegen steht, wie es eine Klassifizierung der Rechtsnatur des *Copyright* an klassischen Urheberrechtsmaterien als „Urheberrecht" nach kontinentaleuropäischem Verständnis verhindert. Zudem ist zu beachten, daß es nicht unüblich ist, daß manche Merkmale nur bei einzelnen Leistungsschutzrechten des weitgefächerten Spektrums von Leistungsschutzrechten vorzufinden sind.[729] Insofern ist das *Publisher's Right* auch vom Schutzinhalt her mit den herkömmlichen Leistungsschutzrechten vergleichbar.

Schließlich ist auch wie bei den herkömmlichen Leistungsschutzrechten die Schutzdauer des *Publisher's Right* beschränkter als die den klassischen *authorial works* gewährte Schutzdauer und knüpft nicht an persönliche, mit dem Verleger in Zusammenhang stehende Kriterien, sondern an die Veröffentlichung der Werkausgabe an.

Aus all dem ergibt sich, daß es sich bei dem *Publisher's Right* seiner Rechtsnatur nach um ein den Leistungsschutzrechten des Tonträgerherstellers, Sendeunternehmens und Filmproduzenten vergleichbares, unternehmensbezogenes Leistungsschutzrecht handelt.[730]

d. Ergebnis

Als Vorbild für die Einführung eines allgemeinen Leistungsschutzrechts für Verleger in Deutschland dient das britische *Publisher's Right* nach Sec. 1(1)(c), 8, 9(2)(d) CDPA. Hintergrund der Einführung dieses Rechts waren die Ähnlichkeit der Leistung des Verlegers mit der des Tonträgerherstellers, dem bereits im CA 1911 ein *Copyright* gewährt worden war, sowie die aus dem Fehlen eines generalklauselartigen Verbotes der *unfair competition* resultierende wettbewerbsrechtliche Schutzlücke in bezug auf die unmittelbare Übernahme der verlegerischen Leistung.

Schutzgegenstand des *Publisher's Right*, das in den wenigen dazu ergangenen Gerichtsentscheidungen als „eigenartiges" Recht bezeichnet wurde,[731] ist die typographische Gestaltung des gesamten Printmediums als dem Produkt der verlegerischen Leistung. Dabei wird als typographische Gestaltung das durch die Veröffentlichung festgelegte Druckbild geschützt, d.h. das äußere Erschei-

---

729 *Bensinger*, Sui-generis Schutz für Datenbanken, S. 116.

730 Im Ergebnis ebenso: *Clark*, Publishers' Rights, S. 36, 37; *Schack*, Urheber- und Urhebervertragsrecht, Rn. 1007; *Schack*, ZUM 1990, 59; *WIPO/Unesco*, The Printed Word, Copyright 24 (1988), 42, 94, Rn. 332; aA *Sieger*, ZUM 1989, 172.

731 *Machinery Market Ltd v. Sheen Publishing Ltd*, F.S.R. 1983, 431, 432; *NLA v. M&S*, [2001] 3 WLR 1256, 1264 (per *Peter Gibson L.J.*), 1277 (per *Mance L.J.*) (C.A.).

nungsbild, das sich aus einer Kombination der Einzelbestandteile der typographischen Gestaltung zusammensetzt, wie z.B. der Anzahl der Wörter auf der Seite, der Anordnung von Illustrationen im Verhältnis zum Text, der Art und Größe der benutzten Schriftzeichen und des *Layout*.

Was den Schutzinhalt betrifft, so wird dem Verleger neben dem Schutz gegen bestimmte mittelbare Verletzungshandlungen in erster Linie ein Vervielfältigungs- und Verbreitungsrecht gewährt. Das Vervielfältigungsrecht ist auf die Herstellung eines Faksimile-Vervielfältigungsstückes der typographischen Gestaltung unabhängig von der Vervielfältigungsart gerichtet. Keinen Schutz bietet das *Publisher's Right* allerdings gegen die elektronische Speicherung des eingescannten und in eine Textdatei umgewandelten Printmediums, da die zur Umwandlung benutzte Software die typographische Gestaltung neu erzeugt. Gleichermaßen bietet das der Erschöpfung unterliegende Verbreitungsrecht keine Handhabe gegen die elektronische Weiterverbreitung von eingescannten und in eine Textdatei umgewandelte Printmedien. Auch bezieht das Verbreitungsrecht nicht die Vermietung und den Verleih des Werkes und seiner Vervielfältigungsstücke ein.

Das *Publisher's Right* ist nur dann verletzt, wenn zumindest ein wesentlicher Teil der typographischen Gestaltung vervielfältigt oder verbreitet wird. Dabei richtet sich die Frage, wann ein übernommener Teil als wesentlicher Teil anzusehen ist, nicht nach dem Ausmaß des übernommenen Teils im Verhältnis zur Gesamtausgabe, sondern danach, ob so viel von dem Erscheinungsbild und dem *Layout* übernommen wurde, daß dies einen wesentlichen Teil der typographischen Gestaltung ausmacht. Daraus ergibt sich, daß die Tätigkeit eines Pressespiegelherstellers in der Regel nicht das *Publisher's Right* verletzt, da er nur einzelne Artikel einzelner Seiten übernimmt und diese dann neu anordnet. Kopienversanddienste und Recherchedienste, die die Seiten mit den gewünschten, oft seitenlangen Artikeln im ganzen einschließlich etwaiger Werbeanzeigen etc. kopieren, werden hingegen regelmäßig das *Publisher's Right* verletzen.

Das *Publisher's Right* besteht für die Dauer von 25 Jahren, beginnend mit dem Ende des Kalenderjahres, in dem die Werkausgabe erstmals veröffentlicht wurde. Für den Verleger besteht jedoch die Möglichkeit, durch die Herausgabe einer neuen Ausgabe derselben Werke ein neues *Publisher's Right* mit voller Schutzdauer in dem Umfang zu erhalten, wie die typographische Gestaltung der früheren Ausgabe nicht vervielfältigt wird.

Seiner Rechtsnatur nach ist das *Publisher's Right* ein Leistungsschutzrecht. Daß dem Verleger dennoch formal unterschiedslos ein *Copyright* gewährt wird, liegt in der ökonomischen Natur des *Copyright* begründet. Denn trotz anfänglicher Parallelen zur Entwicklung des Urheberrechts in Deutschland entwickelte sich das *Copyright Law* in Großbritannien beginnend mit dem *Act of Anne* und der

Entscheidung in *Donaldson v. Beckett* als ein positivistisches Konzept fort, das auf das Produkt der Leistung, das Werkstück, abstellt und auf kommerzielle Interessen ausgerichtet ist.

2. Forderungen nach der Einführung eines Verlegerrechts in Deutschland

Im Anschluß an das Heidelberger Urheberrechtssymposium und das WIPO-Dokument *„The Printed Word"* begann Ende der 1980er Jahre auch in Deutschland die Diskussion um die Einführung eines allgemeinen Verlegerrechts.[732]

a. Einführung als Leistungsschutzrecht

Teilweise wurde gefordert, ein solches Verlegerrecht entsprechend der unter dem CDPA 1988 erfolgten formalen Gleichstellung von *author's rights* und *entrepreneurial rights* als Urheberrecht auszugestalten, da eine Ansiedlung außerhalb des eigentlichen Urheberrechts nicht konsequent genug wäre.[733] Dies würde jedoch dem auf naturrechtlichen Gedankengut und der monistischen Theorie beruhenden Wesen des Urheberrechts widersprechen, das den Urheber nicht nur in seinen materiellen, sondern auch in seinen ideellen Interessen schützt.[734] Nach dem Wesen des Urheberrechts und der Gesetzessystematik des UrhG kann ein Verlegerrecht nur als Leistungsschutzrecht ausgestaltet im 2. Teil des UrhG seinen Platz finden.[735] Zudem ist zu berücksichtigen, daß auch das britische *Publisher's Right* seiner Rechtsnatur nach ein Leistungsschutzrecht ist.[736]

Insofern konnte es, unabhängig von der Berechtigung der Forderung nach Schaffung eines Verlegerrechts, nur um die Einführung als Leistungsschutzrecht gehen.

---

732 Seit Mitte der 1970er Jahren waren bereits vereinzelt Stimmen zur Einführung eines Leistungsschutzrechts für Verleger laut geworden. So sprach sich *Schmieder*, UFITA 73 (1975), 65, 78 f. für ein auf eine bestimmte Zeit beschränktes Schutzrecht des Schriftträgerherstellers aus, das sich auf die erschienene Form des Schriftträgers in seiner konkreten technisch-typographischen Ausgestaltung beziehen sollte. Auch *Spangenberg*, GRUR 1980, 700, 702 ff. plädierte im Hinblick auf das Reprographieproblem für die Einführung eines Leistungsschutzrechts wettbewerbsrechtlicher Art, das das Schriftbild für den Verleger schützen sollte.

733 *Sellier*, Börsenblatt 2/6.1.1989, 84, 87.

734 Dazu siehe oben (C.IV. und V.).

735 Vgl. allgemein *Dietz*, ZUM 1990, 54, 58; *Schack*, ZUM 1990, 59, 61 f.; *Schulze*, Börsenblatt 4/13.1. 1989, 148, 153; *Schulze*, ZUM 1990, 47.

736 Siehe oben (E.II.1.c.cc.(b)).

b. Befürworter der Einführung eines allgemeinen Verlegerrechts

Die Befürworter[737] der Einführung eines Leistungsschutzrechts für Verleger brachten vor, daß dann, wenn dem Verleger lediglich einfache Nutzungsrechte eingeräumt sind, ein eigenes, originär beim Verleger entstehendes Recht der Abhängigkeit des Verlegers vom Autor entgegenwirken und die Bekämpfung von Rechtsverletzungen durch den Verleger erleichtern würde.[738] Denn in einigen Fällen würden hinsichtlich der Bekämpfung von Rechtsverletzungen Interessenkonflikte bestehen, so z.B. wenn das Interesse des Autors, insbesondere eines wissenschaftlichen Autors, auf eine Verbreitung seiner Werke und einen daraus folgenden möglichst großen Bekanntheitsgrad und nicht auf einen Schutz gegen unerlaubte Vervielfältigung gerichtet ist.[739]

Ferner wiesen die Protagonisten eines Verlegerrechts darauf hin, daß die Einführung eines Leistungsschutzrechts den Schwächen des Wettbewerbsrechts, insbesondere der aus dem Nachweis der wettbewerbswidrigen Umstände resultierenden Rechtsunsicherheit über das Bestehen eines wettbewerbsrechtlichen Anspruchs sowie dem Fehlen einer festen Schutzdauer, entgegenwirken würde.[740] Dadurch würde die Veröffentlichung von Werken, die wegen Ablaufs der urheberrechtlichen Schutzfrist gemeinfrei geworden sind, sowie von Printmedien mit nicht urheberrechtlich schutzfähigem Inhalt gefördert.[741] Gleichzeitig würde dadurch auch die Auseinandersetzung um die Urheberrechtsschutzfähigkeit der „kleinen Münze" entschärft, da die Grenzfälle des Urheberrechtsschutzes dem Leistungsschutzrecht überlassen werden könnten.[742]

Schließlich würde auch der Vergleich der Leistung des Verlegers mit der des Tonträgerherstellers, dem in §§ 85, 86 UrhG ein Leistungsschutzrecht gewährt wird, für die Einführung eines Verlegerrechts sprechen. Beide würden eine kommerzielle, unternehmerische Leistung erbringen, die aus wirtschaftlichen, organisatorischen und technischen Elementen zusammengesetzt ist.[743] Beide würden Werke dem Publikum zugänglich machen und somit als „Werkmittler"

---

737 Dazu zählten u.a.: *Dietz*, ZUM 1990, 54, 58; *Müller-Laschet*, Das Copyright des Verlegers, S. 77; *Schulze*, Börsenblatt 4/13.1.1989, 148, 153 f.; *Soetenhorst*, GRUR Int. 1989, 760, 771.

738 Vgl. *Dietz*, ZUM 1990, 54, 58.

739 Vgl. *Dietz*, ZUM 1990, 54, 58.

740 Vgl. *Schulze*, Börsenblatt 4/13.1.1989, 148, 149, 151.

741 Vgl. *Clark*, Publishers' Rights, S. 36, 37.

742 *Soetenhorst*, GRUR Int. 1989, 760, 771.

743 Vgl. *Müller-Laschet*, Das Copyright des Verlegers, S. 72; *Soetenhorst*, GRUR Int. 1989, 760, 762.

tätig sein.[744] Darüber hinaus würden beide die Gefahr kennen, daß die von ihnen hergestellten Produkte leicht und ohne Mühe und Kosten von unbefugten Dritten vervielfältigt werden können.[745] Aufgrund dieser Parallelen sei die Nichtgewährung eines Leistungsschutzrechts für den Verleger ungerechtfertigt.

c. Gegenstimmen zur Einführung eines allgemeinen Verlegerrechts

Demgegenüber wurde von Seiten der Gegner der Einführung eines Leistungsschutzrechts für Verleger[746] einschließlich des Börsenvereins des Deutschen Buchhandels als Standesvertretung der deutschen Verleger betont, daß ein solches Leistungsschutzrecht weder von der Sachlage geboten noch branchenpolitisch erwünscht sei.[747] Es bestünde kein Handlungsbedarf, da die Horrorvision massenhafter Rechtsverletzungen keinen Realitätsbezug hätte und das Urhebervertragsrecht und das flexible Wettbewerbsrecht[748] als Instrumentarien ausreichend seien.[749] Die dem Verleger eingeräumten Rechte würden ihm erlauben, gegen Rechtsverstöße vorzugehen und diese dann zu verfolgen, und auch individuelle, nicht verfolgbare Rechtsverstöße ließen sich mit einer angemessenen Fotokopiervergütung ausgleichen.[750]

Ferner würde ein Leistungsschutzrecht die gewachsene Symbiose zwischen Verleger und Autor gefährden. Diese Symbiose zeige sich daran, daß spektakuläre Auseinandersetzungen über vertragliche Fragen nicht bekannt geworden seien,[751] und vor allem auch an der verbreiteten Übung der Autoren, ihren Verlagen über das subjektive Verlagsrecht hinaus auch die Nebenrechte einzuräumen.[752] Die Autoren würden es aber nicht mehr einsehen, ihre Rechte vertraglich für die Dauer des gesetzlichen Urheberrechtsschutzes dem Verleger einzuräumen, wenn diesem ein originäres Leistungsschutzrecht zustünde, an dem sie nicht teilhätten.[753] Daher sei zu befürchten, daß die Verleger bei Schaffung eines

---

744 *Soetenhorst*, GRUR Int. 1989, 760, 762.

745 *Soetenhorst*, GRUR Int. 1989, 760, 762.

746 Zu diesen gehören u.a.: *Becker*, Börsenblatt 62/1990, 2317, 2320; *Schack*, Urheber- und Urhebervertragsrecht, Rn. 1008; *Sieger*, ZUM 1989, 172, 175.

747 Vgl. *Heker*, ZUM 1995, 97, 99.

748 Dazu siehe *Schack*, Urheber- und Urhebervertragsrecht, Rn. 1008; *Sieger*, ZUM 1989, 172, 173.

749 *Becker*, Börsenblatt, 62/1990, 2317, 2320.

750 *Becker*, Börsenblatt, 62/1990, 2317, 2318.

751 Vgl. *Heker*, ZUM 1995, 97, 100: „So hat z.B. in Deutschland ein umfangreiches System von Musterverträgen bisher sichergestellt, daß Rechtsstreitigkeiten zwischen Autoren oder Agenten mit Verlegern insoweit eher Einzelfälle geblieben sind."

752 *Becker*, Börsenblatt, 62/1990, 2317, 2318.

753 Vgl. Darstellung bei *Heker*, ZUM 1995, 97, 99.

Verlegerrechts auf Dauer aus dem persönlichen, vom Autor abgeleiteten Anwendungsbereich des Urheberrechts verdrängt würden.[754]

Zudem stünde ein originäres Verlegerrecht den vor allem im Zeitungs- und Zeitschriftenbereich bestehenden Tarifverträgen wie auch einigen im Verlagsgesetz verankerten Rechten des Autors antinomisch entgegen.[755] Dazu zählten vor allem das Recht, bei Neuauflagen Änderungen vorzunehmen, das Recht, bei nicht vertragsgemäßer Vervielfältigung, Verbreitung und Verwertung des Werkes vom Verlagsvertrag zurückzutreten, sowie das Recht, wegen eigener gewandelter Überzeugung oder wegen mangelnder Ausübung durch den Verleger die diesem eingeräumten Rechte zurückzurufen.[756] Die Forderung nach Einführung eines Leistungsschutzrechts für Verleger richte sich somit allein gegen die Autoren: das letzte Wort soll nicht mehr der gemeinsam ausgehandelte Verlagsvertrag haben, der Verleger wolle vielmehr ungehindert aus eigenem Recht vorgehen.[757] Da die Autoren sich gegenüber den Verlegern typischerweise in der schwächeren Position befänden, bestünde kein Anlaß, die Stellung der Verleger durch die Gewährung eines Leistungsschutzrechts noch weiter auszubauen.[758]

Mit diesen Argumenten schienen sich die Gegner der Einführung eines Leistungsschutzrechts für Verleger zunächst einmal durchgesetzt zu haben, denn ein solches Recht wurde in den folgenden Jahren nicht im UrhG aufgenommen.

d. Die Entwicklung auf internationaler Ebene

Auch auf internationaler Ebene verstummten die Stimmen, die die Einführung eines Verlegerrechts in nationalen Rechtsordnungen wie auch im Rahmen eines internationalen Abkommens gefordert hatten, größtenteils. Das *International Publishers Copyright Council* (IPCC) entschied sich nach dem 1990 in Paris veranstalteten Zweiten Internationalen Urheberrechtssymposium dafür, die Einführung eines Verlegerrechts in bezug auf veröffentlichte Printausgaben nicht weiter zu verfolgen.[759] Diese Entscheidung war darauf zurückzuführen, daß entsprechend der vom Börsenverein des deutschen Buchhandels vertretenen Auffassung einige Mitgliedsorganisationen der *International Publishers Association* (IPA) die Einführung eines Leistungsschutzrechts für Verleger ablehnten. Denn sie befürchteten, daß dadurch zum einen die Verleger letztendlich aus dem

---

[754] Vgl. Darstellung bei *Heker*, ZUM 1995, 97, 99.

[755] Vgl. *Sieger*, ZUM 1989, 172, 174.

[756] *Becker*, Börsenblatt, 62/1990, 2317, 2320; *Sieger*, ZUM 1989, 172, 174.

[757] *Schack*, ZUM 1990, 59, 60.

[758] *Schack*, ZUM 1990, 59, 60.

[759] Zum folgenden siehe Überblick bei *Clark*, Publishers' Rights, S. 36, 40 f.

Anwendungsbereich der RBÜ ausgeschlossen werden würden mit der Konsequenz, daß eine Inländergleichbehandlung nicht mehr garantiert wäre, und daß zum anderen das gute Verhältnis zwischen nationalen Verleger- und nationalen Autorenverbänden gefährdet werden würde. Statt dessen wurde beschlossen, auf internationaler Ebene die Einführung eines Leistungsschutzrechts für Verleger in bezug auf die Gestaltung elektronischer Ausgaben zu verfolgen.[760] Für das in Turin im Jahre 1994 veranstaltete Dritte Internationale Urheberrechtssymposium wurde deshalb ein Text für eine Internationale Übereinkunft für den Schutz von Verlegern elektronischer Ausgaben entworfen. Aber auch die weitere Verfolgung dieser Internationalen Übereinkunft hat das IPCC schließlich im Zuge der Entstehungsgeschichte der EU-Datenbankrichtlinie aufgegeben.[761] Denn nach Ansicht des IPCC war das neue *sui generis*-Recht des Datenbankherstellers als ein Recht anzusehen, das einem Verlegerrecht in bezug auf elektronische Ausgaben so nah wie nur eben möglich kam: *„As IPCC has consistently stressed in recent years, the sui generis right is as near as publishers are ever likely to get to a publishers right in the digital medium"*[762]. Deshalb entschloß sich das IPCC, zunächst bis zum Erlaß der EU-Datenbankrichtlinie das *sui generis*-Recht des Datenbankherstellers zu unterstützen und nach dem Erlaß auf eine Internationalisierung dieses Rechts hinzuwirken.

Hingegen wurde der Umstand, daß das *sui generis*-Recht des Datenbankherstellers von seiner Konzeption auch geeignet erscheint, ein Leistungsschutzrecht für Verleger in bezug auf seine Printmedien darzustellen und somit die ursprüngliche Forderung nach der Einführung eines allgemeinen Verlegerrechts zu erfüllen, eher vernachlässigt. Ob es sich bei dem *sui generis*-Recht des Datenbankherstellers tatsächlich inhaltlich um das ursprünglich geforderte allgemeine Leistungsschutzrecht für Verleger handelt, soll im nachfolgenden Kapitel untersucht werden.

III. Zusammenfassung

Vor Umsetzung der EU-Datenbankrichtlinie war die Leistung des Verlegers durch ein spezielles Leistungsschutzrecht, nämlich dem Schutzrecht für nachgelassene Werke nach § 71 UrhG, sowie durch das Urhebervertrags- und das Wettbewerbsrecht geschützt. Ende der 1980er Jahre kamen im Anschluß an das 1986 in Heidelberg veranstaltete Internationale Urheberrechtssymposium und

---

760 Befürwortend auch der Börsenverein des Deutschen Buchhandels; vgl. *Heker*, Börsenblatt 31/1996, 10 ff.

761 Siehe *Clark*, Publishers' Rights, S. 36, 43.

762 *Clark*, Publishers' Rights, S. 36, 43.

das 1987 von der WIPO herausgegebene Dokument *"The Printed Word"* Forderungen nach der Einführung eines allgemeinen, auf alle Arten von Printmedien anwendbaren Leistungsschutzrechts für Verleger im deutschen UrhG auf. Dieses Recht sollte sich am britischen *Publisher's Right* orientieren, dessen Schutzgegenstand das durch die Veröffentlichung festgelegte Druckbild ist und das dem Verleger ein Vervielfältigungs- und Verbreitungsrecht gewährt. Die Einführung eines solchen, originär beim Verleger entstehenden Leistungsschutzrechts wurde wegen der Schwächen des Wettbewerbsrechts, wegen der Vergleichbarkeit der Leistung des Verlegers mit der des Tonträgerherstellers sowie zur Erleichterung der Bekämpfung von Rechtsverletzungen durch den Verleger für erforderlich gehalten. Mit ihrer Forderung setzten sich die Befürworter der Einführung eines allgemeinen Verlegerrechts zumindest bis zur Umsetzung der EU-Datenbankrichtlinie aber nicht durch.

F. Die Rechtsstellung des Verlegers nach Umsetzung der EU-Datenbankrichtlinie

Die Umsetzung der Vorschriften der EU-Datenbankrichtlinie hat zu der Einfügung eines neuen, unter der Überschrift „Schutz des Datenbankherstellers" stehenden 6. Abschnitts im 2. Teil des UrhG geführt. Dieses neue Schutzrecht für Datenbankhersteller erscheint von seiner Ausgestaltung her auf den ersten Blick geeignet, die Rechtsstellung des Verlegers zu verbessern. Im folgenden soll nach einem Überblick über die Vorschriften der EU-Datenbankrichtlinie und deren Umsetzung in das deutsche Urheberrecht (I.) der Frage nachgegangen werden, ob es sich bei dem Datenbankherstellerrecht um ein Leistungsschutzrecht für Verleger handelt (II.) und ob dieses Recht die Forderung nach Einführung eines allgemeinen Verlegerrechts erfüllt (III.). Abschließend wird erörtert, ob die Einführung eines allgemeinen Verlegerrechts nach dem Vorbild des britischen *Publisher's Right* nach Umsetzung der EU-Datenbankrichtlinie notwendig ist (IV.).

I. Überblick über die EU-Datenbankrichtlinie und ihre Umsetzung in das deutsche Urheberrecht

Am 11. März 1996 haben das Europäische Parlament und der Rat der Europäischen Union die Richtlinie 96/9/EG zum rechtlichen Schutz von Datenbanken[763] verabschiedet.[764]

Durch die Richtlinie wurde erstmals ein harmonisierter Rechtsrahmen für Datenbanken geschaffen, die aufgrund ihrer Bedeutung für die sich rasant entwikkelnde Informationsgesellschaft[765] und aufgrund ihrer wirtschaftlichen Bedeutung[766] als schutzwürdig und wegen der Möglichkeit, sie zu einem Bruchteil der zu ihrer unabhängigen Entwicklung erforderlichen Kosten zu kopieren oder abzufragen,[767] für schutzbedürftig angesehen wurden. Dabei ist nach Art. 1 Abs. 2 der Richtlinie unter einer „Datenbank" eine Sammlung von Werken, Daten oder anderen unabhängigen Elementen zu verstehen, die systematisch oder methodisch angeordnet und einzeln mit elektronischen Mitteln oder auf andere Weise zugänglich sind. Für diese Datenbanken sieht die EU-Datenbankrichtlinie ein zweigleisiges Schutzkonzept vor.

Erstens wird in Anknüpfung an Art. 2 Abs. 5 RBÜ und Art. 10 Abs. 2 TRIPS ein urheberrechtlicher Schutz für eine nach Auswahl oder Anordnung des Inhalts schöpferisch gestaltete Datenbank gewährt. Der Schutz bezieht sich somit auf die schöpferische Auswahl und/oder Anordnung des Inhalts der Datenbank. In Erfüllung des mit der Richtlinie verfolgten Harmonisierungsziels[768] legt

---

763 Richtlinie 96/9/EG des Europäischen Parlaments und des Rates vom 11. März 1996 über den rechtlichen Schutz von Datenbanken; abgedruckt im ABl.EG Nr. L 77 vom 27. März 1996, S. 20 ff.

764 Dem Erlaß der Richtlinie vorausgegangen ist ein achtjähriger Entstehungsprozeß, der durch das „Grünbuch über Urheberrecht und die technologische Herausforderung. Urheberrechtsfragen, die sofortiges Handeln erfordern", KOM(88) 172 endg. vom 23.08.1988, eingeleitet worden war.

765 Vgl. Erw.-Grd. 9 der EU-Datenbankrichtlinie.

766 Vgl. Erw.-Grd. 2, 8, 10 der EU-Datenbankrichtlinie. Siehe auch *Heinrich*, WRP 1997, 275, der darauf verweist, daß der Datenbankmarkt aufgrund der zunehmenden Verbreitung von *Online*-Diensten und der Verfügbarkeit von leistungsfähigen elektronischen Speichermedien einen bedeutenden Wirtschaftsfaktor darstellt.

767 Erw.-Grd. 7 der EU-Datenbankrichtlinie.

768 Vgl. Erw.-Grd. 1 - 4 der EU-Datenbankrichtlinie. Erhebliche Divergenzen bestanden insbesondere im Hinblick auf die von den verschiedenen Mitgliedstaaten angewendeten Originalitätsstandards als Grundlage für die Urheberrechtsschutzfähigkeit von Datenbanken. Denn während in den angelsächsischen Ländern, die dem *Copyright*-System zuzuordnen sind, Datenbanken bereits dann *Copyright*-Schutz gewährt wurde, wenn zu ihrer Herstellung ein Mindestmaß an *„skill, labour and judgement"* angewendet wurde (siehe

Art. 3 Abs. 1 der Richtlinie dabei ein für alle Mitgliedstaaten verbindliches Schutzniveau einer „eigenen geistigen Schöpfung" fest. Was die Urheberschaft betrifft, so wahrt die Richtlinie in Art. 4 das Schöpferprinzip, läßt aber in den Rechtsvorschriften einiger Länder bestehende Ausnahmen unberührt. Ferner werden in Art. 5 die dem Urheber ausschließlich zustehenden Verwertungsrechte der Vervielfältigung, Umgestaltung, Verbreitung und öffentlichen Wiedergabe normiert[769] und die Erschöpfung des Verbreitungsrechts im Falle der Verbreitung in körperlicher Form angeordnet. Schließlich sieht Art. 6 der EU-Datenbankrichtlinie obligatorische Schranken zugunsten des rechtmäßigen Benutzers und unter dem generalklauselartigen Vorbehalt des Abs. 3 stehende, optionale Schranken zugunsten der Allgemeinheit vor.

Zweitens führt die Richtlinie neben dem urheberrechtlichen Schutz ein Schutzrecht *sui generis* für durch die Hersteller von Datenbanken getätigte, wesentliche Investitionen bei der Beschaffung, Überprüfung oder Darstellung des Inhalts der Datenbank ein. Dieses dem Datenbankhersteller gewährte Schutzrecht bietet gemäß Art. 7 Abs. 1 der EU-Datenbankrichtlinie Schutz gegen die Entnahme und/oder Weiterverwendung der Gesamtheit oder eines in qualitativer oder quantitativer Hinsicht wesentlichen Teils des Inhalts der Datenbank. Darüber hinaus wird nach Abs. 5 Schutz gegen die wiederholte und systematische Entnahme und/oder Weiterverwendung unwesentlicher Teile des Inhalts der Datenbank gewährt, wenn dies auf Handlungen hinausläuft, die einer normalen Nutzung der Datenbank entgegenstehen oder die berechtigten Interessen des Herstellers der Datenbank unzumutbar beeinträchtigen. Das Recht kann nach Art. 7 Abs. 3 der Richtlinie übertragen oder abgetreten werden oder Gegenstand vertraglicher Lizenzen sein und ist nach Abs. 4 mit anderweitigen Schutzrech-

---

oben (E.II.1.b.) zum britischen Recht), war nach kontinentaleuropäischem Urheberrecht ein Mindestmaß an Individualität für die Urheberrechtsschutzfähigkeit erforderlich.

769 Dabei schließt nach Erw.-Grd. 31 der urheberrechtliche Schutz von Datenbanken auch die Zurverfügungstellung von Datenbanken in einer anderen Weise als durch die Verbreitung von Vervielfältigungsstücken ein, so daß auch die digitale *Online*-Übermittlung vom Urheberrecht umfaßt wird. Bewußt offen gelassen hat die EU-Datenbankrichtlinie allerdings die Frage, ob diese *Online*-Übermittlung nach deutschem Urheberrechtsverständnis als Unterfall des Rechts zur Verbreitung in körperlicher Form i.S.v. §§ 15 Abs. 1, 17 UrhG oder als Unterfall des Rechts der öffentlichen Wiedergabe in unkörperlicher Form i.S.v. § 15 Abs. 2 UrhG anzusehen ist; siehe zu der Problematik *Gaster*, Rechtsschutz von Datenbanken, Rn. 310 ff., 318 ff. Eine Klärung dieser Frage in dem zweitgenannten Sinne steht an mit der Umsetzung von Art. 3 Abs. 1 der Richtlinie 2001/29/EG des Europäischen Parlaments und des Rates vom 22. Mai 2001 zur Harmonisierung bestimmter Aspekte des Urheberrechts und der verwandten Schutzrechte in der Informationsgesellschaft (EU-Urheberrechtsrichtlinie), abgedruckt in GRUR Int. 2001, 745 ff.

ten, insbesondere mit dem Urheberrecht, kumulierbar. Wie für den urheberrechtlichen Schutz sind auch für den *sui generis*-Schutz obligatorische Schranken für den rechtmäßigen Benutzer (Art. 8) sowie optionale Schranken zugunsten der Allgemeinheit (Art. 9) vorgesehen. Die Schutzdauer des Rechts beträgt nach Art. 10 der Richtlinie 15 Jahre ab dem 1. Januar des auf den Tag des Abschlusses der Herstellung folgenden Jahres, wobei eine wesentliche Neuinvestition unter den Voraussetzungen des Abs. 3 eine eigene Schutzdauer begründet. In persönlicher Hinsicht beschränkt Art. 11 der Richtlinie den *sui generis*-Schutz auf Datenbanken, deren Hersteller oder Rechtsinhaber Staatsangehöriger eines Mitgliedstaats ist oder seinen gewöhnlichen Aufenthalt im Gebiet der Gemeinschaft hat.[770] Darüber hinaus können nach Art. 11 Abs. 3 der Richtlinie i.V.m. Erw.-Grd. 56 von der Gemeinschaft Gegenseitigkeitsabkommen geschlossen werden, sofern materielle Reziprozität besteht, d.h. sofern im Partnerland ein dem *sui generis*-Recht materiell gleichwertiger Schutz gewährleistet ist.[771]

Der deutsche Gesetzgeber hat die Vorschriften der EU-Datenbankrichtlinie im Rahmen von Art. 7 des Gesetzes zur Regelung der Rahmenbedingungen für Informations- und Kommunikationsdienste (Informations- und Kommunikationdienste-Gesetz – IuKDG) vom 22. Juli 1997[772] mit Wirkung zum 1. Januar 1998[773] durch eine Änderung des UrhG in das deutsche Recht umgesetzt. Dabei wurde das zweigleisige Schutzkonzept der Richtlinie beibehalten.

Die urheberrechtlichen Vorschriften wurden durch Änderung und Ergänzung der bereits bestehenden Vorschriften zum Urheberrecht am Sammelwerk transformiert.[774] So wurde der Begriff des Datenbankwerkes in § 4 Abs. 2 UrhG als

---

770 Nach Art. 11 Abs. 2 der EU-Datenbankrichtlinie können darüber hinaus auch Unternehmen oder Gesellschaften, die in einem Mitgliedstaat niedergelassen sind oder in ständiger Verbindung zu der Wirtschaft eines Mitgliedstaates stehen, Begünstigte im Rahmen des Schutzrechts *sui generis* sein.

771 Vgl. *Möhring/Nicolini-Decker*, Vor §§ 87 a ff. UrhG Rn. 11. Zur insbesondere aus den Vereinigten Staaten laut gewordenen Kritik an der Regelung: *Gaster*, CR 1997, 669, 676.

772 BGBl. I, S. 1870 ff. Zur systematischen Kritik an der Umsetzung der EU-Datenbankrichtlinie im Rahmen des IuKDG: *Leistner*, Rechtsschutz von Datenbanken, S. 254.

773 Vgl. Art. 11 IuKDG.

774 Im ursprünglichen Entwurf der Bundesregierung (BR-Drucks. 966/96 vom 20.12.1996, S. 41 f.) war vorgesehen, die urheberrechtlichen Bestimmungen der EU-Datenbankrichtlinie in einem neu einzufügenden 9. Abschnitt des 1. Teils des UrhG umzusetzen. Nach erheblicher Kritik in der Öffentlichkeit und einem im Wege der Formulierungshilfe durch das Bundesministerium der Justiz zur Verfügung gestellten, völlig

Unterfall des Sammelwerkes konzipiert und das Verbot der Herstellung einer Bearbeitung oder Umgestaltung des Datenbankwerkes durch Ergänzung des § 23 UrhG in das UrhG eingeführt.[775] Die obligatorischen Schranken zugunsten des rechtmäßigen Benutzers nach Art. 6 Abs. 1 der Richtlinie wurden in einem neu eingefügten § 55 a UrhG umgesetzt, und einige der optionellen Schranken nach Art. 6 Abs. 2 der Richtlinie wurden in §§ 53 Abs. 5, 63 Abs. 1 S. 2 UrhG aufgegriffen.

Das *sui generis*-Recht wurde demgegenüber durch die Einfügung eines neuen 6. Abschnitts im 2. Teil des UrhG im Anschluß an die unternehmensbezogenen verwandten Schutzrechte der Tonträgerhersteller und Sendeunternehmen umgesetzt.[776] Ferner wurde das neue Recht des Datenbankherstellers in die strafrechtliche Vorschrift des § 108 UrhG wie auch in die Zwangsvollstreckungsbestimmung des § 119 UrhG aufgenommen, und es wurde § 127 a UrhG zur Bestimmung des persönlichen Anwendungsbereichs des Datenbankherstellerrechts eingeführt.

II. Das Recht des Datenbankherstellers als Leistungsschutzrecht für Verleger

Nach Art. 3 Abs. 4 des ursprünglichen Richtlinienvorschlags der Kommission der Europäischen Union[777] vom 13. Mai 1992,[778] der sich an Art. 2 Abs. 3 der EU-Computerprogrammrichtlinie[779] anlehnte, sollte der Arbeitgeber grundsätzlich zur Ausübung aller wirtschaftlichen Rechte an Datenbanken, die von einem Arbeitnehmer in Wahrnehmung seiner Aufgaben oder nach den Anweisungen

---

neu konzipierten Entwurf wurde der ursprüngliche Vorschlag dann jedoch verworfen; vgl. zur Gesetzgebungsgeschichte: *Leistner*, Rechtsschutz von Datenbanken, S. 255 f.

775 Hingegen hat der Gesetzgeber aus Zeitgründen von einer Umsetzung von Erw.-Grd. 31 der EU-Datenbankrichtlinie abgesehen, wonach das Urheberrecht sich auch auf die digitale *Online*-Übermittlung erstreckt; vgl. BT-Drucks. 13/7934, S. 45. Die Aufnahme des sog. *making available to the public right* im deutschen Recht steht aber mit der Umsetzung von Art. 3 Abs. 1 der EU-Urheberrechtsrichtlinie an, die der Umsetzung von Art. 8 WCT dient.

776 Zu den Vorschriften im einzelnen siehe unten (F.II.2.b.).

777 Die Kommission der Europäischen Union wird im folgenden verkürzt als die „Kommission" bezeichnet.

778 Vorschlag für eine Richtlinie des Rates über den rechtlichen Schutz von Datenbanken; KOM (92) 24 endg. – SYN 393 vom 13.05.1992; abgedruckt in ABl.EG Nr. C 156 vom 23.06.1992, S. 4 ff.

779 Richtlinie 91/250/EWG des Rates vom 14. Mai 1991 zum rechtlichen Schutz von Computerprogrammen; abgedruckt im ABl. EG Nr. L 122 vom 17.05.1991, S. 42 ff.

seines Arbeitgebers geschaffen werden, berechtigt sein. Dies entsprach einer Forderung der Verleger, die sich durch eine solche Zuweisung der Verwertungsrechte an den Arbeitgeber eine Entlastung von den teuren „*copyright clearance processes*" und von Mehrfachzahlungen (Gehälter und Urheberrechte) versprachen, die angesichts der stattfindenden technologischen Revolution und der sich wandelnden Medienlandschaft nicht mehr als zeitgemäß empfunden wurden.[780] In der endgültigen Fassung der EU-Datenbankrichtlinie wurde die Vorschrift aber letztendlich gestrichen.[781] Statt dessen wurde es in Erw.-Grd. 29 den Mitgliedstaaten überlassen, eine entsprechende Regelung in ihren nationalen Urheberrechtsgesetzen aufzunehmen. Hiervon hat der deutsche Gesetzgeber abgesehen. Aus diesem Grund tragen die deutschen Umsetzungsnormen der urheberrechtlichen Vorschriften der EU-Datenbankrichtlinie nicht zu einer Verbesserung der rechtlichen Stellung des Verlegers, verglichen mit dem ihm bereits vor Umsetzung der Richtlinie durch das Urhebervertragsrecht zukommenden Schutz, bei.

Hingegen erscheint aber das in Umsetzung der Vorschriften zum *sui generis*-Recht der EU-Datenbankrichtlinie geschaffene neue Recht des Datenbankherstellers nach §§ 87 a ff. UrhG geeignet, die Rechtsstellung des Verlegers zu verbessern. Im folgenden ist der Frage nachzugehen, inwiefern dieses Recht als ein Leistungsschutzrecht für Verleger angesehen werden kann, wobei die Beantwortung der Frage in zwei Schritten erfolgen wird. Zunächst soll untersucht werden, ob es sich bei dem Datenbankherstellerrecht seiner Rechtsnatur nach überhaupt um ein Leistungsschutzrecht handelt. Anschließend soll analysiert werden, ob dieses Recht als ein Verlegerrecht angesehen werden kann.

1. Das Recht des Datenbankherstellers als *Leistungsschutzrecht*

Der deutsche Gesetzgeber hat das Schutzrecht *sui generis* aus Art. 7 der EU-Datenbankrichtlinie im 2. Teil des UrhG als Leistungsschutzrecht umgesetzt. Da Richtlinien gemäß Art. 249 EGV lediglich hinsichtlich des zu erreichenden Ziels für die Mitgliedstaaten verbindlich sind, die Wahl der Form und der Mittel jedoch den innerstaatlichen Stellen überlassen wird, erscheint die Ablehnung der Umsetzung des *sui generis*-Rechts als Schutzrecht eigener Art und dessen Umsetzung als Leistungsschutzrecht europarechtskonform, sofern die materiellen Vorgaben über das *sui generis*-Recht pflichtgemäß umgesetzt sind.[782] Jedoch wurden in der Literatur Stimmen laut, die aufgrund der schon in dem Begriff *sui generis* zum Ausdruck kommenden Neuartigkeit dieses Rechts die Umsetzung

---

780 *Gaster*, Rechtsschutz von Datenbanken, Rn. 273 ff.

781 Kritisch zur Streichung: *Flechsig*, ZUM 1997, 577, 582 f.

782 Vgl. *Raue/Bensinger*, MMR 1998, 507.

in Form eines nicht in Anlehnung an bereits bekannte Rechtsinstitute erfolgenden Rechts als die geeignetste Form der Umsetzung ansahen.[783] Um die Richtlinienkonformität der deutschen Umsetzung festzustellen, soll deshalb im folgenden die Rechtsnatur des *sui generis*-Rechts untersucht werden.

Die Bestimmung der Rechtsnatur eines *sui generis*-Rechts erscheint auf den ersten Blick wegen der Bezeichnung als Recht *sui generis*, d.h. als Recht eigener Art, das gerade nicht irgendwelchen Kategorien unterfallen soll, widersinnig. Jedoch ist zu berücksichtigen, daß der Wortlautauslegung im EU-Recht traditionell nur ein geringes Gewicht beigemessen wird,[784] und vor allem, daß die Bezeichnung als Schutzrecht *sui generis* hauptsächlich rechtspolitischen Gründen entsprang[785]. Denn zum einen sollte durch die Betonung der Neuartigkeit dieses Schutzrechts dessen Umsetzung im Rahmen des Wettbewerbsrechts verhindert werden. Zum anderen sollte klargestellt werden, daß das Recht nicht internationalen Konventionen unterfällt und somit nicht Angehörigen aus Drittstaaten, insbesondere aus den Vereinigten Staaten, auf der Grundlage der Inländergleichbehandlung zusteht.[786] Denn dies hätte den wirtschaftspolitischen Zielen der Richtlinie widersprochen, Investitionen in Datenbanken und damit die Entwicklung des Informationsmarktes in der Gemeinschaft zu fördern[787] und zugleich den Rückstand der Gemeinschaft auf dem Datenbankmarkt gegenüber führenden Drittländern wie den Vereinigten Staaten zu verringern[788].

---

783 *Gaster*, CR 1997, 669, 673; zurückhaltender in: *Gaster*, Rechtsschutz von Datenbanken, Rn. 470.

784 *Leistner*, Rechtsschutz von Datenbanken, S. 128.

785 Siehe zum folgenden: *Leistner*, Rechtsschutz von Datenbanken, S. 129 f.; *Schricker/Vogel*, Vor §§ 87a ff. UrhG Rn. 20.

786 Damit bedient sich der Richtliniengeber derselben Vorgehensweise, wie sie die Vereinigten Staaten im Bereich des Halbleiter-Schutzes erfolgreich angewandt hatten. Nach *Leistner*, Rechtsschutz von Datenbanken, S. 129, Fn. 586 ist die Bezeichnung als *sui generis*-Recht im Hinblick auf diese Zielsetzung eher schädlich. Denn sie ermögliche weiterhin Spekulationen über einen eher wettbewerbsrechtlichen Charakter des neuen Schutzrechts (dazu siehe unten (F.II.1.)), wohingegen eine klare Zuordnung als Leistungsschutzrecht im Hinblick auf die Reziprozitätsklausel keinerlei Schwierigkeiten bereitet hätte, da der Grundsatz der Inländergleichbehandlung sowohl im Rom-Abkommen als auch im TRIPS-Übereinkommen auf die jeweils dort vorgesehenen verwandten Schutzrechte beschränkt sei und hinsichtlich neugeschaffener verwandter Schutzrechte nicht zur Anwendung komme.

787 Vgl. Erw.-Grd. 9, 10, 12 der EU-Datenbankrichtlinie.

788 Vgl. Erw.-Grd. 11 der EU-Datenbankrichtlinie. Zwar hatte sich das Verhältnis des Umsatzes des Informationsmarktes in der Europäischen Union zum Umsatz des Marktes in den Vereinigten Staaten, wo bis zu der „*Feist*"-Entscheidung des *U.S. Supreme Court*

Wegen der geringen Bedeutung der Wortlautauslegung sowie der hinter dem Begriff *sui generis* stehenden rechtspolitischen Motivation kann der Bezeichnung als Recht *sui generis* somit keine allzu große Bedeutung beigelegt werden. Die Terminologie steht daher einer Untersuchung der Rechtsnatur des Datenbankherstellerrechts nicht entgegen. Darüber hinaus ist es für das Verständnis eines als *sui generis* bezeichneten Rechts hilfreich, wenn dieses Recht in die Nähe schon bekannter Rechtsformen gerückt und insofern bei der Auslegung des Rechts auf die Dogmatik schon bestehender Rechte zurückgegriffen werden kann.[789]

a. Wettbewerbsrechtliche Natur des Rechts des Datenbankherstellers

Zum Teil wird angenommen, daß es sich bei dem neu geschaffenen Schutzrecht *sui generis* dem Grunde nach um ein dem Recht gegen den unlauteren Wettbewerb zuzuordnendes Recht handele.[790] Diese Annahme geht zurück auf die Entstehungsgeschichte der EU-Datenbankrichtlinie. Denn das in Art. 2 Abs. 5 des ursprünglichen Richtlinienvorschlags vom 13.05.1992 vorgesehene Recht auf Schutz vor unlauteren Auszügen des Inhalts einer Datenbank wies noch deutlich wettbewerbsrechtliche Züge auf, indem es nur Schutz gegen „unlautere" Handlungen, die für gewerbliche Zwecke erfolgten, bot.[791] Doch bereits das im geänderten Richtlinienvorschlag vom 04.10.1993[792] enthaltene Recht auf Schutz gegen unerlaubte Entnahme aus einer Datenbank bedeutete aufgrund der veränderten Terminologie sowie seiner Ausgestaltung als Schutzrecht *sui generis* eine

---

(dazu siehe unten (F.II.2.a.aa.)) rein investitiven „*sweat of the brow*"-Datenbanken wie in Großbritannien *Copyright*-Schutz gewährt worden war, von 1:10 im Jahre 1982 auf circa 1:3 im Jahre 1992 schon verringert. Dies war jedoch hauptsächlich auf aufwendige Unterstützungsprogramme der EU-Kommission zurückzuführen; vgl. *Leistner*, Rechtsschutz von Datenbanken, S. 29. Durch eine Stärkung des rechtlichen Schutzes von Datenbanken sollte somit das Ausmaß der Investitionen in die Schaffung von Datenbanken gesteigert werden; vgl. Erw.-Grd. 12 der EU-Datenbankrichtlinie.

789 Vgl. *Bensinger*, Sui-generis Schutz für Datenbanken, S. 111; *Leistner*, Rechtsschutz von Datenbanken, S. 144.

790 *Cornish*, Columbia-VLA Journal of Law & the Arts 1996, 1, 8 f.; *Heker*, Börsenblatt 31/1996, 10, 13; *Wuermeling*, NJW-CoR 1996, 183, 184.

791 *Bensinger*, Sui-generis Schutz für Datenbanken, S. 111 f.; vgl. auch Erw.-Grd. 12 des ursprünglichen Richtlinienvorschlags.

792 Geänderter Vorschlag für eine Richtlinie des Rates über den Rechtsschutz von Datenbanken; KOM (93) 464 endg. – SYN 393 vom 04.10.1993; abgedruckt im ABl.EG Nr. C 308 vom 15.11.1993, S. 1 ff.

Abwendung von der Einordnung als Wettbewerbsrecht, obwohl weiterhin lediglich Handlungen für gewerbliche Zwecke untersagt werden konnten.[793]

Auch das in der endgültigen Fassung der EU-Datenbankrichtlinie enthaltene Schutzrecht *sui generis* beinhaltet mit dem Abstellen auf eine „wesentliche Investition" sowie auf einen „wesentlichen Teil" der Datenbank noch wettbewerbsrechtliche Elemente.[794] Gleichwohl schließt die Ausgestaltung des Schutzrechts *sui generis* in Art. 7 ff. der Richtlinie die Annahme aus, daß es sich dabei um ein dem Recht gegen den unlauteren Wettbewerb zuzuordnendes Recht handelt. Denn dem Datenbankhersteller wird ein echtes Ausschließlichkeitsrecht gewährt, das nicht mehr lediglich wie das Wettbewerbsrecht Schutz gegen bestimmte Verhaltensweisen bietet, sondern die unternehmerische Investitionsleistung schützt und absolute Schutzrechte verleiht, die gegenüber jedermann und nicht nur gegenüber Wettbewerbern geltend gemacht werden können. Im Gegensatz zu wettbewerbsrechtlichen Ansprüchen ist das *sui generis*-Recht nicht abhängig von im Einzelfall vorliegenden unlauterkeitsbegründenden Umständen, und es unterliegt einer starren Schrankenregelung wie auch einer zeitlichen Befristung, auch wenn diese sich durch Neuinvestitionen immer wieder verlängern läßt.

Aus all dem ergibt sich, daß es sich bei dem Schutzrecht *sui generis* in Art. 7 der EU-Datenbankrichtlinie nicht um ein dem Recht des unlauteren Wettbewerbs zuzuordnendes Recht handelt. Diese Schlußfolgerung wird auch dadurch bestärkt, daß nach Art. 13 der Richtlinie ausdrücklich unter anderem die Rechtsvorschriften, die den unlauteren Wettbewerb betreffen, von der Richtlinie unberührt bleiben.[795]

b. Leistungsschutzrechtliche Natur des Rechts des Datenbankherstellers

Es wurde vielfach angenommen, daß es sich bei dem Schutzrecht *sui generis* seiner Rechtsnatur nach um ein unternehmensbezogenes Leistungsschutzrecht

---

[793] Vgl. *Hornung*, EU-Datenbank-Richtlinie, S. 96, Fn. 435; siehe auch *Becker*, Rechtsschutz von Datenbanken, S. 147 f., der allerdings fälschlicherweise davon ausgeht, daß das *sui generis*-Recht in der Ausgestaltung, die es im geänderten Richtlinienvorschlag gefunden hat, auch Schutz gegen Handlungen, die nicht zu gewerblichen Zwecken erfolgen, geboten hat.

[794] *Leistner*, Rechtsschutz von Datenbanken, S. 135; im Ergebnis ebenso: *Bensinger*, Sui-generis Schutz für Datenbanken, S. 113; *Heinrich*, WRP 1997, 275, 282; *Loewenheim*, GRUR Int. 1997, 285, 291.

[795] *Hornung*, EU-Datenbank-Richtlinie, S. 96.

handelt.[796] Ob dies tatsächlich der Fall ist, ist anhand eines Vergleichs der Charakteristika der Leistungsschutzrechte in bezug auf Schutzgegenstand, Rechtsinhaber, Schutzinhalt und Schutzdauer[797] mit den Eigenheiten des *sui generis*-Rechts nach Art. 7 ff. der EU-Datenbankrichtlinie zu ermitteln.

Schutzgegenstand des *sui generis*-Rechts ist nach Art. 7 Abs. 1 der Richtlinie eine Datenbank, bei der für die Beschaffung, Überprüfung oder Darstellung ihres Inhalts eine in qualitativer oder quantitativer Hinsicht wesentliche Investition erforderlich ist. Geschützt wird der Datenbankhersteller wegen seiner Investition erheblicher menschlicher, technischer und finanzieller Mittel.[798] Den unternehmensbezogenen Leistungsschutzrechten der Tonträgerhersteller,[799] Sendeunternehmen und Filmproduzenten vergleichbar wird somit eine technisch-organisatorische unternehmerische Investitionsleistung geschützt, die aufgrund der durch die technische Entwicklung erleichterten Ausbeutungsmöglichkeiten[800] schutzbedürftig ist.[801]

Die Leistung wird in der Regel auch, wie dies bei den herkömmlichen Leistungsschutzrechten der Fall ist, im Zusammenhang mit urheberrechtlich geschützten Werken erbracht, so z.B. wenn die Inhalte der Datenbank urheberrechtlich geschützt sind, wenn die Datenbank selbst aufgrund der Auswahl oder Anordnung ihrer Inhalte urheberrechtlich geschützt ist oder wenn zur Herstellung oder Nutzung einer elektronischen Datenbank Computerprogramme verwendet werden.[802] Aber auch wenn dies nicht der Fall ist, steht dies, wie bereits im Zusammenhang mit der Bestimmung der Rechtsnatur des *Publisher's Right*

---

796 So u.a. *Bensinger*, Sui-generis Schutz für Datenbanken, S. 115 f.; *Berger*, GRUR 1997, 169, 172; *Hornung*, EU-Datenbankrichtlinie, S. 99 f.; *Leistner*, Rechtsschutz von Datenbanken, S. 143; *Loewenheim*, GRUR Int. 1997, 285, 291; *Roßnagel/Heitland*, Einl. UrhG Rn. 21; *Schricker/Vogel*, Vor §§ 87 a ff. UrhG Rn. 20; *Vogel*, ZUM 1997, 592, 594. Verneinend *Gaster*, Informationsgesellschaft, S. 15, 26.

797 Dazu siehe oben (E.II.1.c.cc.(6)).

798 Erw.-Grd. 7 der EU-Datenbankrichtlinie.

799 Ein Vergleich des (zu dem Zeitpunkt noch zu schaffenden) Rechts des Datenbankherstellers mit dem des Tonträgerherstellers war auch bereits im Grünbuch von 1988 gezogen worden; vgl. „Grünbuch über Urheberrecht und die technologische Herausforderung. Urheberrechtsfragen, die sofortiges Handeln erfordern", KOM(88) 172 endg. v. 23.08.1988, S. 214.

800 Vgl. Erw.-Grd. 7 der EU-Datenbankrichtlinie.

801 Vgl. *Hornung*, EU-Datenbank-Richtlinie, S. 99; *Leistner*, Rechtsschutz von Datenbanken, S. 138.

802 *Leistner*, Rechtsschutz von Datenbanken, S. 141; *Schricker/Vogel*, Vor §§ 87a ff. UrhG Rn. 20.

aufgezeigt,[803] einer Einordnung des *sui generis*-Rechts als Leistungsschutzrecht nicht entgegen.

Im Unterschied zu den herkömmlichen unternehmensbezogenen Leistungsschutzrechten schützt das *sui generis*-Recht allerdings nicht alle Datenbanken *per se*, sondern nur solche Datenbanken, die die Investitionshöhe einer qualitativ oder quantitativ wesentlichen Investition erreichen. Darin liegt jedoch kein grundlegender konzeptioneller Unterschied zu den herkömmlichen Leistungsschutzrechten.[804] Das Tatbestandsmerkmal ist vielmehr Folge des weiten sachlichen Anwendungsbereichs der EU-Datenbankrichtlinie, die nicht nur komplexe, investitionsintensive Datenbanken, sondern auch kleinste Zusammenstellungen einfachster Art schützt, wohingegen es sich bei den durch Leistungsschutzrechte geschützten Tonträgern, Rundfunksendungen und Filmen typischerweise um investitionsintensive Produkte handelt.[805] Zudem ist es nicht unüblich, daß manche Merkmale nur bei einzelnen Leistungsschutzrechten vorzufinden sind.[806] Schließlich wäre das *sui generis*-Recht nicht das erste Leistungsschutzrecht mit besonderen Schutzvoraussetzungen, wie das Beispiel der nordischen Katalogregeln zeigt.[807] Aus all dem folgt, daß der Schutzgegenstand des *sui generis*-Rechts durchaus dogmatisch mit dem der herkömmlichen unternehmensbezogenen Leistungsschutzrechte vergleichbar ist.

Wie bei den unternehmensbezogenen Leistungsschutzrechten ist zudem der Datenbankhersteller als derjenige, der das wirtschaftliche Risiko trägt, Rechtsinhaber des *sui generis*-Rechts.

Was den Schutzinhalt betrifft, so werden dem Datenbankhersteller wie dem Tonträgerhersteller, dem Sendeunternehmen oder dem Filmproduzenten ausschließliche Nutzungsrechte gewährt, die beschränkter sind als die dem Urheber zustehenden Rechte[808] und die durch Schranken zugunsten der Allgemeinheit begrenzt sind. Anders als es herkömmlicherweise bei den Leistungsschutzrechten der Fall ist, entsprechen die dem Datenbankhersteller in Art. 7 der Richtlinie eingeräumten Ausschließlichkeitsrechte allerdings terminologisch nicht den urheberrechtlichen Ausschließlichkeitsrechten in Art. 5 der Richtlinie. Jedoch sind die Begriffe der „Entnahme" und der „Weiterverwendung" in Art. 7, wie sich

[803] Siehe oben (E.II.1.c.cc.(6)).

[804] *Leistner*, Rechtsschutz von Datenbanken, S. 139 f.

[805] Vgl. *Leistner*, Rechtsschutz von Datenbanken, S. 139 f.

[806] Vgl. *Bensinger*, Sui-generis Schutz für Datenbanken, S. 116.

[807] *Bensinger*, Sui-generis Schutz für Datenbanken, S. 115; *Leistner*, Rechtsschutz von Datenbanken, S. 140.

[808] Vgl. *Bensinger*, Sui-generis Schutz für Datenbanken, S. 115.

aus den jeweiligen Definitionen ergibt, inhaltlich weitgehend deckungsgleich mit den entsprechenden urheberrechtlichen Befugnissen.[809] Auch die unterschiedliche Terminologie läßt sich daher nicht als wesentlicher konzeptioneller Unterschied heranziehen, der einer Einordnung des *sui generis*-Rechts als Leistungsschutzrecht entgegenstünde. Es ist vielmehr davon auszugehen, daß der Gemeinschaftsgesetzgeber die abweichende Terminologie bewußt gewählt hat, um den vom urheberrechtlichen Schutz abweichenden Charakter sowie die Neuartigkeit des Rechts zu betonen.[810]

Darüber hinaus weicht das Datenbankherstellerrecht, was den Schutzinhalt betrifft, auch insofern von den herkömmlichen unternehmensbezogenen Leistungsschutzrechten ab, als daß die Rechte der Entnahme und der Weiterverwendung auf die Gesamtheit oder einen in qualitativer oder quantitativer Hinsicht wesentlichen Teil des Inhalts der Datenbank beschränkt sind. Dies hängt jedoch damit zusammen, daß Schutzgegenstand des *sui generis*-Rechts der Inhalt der Datenbank ist, in der sich die wesentliche Investitionsleistung des Herstellers verkörpert.[811] Dies hat zur Folge, daß der Schutz des Herstellers, so wie der Schutz des Urhebers sich auf strukturrelevante Akte beschränkt,[812] auf solche Teile beschränkt ist, in der sich die wesentliche Investition manifestiert, und insofern, wie dies auch bei den herkömmlichen Leistungsschutzrechten der Fall ist, an den Urheberrechtsschutz angelehnt ist.[813] Zudem wäre das *sui generis*-Recht auch nicht das erste Leistungsschutzrecht, dessen Schutzinhalt auf wesentliche Teile beschränkt ist, da dieselbe Einschränkung auch bei dem *Publisher's Right* besteht.[814] Dementsprechend ist das *sui generis*-Recht auch im Hinblick auf den Schutzinhalt mit den herkömmlichen Leistungsschutzrechten vergleichbar.

Schließlich entspricht auch die im Vergleich zur urheberrechtlichen Schutzfrist wesentliche kürzere Schutzdauer, die an die Herstellung der Datenbank als dem Produkt der Leistung anknüpft, den Eigenschaften der Schutzdauer herkömmlicher Leistungsschutzrechte.[815]

---

809 *Leistner*, Rechtsschutz von Datenbanken, S. 142. Näher siehe unten (F.II.2.b.dd.(1)). Dementsprechend hat sich auch der deutsche Gesetzgeber in § 87 b UrhG bewußt für die urheberrechtliche Terminologie entschieden.

810 Vgl. *Hornung*, EU-Datenbank-Richtlinie, S. 100; *Leistner*, Rechtsschutz von Datenbanken, S. 142.

811 Näher siehe unten (F.II.2.b.aa.(1)).

812 Dazu siehe unten (F.II.2.a.aa.).

813 Vgl. *Leistner*, Rechtsschutz von Datenbanken, S. 142 f.

814 Dazu siehe oben (E.II.1.c.cc.(3)(cc)).

815 *Bensinger*, Sui-generis Schutz für Datenbanken, S. 115.

Aus all dem ergibt sich, daß es sich bei dem *sui generis*-Recht seiner Rechtsnatur nach trotz der Bezeichnung als Recht eigener Art um ein unternehmensbezogenes Leistungsschutzrecht handelt.

c. Ergebnis

Auch wenn die Vorgänger des Schutzrechts *sui generis* im ursprünglichen und im geänderten Richtlinienentwurf noch wettbewerbsrechtliche Züge aufwiesen, so ist das Recht des Datenbankherstellers in der Ausgestaltung, die es in der endgültigen Richtlinienfassung gefunden hat, als ein den Rechten des Tonträgerherstellers, des Sendeunternehmens und des Filmproduzenten vergleichbares, unternehmensbezogenes Leistungsschutzrecht anzusehen. Dadurch ergibt sich zwar aufgrund von Art. 249 EGV für die EU-Mitgliedstaaten keine Verpflichtung zur Umsetzung als Leistungsschutzrecht. Jedoch stellt die vom deutschen Gesetzgeber in §§ 87 a ff. UrhG gewählte Ausgestaltung des *sui generis*-Rechts als Leistungsschutzrecht eine richtlinienkonforme Umsetzung dar.

2. Das Recht des Datenbankherstellers als Leistungsschutzrecht *für Verleger*

Ob das Leistungsschutzrecht des Datenbankherstellers nach §§ 87 a ff. UrhG auch als ein Leistungsschutzrecht *für Verleger* angesehen werden kann, ist mit Blick auf den gesetzgeberischen Willen wie auch anhand der materiellen Vorschriften zu untersuchen.

a. Intention des Gesetzgebers zur Schaffung eines Verlegerrechts?

Zunächst stellt sich die Frage, ob es die spezifische Absicht des Gesetzgebers war, mit dem Recht des Datenbankherstellers ein Leistungsschutzrecht *für Verleger* zu schaffen. Hierbei ist zu differenzieren zwischen der Intention des Gemeinschaftsgesetzgebers, die diesen zur Schaffung des *sui generis*-Rechts veranlaßt hat, und dem Willen des deutschen Gesetzgebers bei der Umsetzung der europarechtlichen Vorgaben.

aa. Intention des Gemeinschaftsgesetzgebers

Die Erkenntnis, daß neben dem urheberrechtlichen Schutz für Datenbanken noch ein weiteres Immaterialgüterrecht hinzutreten müsse, bestand nicht von Anfang an. Denn während im Grünbuch von 1988 noch offen die verschiedenen Möglichkeiten für einen Rechtsschutz von Datenbanken erörtert worden waren,[816] sprach sich die Kommission in Kapitel 6 ihres Arbeitsprogramms auf dem Gebiet des Urheberrechts und der verwandten Schutzrechte „Initiativen zum

[816] „Grünbuch über Urheberrecht und die technologische Herausforderung. Urheberrechtsfragen, die sofortiges Handeln erfordern“, KOM(88) 172 endg. v. 23.08.1988, S. 213.

Grünbuch“ vom 17. Januar 1991[817] für das Urheberrecht als die geeignete Rechtsschutzmöglichkeit für den Schutz von Datenbanken aus, nachdem sich die in der Zwischenzeit konsultierten betroffenen Kreise mehrheitlich gegen die Schaffung eines neuen Schutzrechts für Datenbanken gewandt hatten. Dennoch enthielt der erste Richtlinienentwurf vom 13. Mai 1992 neben einem urheberrechtlichen Schutz in Art. 2 Abs. 5 zusätzlich das Recht auf Schutz vor unlauteren Auszügen des Inhalts einer Datenbank, das sich im Laufe der Entstehungsgeschichte der Richtlinie dann zum Schutzrecht *sui generis* nach Art. 7 der EU-Datenbankrichtlinie entwickelte.

Daß ein solches zusätzliches Recht für den Schutz von Datenbanken benötigt wurde, beruhte nicht zuletzt auf der Erkenntnis, daß der den Datenbanken gewährte urheberrechtliche Schutz recht „dünn“[818] war. Denn das Urheberrecht kann nur Schutz gegen die Übernahme der Auswahl oder der Anordnung des Inhalts einer Datenbank, d.h. gegen strukturrelevante Akte, bieten.[819] Es hindert hingegen niemanden, einzelne Fakten, Daten oder andere Bestandteile des Inhalts einer Datenbank zu entnehmen und neu zusammenzustellen.

Vor allem aber bestand nach der Entscheidung, den urheberrechtlichen Schutz nur solchen Datenbanken zukommen zu lassen, die aufgrund der Auswahl oder Anordnung des Stoffes eine „eigene geistige Schöpfung“ ihres Urhebers darstellen, kein Urheberrechtsschutz für Datenbanken, die auf Vollständigkeit angelegt sind und deren Anordnung allgemein gebräuchlichen Kriterien folgt. Die wirtschaftlich sehr bedeutsamen und als schützenswert beurteilten, rein investitiven *„sweat of the brow“*-Datenbanken, denen nach bisheriger Rechtslage in den angelsächsischen *Copyright*-Staaten *Copyright*-Schutz gewährt worden waren, waren daher vom Urheberrechtsschutz ausgeschlossen. Zwar hätte für die Gemeinschaft prinzipiell auch die Möglichkeit bestanden, dem britischen Recht entsprechende und damit geringere Originalitätsanforderungen einzuführen. Dies hätte jedoch dem in der Mehrzahl der Mitgliedstaaten anzutreffenden kontinentaleuropäischem Urheberrechtsverständnis widersprochen.[820] Hinzu kam, daß auch in den Vereinigten Staaten durch das Urteil des *U.S. Supreme Court* in *Feist Publications Inc. v. Rural Telephone Service Company, Inc.*[821], in dem aus verfassungsrechtlichen Gründen entschieden wurde, daß die Gewährung von

---

817 KOM (90) 584 endg.

818 *Gaster*, Rechtsschutz von Datenbanken, Rn. 169.

819 Vgl. statt vieler: *Gaster*, Rechtsschutz von Datenbanken, Rn. 169 f.

820 Vgl. *Bensinger*, Sui-generis Schutz für Datenbanken, S. 95.

821 Urteil vom 27.03.1991, 499 U.S. 340 (1991); deutsche Übersetzung in GRUR Int. 1991, 933 ff.

Copyright-Schutz für eine reine Faktensammlung ein Mindestmaß an schöpferischen und gestalterischen Elementen voraussetzt, der *„sweat of the brow"*-Doktrin eine Absage erteilt worden war. Die Einführung des Erfordernisses der „eigenen geistigen Schöpfung" in Art. 3 Abs. 1 der EU-Datenbankrichtlinie entsprach somit dem nunmehr herrschenden Standard des Urheberrechts.[822]

Gleichwohl bedurfte es aber, wie der festgestellte Zusammenhang zwischen der Größe der Datenbankindustrien in den Vereinigten Staaten und in Großbritannien[823] und dem dort (in den USA zumindest bis zur *Feist*-Entscheidung) gewährten Schutz von *„sweat of the brow"*-Datenbanken deutlich machte,[824] auch eines Schutzes dieser wirtschaftlich bedeutsamen Datenbanken, um das Ziel zu erreichen, Investitionen in Datenbanken und damit die Entwicklung des Informationsmarktes in der Gemeinschaft zu fördern. Zur Erfüllung dieses Schutzbedürfnisses wurde deshalb das Schutzrecht *sui generis* geschaffen. Dieses diente gleichzeitig dazu, die Anhebung der urheberrechtlichen Originalitätsanforderungen und die damit einhergehende Aufgabe des Urheberrechtsschutzes für *„sweat of the brow"*-Datenbanken in den *Copyright*-Staaten zu kompensieren.[825] Durch das dualistische Konzept der EU-Datenbankrichtlinie wurde somit der dogmatische Konflikt zwischen dem angelsächsischen *Copyright*-Verständnis und dem kontinentaleuropäischen Urheberrechtsverständnis im Datenbankbereich beigelegt.[826]

Insgesamt läßt sich festhalten, daß der Gemeinschaftsgesetzgeber zur Schaffung des *sui generis*-Rechts des Datenbankherstellers hauptsächlich durch das Anliegen motiviert wurde, durch einen Schutz der wirtschaftlich bedeutsamen *„sweat of the brow"*-Datenbanken Investitionen in Datenbanken und damit die Entwicklung des Informationsmarktes in der Gemeinschaft zu fördern. Zwar hatten die Verlegerverbände während der Entstehungsgeschichte der EU-Datenbankrichtlinie ihr Interesse an der Schaffung des *sui generis*-Rechts be-

---

822 Vgl. *Bensinger*, Sui-generis Schutz für Datenbanken, S. 96.

823 Innerhalb der Europäischen Union hielt Großbritannien mit dem am weitesten reichenden Schutz von Datenbanken den größten Anteil an Datenbanken und der damit erzielten Umsätze; vgl. *Dreier*, GRUR Int. 1992, 739 f.; *Leistner*, Rechtsschutz von Datenbanken, S. 29.

824 Vgl. Erw.-Grd. 11 der EU-Datenbankrichtlinie.

825 Vgl. *Gaster*, Rechtsschutz von Datenbanken, Rn. 421; *Hornung*, EU-Datenbankrichtlinie, S. 88 f. Dementsprechend war Großbritannien auch der Mitgliedstaat, auf dessen Einfluß die Einführung des *sui generis*-Rechts zurückzuführen ist; vgl. *Bensinger*, Sui-generis Schutz für Datenbanken, S. 97 f.; *Gaster*, CR 1997, 669, 672.

826 *Gaster*, Rechtsschutz von Datenbanken, Rn. 464.

kundet.[827] Jedoch kann es nicht als Hauptanliegen des Gemeinschaftsgesetzgebers angesehen werden, ein Recht für Verleger zu schaffen, was auch dadurch belegt wird, daß nach den ursprünglichen Richtlinienvorschlägen lediglich elektronische Datenbanken geschützt werden sollten, und daß das Recht nicht dem Verleger, sondern allgemein dem Datenbankhersteller gewährt wird.

Auch wenn es somit nicht Hauptanliegen des Gemeinschaftsgesetzgebers war, ein Recht für Verleger zu schaffen, so schließt dies dennoch nicht die Eignung des Datenbankherstellerrechts als Leistungsschutzrecht für Verleger aus. Ein solches Verständnis des Datenbankherstellerrechts widerspräche auch nicht dem Willen des Gemeinschaftsgesetzgebers. Denn dieser hat es durch die weite Definition des Begriffs der Datenbank und dem offenen, nicht auf herkömmliche Berufsgruppen fixierten Begriff des Datenbankherstellers als Rechtsinhaber ermöglicht, daß der *sui generis*-Schutz jedem gewährt wird, der die tatbestandlichen Voraussetzungen erfüllt.

bb. Nationaler Gesetzgeber

Zu untersuchen bleibt, ob sich aus der Umsetzung der europarechtlichen Vorgaben durch den nationalen Gesetzgeber dessen Intention entnehmen läßt, ein Leistungsschutzrecht für Verleger ins deutsche UrhG einzuführen. Die Tatsache, daß sich der deutsche Gesetzgeber für eine Eingliederung des Rechts im Anschluß an die unternehmensbezogenen Leistungsschutzrechte der Tonträgerhersteller und der Sendeunternehmen[828] und damit gegen die Positionierung des Rechts des Datenbankherstellers direkt im Anschluß an das spezifische Leistungsschutzrecht für Verleger in § 71 UrhG[829] entschieden hat, könnte als Indiz dafür angesehen werden, daß der Gesetzgeber das Datenbankherstellerrecht gerade nicht als ein Leistungsschutzrecht für Verleger angesehen hat. Jedoch ist zu berücksichtigen, daß die Inhaberschaft des Rechts aus § 71 UrhG nicht zweifelsfrei geklärt ist.[830] Zudem ähnelt die Leistung des Verlegers der des Tonträgerherstellers,[831] so daß sich aus der Position des Datenbankherstellerrechts im 2. Teil des UrhG keine Hinweise dafür entnehmen lassen, ob es sich bei dem Recht um ein Leistungsschutzrecht für Verleger handelt oder nicht.

---

[827] Siehe oben (E.II.2.d.).

[828] Befürwortend: *Leistner*, Rechtsschutz von Datenbanken, S. 260 f.

[829] Dies wäre nach Ansicht von *Vogel*, ZUM 1997, 592, 594, Fn. 16 im Hinblick auf die ordnende Tätigkeit des Datenbankherstellers vorzugswürdig gewesen.

[830] Dazu siehe oben (E.I.1.b.bb.).

[831] Vgl. oben (E.II.2.b.).

Die Frage, ob das neue Recht des Datenbankherstellers als ein Leistungsschutzrecht für Verleger angesehen werden kann, läßt sich somit nicht anhand des gesetzgeberischen Willens beantworten.

b. Die materiellen Vorschriften mit Blick auf die Leistung des Verlegers

Ob es sich bei dem Recht des Datenbankherstellers nach §§ 87 a ff. UrhG um ein Verlegerrecht handelt, ist somit anhand der materiellen Vorschriften zum Datenbankherstellerrecht zu klären. Im folgenden sollen deshalb die Vorschriften der §§ 87 a ff. UrhG mit dem Ziel untersucht werden, festzustellen, ob das Datenbankherstellerrecht in bezug auf Schutzgegenstand, Rechtsinhaberschaft, Schutzinhalt und Schutzdauer als ein Recht für Verleger angesehen werden kann.

aa. Vorfragen

Zunächst sind jedoch zwei Vorfragen zu klären. Aufgrund der großen Anzahl an Erwägungsgründen, die der EU-Datenbankrichtlinie vorangestellt sind, ist es ratsam, auf die Bedeutung dieser Erwägungsgründe für die Auslegung der Vorschriften der §§ 87 a ff. UrhG einzugehen. Darüber hinaus ist der Gegenstand des Datenbankherstellerrechts herauszuarbeiten, da dieser zum Verständnis der materiellen Vorschriften beiträgt.

(1) Bedeutung der Erwägungsgründe der EU-Datenbankrichtlinie

Erwägungsgründe spiegeln den hinter den materiellen Vorschriften stehenden Willen des Richtliniengebers wider.[832] Ihnen kommt somit eine wichtige Bedeutung bei der Ermittlung von Sinn und Zweck einer Vorschrift zu, so daß sie der richtigen Auslegung und Anwendung der Vorschrift dienen.[833] Anders als hinsichtlich der materiellen Vorschriften einer Richtlinie besteht allerdings keine Verpflichtung zur Umsetzung von Erwägungsgründen; diese sind vielmehr für die Mitgliedstaaten nicht verbindlich i.S.v. Art. 249 Abs. 3 EGV, sondern stellen lediglich eine „Auslegungshilfe“[834] dar.

Es ist vermutet worden, daß der Richtliniengeber mangels Einigkeit über die Aufnahme einiger heikler, materieller Vorschriften in die EU-Datenbankrichtlinie diese einfach in die Erwägungsgründe ausgelagert hat, weil die Mitgliedstaaten die rechtliche Bindungswirkung der Erwägungsgründe für weniger stark hielten und deshalb bei deren Formulierung eher zu Kompromis-

---

832 *Gaster*, CR 1997, 717, 719; *Koumantos*, RIDA 171 (1997), 78, 84.

833 Vgl. *Leistner*, Rechtsschutz von Datenbanken, S. 39.

834 *Gaster*, CR 1997, 717, 719.

sen bereit waren.[835] Auch wenn dies nicht ganz von der Hand zu weisen ist,[836] so dürfte diese Vorgehensweise, die als „etwas unglückliche legislatorische Technik“[837] bezeichnet worden ist, doch im Ergebnis kaum negative praktische Auswirkungen haben.[838] Denn den Erwägungsgründen einer EU-Richtlinie kommt von vornherein ein großes Gewicht zu, da sie den materiellen Vorschriften unmittelbar vorangestellt sind und gemeinsam mit ihnen veröffentlicht werden.[839] Zudem greift der EuGH, der letztlich zur verbindlichen Auslegung des Gemeinschaftsrechts berufen ist, bei der Auslegung des sekundären Gemeinschaftsrechts regelmäßig auf die Erwägungsgründe zurück.[840] Aus diesem Grund haben die Erwägungsgründe einen bestimmenden Einfluß auf die Umsetzung und Auslegung der EU-Datenbankrichtlinie.[841] Auf sie wird daher im Rahmen der Analyse der Vorschriften der §§ 87 a ff. UrhG an gegebener Stelle einzugehen sein.

(2) Der Gegenstand des Datenbankherstellerrechts

Was Gegenstand des Datenbankherstellerrechts ist, läßt sich nicht ohne weiteres den Bestimmungen der EU-Datenbankrichtlinie entnehmen.

In Frage kämen zunächst die von dem Datenbankhersteller bei der Herstellung der Datenbank getätigten Investitionen. Denn immerhin dient das Datenbankherstellerrecht der Förderung von Investitionen in Datenbanken[842] und schützt nach Art. 7 Abs. 1 der Richtlinie nur solche Datenbanken, bei der für die Beschaffung, Überprüfung oder Darstellung ihres Inhalts eine wesentliche Investition erforderlich ist. Deshalb anzunehmen, daß Schutzgegenstand des Daten-

---

835 Vgl. *Koumantos*, RIDA 171 (1997), 78, 86; *Leistner*, Rechtsschutz von Datenbanken, S. 38.

836 *Bensinger*, Sui-generis Schutz für Datenbanken, S. 86 weist allerdings darauf hin, daß die Genauigkeit, mit der im Rat sogar die Erwägungsgründe diskutiert wurden, zeige, daß auch sie nur übereinstimmende Auffassung mitteilen sollen.

837 *Leistner*, Rechtsschutz von Datenbanken, S. 39.

838 Im Ergebnis ebenso: *Leistner*, Rechtsschutz von Datenbanken, S. 39 f.

839 Vgl. *Bensinger*, Sui-generis Schutz für Datenbanken, S. 85; *Gaster*, CR 1997, 717, 719; *Koumantos*, RIDA 171 (1997), 78, 86.

840 Vgl. *Gaster*, CR 1997, 717, 719; *Leistner*, Rechtsschutz von Datenbanken, S. 39.

841 *Leistner*, Rechtsschutz von Datenbanken, S. 39. Hingegen sieht *Bensinger*, Sui-generis Schutz für Datenbanken, S. 86 die häufig ungenaue und mehrdeutige Formulierung der Erwägungsgründe als Zeichen dafür an, daß der Richtliniengeber nicht mehr als Anhaltspunkte zu geben vermochte, was den Wert der Erwägungsgründe als Auslegungshilfe verringern würde.

842 Siehe oben (F.II.2.a.aa.).

bankherstellerrechts die getätigten Investitionen sind,[843] ist jedoch verfehlt.[844] Denn die Investitionen sind nach Fertigstellung des Leistungsprodukts getätigt und damit gewissermaßen „verbraucht"[845]. Ein Schutz der Investitionen als solchen ist deshalb nach Fertigstellung des Leistungsprodukts nicht mehr möglich. Geschützt werden kann nur noch, wie dies auch bei den anderen Leistungsschutzrechten der Fall ist, das Leistungsergebnis, in dem sich die Investitionen niedergeschlagen haben, und damit indirekt die durch die Investitionen gewonnenen Werte, Vorteile oder Aussichten.[846]

Unter diesem geschützten Leistungsergebnis ist nicht die Datenbank als körperlicher Gegenstand zu verstehen.[847] Zwar lassen einige Stellen der EU-Datenbankrichtlinie Zweifel an dieser Aussage aufkommen. Denn mit den Regelungen für elektronische und nichtelektronische Datenbanken[848] sowie der Erläuterung, daß elektronische Datenbanken auch Vorrichtungen wie CD-ROM und CD-I umfassen können,[849] scheint der Richtliniengeber auf die Datenbank als physischen Gegenstand abgezielt zu haben. Gleichwohl kann nicht die Datenbank als körperlicher Gegenstand als das geschützte Leistungsergebnis angesehen werden. Denn bei der EU-Datenbankrichtlinie handelt es sich um eine Regelung auf dem Gebiet des Immaterialgüterrechts, das prinzipiell an den immateriellen und nicht an den materiellen Begriff anknüpft.[850] Zudem gilt die Datenbankdefinition nach Art. 1 Abs. 2 der Richtlinie nicht nur für das Datenbankherstellerrecht, sondern auch für das Urheberrecht, das notwendigerweise nur immaterielle Güter zum Gegenstand hat.[851] Insofern handelt es sich bei dem durch das Datenbankherstellerrecht geschützten Leistungsergebnis, in dem sich die Investitionen des Datenbankherstellers niedergeschlagen haben, um die Datenbank als immaterielles Gut.

---

843 So aber z.B. *Flechsig*, ZUM 1997, 577, 587.

844 Im Ergebnis ebenso z.B.: *Bensinger*, Sui-generis Schutz für Datenbanken, S. 108; *Koumantos*, RIDA 171 (1997), 78, 116; *Schricker/Vogel*, § 87 a UrhG Rn. 10.

845 *Bensinger*, Sui-generis Schutz für Datenbanken, S. 108.

846 Vgl. *Bensinger*, Sui-generis Schutz für Datenbanken, S. 108. Vgl. auch Erw.-Grd. 39 der EU-Datenbankrichtlinie, wonach die Datenbankhersteller mit der Richtlinie in bezug auf die „widerrechtliche Aneignung *der Ergebnisse der finanziellen und beruflichen Investitionen, die für die Beschaffung und das Sammeln des Inhalts getätigt wurden*", geschützt werden.

847 *Bensinger*, Sui-generis Schutz für Datenbanken, S. 122 f.; *Schricker/Vogel*, § 87 a UrhG Rn. 10.

848 Vgl. Art. 6 Abs. 2 lit. a und Art. 9 lit. a sowie Erw.-Grd. 14 der EU-Datenbankrichtlinie.

849 Erw.-Grd. 22 der EU-Datenbankrichtlinie.

850 *Bensinger*, Sui-generis Schutz für Datenbanken, S. 122.

851 Vgl. *Bensinger*, Sui-generis Schutz für Datenbanken, S. 122.

Dabei bezieht sich der Schutz der Datenbank als immaterielles Gut nicht auf die in der Datenbank enthaltenen Informationen in Form von Werken, Daten und anderen Elementen.[852] Dies ergibt sich daraus, daß grundsätzlich nur die Entnahme und Weiterverwendung eines wesentliches Teils des Inhalts der Datenbank nach Art. 7 Abs. 1 der Richtlinie untersagt werden können und lediglich unter den Voraussetzungen von Art. 7 Abs. 5 der Richtlinie sich der Schutz auch auf unwesentliche Teile erstreckt. Daß kein neues Ausschließlichkeitsrecht an Informationen geschaffen werden sollte, läßt sich zudem auch Erw.-Grd. 18 und Erw.-Grd. 46 der Richtlinie entnehmen. Zwar wurde vorgebracht, daß das Recht aufgrund seiner Ausgestaltung und einer fehlenden Zwangslizenzregelung[853] faktisch zu einem Ausschließlichkeitsrecht an den Informationen führen würde.[854] Unabhängig von der Richtigkeit dieser These,[855] handelt es sich dabei jedoch um eine praktische Auswirkung der Ausgestaltung der Vorschriften der EU-Datenbankrichtlinie und ein kartellrechtliches Problem, das von der Frage nach dem Gegenstand des Datenbankherstellerrechts zu trennen ist.[856]

Der Schutz der Datenbank als immaterielles Gut bezieht sich auch nicht auf die *Zusammenstellung* des Inhalts der Datenbank.[857] Denn nach Art. 7 Abs. 1 der EU-Datenbankrichtlinie wird dem Datenbankhersteller das Recht gewährt, die Entnahme eines wesentlichen Teils des Inhalts der Datenbank zu untersagen. Das Recht schützt somit auch gegen solche Entnahmen des Datenbankinhalts,

---

852 *Koumantos*, RIDA 171 (1997), 78, 116; *Leistner*, Rechtsschutz von Datenbanken, S. 146 f.; *Schricker/Vogel*, § 87 a UrhG Rn. 10.

853 Hingegen enthielten Art. 8 Abs. 1-3 des ursprünglichen Richtlinienvorschlags vom 13.05.1992 sowie Art. 11 Abs. 1-4 des geänderten Richtlinienvorschlags vom 04.10.1993 Regelungen, die für bestimmte Datenbanken zwingend die Vergabe von Lizenzen zu angemessenen, nicht diskriminierenden Bedingungen vorsahen. Die endgültige Richtlinienfassung überläßt demgegenüber nach Art. 13 sowie Erw.-Grd. 47 dieses Problem dem europäischen und nationalen Kartellrecht, wobei vor allem die *Magill*-Rechtsprechung des EuGH (Verbundene Rechtssachen C-241/91 P und C-242/91 P – RTE und ITP ./. Kommission, GRUR Int. 1995, 490 ff.) von Bedeutung ist. Darüber hinaus schreibt die Revisionsklausel des Art. 16 Abs. 3 der EU-Datenbankrichtlinie periodische Berichte der Kommission vor, in denen insbesondere untersucht werden soll, ob die Anwendung des Schutzrechts *sui generis* zu Mißbräuchen einer marktbeherrschenden Stellung oder anderen Beeinträchtigungen des Wettbewerbs geführt hat, die geeignete Maßnahmen, insbesondere die Einführung einer Zwangslizenzregelung, rechtfertigen würden.

854 *Reichman/Samuelson*, Vand.L.Rev. 50 (1997), 51, 89.

855 Ausführlich zu dieser Frage: *Flechsig*, ZUM 1997, 577, 590 f.; *Leistner*, Rechtsschutz von Datenbanken, S. 166 f., 177 ff. und insb. 234 ff.; *Reichman/Samuelson*, Vand.L.Rev. 50 (1997), 51, 84 ff.

856 Vgl. *Leistner*, Rechtsschutz von Datenbanken, S. 147.

857 Kritisch hierzu: *Bensinger*, Sui-generis Schutz für Datenbanken, S. 109 ff.

die nicht die Art der Zusammenstellung, d.h. die methodische und systematische Anordnung der Datenbank, übernehmen, sondern die den Inhalt nach neuen Gesichtspunkten zusammenstellen.[858] Dies korrespondiert mit Erw.-Grd. 38 der EU-Datenbankrichtlinie. Danach setzt der zunehmende Einsatz der Digitaltechnik den Hersteller der Datenbank der Gefahr aus, daß die Inhalte der Datenbank kopiert und zwecks Erstellung einer Datenbank identischen Inhalts, die aber keine Verletzung des Urheberrechts an der Anordnung des Inhalts der Datenbank darstellt, elektronisch neu zusammengestellt werden.

Wie sich aus Art. 7 Abs. 1 der Richtlinie, wonach der *Inhalt* der Datenbank gegen die Entnahme und Weiterverwendung geschützt ist, ergibt, ist Bezugspunkt des Schutzes der Datenbank als immaterielles Gut vielmehr die Gesamtheit des Inhalts der Datenbank. Gegenstand des Datenbankherstellerrechts ist daher die Gesamtheit des Inhalts der Datenbank als immaterielles Gut, in der sich ein wesentlicher Investitionsaufwand des Datenbankherstellers verkörpert.[859] Soweit im folgenden dennoch die Rede davon ist, daß „Printmedien" (und nicht der Inhalt von Printmedien) die Definition einer Datenbank erfüllen, als Datenbank geschützt sind, einem Datenbankschutz zugänglich sind etc., so dient dies der sprachlichen Vereinfachung der Darstellung. Keineswegs soll damit impliziert werden, daß „Printmedien" als körperliche Objekte Gegenstand des Datenbankherstellerrechts sein können.

bb. Schutzgegenstand

Schutzgegenstand des Datenbankherstellerrechts ist die „Datenbank", worunter nach der Legaldefinition des § 87 a Abs. 1 S. 1 UrhG eine Sammlung von Werken, Daten oder anderen unabhängigen Elementen zu verstehen ist, die systematisch oder methodisch angeordnet und einzeln mit Hilfe elektronischer Mittel oder auf andere Weise zugänglich sind und deren Beschaffung, Überprüfung oder Darstellung eine nach Art oder Umfang wesentliche Investition erfordert. Damit hat sich der deutsche Gesetzgeber in Abweichung von der EU-Datenbankrichtlinie, die zwischen dem Schutzgegenstand der in Art. 1 Abs. 2 definierten Datenbank und der Schutzvoraussetzung der wesentlichen Investition in Art. 7 Abs. 1 unterscheidet, für eine Einbeziehung der Schutzvoraussetzung der wesentlichen Investition in den Begriff des Schutzgegenstandes „Da-

---

[858] Vgl. *Bensinger*, Sui-generis Schutz für Datenbanken, S. 110.

[859] Im Ergebnis ebenso: *Bensinger*, Sui-generis Schutz für Datenbanken, S. 108 ff., 122 f.; *Koumantos*, RIDA 171 (1997), 78, 116. *Schricker/Vogel*, § 87 a UrhG Rn. 10 spricht insoweit von der „Datenbank als Gesamtheit des unter wesentlichem Investitionsaufwand gesammelten, geordneten und einzeln zugänglich gemachten Inhalts als immaterielles Gut".

tenbank" entschieden. Dies wird damit begründet, daß „die spezifischen (kreativen oder ökonomischen) Leistungen [...] konstitutive Bestandteile der Definition des jeweiligen Schutzgegenstandes bilden, die Schutzgegenstände also Leistungsergebnisse darstellen, nicht aber Leistungssubstrate"[860].

(1) Sammlung von Werken, Daten oder anderen unabhängigen Elementen
Damit ein Printmedium als „Datenbank" i.S.v. § 87 a Abs. 1 S. 1 UrhG in den Schutzbereich des Datenbankherstellerrechts fällt, muß es sich bei dem Inhalt des Printmediums um eine Sammlung von Werken, Daten oder anderen unabhängigen Elementen handeln.

(a) Sammlung von Werken, Daten oder anderen Elementen
Der Begriff der „Sammlung", für den als Synonym in Erw.-Grd. 13 der EU-Datenbankrichtlinie auch der Begriff der „Zusammenstellung" gebraucht wird, setzt ein Zusammentragen des Inhalts der Datenbank, d.h. ein Zusammentragen von Werken, Daten oder anderen Elementen, und zum anderen ein Zusammenstellen desselben voraus.[861] Nicht erforderlich ist, daß die zusammengetragenen und zusammengestellten Elemente bereits zuvor existiert haben; sie können vielmehr auch eigens zum Zweck der Zusammenstellung erzeugt worden sein.[862] Dem Begriff der „Sammlung" läßt sich ferner lediglich entnehmen, daß es sich um eine Mehrzahl von Elementen, die zusammengestellt werden, handeln muß. Er kann nicht dahingehend verstanden werden, daß eine bestimmte Mindestan-

---

860 BT-Drucks. 13/7934, S. 42. Eine Parallele findet sich insofern bereits im Halbleiterschutzgesetz (BGBl. I 1987, S. 2294 ff.), nach dessen § 1 Abs. 1 S. 1 dreidimensionale Strukturen von mikroelektronischen Halbleitererzeugnissen geschützt werden, wenn und soweit sie Eigenart aufweisen. Auch insofern wurde also die spezifische Leistung des Schutzrechtsinhabers in die Definition des Schutzgegenstandes mit einbezogen. Der Anwendung dieser gesetzgeberischen Technik bei der Umsetzung der EU-Datenbankrichtlinie zustimmend im Hinblick auf die Übereinstimmung mit Grundprinzipien des deutschen Immaterialgüterrechts: *Becker*, Rechtsschutz von Datenbanken, S. 165; *Hornung*, EU-Datenbank-Richtlinie, S. 192; *Leistner*, Rechtsschutz von Datenbanken, S. 300 f., der allerdings auf die terminologischen Schwierigkeiten verweist, die aus der Verwendung des Begriffs „Datenbank" für den in § 87 Abs. 1 S. 1 UrhG definierten Schutzgegenstand resultiert. Denn nun sei ein neuer Begriff für diejenigen Gestaltungen erforderlich, die zwar „Datenbanken" im Sinne der EU-Datenbankrichtlinie und des gängigen Sprachgebrauchs seien, aber weder die Voraussetzungen des Datenbankwerks noch die des leistungsschutzrechtlichen Datenbankbegriffs gemäß § 87 a UrhG erfüllen.

861 Vgl. *Bensinger*, Sui-generis Schutz für Datenbanken, S. 123; *Berger*, GRUR 1997, 169, 173.

862 *Bensinger*, Sui-generis Schutz für Datenbanken, S. 123.

zahl von Elementen für das Vorliegen einer Sammlung erforderlich ist.[863] Insofern erschöpft sich die Bedeutung des Tatbestandmerkmals der Sammlung darin, daß eine Mehrzahl von Werken, Daten oder anderen Elementen zusammengetragen und zusammengestellt worden sein muß.

Unter „Werke" sind solche im Sinne des Urheberrechts zu verstehen.[864] Erw.-Grd. 17 S. 1 der EU-Datenbankrichtlinie führt beispielhaft literarische, künstlerische und musikalische Werke an.

Für den Begriff der „Daten" gibt es kein einheitliches Begriffsverständnis. So werden Daten zum Teil in Anlehnung an die Definition der *International Standards Organization*[865] als Zeichen verstanden, die von ihrem Empfänger zu informativen Botschaften kombiniert werden können, wenn er dieselben syntaktischen Regeln wie der Absender verwendet.[866] Andere stellen hingegen wiederum z.B. auf den beschreibenden Charakter als begriffsbestimmendes Merkmal ab.[867] Eine genaue Herausarbeitung einer Definition erübrigt sich jedoch, da der Begriff der „Daten" lediglich ein Beispiel für die als Oberbegriff genannten „anderen Elemente" darstellt und der Richtliniengeber mit der Wahl dieses allgemein gehaltenen Begriffs beabsichtigte, die Alternativen offen zu lassen.[868] Dies wird durch Erw.-Grd. 17 S. 1 der EU-Datenbankrichtlinie bestätigt, wo allgemein von Sammlung von *anderem Material* die Rede ist und als Beispiele dafür Texte, Töne, Bilder, Zahlen, Fakten und Daten angeführt werden.

---

863 *Leistner*, Rechtsschutz von Datenbanken, S. 45; *Möhring/Nicolini-Decker*, § 87 a UrhG Rn. 1. Bedeutung kann die Anzahl der zusammengestellten Elemente allerdings im Rahmen der Beurteilung der Wesentlichkeit der Investition für die Beschaffung, Überprüfung oder Darstellung des Inhalts der Datenbank haben; vgl. *Hornung*, EU-Datenbank-Richtlinie, S. 73; *Leistner*, Rechtsschutz von Datenbanken, S. 45, Fn. 112.

864 *Hornung*, EU-Datenbank-Richtlinie, S. 74; *Grützmacher*, Schutz von Datenbanken, S. 168. Vgl. auch *Bensinger*, Sui-generis Schutz für Datenbanken, S. 124, die darauf verweist, daß dadurch gleichzeitig klargestellt wird, daß die Richtlinie grundsätzlich auch (aber nicht jede) nach Art. 2 Abs. 5 RBÜ geschützte Sammlungen erfaßt.

865 Danach sind Daten eine in formalisierter Weise erfolgte Darstellung von Fakten, Konzepten oder Instruktionen, die zur Kommunikation, Interpretation oder Verarbeitung durch Menschen oder Maschinen geeignet ist; vgl. *Dommering*, Introduction to Information Law, S. 1, 14.

866 *Bensinger*, Sui-generis Schutz für Datenbanken, S. 125; *Dommering*, Introduction to Information Law, S. 1, 14.

867 *Roßnagel/Heitland*, § 4 UrhG Rn. 22.

868 *Bensinger*, Sui-generis Schutz für Datenbanken, S. 125; vgl. auch *Hornung*, EU-Datenbank-Richtlinie, S. 74.

Es läßt sich somit festhalten, daß mit dem weiten und allgemein gehaltenen Oberbegriff der „anderen Elemente“ keine Einschränkungen bezüglich Inhalt, Art und Umfang der den Inhalt der Sammlung bildenden Bestandteile gemacht sind. Insbesondere werden keine Qualitätsanforderungen gestellt, vielmehr können auch Sammlungen einfachster Elemente bei Erfüllung der sonstigen Tatbestandsvoraussetzungen als Datenbank geschützt sein.[869] Auch müssen die Elemente nicht gleichartig sein oder in zwingendem inneren Zusammenhang zueinander stehen.[870]

In bezug auf Printmedien folgt daraus, daß diese in ihren unterschiedlichsten Erscheinungsformen generell „Sammlungen von Werken, Daten oder anderen Elementen“ darstellen. So handelt es sich z.B. bei Zeitungen, Zeitschriften, Lieder-, Lese- oder Märchenbüchern, Gedichtssammlungen, Anthologien, Festschriften, Notenmappen oder Kunstbänden um Sammlungen von Werken. Nachschlagewerke wie Lexika, Wörterbücher, Enzyklopädien, juristische Kommentare, Almanache, Branchenverzeichnisse, Telefonbücher oder Opern- und Schauspielführer sind Sammlungen von Daten und anderen Elementen, und zwar unabhängig davon, ob die einzelnen Elemente bereits zuvor existiert haben oder erst zur Zusammenstellung aus anderen Informationen (z.B. den Volltexten) generiert wurden. Auch sonstige Zusammenstellungen verschiedenster Art, wie z.B. Gesetzes- und Rechtsprechungssammlungen, Reiseführer, Kochbücher, Kataloge, Bildatlanten, Rundfunk- und Fernsehprogramme etc., erfüllen die Voraussetzung einer Sammlung von Elementen. Da es nicht auf die Gleichartigkeit der Einzelelemente ankommt, ist es dabei unerheblich, ob das jeweilige Printmedium lediglich Texte enthält oder ob es sich z.B. aus Texten und Bildern zusammensetzt. Ebenfalls ist es ohne Bedeutung, ob in dem Printmedium allein urheberrechtlich geschützte Werke enthalten sind oder ob es sich aus Werken und urheberrechtlich nicht geschützten Elementen zusammensetzt.

Auch Zusammenstellungen von Einzelwerken unter einen Gesamttitel, wie z.B. Schriften- oder Buchreihen, sind als „Sammlungen von Werken“ anzusehen. Bei diesen handelt es sich um eine Reihe von Einzelschriften mit Einzelthemen, die untereinander nur insofern zusammenhängen, als sie in einer Schriften- oder Buchreihe zusammengeschlossen sind und in gleicher Ausstattung unter einer gemeinschaftlichen Sammelbezeichnung erscheinen, wohingegen die Einzelwerke aber auch einzeln käuflich sind.[871] Da das Tatbestandsmerkmal der Sammlung von Werken, Daten oder anderen Elementen jedoch keinen inneren

---

[869] Vgl. *Fromm/Nordemann-Hertin*, § 87 a UrhG Rn. 2.

[870] *Möhring/Nicolini-Decker*, § 87 a UrhG Rn. 2.

[871] Vgl. *Sellier*, Rechte bei Sammelwerken, S. 7.

Zusammenhang der Elemente voraussetzt, können auch solche Zusammenstellungen von Einzelwerken unter einem Gesamttitel als „Sammlungen von Werken“ angesehen werden.

Schließlich lassen sich auch Printmedien, deren Inhalt sich durch eine fortlaufende Struktur auszeichnet und insofern eine Sinneinheit bildet, wie dies z.B. bei literarischen und wissenschaftlichen Büchern, belletristischen Romanen, Lehr- und Sachbüchern oder Musikstücken der Fall ist, als eine Sammlung von Elementen ansehen. Denn auch einzelne Kapitel, Absätze, Wörter oder sogar Buchstaben und Noten fallen unter den weiten Begriff der „anderen Elemente“.

Insofern bleibt festzuhalten, daß Printmedien in all ihren Erscheinungsformen „Sammlungen von Werken, Daten oder anderen Elementen“ sind.

(b) Unabhängigkeit der Elemente

Das Erfordernis der Unabhängigkeit bezieht sich, wie sich aus der Formulierung „Werke, Daten *oder andere unabhängige* Elemente“ ergibt, nicht nur auf die Sammlung „anderer Elemente“, sondern auf sämtliche Inhaltsbestandteile der Sammlung.[872]

Das Tatbestandsmerkmal der Unabhängigkeit läßt sich aus zwei Perspektiven betrachten, die aber aufgrund ihrer Wechselbezogenheit zu dem gleichen Verständnis des Tatbestandsmerkmals führen. Zum einen kann mit Blick auf das Einzelelement gesagt werden, daß dieses unabhängig ist, wenn sich sein Sinn- und Informationsgehalt aus sich selbst heraus ergibt, wenn es also bei einem separaten Zugriff denselben in sich geschlossenen Sinn- und Informationsgehalt hat, der ihm für sich genommen auch in der Gesamtschau aller Elemente zukommt.[873] Daraus folgt gleichzeitig, daß die kleinsten Einheiten, die sich gesondert von den anderen Elementen der Datenbank betrachten lassen, ohne dabei einen Teil ihres Informationsgehaltes zu verlieren oder diesen zu verändern, als die Einzelelemente der Sammlung anzusehen sind, die den Maßstab für die Beurteilung der weiteren Tatbestandsmerkmale des § 87 a Abs. 1 S. 1 UrhG bilden.[874] Zum anderen läßt sich die Unabhängigkeit mit Blick auf die Sammlung als solche danach bestimmen, ob einzelne Elemente wahllos entnommen werden können, ohne die Sammlung unsinnig werden zu lassen.[875] Daraus folgt für das

---

872 *Bensinger*, Sui-generis Schutz für Datenbanken, S. 128, Fn. 662; *Leistner*, Rechtsschutz von Datenbanken, S. 46.

873 Vgl. *Leistner*, Rechtsschutz von Datenbanken, S. 47.

874 Vgl. *Bensinger*, Sui-generis Schutz für Datenbanken, S. 128; *Leistner*, Rechtsschutz von Datenbanken, S. 48, Fn. 125.

875 Vgl. *Bensinger*, Sui-generis Schutz für Datenbanken, S. 128.

Erfordernis der Unabhängigkeit, daß diese dann gegeben ist, wenn die Einzelelemente nicht inhaltlich aufeinander aufbauen oder miteinander verschmolzen sind,[876] mithin keine „voneinander abhängige Sinneinheit"[877] darstellen.

Das Erfordernis der Unabhängigkeit dient also dazu, Einzelwerke, deren Inhalt sich durch aufeinander aufbauende Einzelelemente und somit durch eine fortlaufende Struktur auszeichnet und eine Sinneinheit bildet, aus dem Schutzgegenstandsbereich des Datenbankherstellerrechts auszuschließen.[878] Dies wird bestätigt durch Erw.-Grd. 17 S. 3 der EU-Datenbankrichtlinie, wonach die Aufzeichnung eines audiovisuellen, kinematographischen, literarischen oder musikalischen Werkes als solche nicht in den Anwendungsbereich der EU-Datenbankrichtlinie fällt.

In bezug auf Printmedien hat dies zur Folge, daß solche Printmedien, die ein Einzelwerk zum Inhalt haben - als Beispiele seien literarische und wissenschaftliche Bücher, Lehr- und Sachbücher[879] und Romane genannt - mangels Unabhängigkeit der Elemente nicht dem Schutz durch das Datenbankherstellerrecht zugänglich sind. Denn bei solchen Printmedien kommt den Einzelelementen der Kapitel,[880] Absätze, Wörter und Buchstaben bei einem separaten Zugriff nicht derselbe Sinn- und Informationsgehalt zu, wie er ihnen für sich genommen in der Gesamtschau aller Elemente zukommt.[881] Auch lassen sich Kapitel, Absätze, Wörter oder Buchstaben nicht wahllos entnehmen, ohne die den Inhalt des Printmediums bildende Sammlung unsinnig werden zu lassen.

Anders ist die Situation bei Sammlungen von Werken sowie bei Zusammenstellungen von Werken unter einem Gesamttitel zu beurteilen. Zwar stellen auch bei diesen Sammlungen die in den einzelnen Werken enthaltenen Buchstaben, Wörter, Absätze und Kapitel keine voneinander unabhängigen Einzelelemente dar. Jedoch bauen die Einzelwerke inhaltlich nicht aufeinander auf und sind nicht miteinander verschmolzen. Die Einzelwerke sind somit unabhängig und insofern als die kleinste Sinneinheit anzusehen, die den Maßstab für die Beurteilung der weiteren Tatbestandsmerkmale des § 87 a Abs. 1 S. 1 UrhG bildet. Als Beispiel für eine solche Sammlung unabhängiger Werke wurde eine Sammlung von Kurzgeschichten angeführt,[882] bei der keine Geschichte von den

---

[876] *Leistner*, Rechtsschutz von Datenbanken, S. 47 f.

[877] *Bensinger*, Sui-generis Schutz für Datenbanken, S. 128.

[878] Vgl. zum Ausschluß von einzelnen Werken: *Schricker/Loewenheim*, § 4 UrhG Rn. 32.

[879] Siehe hierzu *Laddie/Prescott/Vitoria*, Rn. 30.20.

[880] Laddie/Prescott/Vitoria, Rn. 30.19.

[881] Vgl. auch *Grützmacher*, Schutz von Datenbanken, S. 170.

[882] *Chalton*, EIPR 1998, 178.

Begebenheiten und Merkmalen einer anderen Geschichte abhängig ist. Solange das Verständnis einer Geschichte oder des gesamten Buches nicht von Querverweisen von einer Geschichte zur nächsten Geschichte abhängt, sind die einzelnen Werke als unabhängig anzusehen, selbst wenn die gleichen Charaktere oder Orte in jeder Geschichte vorkommen.

Gleichermaßen stellen auch bei Nachschlagewerken - z.B. Lexika, Wörter- oder Telefonbüchern - und bei sonstigen Zusammenstellungen, wie Kochbüchern, Reiseführern, Bildatlanten, Rundfunk- und Fernsehprogrammen, die einzelnen Elemente keine voneinander abhängige Sinneinheit dar, sondern sind vielmehr aus sich selbst heraus verständlich. So kann wahllos ein Stichwort aus einem Lexikon, ein Eintrag aus einem Telefonbuch oder ein Rezept aus einem Kochbuch entnommen werden, ohne daß die Sammlung ihren Sinn verliert und ohne daß das entnommene Einzelelement seinen Sinn- und Informationsgehalt verändert.

Somit bleibt festzuhalten, daß das Merkmal der Unabhängigkeit solche Printmedien von einem Schutz durch das Datenbankherstellerrecht ausschließt, deren Inhalt sich durch aufeinander aufbauende Einzelelemente, durch eine fortlaufende Struktur, auszeichnet und insofern eine Sinnheit bildet, wie dies z.B. bei literarischen und wissenschaftlichen Büchern, Lehr- und Sachbüchern oder Romanen der Fall ist.

(2) Systematische oder methodische Anordnung

Weitere Voraussetzung der Datenbankdefinition des § 87 a Abs. 1 S. 1 UrhG ist, daß die unabhängigen Elemente systematisch oder methodisch angeordnet sind.

(a) Allgemein

Unter einer systematischen Anordnung wird jede Gliederung des Datenbankinhalts nach logischen oder sachlichen Zusammenhängen verstanden, wohingegen das Vorliegen einer methodischen Anordnung dann angenommen wird, wenn der Datenbankinhalt zur Verwirklichung eines vom Hersteller oder Nutzer vorgegebenen Zwecks planmäßig strukturiert wird.[883] Während die Voraussetzung der methodischen Anordnung somit eher auf die Art und Weise des Anordnungsvorganges abstellt, ist Blickrichtung der systematischen Anordnung das Ergebnis der Anordnung.[884] Eine genaue Abgrenzung der beiden Anordnungsformen ist jedoch kaum sinnvoll möglich;[885] sie erübrigt sich allerdings auch, da

---

[883] *Fromm/Nordemann-Hertin*, § 87 a UrhG Rn. 4; vgl. auch *Roßnagel/Heitland*, § 4 UrhG Rn. 31 f.

[884] Vgl. *Bensinger*, Sui-generis Schutz für Datenbanken, S. 132.

[885] *Roßnagel/Heitland*, § 4 UrhG Rn. 32.

beide Formen in der Regel gemeinsam genannt werden, häufig auch parallel vorliegen und zudem die gleichen rechtlichen Konsequenzen nach sich ziehen.[886]

Da das Kriterium der systematischen oder methodischen Anordnung Voraussetzung für die Zugänglichkeit zu den Einzelelementen ist, ist jede Zusammenstellung nach Ordnungsgesichtspunkten ausreichend, die den Zugriff auf die Einzelelemente ermöglicht.[887] Die Einzelelemente müssen recherchierbar sein.[888] Als systematische oder methodische Ordnungsprinzipien sind insbesondere die alphabetische (z.B. nach Nachname des Autors), die chronologische (z.B. nach Erscheinungsjahr) und die numerische Anordnung (z.B. nach Gesetzesparagraphen) wie auch die Anordnung nach inhaltlicher Thematik[889] denkbar, wobei auch eine Kombination der genannten Kriterien in Betracht kommt.[890]

(aa) Die Nachvollziehbarkeit der Anordnung als Abgrenzungskriterium

Umgekehrt soll durch das Erfordernis der systematischen oder methodischen Anordnung ausgeschlossen werden, daß bloßen Datenanhäufungen, denen keinerlei Ordnungsprinzipien zugrunde liegen, Schutz durch das Datenbankherstellerrecht zugute kommt.[891]

Nicht eindeutig wird die Frage beantwortet, ob das Kriterium der systematischen oder methodischen Anordnung auch die Schutzfähigkeit von Sammlungen, die rein nach persönlichen, ästhetischen oder anderen subjektiven Kriterien geordnet sind, als Datenbank i.S.v. § 87 a Abs. 1 S. 1 UrhG (wie auch als Datenbankwerk i.S.v. § 4 Abs. 2 UrhG) ausschließt.[892] Zum Teil wird angenommen, daß das Tatbestandsmerkmal lediglich als *de minimis*-Abgrenzung nach unten dazu diene, völlig ungestaltete Datenhaufen aus dem Anwendungsbereich der EU-Datenbankrichtlinie sowie der nationalen Umsetzungsvorschriften auszuschließen; keinesfalls würde das Tatbestandsmerkmal aber den Datenbankbegriff

---

886 Vgl. *Bensinger*, Sui-generis Schutz für Datenbanken, S. 132 f.

887 Vgl. *Schricker/Loewenheim*, § 4 UrhG Rn. 36.

888 *Möhring/Nicolini-Decker*, § 87 a UrhG Rn. 7; *Schricker/Vogel*, § 87 a UrhG Rn. 6.

889 *Bensinger*, Sui-generis Schutz für Datenbanken, S. 133.

890 Vgl. *Schricker/Vogel*, § 87 a UrhG Rn. 6.

891 *Flechsig*, ZUM 1997, 577, 580; *Gaster*, Rechtsschutz von Datenbanken, Rn. 66; *Hornung*, EU-Datenbank-Richtlinie, S. 74; *Leistner*, Rechtsschutz von Datenbanken, S. 54; *Möhring/Nicolini-Decker*, § 87 a UrhG Rn. 6; *Schricker/Vogel*, § 87 a UrhG Rn. 6, der aber darauf verweist, daß solche bloßen Datenanhäufungen mitunter die Vorstufe zu einer im Aufbau begriffenen Datenbank bilden, so daß die für ihre Zusammenstellung aufgewendeten Mittel zu den Investitionen in eine Datenbank zu zählen sind.

892 So *Bensinger*, Sui-generis Schutz für Datenbanken, S. 133; *Raue/Bensinger*, MMR 1998, 507, 508.

„nach oben“ von rein nach geistig-ästhetischen Erwägungen angeordneten Zusammenstellungen abgrenzen.[893] Dem ist insofern zuzustimmen, als daß die Definition der „methodischen Anordnung“ im Sinne einer planmäßigen Strukturierung nach einem vom Hersteller vorgegebenen Zweck auch persönliche, geistig-ästhetische und andere Anordnungsformen einschließt. Ein entgegengesetztes Verständnis wäre auch nicht mit der Vorschrift des § 4 Abs. 2 UrhG vereinbar, die voraussetzt, daß ein Datenbankwerk, dessen Einzelelemente *per definitionem* systematisch oder methodisch angeordnet sein müssen, aufgrund seiner schöpferischen Anordnung urheberrechtlichen Schutz erlangen kann.[894] Das Tatbestandsmerkmal der methodischen oder systematischen Anordnung schließt somit nicht solche Sammlungen vom Datenbankbegriff aus, die nach individuellen, persönlichen, geistig-ästhetischen oder anderen subjektiven Kriterien angeordnet sind.

Nach Sinn und Zweck des Tatbestandsmerkmals, den Zugriff auf die Einzelelemente und damit deren Recherchierbarkeit zu ermöglichen, ist allerdings die Grenze der Schutzfähigkeit dann als erreicht anzusehen, wenn die gewählte Anordnung von außenstehenden Dritten nicht mehr nachvollziehbar ist.[895] Denn in solchen Fällen ist die Recherchierbarkeit der Einzelelemente nicht mehr gewährleistet; aus der Sicht außenstehender Dritter handelt es sich vielmehr um ungeordnete Datenhaufen. Hauptanwendungsfälle sind Sammlungen, bei denen der Schwerpunkt in der Auswahl der aufgenommenen Einzelelemente und nicht in deren Anordnung liegt,[896] wofür als Beispiel eine Sammlung von Lieblingsgedichten oder Lieblingsliedern genannt werden kann, die nach persönlichen Präferenzen des Kompilators angeordnet ist[897].

Entscheidendes Abgrenzungskriterium zu ungeordneten Datenanhäufungen ist somit die objektive Nachvollziehbarkeit der gewählten Anordnung durch außenstehende Dritte. Insofern wird durch das Tatbestandsmerkmal der systematischen oder methodischen Anordnung das Erfordernis der „Sammlung“ dahingehend konkretisiert, daß diese nach einer von außenstehenden Dritten nachvollziehbaren Ordnung angeordnet sein muß.[898]

---

893 *Leistner*, Rechtsschutz von Datenbanken, S. 53 f.

894 Siehe auch *Möhring/Nicolini-Decker*, § 87 a UrhG Rn. 9.

895 Im Ergebnis ebenso: *Bensinger*, Sui-generis Schutz für Datenbanken, S. 133; *Raue/Bensinger*, MMR 1998, 507, 508.

896 *Bensinger*, Sui-generis Schutz für Datenbanken, S. 133.

897 Vgl. *Raue/Bensinger*, MMR 1998, 507, 508, die als Beispiele „Meine Lieblingsgedichte“ oder „Die schönsten Arien der Callas“ anführen.

898 Vgl. *Bensinger*, Sui-generis Schutz für Datenbanken, S. 133.

Der Ausschluß von Sammlungen, die nicht nach einer von außenstehenden Dritten nachvollziehbaren Ordnung angeordnet sind, steht nicht im Widerspruch zu Sinn und Zweck der EU-Datenbankrichtlinie. Diese zielt nämlich nicht auf den umfassenden Schutz von Sammelwerken und organisierten Werken ab, sondern beabsichtigt vielmehr einen Schutz nur solcher Sammlungen, deren Einzelbestandteilen aufgrund ihrer Recherchierbarkeit durch die Zusammenstellung ein Mehrwert verliehen wird, der den besonderen Schutz als informationsverarbeitendes und -vermittelndes Produkt rechtfertigt.[899] Zudem hat die Ausgrenzung von Sammlungen, die rein nach subjektiven, von Außenstehenden nicht nachvollziehbaren Kriterien angeordnet sind, auch nicht die rechtliche Schutzlosigkeit solcher Sammlungen zur Folge; diesen wird vielmehr in der Regel urheberrechtlicher Schutz als Sammelwerk i.S.v. § 4 Abs. 1 UrhG zuteil[900].

(bb) Mittelbare Recherchierbarkeit

Bezüglich der numerischen Anordnung stellt sich die Frage, ob eine einfache Durchnumerierung der einzelnen in einer Sammlung enthaltenen Elemente, ohne daß gleichzeitig andere objektiv nachvollziehbare Anordnungskriterien, wie z.B. eine alphabetische Anordnung der Einzelelemente, vorliegen, als ausreichend angesehen werden kann. Als Beispiele für eine solche Sammlung können Buchreihen, Festschriften, Lese-, Lieder- und Märchenbücher oder Gesetzessammlungen angeführt werden, bei denen die in der Sammlung enthaltenen Einzelwerke oder anderen Beiträge numeriert sind, ohne daß der Anordnung weitere, von Dritten nachvollziehbare Ordnungsprinzipien zugrunde liegen.

Durch die bloße Durchnumerierung wird aber die Recherche eines Einzelelementes nicht ermöglicht; um ein Einzelelement aufgrund seiner ihm zugeteilten Ordnungsnummer zu finden, ist vielmehr zudem erforderlich, daß diese Nummer bekannt ist. Die bloße Durchnumerierung ermöglicht somit für sich allein genommen nicht die Recherche des Einzelelementes und kann insofern nicht als eine systematische oder methodische Anordnung i.S.v. § 87 a Abs. 1 S. 1 UrhG angesehen werden.

Anders wäre jedoch die Situation zu beurteilen, wenn ein der Sammlung beigefügtes Inhaltsverzeichnis, das nach objektiv nachvollziehbaren, z.B. alphabetischen oder chronologischen Ordnungskriterien strukturiert ist, die inhaltliche Verbindung zwischen Ordnungsnummer und Einzelelement herstellt und das Einzelelement dadurch recherchierbar wird.[901] Denn in diesem Fall kann das sy-

---

899 Vgl. *Bensinger*, Sui-generis Schutz für Datenbanken, S. 133 f.

900 *Bensinger*, Sui-generis Schutz für Datenbanken, S. 133 f.

901 Im Ergebnis ebenso: *Laddie/Prescott/Vitoria*, Rn. 30.21.

stematisch oder methodisch angeordnete Verzeichnis, bei dem ein Einzelelement des Verzeichnisses ein Einzelelement der Sammlung repräsentiert, als „Verkörperung“ der Sammlung angesehen werden. Daß eine solche mittelbare Recherchierbarkeit als ausreichend anzusehen ist, ergibt sich auch aus einem Vergleich mit computergestützten Datenbanken, bei denen das Verzeichnis bereits in der Abfragemaske repräsentiert wird. Wenn es aber bei computergestützten Datenbanken für die Erfüllung des Tatbestandsmerkmals der systematischen oder methodischen Anordnung nicht erforderlich ist, daß die physische Speicherung der Inhaltsbestandteile in systematischer oder methodischer Weise erfolgt, sondern es ausreicht, daß während des Betriebs der Datenbank über das Abfragesystem ein systematischer oder methodischer Zugriff auf die Inhaltsbestandteile möglich ist,[902] dann kann die Parallelsituation bei Printmedien nicht anders beurteilt werden.[903]

Etwas anderes muß allerdings in bezug auf die mittelbare Recherchierbarkeit mittels eines Stich- oder Schlagwortverzeichnisses gelten. Denn ein solches ist zwar regelmäßig alphabetisch und somit systematisch oder methodisch angeordnet, stellt aber keine „Verkörperung“ der Einzelelemente als solche dar, da es sich aus verschiedenen, in den Einzelelementen enthaltenen Stichwörtern zusammensetzt und ein Einzelelement der Sammlung nicht durch ein entsprechendes Einzelelement des Verzeichnisses repräsentiert wird. Gleichwohl kann ein Stich- oder Schlagwortverzeichnis als solches bei Erfüllung der übrigen Voraussetzungen des § 87 a Abs. 1 S. 1 UrhG selbst als Datenbank geschützt sein.[904]

(cc) Gezielte Recherchierbarkeit jedes Einzelelements

Schließlich stellt sich im Rahmen des Tatbestandsmerkmals der systematischen oder methodischen Anordnung noch die Frage, ob bereits dann von einer solchen gesprochen werden kann, wenn die Einzelelemente einer Sammlung verschiedenen - insbesondere an inhaltlicher Thematik orientierten - Untersammlungen (Oberbegriffe, Teile, Abschnitte, Kapitel etc.) untergeordnet sind, innerhalb derer aber keine Anordnung nach von Dritten nachvollziehbaren Ordnungskriterien vorliegt. Da jedes Einzelelement ausnahmslos und gezielt einer

[902] Vgl. dazu Erw.-Grd. 21 der EU-Datenbankrichtlinie sowie *Bensinger*, Sui-generis Schutz für Datenbanken, S. 132; *Fromm/Nordemann-Hertin*, § 87 a UrhG Rn. 4; *Leistner*, Rechtsschutz von Datenbanken, S. 54 f.; *Möhring/Nicolini-Decker*, § 87 a UrhG Rn. 8; *Schricker/Vogel*, § 87 a UrhG Rn. 6.

[903] Vgl. auch *Bensinger*, Sui-generis Schutz für Datenbanken, S. 131, die allerdings die Frage der Mittelbarkeit im Rahmen der Tatbestandsvoraussetzung der Einzelzugänglichkeit diskutiert.

[904] So auch *Bensinger*, Sui-generis Schutz für Datenbanken, S. 131; vgl. auch Erw.-Grd. 20 der EU-Datenbankrichtlinie.

bestimmten Untersammlung zugeordnet ist, ließe sich insoweit von einer systematischen oder methodischen Anordnung sprechen. Dies würde jedoch dem Zweck des Tatbestandsmerkmals nicht gerecht, das als Voraussetzung für die Zugänglichkeit zu den Einzelelementen den gezielten Zugriff auf diese ermöglichen soll. Ein gezielter Zugriff auf die Einzelelemente ist aber nur dann sichergestellt, wenn unter Zugrundelegung der gewählten Ordnungskriterien jedes Element an einer bestimmten Stelle der Sammlung angeordnet ist, ohne daß dies zur Disposition des Datenbankherstellers steht.[905] In dem Fall, daß die Einzelelemente zwar einer bestimmten Untersammlung zugewiesen sind, innerhalb dieser aber keine Anordnung nach nachvollziehbaren Ordnungsprinzipien vorliegt, steht die konkrete Anordnung des Einzelelementes innerhalb der Untersammlung hingegen zur Disposition des Datenbankherstellers. Das Einzelelement ist für den Nutzer, der die Untersammlung nach dem Einzelelement durchsuchen muß, somit nicht gezielt zugänglich, so daß nicht von einer systematischen oder methodischen Anordnung gesprochen werden kann.

Um der Sammlung dennoch Schutz durch das Datenbankherstellerrecht zukommen zu lassen, ließe sich überlegen, ob nicht die Untersammlungen als solche als die unabhängigen Elemente i.S.v. § 87 a Abs.1 S. 1 UrhG angesehen werden können, die systematisch oder methodisch angeordnet sind. Dem steht jedoch das Tatbestandsmerkmal der Unabhängigkeit entgegen. Denn aus diesem folgt, wie bereits gesehen,[906] daß die kleinsten Sinneinheiten, die sich gesondert von den anderen Elementen der Datenbank betrachten lassen, ohne dabei einen Teil ihres Informationsgehaltes zu verlieren oder diesen zu verändern, als die Einzelelemente anzusehen sind, die den Maßstab für die Beurteilung der weiteren Tatbestandsmerkmale des § 87 a Abs. 1 S. 1 UrhG bilden.

Der Ausschluß von dem Schutz durch das Datenbankherstellerrecht zieht aber nicht automatisch die rechtliche Schutzlosigkeit solcher Sammlungen nach sich; denn abgesehen von der Möglichkeit, daß den Einzelelementen als solchen urheberrechtlicher Schutz zukommt, sind solche Sammlungen häufig auch als Sammelwerke i.S.v. § 4 Abs. 1 UrhG urheberrechtlich geschützt.

(b) Das Kriterium im Hinblick auf die Schutzfähigkeit von Printmedien als Datenbank

Bezüglich der Auswirkungen des Erfordernisses der systematischen oder methodischen Anordnung auf die Datenbankfähigkeit von Printmedien ist zu differenzieren:

---

905 *Bensinger*, Sui-generis Schutz für Datenbanken, S. 133.

906 Siehe oben (F.II.2.b.bb.(1)(b)).

Ausnahmslos erfüllen Nachschlagewerke jeglicher Art das Erfordernis der systematischen oder methodischen Anordnung. Denn bereits aus der Definition eines Nachschlagewerkes als Buch, das in übersichtlicher, meist alphabetischer Anordnung der schnellen Orientierung über ein bestimmtes Thema dient,[907] ergibt sich, daß Nachschlagewerke gerade auf die Recherchierbarkeit der Einzelelemente angelegt sind. In der Regel erfolgt ihre Anordnung nach alphabetischen Kriterien, wie dies z.B. bei Lexika, Wörterbüchern, Enzyklopädien, Telefonbüchern, Opern- oder Schauspielführern der Fall ist. Wie die Beispiele der Geschichtschroniken (z.B. „Chronik des 20. Jahrhunderts") oder der Rundfunk- und Fernsehprogramme zeigen, ist aber auch eine Anordnung nach chronologischen Kriterien ebenso denkbar wie eine z.B. bei juristischen Kommentaren anzutreffende Anordnung nach numerischen Kriterien.

Hinsichtlich der übrigen Printmedien, die das Tatbestandsmerkmal einer „Sammlung von Werken, Daten oder anderen unabhängigen Elementen" erfüllen, läßt sich keine allgemeingültige Aussage bezüglich des Vorliegens der Voraussetzung der systematischen oder methodischen Anordnung treffen. So kann z.B. eine Festschrift, eine Gedichtssammlung, ein Lese- oder Märchenbuch oder ein Kochbuch nach systematischen oder methodischen Gesichtspunkten angeordnet sein, begriffsnotwendig ist dies jedoch nicht. Aus diesem Grund ist in jedem Einzelfall unter Berücksichtigung der Charakteristika der jeweiligen Sammlung festzustellen, ob die Anordnung nach von Dritten nachvollziehbaren oder rein nach subjektiven Kriterien erfolgt ist.

Unproblematisch erfüllen danach Sammlungen, deren Einzelelemente durchgehend nach einem objektiven Ordnungskriterium angeordnet sind, das Tatbestandsmerkmal der systematischen oder methodischen Anordnung. Zu denken ist z.B. an eine am Nachnamen der Urheber orientierte alphabetische Anordnung der Einzelbeiträge in Festschriften, Lieder-, Lese- oder Märchenbücher, Gedichtssammlungen, Anthologien, Notenmappen oder Kunstbänden oder eine alphabetische Anordnung nach inhaltlichem Gegenstand in Kochbüchern, Reiseführern oder Katalogen. Auch Gesetzes- oder Rechtsprechungssammlungen, bei denen die Gesetze bzw. Gerichtsentscheidungen chronologisch nach Erscheinungsdatum geordnet sind, stellen fraglos eine Sammlung dar, bei denen die Einzelelemente systematisch oder methodisch angeordnet sind. Gleiches gilt für Sammlungen von Werken unter einem Gesamttitel, z.B. für Buch- und Schriftenreihen, sofern die einzelnen Werke z.B. chronologisch nach Erscheinungsjahr angeordnet sind. Nicht ausreichend ist allerdings die bloße Durchnumerierung

[907] Vgl. Duden, Deutsches Universalwörterbuch, 4. Auflage, Mannheim u.a. 2001, Stichwort „Nachschlagewerk".

der Einzelwerke. Ist hingegen zusätzlich ein nach nachvollziehbaren Kriterien angeordnetes, die Sammlung verkörperndes Inhaltsverzeichnis vorhanden, das die gezielte Recherchierbarkeit der Einzelelemente ermöglicht, so ist das Kriterium der systematischen oder methodischen Anordnung zu bejahen. Aus diesem Grund werden Fachzeitschriften in aller Regel das Erfordernis der systematischen oder methodischen Anordnung erfüllen.

Auch dann, wenn die Anordnung der in einer Sammlung enthaltenen Einzelelemente nach zwei oder mehreren nachvollziehbaren Ordnungskriterien erfolgt, ist die Voraussetzung der systematischen oder methodischen Anordnung erfüllt. So sind die in Rechtsprechungssammlungen enthaltenen Gerichtsentscheidungen häufig zunächst einer bestimmten Gesetzesvorschrift zugeordnet, innerhalb derer sie dann wiederum chronologisch nach Entscheidungsdatum angeordnet sind, so daß eine Kombination von numerischen und chronologischen Kriterien vorliegt. Gesetzessammlungen können nach Rechtsgebieten, innerhalb derer die Gesetze chronologisch sortiert sind, angeordnet sein. Ferner ist eine Kombination von inhaltlichen und am Nachnamen des Urhebers orientierten alphabetischen Kriterien z.B. bei Festschriften, Lieder-, Lese- oder Märchenbüchern, Gedichtssammlungen, Anthologien, Notenmappen oder Kunstbänden denkbar. Gleichermaßen können auch Sammlungen wie Reiseführer, Kochbücher oder Kataloge zunächst nach inhaltlicher Thematik unterteilt sein, innerhalb derer dann wiederum eine Anordnung nach alphabetischen Kriterien erfolgt.

Hingegen ist es, wie bereits gesehen,[908] für die Erfüllung des Tatbestandsmerkmals der systematischen oder methodischen Anordnung nicht als ausreichend anzusehen, wenn die Einzelelemente einer Sammlung lediglich nach inhaltlichem Gegenstand einer bestimmten Themengruppe zugeordnet sind, innerhalb dieser Themengruppe aber keine Anordnung nach objektiven Ordnungsprinzipien vorliegt. Aus diesem Grund erfüllen Zeitungen und Publikumszeitschriften regelmäßig nicht das Kriterium der systematischen oder methodischen Anordnung.[909] Zwar erfolgt üblicherweise eine Anordnung nach inhaltlicher Thematik (Politik, Wirtschaft, Sport, etc.), innerhalb der jeweiligen Teile sind die Beiträge jedoch in aller Regel nicht nach objektiven Ordnungsprinzipien angeordnet und somit nicht gezielt zugänglich. Anders wäre die Datenbankfähigkeit von Zeitungen und Publikumszeitschriften allerdings dann zu beurteilen, wenn die Beiträge innerhalb ihrer thematischen Teile z.B. alphabetisch nach Nachnamen ihrer Verfasser geordnet wären.

---

908 Siehe oben (F.II.2.b.bb.(2)(a)(cc)).

909 aA *Copinger/Skone James*, Rn. 18-05.

Zusammenfassend läßt sich festhalten, daß sich keine allgemeingültige, für alle Arten von Printmedien geltende Aussage darüber treffen läßt, ob diese das Kriterium der systematischen oder methodischen Anordnung erfüllen. Lediglich Nachschlagewerke sind ausnahmslos systematisch oder methodisch angeordnet. Bei allen anderen Printmedien ist im Einzelfall unter Berücksichtigung der Charakteristika der jeweiligen Sammlung festzustellen, ob die Anordnung nach von Dritten nachvollziehbaren oder rein nach subjektiven Kriterien erfolgt ist.

(3) Einzelne Zugänglichkeit

Das Kriterium der einzelnen Zugänglichkeit bereitet keine Auslegungsprobleme in bezug auf Printmedien. Denn einzeln zugänglich ist ein Element einer Sammlung unter anderem durch Aufschlagen eines Buches.[910] Die einzelne Zugänglichkeit der verschiedenen Elemente einer herkömmlichen Sammlung ist somit gegeben durch die Möglichkeit einer separaten Wahrnehmung durch das menschliche Auge.[911]

(4) Mit Hilfe elektronischer Mittel oder auf andere Weise

Durch das Tatbestandsmerkmal der Zugänglichkeit „mit Hilfe elektronischer Mittel oder auf andere Weise“ wird klargestellt, daß nicht nur elektronischen, sondern auch nicht-elektronischen Datenbanken der Schutz durch das Datenbankherstellerrecht zukommt.[912] Während ursprünglich nur elektronischen Datenbanken der Schutz gewährt werden sollte,[913] steht der Schutz somit nun auch Printmedien offen, sofern sie die übrigen Voraussetzungen der Datenbankdefinition erfüllen.

Die ursprüngliche Beschränkung auf elektronische Datenbanken lag vor allem darin begründet, daß die durch unmittelbare Übernahme drohende Ausbeutung bei elektronischen Datenbanken als weitaus gravierender angesehen wurde als bei herkömmlichen Datenbanken.[914] Durch die Ausweitung des Schutzes auf

---

910 Laddie/Prescott/Vitoria, Rn. 30.23; Schricker/Vogel, § 87 a UrhG Rn. 7.

911 *Leistner*, Rechtsschutz von Datenbanken, S. 55.

912 So die ganz herrschende Ansicht in Rechtsprechung und Literatur; vgl. u.a. BGH v. 06.05.1999, GRUR 1999, 923, 925 – Tele-Info-CD; *Bensinger*, Sui-generis Schutz für Datenbanken, S. 134 f.; *Flechsig*, ZUM 1997, 577, 579; *Gaster*, Rechtsschutz von Datenbanken, Rn. 53 ff.; *Leistner*, Rechtsschutz von Datenbanken, S. 55; *Schrikker/Vogel*, § 87 a UrhG Rn. 7; vgl. auch Art. 1 Abs. 1 der EU-Datenbankrichtlinie, wonach die Richtlinie den Rechtsschutz von Datenbanken in jeglicher Form betrifft.

913 Vgl. Art. 1 Abs. 1 des ursprünglichen Richtlinienvorschlages vom 13.05.1992 sowie Art. 1 Nr. 1 des geänderten Richtlinienvorschlags vom 04.10.1993.

914 *Dreier*, GRUR Int. 1992, 739, 744; *Gaster*, Rechtsschutz von Datenbanken, Rn. 59; *Hornung*, EU-Datenbank-Richtlinie, S. 69 f.

nicht-elektronische Datenbanken wird nunmehr aber dem Umstand Rechnung getragen, daß herkömmliche Datenbanken aufgrund der modernen Scannertechnologien und der dadurch eröffneten Möglichkeit, sie problemlos und ohne großen Aufwand in eine digitalisierte Form umzuwandeln, denselben Ausbeutungsgefahren ausgesetzt sind wie elektronische Datenbanken.[915]

Die Ausdehnung des Geltungsbereichs der EU-Datenbankrichtlinie auf nicht-elektronische Datenbanken entsprach des weiteren hinsichtlich des urheberrechtlichen Schutzes von Datenbanken der Verpflichtung aus Art. 10 Abs. 2 TRIPS.[916] Zwar war danach nicht zwingend erforderlich, auch den *sui generis*-Schutz auf nicht-elektronische Datenbanken zu erstrecken. Angesichts der in Art. 7 Abs. 4 der EU-Datenbankrichtlinie vorgesehenen Kumulierbarkeit von Urheberrecht und *sui generis*-Recht entsprach dies jedoch der Praktikabilität und dem Gesichtspunkt der Gleichbehandlung.[917] Zudem hätte es auch dem Sinn und Zweck des neuen Schutzrechts, Investitionen in Datenbanken zu fördern, widersprochen, wenn der Schutz von der Form der Verkörperung der Datenbank und nicht von Art und Ausmaß der getätigten Investitionen abhängig gemacht worden wäre.[918] Schließlich wurde die Einbeziehung nicht-elektronischer Datenbanken auch den Interessen technisch weniger weit entwikkelter EU-Mitgliedstaaten gerecht.[919]

Insoweit vertreten wird, daß § 87 a UrhG den Schutz durch das Datenbankherstellerrecht nur elektronischen Datenbanken zukommen läßt,[920] ist dies somit nicht nur mit dem Wortlaut, sondern auch mit der Entstehungsgeschichte der EU-Datenbankrichtlinie sowie mit Ziel und Zweck des Datenbankherstellerrechts unvereinbar.[921] Sofern Printmedien die übrigen Voraussetzungen der Datenbankdefinition erfüllen, kommt ihnen daher der Schutz durch das Datenbankherstellerrecht zugute.

---

915 Vgl. *Leistner*, Rechtsschutz von Datenbanken, S. 56 Fn. 171; siehe auch bereits oben (B.III.2.a.).

916 Vgl. *Gaster*, Rechtsschutz von Datenbanken, Rn. 37 f.; *Leistner*, Rechtsschutz von Datenbanken, S. 56.

917 Vgl. *Flechsig*, ZUM 1997, 577, 579; *Gaster*, Rechtsschutz von Datenbanken, Rn. 39; *Hornung*, EU-Datenbankrichtlinie, S. 71.

918 Vgl. *Flechsig*, ZUM 1997, 577, 579; *Gaster*, Rechtsschutz von Datenbanken, Rn. 34; *Hornung*, EU-Datenbankrichtlinie, S. 70.

919 *Gaster*, Rechtsschutz von Datenbanken, Rn. 36.

920 So *Fromm/Nordemann*, § 87 a UrhG Rn. 5.

921 Vgl. *Gaster*, MMR 1999, 543, 544 (Anm. zu BGH v. 06.05.1999 – Tele-Info-CD).

(5) Investition für die Beschaffung, Überprüfung oder Darstellung

Als Datenbanken i.S.v. § 87 a Abs. 1 S. 1 UrhG werden ferner nur solche Sammlungen von unabhängigen Elementen geschützt, deren Beschaffung, Überprüfung oder Darstellung eine Investition erfordert.

Unter einer Investition ist nach dem allgemeinen Sprachgebrauch der Einsatz von Mitteln zur Erreichung eines Zwecks, wie hier zur Herstellung der Datenbank, zu verstehen.[922] Dabei kann die Investition nach Erw.-Grd. 40 der EU-Datenbankrichtlinie in der Bereitstellung von finanziellen Mitteln und/oder im Einsatz von Zeit, Arbeit und Energie bestehen. Erforderlich ist somit ein wirtschaftlich relevanter Einsatz gleich welcher Art.[923] Die mit der Herstellung einer Datenbank verbundenen schöpferischen Leistungen sind damit nur insofern für die Schutzgewährung durch das Datenbankherstellerrecht von Bedeutung, als sie sich in Form von Geld und/oder Zeit, Arbeit und Energie niederschlagen.[924] Ihre Individualität wird mit der Gewährung des Urheberrechts belohnt; die für sie aufgewendeten Lohnkosten oder Arbeitszeiten schlagen sich dagegen bei den für die Gewährung des Datenbankherstellerrechts erforderlichen Investitionen nieder.[925]

Obwohl der Investitionsbegriff weit gefaßt ist, sind nur solche Investitionen zu berücksichtigen, die für die Beschaffung, Überprüfung oder Darstellung des Inhalts der Datenbank erbracht werden.

Bei der Beschaffung der Elemente handelt es sich um das tatsächliche Auffinden, Sammeln und Einverleiben der Einzelelemente in die Datenbank.[926] Als Investitionen für die Beschaffung kommen dementsprechend Aufwendungen für die Recherche, d.h. die Sichtung und Beobachtung des auszuwertenden Quellengebietes, in Betracht. Berücksichtigungsfähig sind ferner Entgelte für die Nutzung des Materials, insbesondere Lizenzzahlungen für den Erwerb von Nutzungsrechten an den in der Datenbank aufgenommenen Werken sowie Kosten für die Beschaffung sonstiger für die Datenbank bestimmter, sonderrechtlich nicht geschützter Elemente, etwa für Daten aus anderen Datenbanken oder von Forschungsinstituten.[927] Nicht zu berücksichtigen sind hingegen die Kosten für die Datengenerierung als eine dem Datenbankaufbau vorgeschaltete Tätigkeit,

---

922 *Roßnagel/v. Lewinski*, § 87 a UrhG Rn. 11.

923 *Bensinger*, Sui-generis Schutz für Datenbanken, S. 157.

924 Vgl. *Schricker/Vogel*, § 87 a UrhG Rn. 19.

925 *Schricker/Vogel*, § 87 a UrhG Rn. 19.

926 *Bensinger*, Sui-generis Schutz für Datenbanken, S. 158.

927 Vgl. *Bensinger*, Sui-generis Schutz für Datenbanken, S. 158; *Leistner*, Rechtsschutz von Datenbanken, S. 150 f.

sofern die Datengenerierung nicht mit der sammelnden, sichtenden und ordnenden Tätigkeit bei der Erstellung der Datenbank zusammenfällt.[928] Ferner stellt der finanzielle Aufwand zum Kauf einer Datenbank, z.B. als Teil eines Unternehmenskaufs, keine berücksichtigungsfähige Investition dar, da sich die für die Beschaffung erforderlichen Investitionen auf die Beschaffung der Einzelelemente richten müssen.[929]

Bei den Investitionen für die Überprüfung des Datenbankinhalts sind Investitionen zu berücksichtigen, die für das Kontrollieren der in der Datenbank enthaltenen Einzelelemente auf Richtigkeit und Vollständigkeit erbracht werden.[930]

Des weiteren sind als Investitionen für die Darstellung solche Aufwendungen zu berücksichtigen, die in die typographische Gestaltung der Sammlung und in die technische Aufbereitung des Materials geflossen sind[931] oder die für die Erstellung von Registern, Verzeichnissen oder *Abstracts* angefallen sind[932]. Ferner werden die Kosten der beim Aufbau und für den Zugang verwendeten Computerprogramme wie auch bei nichtelektronischen Datenbanken die Kosten für Satz und Druck der Printmedien erfaßt.[933]

In bezug auf Printmedien ergibt sich aus alledem, daß als Investitionen für die Beschaffung des Datenbankinhalts in erster Linie die Zahlung von Lizenzgebühren für den Erwerb ausschließlicher oder einfacher Nutzungsrechte an den in dem Printmedium aufgenommenen Werken sowie die Kosten für die Beschaffung sonstiger für das Printmedium bestimmter, sonderrechtlich nicht geschützter Daten von Relevanz sind. Als Investitionen für die Überprüfung sind insbesondere die Lohnkosten der zur Kontrollierung des Materials auf seine Richtigkeit und Vollständigkeit eingesetzten Mitarbeiter des Verlegers zu berücksichtigen. Als Investitionen für die Darstellung des Inhalts des Printmediums fallen schließlich neben den Kosten für Satz und Druck des Printmediums vor allem die Lohnkosten für den Herausgeber der Sammlung, der die Einzelelemente auswählt und anordnet, für den *Layouter*, den Grafiker und für sonstige bei der Präsentation des Printmediums und bei der Erstellung von Stichwort-, Schlagwort- und Inhaltsverzeichnissen eingesetzte Mitarbeiter ins Gewicht.

---

928 *Schricker/Vogel*, § 87 a UrhG Rn. 16; ebenso *Möhring/Nicolini-Decker*, § 87 a UrhG Rn. 14.

929 *Gaster*, Rechtsschutz von Datenbanken, Rn. 478 ff.; *Möhring/Nicolini-Decker*, § 87 a UrhG Rn. 14; *Roßnagel/v. Lewinski*, § 87 a UrhG Rn. 18.

930 *Bensinger*, Sui-generis Schutz für Datenbanken, S. 158 f.

931 *Bensinger*, Sui-generis Schutz für Datenbanken, S. 159.

932 Vgl. *Schricker/Vogel*, § 87 a UrhG Rn. 19.

933 *Schricker/Vogel*, § 87 a UrhG Rn. 19.

Zu beachten ist aber, daß nur der Teil der Investitionen zu berücksichtigen ist, der auch tatsächlich zur Erstellung der Datenbank geführt hat.[934] Dies hat zur Folge, daß bei Schriften- und Buchreihen die für die Herstellung eines Einzelbandes getätigten Investitionen nicht als Investitionen für die Erstellung der Reihe geltend gemacht werden können. Da darüber hinausgehend kaum Kosten für die Einstellung des Einzelbandes in die Schriften- oder Buchreihe anfallen dürften, ist davon auszugehen, daß Schriften- oder Buchreihen mangels Überschreitens der Wesentlichkeitsgrenze[935] nicht durch das Datenbankherstellerrecht geschützt werden.

Des weiteren kann ein Verlag, der die von ihm herausgegebenen Zeitschriften am Jahresende außerdem als Jahresausgabe in Printform oder auf CD-ROM herausgibt, nicht die für die Herstellung der Einzelhefte der Zeitschrift angefallenen Kosten als Investitionen in die Herstellung der Datenbank geltend machen.[936] Ob die Jahresausgabe demnach durch das Datenbankherstellerrecht geschützt ist, hängt davon ab, ob die zur ihrer Erstellung getätigten, berücksichtigungsfähigen Investitionen die Wesentlichkeitsschwelle übersteigen.

(6) Wesentlichkeit der Investition nach Art oder Umfang

Als Datenbank kann das Printmedium nur dann geschützt werden, sofern die bei der Beschaffung, Überprüfung und Darstellung getätigten Investitionen nach Art oder Umfang wesentlich sind. Wie dieser unbestimmte Rechtsbegriff der Wesentlichkeit auszulegen und wann eine Investition als wesentlich anzusehen ist, sind der EU-Datenbankrichtlinie nur vage Anhaltspunkte zu entnehmen.[937] Auch fehlt es bisher an obergerichtlicher Judikatur zur Bestimmung der erforderlichen Investitionshöhe. Zwar hat der BGH das Vorliegen einer wesentlichen Investition bei den unter großen Mühen und Aufwendungen hergestellten, ständig aktualisierten und überprüften amtlichen Telefonverzeichnissen bejaht.[938] Die unstreitig hohen Aufwendungen bei der Herstellung dieser Telefonverzeichnisse gaben dem Gericht jedoch keine Möglichkeit, die untere Grenze der Investitionshöhe näher zu bestimmen.[939]

---

934 *Bensinger*, Sui-generis Schutz für Datenbanken, S. 158; *Möhring/Nicolini-Decker*, § 87 a UrhG Rn. 12.

935 Hierzu siehe unten (F.II.2.b.bb.(6)).

936 Vgl. *Möhring/Nicolini-Decker*, § 87 a UrhG Rn. 12; *Raue/Bensinger*, MMR 1998, 507, 509.

937 Vgl. Erw.-Grd. 19.

938 BGH v. 06.05.1999, GRUR 1999, S. 923, 925 – Tele-Info-CD.

939 Vgl. *Leistner*, MMR 1999, S. 636, 639.

In der Literatur wird teilweise angenommen, daß Erw.-Grd. 7 der EU-Datenbankrichtlinie den Ausgangspunkt zur Beantwortung der Frage nach der erforderlichen Investitionshöhe bilde.[940] Ob eine Investition als wesentlich anzusehen ist, sei danach durch einen Vergleich des finanziellen, zeitlichen und andersartigen Aufwandes des Datenbankherstellers mit dem für die Nutzung oder Verwertung der Datenbank erforderlichen Aufwand, d.h. mit den Kosten für die Kopie der fertiggestellten Datenbank, zu beurteilen. Ein solcher Vergleich liefert jedoch kein geeignetes Abgrenzungskriterium. Denn der Hersteller der Originalzusammenstellung muß in jedem Fall einen gewissen Aufwand bei der Beschaffung, Überprüfung und Darstellung des Datenbankinhalts erbringen. Der Übernehmer, der die Sammlung kopiert, erspart sich diesen Aufwand. Da Kopien aufgrund des Fortschritts der Reprographietechniken heutzutage schnell, einfach und kostengünstig herzustellen sind, wird der Aufwand des Übernehmers selbst dann geringer sein als der des Herstellers, wenn es sich lediglich um mit minimalem Aufwand hergestellte Allerweltsdatenbanken handelt. Eine Abstellung auf den Vergleich zwischen dem Herstelleraufwand und dem Übernehmeraufwand für die Bestimmung der Investitionshöhe würde somit dem Merkmal der Wesentlichkeit jegliche Funktion nehmen.

Ein anderer Teil der Literatur nimmt an, daß die Schutzschwelle hoch anzusetzen ist.[941] Der Wortlaut des § 87 a UrhG ergebe, daß die Investition ein substantielles Gewicht haben müsse. Zudem sei dies auch wegen des Prinzips der Gemeinfreiheit von Informationen geboten. Denn eine niedrige Investitionshöhe würde wegen des Zusammenspiels von § 87 a UrhG und § 87 b UrhG zu der Gefahr einer Monopolisierung von gemeinfreien Informationen führen. Dem ist jedoch entgegenzuhalten, daß die deutsche Übersetzung des im englischen Richtlinientext benutzten Begriffs *„substantial investment"* irreführend ist; der Begriff ist vielmehr, wie sich auch aus Erw.-Grd. 19 der EU-Datenbankrichtlinie ergibt, im Sinne von „erheblich" zu verstehen.[942] Aus dem Wortlaut folgt somit nicht zwingend, daß eine hohe Schutzschwelle bei der Bestimmung der Wesentlichkeit anzusetzen ist. Auch das Prinzip der Gemeinfreiheit von Informationen gebietet nicht, erhöhte Anforderungen an die Wesentlichkeitsschwelle zu stellen.[943] Denn die Gefahr einer Monopolisierung von Informationen dürfte in der Regel nicht von kleinen Sammlungen mit geringen Investitionsumfängen ausge-

---

940 *Hornung*, EU-Datenbankrichtlinie, S. 112; *Roßnagel/v. Lewinski*, § 87 a UrhG Rn. 16.

941 *Fromm/Nordemann-Hertin*, § 87 a UrhG Rn. 9; ebenso in bezug auf die britischen Umsetzungsvorschriften: *Laddie/Prescott/Vitoria*, Rn. 30.47.

942 Vgl. *Bensinger*, Sui-generis Schutz für Datenbanken, S. 162; *Leistner*, Rechtsschutz von Datenbanken, S. 164.

943 Vgl. *Leistner*, Rechtsschutz von Datenbanken, S. 166 f.

hen. Eine hohe Schutzschwelle würde dementsprechend zu dem Ergebnis führen, daß Produzenten von großen und investitionsintensiven Datenbanken die ungeschützten Produkte ihrer kleineren Konkurrenten nutzen könnten, um ihrerseits unter größeren Aufwendungen umfänglichere und somit schutzfähige Datenbanken herzustellen.[944]

Vielmehr spricht der Schutzzweck der EU-Datenbankrichtlinie, Investitionen in Datenbanken zu fördern, dafür, die Schutzschwelle niedrig anzusetzen.[945] Denn auch der Schutz von Datenbanken, die lediglich mit einigem Aufwand hergestellt worden sind, trägt zur Entwicklung des Datenbankmarktes in der EU bei. Zudem gebietet auch der mit der Einführung des Datenbankherstellerrechts zugleich verfolgte Zweck, die Anhebung der urheberrechtlichen Originalitätsanforderungen und die damit einhergehende Aufgabe des Urheberrechtsschutzes für *„sweat of the brow"*-Datenbanken in den *Copyright*-Staaten zu kompensieren,[946] eine nicht allzu hohe Ansetzung der Investitionshöhe. Denn nach bisherigem britischem Recht wurde einer Vielzahl auch einfachster Informationssammlungen *Copyright*-Schutz gewährt,[947] so daß eine hoch angesetzte Wesentlichkeitsschwelle der beabsichtigten Kompensationswirkung des Datenbankherstellerrechts entgegenstünde.

Aus all dem folgt, daß die an die Wesentlichkeit der Investition zu stellenden Anforderungen niedrig anzusetzen sind.[948] Nicht schutzfähig sind danach lediglich Datenbanken, zu deren Herstellung völlig unbedeutende Investitionen getätigt wurden.[949] Eine niedrig angesetzte Wesentlichkeitsschwelle führt auch nicht zwangsläufig zu einer weitreichenden Beschränkung der Datenbanknutzer in ihren Nutzungsmöglichkeiten. Vielmehr eröffnet die Vorschrift des § 87 b Abs. 1 S. 1 UrhG, die eine Rechtsverletzung auf sich auf wesentliche Teile der Datenbank beziehende Verletzungshandlungen beschränkt, die Möglichkeit eines Ausgleichs. Entsprechend der flexiblen Vorgehensweise im englischen *Copyright Law* zur Bestimmung eines „wesentlichen Teils" i.S.v. Sec. 16(3)(a) CDPA[950] liegt es nahe, ein Zusammenspiel der Wesentlichkeitskriterien in § 87 a Abs. 1 S. 1 UrhG und § 87 b Abs. 1 S. 1 UrhG dahingehend

---

944 Vgl. *Leistner*, Rechtsschutz von Datenbanken, S. 166.

945 So auch *Leistner*, Rechtsschutz von Datenbanken, S. 165 f.

946 Dazu siehe oben (F.II.2.a.aa.).

947 Siehe oben (E.II.1.b.).

948 Ebenso *Becker*, Rechtsschutz von Datenbanken, S. 166 f.; *Bensinger*, Sui-generis Schutz für Datenbanken, S. 164; *Leistner*, Rechtsschutz von Datenbanken, S. 168; wohl auch *Gaster*, Rechtsschutz von Datenbanken, Rn. 476.

949 *Bensinger*, Sui-generis Schutz für Datenbanken, S. 164.

950 Dazu siehe *Cornish*, Intellectual Property, Rn. 11-06 ff.

anzunehmen, daß der entnommene Teil für die Begründung einer Rechtsverletzung um so kleiner zu sein braucht, je höher die Investitionen in eine Datenbank sind.[951]

Der Zusatz der Wesentlichkeit der Investition „nach Art oder Umfang" dient weniger einer positiven als einer negativen Bestimmung des Merkmals der Wesentlichkeit. Den EU-Mitgliedstaaten sollte es durch diesen Zusatz verwehrt werden, wesentlich nur in dem einen oder anderen Sinne auszulegen; vielmehr sollten stets beide Aspekte berücksichtigt werden.[952]

Der Umfang der Investition läßt sich dahingehend konkretisieren, daß jegliche Sachmittel, Finanzierungs- und Lohnkosten als quantitative Aufwendungen finanzieller Mittel sowie der Einsatz eigener Zeit, Arbeit und Energie für die Beschaffung, Überprüfung oder Darstellung des Inhalts der Datenbank als quantitativ zu beurteilender Aufwand bei der Beurteilung der Wesentlichkeit zu berücksichtigen sind.[953]

Die Bestimmung dessen, was als qualitativer Aufwand bei der Beurteilung der Wesentlichkeit der Investition von Relevanz ist, bereitet hingegen weitaus größere Schwierigkeiten. So wurde angenommen, daß eine der Art nach wesentliche Investition in der Zusammenstellung von Datensätzen unter bestimmten, bisher einmaligen wissenschaftlichen Kriterien, in der Gliederungsdichte der Schlagwörter von Thesaurus und Index oder im besonderen Komfort des Abfragesystems liegen könne.[954] Jedoch dürften diese qualitativen Merkmale, die sich in der Datenbank selbst verkörpern, in aller Regel auf erheblichen quantitativen Aufwendungen beruhen, die sich in finanziellen Mitteln für Sachmittel sowie in Lohnkosten für angestellte Urheber oder für sonstige Angestellte ausdrücken.[955] *Leistner* schlägt deshalb vor, den Begriff der qualitativen Wesentlichkeit so zu verstehen, daß besonders innovative, wettbewerbsrelevante unternehmerische Investitionsleistungen (Geschäftsideen) einerseits und kulturpolitisch besonders wünschenswerte Investitionen andererseits als qualitative Merkmale dem Lei-

---

951 So auch *Bensinger*, Sui-generis Schutz für Datenbanken, S. 163 f.; vgl. auch *Raue/Bensinger*, MMR 1998, 507, 508, die einen Vergleich mit den kommunizierenden Röhren ziehen.

952 *Bensinger*, Sui-generis Schutz für Datenbanken, S. 165.

953 Vgl. *Leistner*, Rechtsschutz von Datenbanken, S. 154; *Schricker/Vogel*, § 87 a UrhG Rn. 18.

954 *Schricker/Vogel*, § 87 a UrhG Rn. 20.

955 Vgl. *Leistner*, Rechtsschutz von Datenbanken, S. 155.

stungsschutz zugänglich werden.[956] Aber auch insoweit ist kaum ein Fall denkbar, bei dem für die Herstellung des Endproduktes nicht zugleich auch erhebliche quantitative Investitionen aufgewendet werden.

In aller Regel werden somit die quantitativen und qualitativen Investitionen zusammenfallen. Qualitative Aufwendungen, die ohne gleichzeitigen Aufwand quantitativer Art getätigt werden, ließen sich allenfalls mangels anfallender Lohnkosten in einer planenden und organisatorischen Leistung des Datenbankherstellers selbst sehen, die auf schöpferischer Tätigkeit, besonderen Fähigkeiten, Kenntnissen und beruflichem Geschick beruht.[957]

Eine eingehendere Untersuchung erübrigt sich jedoch im Rahmen dieser Abhandlung. Denn der Verleger von Printmedien tätigt in jedem Fall hohe und damit weit über der niedrig anzusetzenden Wesentlichkeitsschwelle liegende Investitionen bei der Herstellung seiner Printmedien. Denn wie bereits gesehen,[958] hat der Verleger hohe *prepublication costs* zu tragen, zu denen unter anderem die Kosten für den Erwerb des zu verlegenden Inhalts, die Lohn- und Materialkosten für die redaktionelle Tätigkeit, das Design und die Illustration sowie die Kosten für Satz und Druck zu zählen sind. Insofern erfüllen Printmedien in aller Regel die Voraussetzung der wesentlichen Investition bei der Beschaffung, Überprüfung und Darstellung ihres Inhalts.

Etwas anderes könnte sich aber für solche Printmedien ergeben, bei denen es sich wie bei Gesamtausgaben eines Autors oder Anthologien lediglich um eine Zusammenstellung von Texten handelt. Eine Verneinung der Schutzfähigkeit solcher Printmedien könnte sich aus Erw.-Grd. 19 der EU-Datenbankrichtlinie ergeben, wonach einfache Musik-CDs die notwendige Investitionshöhe in der Regel nicht erreichen.[959] Jedoch wurde Erw.-Grd. 19 als politischer Kompromiß eingeführt, um sicherzustellen, daß die ausgewogene Rechtesituation im Bereich der Tonträgerherstellung durch die EU-Datenbankrichtlinie nicht gefährdet wird,

---

956 *Leistner*, MMR 1999, S. 636, 639 f. Nach seiner Ansicht ergeben sich aus dem Schutzzweck des Datenbankherstellerrechts die Fallgruppen des Vorsprungs im Wettbewerb durch Innovation, der qualitativen Wesentlichkeit aufgrund unternehmerischer Stellung sowie der Schutzwürdigkeit aufgrund des kulturellen Kommunikationswertes, bei denen eine qualitative Wesentlichkeit anzunehmen ist; vgl. *Leistner*, Rechtsschutz von Datenbanken, S. 155 ff.

957 aA *Leistner*, Rechtsschutz von Datenbanken, S. 154 f., der insoweit fiktive Lohnkosten, d.h. Lohnkosten, die für die Beschäftigung einer entsprechend qualifizierten Fachkraft aufzuwenden wären, ansetzen will.

958 Siehe oben (B.III.1.).

959 Dies wird angenommen von *Gordon-Pullar/Ward*, CTLR 1995, 201, 204.

weshalb eine Verallgemeinerung dieses Erwägungsgrundes über den Bereich der Tonträgerherstellung hinaus abzulehnen ist.[960]

(7) Erforderlichkeit der Investition

Abschließende Voraussetzung der Datenbankdefinition des § 87 a Abs. 1 S. 1 UrhG ist, daß die Beschaffung, Überprüfung oder Darstellung der Elemente eine wesentliche Investition *erfordert*. Diese Formulierung folgt der deutschen Fassung von Art. 7 Abs. 1 der EU-Datenbankrichtlinie, die allerdings, wie der Blick auf die englische Fassung der Richtlinie zeigt,[961] unscharf ist. Denn sie läßt die Schlußfolgerung zu, daß der Schutz unabhängig davon, ob Investitionen konkret getätigt worden sind, bereits dann gewährt wird, wenn die Datenbank nach ihrer Art und Erscheinung nur mit erheblichen Investitionen hergestellt werden kann.[962] Der englische Wortlaut der Richtlinie macht aber deutlich, daß die Investitionen auch konkret getätigt worden sein müssen. Dies entspricht auch der Zuordnung des Datenbankherstellerrechts zu den Leistungsschutzrechten,[963] die als investitionsschützende Rechte tatsächlich erbrachten Aufwand honorieren.[964] Ferner läßt sich dies auch der Regelung des § 87 a Abs. 2 UrhG entnehmen, die das Schutzrecht ausdrücklich demjenigen zuweist, der die Investitionen im Sinne des Absatzes 1 vorgenommen hat.[965] Somit sind nur diejenigen Datenbanken durch das Datenbankherstellerrecht geschützt, für deren Herstellung tatsächlich wesentliche Investitionen erbracht werden.

Dies hat allerdings keine Auswirkungen auf die Schutzfähigkeit von Printmedien als Datenbanken, da für deren Herstellung regelmäßig tatsächlich wesentliche Investitionen erbracht werden.

(8) Ergebnis

Die Definition der Datenbank in § 87 a Abs. 1 S. 1 UrhG ist so gefaßt, daß eine Vielzahl von Printmedien als Datenbank durch das Datenbankherstellerrecht geschützt werden.

---

960 *Leistner*, Rechtsschutz von Datenbanken, S. 164 f.; siehe auch *Schricker/Vogel*, § 87 a UrhG Rn. 15.

961 Dort heißt es: „*... database which shows that there has been qualitatively and/or quantitatively a substantial investment...*".

962 Vgl. *Bensinger*, Sui-generis Schutz von Datenbanken, S. 155, Fn. 774.

963 Dazu siehe oben (F.II.1.b.).

964 Vgl. *Raue/Bensinger*, MMR 1998, 507, 508 f.

965 *Raue/Bensinger*, MMR 1998, 507, 509.

Keinerlei Einschränkungen bezüglich der Schutzfähigkeit von Printmedien als Datenbank ergeben sich aus dem Tatbestandsmerkmal der „Sammlung von Werken, Daten oder anderen Elementen“; vielmehr erfüllen Printmedien in all ihren Erscheinungsformen generell dieses Tatbestandsmerkmal.

Das Erfordernis der Unabhängigkeit der Elemente dient dazu, Einzelwerke, deren Inhalt sich durch aufeinander aufbauende Einzelelemente, durch eine fortlaufende Struktur, auszeichnet und eine Sinneinheit bildet, aus dem Schutzgegenstandsbereich des Datenbankherstellerrechts auszuschließen. Dies hat zur Folge, daß solche Printmedien, die ein Einzelwerk zum Inhalt haben, wie z.B. literarische oder wissenschaftliche Bücher, Lehr- und Sachbücher oder Romane, vom Schutz durch das Datenbankherstellerrecht ausgeschlossen sind.

Die Voraussetzung der systematischen oder methodischen Anordnung setzt eine Zusammenstellung nach Ordnungsgesichtspunkten voraus, die den Zugriff auf die Einzelelemente ermöglicht, z.B. eine alphabetische, chronologische, numerische Anordnung oder eine Anordnung nach inhaltlicher Thematik. Die Einzelelemente müssen recherchierbar in dem Sinne sein, daß die gewählte Anordnung von außenstehenden Dritten nachvollziehbar ist. Ausreichend dafür ist, daß die Einzelelemente aufgrund eines der Sammlung beigefügten Inhaltsverzeichnisses, das nach objektiv nachvollziehbaren Ordnungskriterien strukturiert ist, mittelbar recherchierbar sind. Erforderlich ist aber in jedem Fall, daß ein gezielter Zugriff auf die Einzelelemente möglich ist, d.h. daß unter Zugrundelegung der gewählten Ordnungskriterien jedes Element an einer bestimmten Stelle der Sammlung angeordnet ist, ohne daß dies zur Disposition des Datenbankherstellers steht. Ob Printmedien danach das Erfordernis der systematischen oder methodischen Anordnung erfüllen, ist in jedem Einzelfall unter Berücksichtigung der Charakteristika der jeweiligen Sammlung festzustellen. Lediglich Nachschlagewerke sind *per definitionem* systematisch oder methodisch angeordnet.

Aus der Voraussetzung der einzelnen Zugänglichkeit mit Hilfe elektronischer Mittel oder auf andere Weise ergeben sich keine Einschränkungen bezüglich der Schutzfähigkeit von Printmedien als Datenbanken. Die in den Printmedien enthaltenen Elemente sind durch die Möglichkeit einer separaten Wahrnehmung durch das menschliche Auge auf andere Weise einzeln zugänglich.

Auch aus der Voraussetzung, daß die Beschaffung, Überprüfung oder Darstellung der Einzelelemente eine nach Art oder Umfang wesentliche Investition erfordert, folgen so gut wie keine Einschränkungen für die Schutzfähigkeit von Printmedien durch das Datenbankherstellerrecht. Lediglich Schriften- oder Buchreihen fallen aus diesem Grund in aller Regel aus dem Schutzgegenstandsbereich des Datenbankherstellerrechts heraus, da der Teil der Investitionen, der tatsächlich zur Erstellung der Schriften- oder Buchreihe geführt hat, regelmäßig nicht die Wesentlichkeitsschwelle überschreitet. Die für die übrigen Printmedien getätigten Investitionen liegen jedoch in aller Regel über der niedrig anzusetzenden Wesentlichkeitsschwelle.

Festzuhalten bleibt somit, daß eine Vielzahl von Printmedien als Datenbank i.S.v. § 87 a Abs. 1 S. 1 UrhG geschützt sind.

cc. Der Verleger als Datenbankhersteller

Nach § 87 a Abs. 2 UrhG ist Datenbankhersteller derjenige, der die Investition im Sinne des Absatzes 1 vorgenommen hat. Wie sich aus dem insoweit neutralen Wortlaut ergibt, kann Inhaber des Datenbankherstellerrechts als wirtschaftlichem Schutzrecht ohne persönlichkeitsrechtliche Komponente sowohl eine natürliche als auch eine juristische Person[966] sein, wie dies auch bei den übrigen Leistungsschutzrechten der Fall ist.[967]

(1) Allgemein

Erw.-Grd. 41 S. 2 der EU-Datenbankrichtlinie charakterisiert den Datenbankhersteller näher als diejenige Person, die die Initiative ergreift und das Investitionsrisiko trägt.

Für ein „Ergreifen der Initiative" reicht es nicht aus, lediglich eine Idee für die Herstellung einer bestimmten Datenbank zu haben.[968] Um sich als Datenbankhersteller zu qualifizieren, muß die natürliche oder juristische Person vielmehr bereits erste Schritte zur Herstellung der Datenbank unternommen haben.[969] Dazu sind z.B. die finanzielle und organisatorische Planung, das Anwerben von Arbeitnehmern, das Anmieten von Büroräumen und die Anschaffung von Arbeitsmitteln zu zählen.[970] Ausreichend ist dabei, daß die einzelnen Schritte auf Veranlassung und Anweisung der Person erfolgen, die als Hersteller anzusehen ist; diese kann sich also bei diesen Tätigkeiten anderer Personen bedienen.[971]

Daneben muß die natürliche oder juristische Person, die derart die Initiative ergriffen hat, auch das wirtschaftliche Investitionsrisiko tragen. Durch dieses Er-

---

966 Dies wird auch bestätigt durch Erw.-Grd. 56 der EU-Datenbankrichtlinie sowie § 127 a Abs. 1 UrhG.

967 *Bensinger*, Sui-generis Schutz für Datenbanken, S. 170 verweist darauf, daß die Möglichkeit, *sui generis*-Rechte an einer Datenbank insbesondere Unternehmen unmittelbar zuweisen zu können, als einer der Hauptgründe für die Schaffung des *sui generis*-Rechts verstanden wird.

968 *Roßnagel/v. Lewinski*, § 87 a UrhG Rn. 28.

969 *Hornung*, EU-Datenbank-Richtlinie, S. 100 f.; *Roßnagel/v. Lewinski*, § 87 a UrhG Rn. 28.

970 *Roßnagel/v. Lewinski*, § 87 a UrhG Rn. 28.

971 *Roßnagel/v. Lewinski*, § 87 a UrhG Rn. 28.

fordernis wird eine Verbindung hergestellt zwischen den zur Herstellung getätigten wesentlichen Investitionen als Voraussetzung für den Schutz einer Datenbank und der hierfür verantwortlichen Person als Träger des Rechts.[972] Datenbankhersteller ist somit diejenige Person, die die wesentlichen Investitionen vorgenommen hat und damit das organisatorische und wirtschaftliche Risiko trägt, welches mit dem Aufbau einer Datenbank verbunden ist.[973] Dies wird regelmäßig die Person sein, welche die einschlägigen Finanzierungs-, Beschaffungs- und Personalverträge im eigenen Namen und für eigene Rechnung geschlossen hat, welche die Nutzungsrechte an den in die Datenbank aufgenommenen Werken innehat und welche die sonstigen in der Datenbank enthaltenen unabhängigen Elemente von den Daten- und Informationsanbietern erworben hat.[974]

Beruht eine Datenbank auf der Investitionsleistung mehrerer Hersteller, die alle wesentlichen Entscheidungen gemeinsam treffen und das wirtschaftliche Risiko gemeinsam tragen, so steht ihnen das Recht gemäß § 741 BGB gemeinschaftlich zu.[975] Keine gemeinschaftliche Rechtsinhaberschaft liegt jedoch aufgrund des Über-/Unterordnungsverhältnisses zwischen einem Haupt- und einem Subunternehmer vor.[976] Dies ergibt sich auch aus Erw.-Grd. 41 S. 3 der EU-Datenbankrichtlinie, wonach Auftragnehmer nicht unter den Begriff des Herstellers fallen. Kein Datenbankhersteller ist somit ein Unternehmer, der im Lohnauftrag tätig wird.[977] Gleichfalls stellt sich die aus dem Urheberrecht bekannte „*work made for hire*"-Problematik im Fall des Datenbankherstellerrechts nicht, da Arbeitnehmer in aller Regel nicht selbständig die Initiative zur Herstellung von Datenbanken ergreifen und auch nicht das unternehmerische Investitionsrisiko tragen.[978]

Unter Zugrundelegung dieser allgemeinen Grundsätze zur Bestimmung der Herstellereigenschaft ergibt sich für den Fall von Printmedien, die die Datenbankdefinition erfüllen, daß der Verleger in aller Regel als Hersteller solcher Daten-

---

972 *Bensinger*, Sui-generis Schutz für Datenbanken, S. 170.

973 *Schricker/Vogel*, § 87 a UrhG Rn. 28.

974 Vgl. *Schricker/Vogel*, § 87 a UrhG Rn. 28.

975 *Fromm/Nordemann-Hertin*, § 87 a UrhG Rn. 11; *Roßnagel/v. Lewinski*, § 87 a UrhG Rn. 28; siehe auch *Schricker/Vogel*, § 87 a UrhG Rn. 30, nach dessen Ansicht in dem Fall einer Herstellermehrheit meist die Gründung einer Gesellschaft bürgerlichen Rechts nach §§ 705 ff. BGB vereinbart worden sein wird.

976 Vgl. *Gaster*, Rechtsschutz von Datenbanken, Rn. 485.

977 *Schricker/Vogel*, § 87 a UrhG Rn. 28.

978 *Gaster*, Rechtsschutz von Datenbanken, Rn. 489; *Hornung*, EU-Datenbank-Richtlinie, S. 101; *Leistner*, Rechtsschutz von Datenbanken, S. 169.

banken anzusehen ist. Denn wie bereits festgestellt,[979] ist der Verleger nicht nur derjenige, der regelmäßig die Initiative zur Herstellung der Printmedien ergreift, indem er die ersten Schritte, wie die Anmietung von Büroräumen, das Anwerben von Mitarbeitern usw., unternimmt. Der Verleger ist darüber hinaus vor allem auch derjenige, der das wirtschaftliche Risiko des Gewinns oder Verlustes trägt, der die Rechte an den zu verlegenden Werken erwirbt, der letztlich die unternehmerische Gesamtverantwortung trägt und die wesentlichen unternehmerischen Entscheidungen trifft.

(2) Zusätzliche Heranziehung der Kriterien zur Bestimmung des Herrn des Sammelwerksunternehmens?

Den für die Bestimmung des Datenbankherstellers zentralen Kriterien des Ergreifens der Initiative und des Tragens des Investitionsrisikos kommt auch eine entscheidende Rolle bei der Beantwortung der Frage zu, wer als Herr eines Sammelwerksunternehmens anzusehen ist. Es stellt sich somit die Frage, ob bei Bestimmung der Person des Datenbankherstellers generell auf die Kriterien zur Bestimmung des Herrn des Sammelwerksunternehmens zurückgegriffen werden kann.

Die Rechtsfigur des Sammelwerksunternehmens wird abgeleitet von dem Begriff des Handelsunternehmens bzw. Gewerbebetriebs[980] und zielt ab auf die wirtschaftlich-organisatorische Leistung, die in der Herstellung, Vervielfältigung und Verbreitung eines Sammelwerkes besteht[981]. Das Recht am Unternehmen besteht in der Möglichkeit der gewinnbringenden Fortführung des Sammelwerkes, d.h. in der Möglichkeit des Erscheinenlassens von weiteren Lieferungen bei periodischen Sammelwerken sowie von Neuauflagen[982] bei nichtperiodischen Sammelwerken.[983] Das Recht am Unternehmen knüpft somit zwar an Leistungen in der Vergangenheit an, weist aber gleichzeitig in die Zukunft, indem es sich auf die erst noch zu schaffende Ausgabe erstreckt.[984] Mit dem Be-

---

979 Siehe oben (B.I.).

980 *Siara*, Sammlungen und Sammelwerke, S. 18.

981 BGH v. 11.10.1967, GRUR 1968, 329, 331 – Der kleine Tierfreund; *Schricker/Loewenheim*, § 4 UrhG Rn. 24.

982 aA *Siara*, Sammlungen und Sammelwerke, S. 71 f., wonach bei nichtperiodischen Sammelwerken das Recht am Unternehmen dann heranzuziehen ist, wenn es um die Fortsetzung eines erst teilweise geschaffenen (vor allem mehrbändigen) Sammelwerkes geht und diese Fortsetzung weder Bearbeitung noch eine sonstige unfreie Benutzung des schon existierenden Teils ist.

983 Vgl. BGH v. 11.10.1967, GRUR 1968, 329, 331 – Der kleine Tierfreund; *Schricker/Loewenheim*, § 4 UrhG Rn. 24.

984 Vgl. *Siara*, Sammlungen und Sammelwerke, S. 31.

griff des Unternehmens wird dabei die Gesamtheit der vermögenswerten Rechte und Interessen bezeichnet, die sich an die Tätigkeit des Herausbringens eines Sammelwerkes knüpfen.[985] Hierzu zählen das Recht am Titel, der Ruf des Sammelwerkes, seine Beliebtheit und Wertschätzung, sein Abnehmerkreis und die Beziehungen zu Mitarbeitern.[986] Im Unternehmen können auch Urheber- und Nutzungsrechte enthalten sein, z.B. Urheberrechte am Titel oder an noch nicht erschienenen Beiträgen.[987]

Als Herr des Unternehmens und damit Inhaber des Rechts am Sammelwerksunternehmen kommen der Verleger sowie der Herausgeber des Sammelwerkes in Betracht. Entscheidend sind in erster Linie die vertraglichen Vereinbarungen.[988] Der Verleger ist danach als Herr des Unternehmens anzusehen, wenn der Herausgeber das Sammelwerk vereinbarungsgemäß im Auftrag des Verlags herausgibt und der Verlag das Entscheidungsrecht über die wirtschaftliche Seite des Unternehmens sowie über sachliche Fragen, wie den Titel, die Ausstattung, die Aufmachung, wie auch das alleinige Bestimmungsrecht hinsichtlich Planung, Arbeitsteilung und Zusammenarbeit hat.[989] Beim Fehlen einer vertraglichen Regelung erfolgt die Bestimmung des Herrn des Sammelwerksunternehmens anhand der tatsächlichen Verhältnisse.[990] Maßgebend ist dabei weniger, in wessen Händen die geistige Leitung des Sammelwerkes liegt.[991] Entscheidend ist vielmehr, wer die organisatorische und wirtschaftliche Last trägt, wobei ausschlaggebend ist, wer das Sammelwerk gegründet, den Titel erfunden, die Mitarbeiter

---

985 OLG Frankfurt/Main v. 24.03.1966, GRUR 1967, 151, 153 - Archiv; OLG Frankfurt/Main v. 10.01.1985, GRUR 1986, 242 - Gesetzessammlung; *Schricker/Loewenheim*, § 4 UrhG Rn. 24.

986 Vgl. OLG Frankfurt/Main v. 24.03.1966, GRUR 1967, 151, 153 - Archiv; BGH v. 11.10.1967, GRUR 1968, 329, 331 – Der kleine Tierfreund; OLG Frankfurt/Main v. 10.01.1985, GRUR 1986, 242 - Gesetzessammlung; *Schricker/Loewenheim*, § 4 UrhG Rn. 25; *Schricker*, Verlagsrecht, § 41 VerlG Rn. 14

987 *Schricker*, Verlagsrecht, § 41 VerlG Rn. 14

988 OLG Frankfurt/Main v. 10.01.1985, GRUR 1986, 242, 243 - Gesetzessammlung; *Schrikker/Loewenheim*, § 4 UrhG Rn. 27; *Schricker*, Verlagsrecht, § 41 VerlG Rn. 15; *Siara*, Sammlungen und Sammelwerke, S. 19.

989 OLG Hamm v. 19.10.1965, GRUR 1967, 153, 155 – Deutsche Bauzeitschrift; *Schrikker/Loewenheim*, § 4 UrhG Rn. 27; *Schricker*, Verlagsrecht, § 41 VerlG Rn. 15.

990 OLG Frankfurt/Main v. 10.01.1985, GRUR 1986, 242, 243 – Gesetzessammlung; *Schricker/Loewenheim*, § 4 UrhG Rn. 27; *Schricker*, Verlagsrecht, § 41 VerlG Rn. 15.

991 OLG Frankfurt/Main v. 24.03.1966, GRUR 1967, 151, 152 - Archiv; *Schrikker/Loewenheim*, § 4 UrhG Rn. 27.

engagiert und das wirtschaftliche Risiko getragen hat.[992] Daß der Verleger das wirtschaftliche Risiko trägt, ist nicht für sich allein als Indiz für seine Inhaberschaft am Recht am Sammelwerksunternehmen ausreichend.[993]

Wären somit bei der Bestimmung des Datenbankherstellers i.S.v. § 87 a Abs. 2 UrhG zusätzlich die Kriterien heranzuziehen, die für die Bestimmung des Inhabers des Rechts am Sammelwerksunternehmen gelten, dann würden in denjenigen Fällen Zweifel an der Eigenschaft des Verlegers als Datenbankhersteller entstehen, in denen der Verleger zwar das wirtschaftliche Risiko für die Herstellung des Printmediums trägt, der Herausgeber aber die in dem Printmedium verkörperte Datenbank gegründet und das Entscheidungsrecht über die wirtschaftliche Seite der Herstellung sowie über sachliche Fragen wie die Ausstattung, Aufmachung, Titel etc. hat.

Ein Vergleich der Charakteristika des Datenbankherstellerrechts mit dem Recht am Sammelwerksunternehmen macht jedoch die Verschiedenheit dieser beiden Rechte deutlich. Zwar zielen beide Rechte auf eine wirtschaftlich-organisatorische Leistung ab, die in der Herstellung und Vervielfältigung einer Datenbank bzw. eines Sammelwerkes liegt. Das Datenbankherstellerrecht betrifft jedoch eine konkrete, schon vorliegende Datenbank und hat keine Auswirkungen auf in der Zukunft erst noch erscheinende Datenbanken, wohingegen das Recht am Sammelwerksunternehmen sich auf die erst noch zu schaffende Ausgabe eines Sammelwerkes erstreckt. Ebenso wie das Recht am Sammelwerk als Unternehmen ein gegenüber dem Urheberrecht am Sammelwerk selbständiges Recht ist,[994] ist es somit strikt von dem Datenbankherstellerrecht zu trennen. Eine Heranziehung der Kriterien zur Bestimmung des Inhabers am Sammelwerksunternehmen auf die Bestimmung des Datenbankherstellers scheidet daher aus.

Zudem würde eine Heranziehung dieser Kriterien, sofern sie über das Ergreifen der Initiative und das Tragen des wirtschaftlichen Risikos hinausgehen, dem Wortlaut von Erw.-Grd. 41 S. 2 der EU-Datenbankrichtlinie widersprechen. Wie bereits erörtert,[995] kommt den Erwägungsgründen der Richtlinie aber nicht nur bei der Umsetzung, sondern auch bei der Auslegung der umgesetzten Vor-

---

992 OLG Frankfurt/Main v. 24.03.1966, GRUR 1967, 151, 152 – Archiv; OLG Frankfurt/Main v. 10.01.1985, GRUR 1986, 242, 243 – Gesetzessammlung; *Schricker*, Verlagsrecht, § 4 VerlG Rn. 15; *Schricker/Loewenheim*, § 4 UrhG Rn. 27; zum ganzen ausführlich: *Sellier*, Rechte bei Sammelwerken, S. 59 ff

993 *Schricker*, Verlagsrecht, § 41 VerlG Rn. 15; *Sellier*, Rechte bei Sammelwerken, S. 65.

994 Vgl. *Schricker/Loewenheim*, § 4 UrhG Rn. 25.

995 Siehe oben (F.II.2.b.aa.(1)).

schriften der EU-Datenbankrichtlinie ein bestimmender Einfluß zu. Die in Erw.-Grd. 41 S. 2 aufgestellten Merkmale zur Bestimmung der Datenbankherstellereigenschaft können somit nicht ignoriert werden. Und danach kann der Herausgeber selbst dann, wenn ihm das Entscheidungsrecht über die wirtschaftliche Seite der Herstellung des Printmediums sowie über sachliche Fragen zustünde, nunmal nicht als Datenbankhersteller angesehen werden, da nicht er, sondern der Verleger das wirtschaftliche Risiko trägt. Datenbankhersteller wäre auch in diesem Fall daher der Verleger, der nicht nur das wirtschaftliche Risiko trägt, sondern auch durch die Beauftragung des Herausgebers erste Schritte zur Herstellung des Printmediums unternommen hat.

Sofern Printmedien als Datenbanken i.S.v. § 87 a Abs. 1 S. 1 UrhG zu qualifizieren sind, ist somit der Verleger Inhaber des Datenbankherstellerrechts.

dd. Schutzinhalt

Der Schutzinhalt des Datenbankherstellerrechts richtet sich nach der Vorschrift des § 87 b UrhG, die den Umfang der dem Datenbankhersteller an seiner Datenbank zustehenden ausschließlichen Verwertungsbefugnisse abschließend festlegt.[996] Nach § 87 b Abs. 1 S. 1 UrhG hat der Datenbankhersteller das ausschließliche Recht, die Datenbank insgesamt oder einen nach Art oder Umfang wesentlichen Teil der Datenbank zu vervielfältigen, zu verbreiten und öffentlich wiederzugeben.

(1) Verwertungsbefugnisse

Durch die Gewährung des Rechts zur Vervielfältigung, zur Verbreitung und zur öffentlichen Wiedergabe hat der deutsche Gesetzgeber die Vorgaben der EU-Datenbankrichtlinie in die Terminologie und das System des deutschen Urheberrechts übertragen.[997] Denn die EU-Datenbankrichtlinie sieht für den Datenbankhersteller in Art. 7 Abs. 1 das Recht zur Entnahme und das Recht zur Weiterverwendung und damit rein begrifflich bisher unbekannte Rechte vor. Dadurch sollte der urheberrechtliche Schutz von Datenbanken nach Art. 3 ff. der Richtlinie stärker von dem *sui generis*-Schutz abgegrenzt werden.[998] Zudem sollte schon sprachlich klargestellt werden, daß es sich bei dem *sui generis*-Recht um eine neue Art eines Immaterialgüterrechts handelt, das nicht in den Schutzbereich bestehender internationaler Konventionen fällt und das Angehörigen von

---

[996] *Roßnagel/v. Lewinski*, § 87 b UrhG Rn. 1; *Schricker/Vogel*, § 87 b UrhG Rn. 1.

[997] Vgl. *Möhring/Nicolini-Decker*, § 87 b UrhG Rn. 2.

[998] Vgl. *Bensinger*, Sui-generis Schutz für Datenbanken, S. 187 im Hinblick auf das Entnahmerecht; *Hornung*, EU-Datenbank-Richtlinie, S. 118.

Drittstaaten deshalb nicht gewährt zu werden braucht.[999] Während der deutsche Gesetzgeber ursprünglich beabsichtigte, den Wortlaut der Richtlinie zu übernehmen,[1000] hat er sich schließlich dafür entschieden, die herkömmlichen Bezeichnungen für Verwertungshandlungen zu verwenden.[1001] Denn es bestand allgemein Einigkeit darüber, daß das Entnahmerecht der EU-Datenbankrichtlinie inhaltlich weitgehend dem Vervielfältigungsrecht entspricht, während das Weiterverwendungsrecht der Richtlinie eine starke Ähnlichkeit mit dem Verbreitungsrecht bzw. mit dem Recht der öffentlichen Wiedergabe aufweist.[1002] Soweit das Entnahme- und Weiterverwendungsrecht über die dem Datenbankhersteller in § 87 b Abs. 1 S. 1 UrhG gewährten Rechte inhaltlich hinausgeht,[1003] soll die dadurch entstandene Schutzlücke nach Auffassung des deutschen Gesetzgebers[1004] durch richtlinienkonforme Auslegung geschlossen werden.

(a) Bezugspunkt der Verwertungsbefugnisse

Nach § 87 b Abs. 1 S. 1 UrhG beziehen sich die Verwertungsbefugnisse des Datenbankherstellers auf die Datenbank insgesamt oder einen wesentlichen Teil derselben. Da unter der „Datenbank" i.S.v. § 87 a Abs. 1 S. 1 UrhG die nach bestimmten Ordnungsprinzipien angeordnete Zusammenstellung der Inhaltsbestandteile zu verstehen ist, könnte nach dem Wortlaut des § 87 b Abs. 1 S. 1 UrhG daran zu denken sein, als Bezugspunkt der Verwertungsbefugnisse die Zusammenstellung des Datenbankinhalts anzusehen. Dies hätte zur Folge, daß das Datenbankherstellerrecht lediglich dann verletzt wird, wenn die der Datenbank zugrundeliegenden Ordnungsprinzipien übernommen werden.

Gegenstand des Datenbankherstellerrechts ist jedoch gerade nicht die *Zusammenstellung* des Inhalts der Datenbank, sondern vielmehr die die Investitionslei-

---

999 *Bensinger*, Sui-generis Schutz für Datenbanken, S. 187 im Hinblick auf das Entnahmerecht.

1000 Vgl. BT-Drucks. 13/7385, S. 13 sowie die Regierungsbegründung, a.a.O., S. 45.

1001 Vgl. zur Entstehungsgeschichte: *Roßnagel/v. Lewinski*, § 87 b UrhG Rn. 2 ff. Die Übernahme der herkömmlichen Bezeichnungen befürwortend: *Leistner*, Rechtsschutz von Datenbanken, S. 307 f.; *Schricker/Vogel*, § 87 b UrhG Rn. 5. Kritisch zu der Abweichung von den Vorgaben der EU-Datenbankrichtlinie: *Gaster*, Rechtsschutz von Datenbanken, Rn. 530 ff.; *Raue/Bensinger*, MMR 1998, 507, 509.

1002 Vgl. *Hornung*, EU-Datenbank-Richtlinie, S. 118; *Leistner*, Rechtsschutz von Datenbanken, S. 307 f.; *Schricker/Vogel*, § 87 b UrhG Rn. 5.

1003 Dies ist insbesondere im Hinblick auf das digitale Übermittlungsrecht der Fall; hierzu siehe unten (F.II.2.b.dd.(1)).

1004 BT-Drs. 13/7934, S. 45.

stung verkörpernde Gesamtheit des Inhalts der Datenbank.[1005] Denn insofern bestimmt Art. 7 Abs. 1 der EU-Datenbankrichtlinie, deren Umsetzung § 87 b Abs. 1 S. 1 UrhG dient, daß sich das Entnahme- und Weiterverwendungsrecht auf die Gesamtheit oder einen wesentlichen Teil des *Inhalts* der Datenbank bezieht. Eine richtlinienkonforme Auslegung des § 87 b Abs. 1 S. 1 UrhG ergibt somit, daß Bezugspunkt der Verwertungsbefugnisse des Datenbankherstellers der Inhalt der Datenbank ist.[1006] Damit kommt eine Verletzung des Datenbankherstellerrechts auch dann in Betracht, wenn lediglich der Inhalt der Datenbank und nicht die der Datenbank zugrundeliegenden Ordnungsprinzipien übernommen werden.

(b) Vervielfältigungsrecht

Das Vervielfältigungsrecht dient der Umsetzung des Entnahmerechts der EU-Datenbankrichtlinie. Nach deren Art. 7 Abs. 2 lit. a bedeutet „Entnahme" die ständige oder vorübergehende Übertragung des Inhalts einer Datenbank auf einen anderen Datenträger, ungeachtet der dafür verwendeten Mittel und der Form der Entnahme. Es entspricht allgemeiner Ansicht, daß die Begriffe der Vervielfältigung und der Entnahme grundsätzlich deckungsgleich sind.[1007] Dies läßt sich auch Art. 7 Abs. 2 lit. b der EU-Datenbankrichtlinie entnehmen, wo von der Verbreitung von „Vervielfältigungsstücken" die Rede ist. Lediglich soweit es um vorübergehende Vervielfältigungen einer Datenbank geht, wie z.B. ihre Festlegung im Arbeits- oder Zwischenspeicher eines Computers, ist der Vervielfältigungsbegriff des § 87 b Abs. 1 S. 1 UrhG richtlinienkonform[1008] dahingehend auszulegen, daß solche Kopien von der Verwertungsbefugnis des Datenbankherstellers erfaßt sind.[1009]

[1005] Siehe oben (F.II.2.b.aa.(2)).

[1006] Vgl. *Raue/Bensinger*, MMR 1998 507, 509 f. Hingegen ist nach Ansicht von *Leistner*, Rechtsschutz von Datenbanken, S. 306 f. eine richtlinienkonforme Auslegung entbehrlich. Nach seiner Ansicht ergibt sich das Ergebnis, daß es für die Verletzung des Datenbankherstellerrechts gerade nicht auf die Übernahme der Datenbankstruktur ankomme, bereits aus der Dogmatik der §§ 87 a ff. UrhG. Denn der Begriff der Datenbank in § 87 b Abs. 1 S. 1 UrhG bezeichne den immaterialgüterrechtlichen Schutzgegenstand des Herstellerrechts, d.h. die Investitionsleistung selbst, die bereits betroffen sei, wenn investitionsintensiv zusammengestellte Einzelelemente unter Verzicht auf die Übernahme der Struktur entnommen und neu zusammengestellt würden.

[1007] *Schricker/Vogel*, § 87 b UrhG Rn. 10.

[1008] Vgl. Art. 7 Abs. 2 lit. a sowie Erw.-Grd. 44 der EU-Datenbankrichtlinie.

[1009] *Möhring/Nicolini-Decker*, § 87 b UrhG Rn. 3; *Schricker/Vogel*, § 87 b UrhG Rn. 11. Ob das Vervielfältigungsrecht auch die extrem kurzen Festlegungen erfaßt, die im Zuge des *Online-Browsing* automatisch im Arbeitsspeicher des Computers erfolgen, und damit

Was die Reichweite des Vervielfältigungsrechts in bezug auf die die Datenbankdefinition erfüllenden Printmedien betrifft, läßt sich folgendes festhalten: Zunächst erfaßt das Vervielfältigungsrecht des Datenbankherstellers nicht nur digitale, sondern auch analoge Vervielfältigungstechniken.[1010] Insofern wird das Datenbankherstellerrecht des Verlegers unzweifelhaft durch das Fotokopieren seiner Printdatenbanken verletzt.[1011] Da eine Vervielfältigung auch dann vorliegt, wenn das Trägermedium gewechselt wird,[1012] ist auch das Einscannen der Printdatenbank, ihre Digitalisierung und ihre Überspielung auf andere Datenträger, z.B. auf CD-ROMs, ebenso wie ein nachfolgender erneuter Printausdruck als eine Verletzung des Vervielfältigungsrechts zu bewerten. Voraussetzung ist allerdings jeweils, daß zumindest ein wesentlicher Teil der Printdatenbank vervielfältigt wird. Nicht erforderlich ist hingegen, wie bereits gesehen,[1013] daß das dem Printmedium zugrundeliegende Ordnungsprinzip übernommen wird. Gleichermaßen ergibt sich aus der Definition des Art. 7 Abs. 2 lit. a der EU-Datenbankrichtlinie, daß sich auch nichts an der Rechtswidrigkeit der Vervielfältigung ändert, wenn der Übernehmende die Anordnung des vervielfältigten Teils verändert oder Daten hinzufügt.[1014] Schließlich ist es auch nicht erforderlich, daß das Vervielfältigungsstück selbst als Datenbank i.S.v. § 87 a Abs. 1 S. 1 UrhG zu qualifizieren ist.[1015]

---

faktisch jeder bloße Gebrauch einer digitalen Datenbank dem Verbotsrecht des Datenbankherstellers unterstellt ist, ist umstritten; siehe zu der Diskussion *Schrikker/Loewenheim*, § 16 UrhG Rn. 19; einschränkend aber jetzt Art. 5 der EU-Urheberrechtsrichtlinie.

1010 *Leistner*, Rechtsschutz von Datenbanken, S. 183; *Roßnagel/v. Lewinski*, § 87 b UrhG Rn. 20; *Schricker/Vogel*, § 87 b UrhG Rn. 12; Der Begriff des „Datenträgers" in Art. 7 Abs. 2 lit. a der EU-Datenbankrichtlinie ist insofern nur eine ungenaue Übersetzung des in der englischen Fassung der Richtlinie benutzten Begriffs *„medium"*, der jeden denkbaren Datenträger umfaßt; vgl. *Fromm/Nordemann-Hertin*, § 87 b UrhG Rn. 1; *Möhring/Nicolini-Decker*, § 87 b UrhG Rn. 3.

1011 Vgl. *Roßnagel/v. Lewinski*, § 87 b UrhG Rn. 20.

1012 *Schricker/Vogel*, § 87 b UrhG Rn. 12.

1013 Siehe oben (F.II.2.b.dd.(1)(a)).

1014 Vgl. *Bensinger*, Sui-generis Schutz für Datenbanken, S. 189 f., die auf das daraus resultierende Problem der fehlenden Balancierung zwischen freier und unfreier Benutzung hinweist. Nach ihrer Ansicht fehlt damit dem *sui generis*-Recht eine entscheidende Schnittstelle, an der allgemein im Urheberrecht die widerstreitenden Interessen der Allgemeinheit an der Nutzung geistiger Leistungen und des Erbringers dieser Leistungen an ihrer Monopolisierung zu seinen Gunsten gegeneinander abgewägt würden.

1015 *Bensinger*, Sui-generis Schutz für Datenbanken, S. 189.

(c) Verbreitungsrecht

Während Art. 7 Abs. 1 der EU-Datenbankrichtlinie mit der Schaffung des neuen Begriffs des „Weiterverwendungsrechts" eine Zuordnung einzelner Übermittlungs- oder Verbreitungsformen vermeidet,[1016] hat der deutsche Gesetzgeber durch die Verwendung der herkömmlichen Bezeichnungen „Verbreitungsrecht" und „Recht der öffentlichen Wiedergabe" in § 87 b Abs. 1 S. 1 UrhG die Trennung zwischen der Verbreitung als Weitergabe in körperlicher Form und der öffentlichen Wiedergabe als unkörperliche Verwertung beibehalten. Was unter „Verbreitung" i.S.v. § 87 b Abs. 1 S. 1 UrhG zu verstehen ist, läßt sich grundsätzlich § 17 UrhG entnehmen.[1017] Danach wird vom Verbreitungsrecht des Datenbankherstellers insbesondere der Verkauf, der Tausch, das Anbieten an die Öffentlichkeit und die Vermietung von Vervielfältigungsstücken erfaßt.[1018] § 87 b Abs. 2 i.V.m. § 17 Abs. 2 UrhG sieht darüber hinaus vor, daß sich das Verbreitungsrecht im Falle der Erstveräußerung eines Vervielfältigungsstückes in einem Mitgliedstaat der EU oder einem Vertragsstaat des EWR erschöpft.

Nach dem insofern unbeschränkten Wortlaut des § 87 b Abs. 1 S. 1 UrhG steht dem Datenbankhersteller auch das Verleihrecht in bezug auf seine Datenbanken zu. Die EU-Datenbankrichtlinie bestimmt jedoch ausdrücklich in Art. 7 Abs. 2 a.E., daß der öffentliche Verleih keine Entnahme oder Weiterverwendung ist. § 87 b Abs. 1 S. 1 UrhG ist daher richtlinienkonform dahingehend auszulegen, daß das Verleihen von Datenbanken nicht vom Verbreitungsrecht des Datenbankherstellers erfaßt ist.[1019]

Fraglich ist darüber hinaus, ob der dem Datenbankhersteller in § 87 b Abs. 2 i.V.m. § 27 Abs. 2 und Abs. 3 UrhG gewährte Vergütungsanspruch für den Verleih als richtlinienkonform angesehen werden kann. Art. 2 lit. b der EU-Datenbankrichtlinie sieht vor, daß die Vorschriften zum Vermiet- und Verleihrecht und damit der in Art. 5 der Vermiet- und Verleihrechtsrichtlinie vorgesehene Vergütungsanspruch für das Verleihen von der EU-Datenbankrichtlinie unberührt bleiben. Die Vermiet- und Verleihrechtsrichtlinie, die der EU-Datenbankrichtlinie zeitlich vorausging, sieht jedoch naturgemäß keinen Vergütungsanspruch für den Hersteller von Datenbanken vor. Aus Art. 2 lit. b der

---

[1016] Nach Ansicht von *Bensinger*, Sui-generis Schutz für Datenbanken, S. 191 ist es beim heutigen Stand der Technik ohnehin schwierig und unnötig, zwischen körperlicher oder unkörperlicher Übermittlung zu unterscheiden.

[1017] Vgl. *Roßnagel/v. Lewinski*, § 87 b UrhG Rn. 22.

[1018] *Roßnagel/v. Lewinski*, § 87 b UrhG Rn. 22.

[1019] Ebenso u.a.: *Leistner*, Rechtsschutz von Datenbanken, S. 310; *Raue/Bensinger*, MMR 1998, 507, 511; *Roßnagel/v. Lewinski*, § 87 b UrhG Rn. 23; *Schricker/Vogel*, § 87 b UrhG Rn. 17.

EU-Datenbankrichtlinie läßt sich somit nicht die Richtlinienkonformität des dem Datenbankhersteller in § 87 Abs. 2 UrhG gewährten Vergütungsanspruchs für den Verleih herleiten. Vielmehr ist Art. 7 Abs. 2 a.E. der EU-Datenbankrichtlinie, wonach der öffentliche Verleih keine Entnahme oder Weiterverwendung ist, als abschließende Regelung bezüglich des Verleihs von Datenbanken aufzufassen. Eine andere Beurteilung würde dem mit der Richtlinie verfolgten Ziel, das auf Datenbanken anwendbare Recht innerhalb der EU zu harmonisieren, widersprechen.[1020] Insofern ist die Gewährung des Vergütungsanspruchs für den Verleih nicht richtlinienkonform.[1021] Da es bislang keine Verwertungsgesellschaft gibt, die den nach § 27 Abs. 3 UrhG verwertungsgesellschaftspflichtigen Anspruch wahrnehmen könnte, ist eine (gerichtliche) Entscheidung dieser Frage allerdings nicht abzusehen.[1022]

(d) Recht der öffentlichen Wiedergabe

Das Recht der öffentlichen Wiedergabe bezieht sich auf die unkörperlichen Verwertungshandlungen und umfaßt nach § 15 Abs. 2 UrhG insbesondere das Vortrags-, Aufführungs- und Vorführungsrecht, das Senderecht, das Recht der Wiedergabe durch Bild- oder Tonträger sowie das Recht der Wiedergabe von Funksendungen. Im Hinblick auf Printdatenbanken wie auch im Hinblick auf Datenbanken generell kommt diesen genannten Rechten allerdings praktisch eher geringe Bedeutung zu.[1023] Von zunehmend größerer Relevanz ist hingegen die digitale Übermittlung von elektronischen Datenbankinhalten.[1024] Diesbezüglich bestimmt Art. 7 Abs. 2 lit. b der EU-Datenbankrichtlinie ausdrücklich, daß die öffentliche Verfügbarmachung der Gesamtheit oder eines wesentlichen Teils des Inhalts der Datenbank durch *Online*-Übermittlung eine „Weiterverwendung" darstellt. Hingegen hat der deutsche Gesetzgeber in Erwartung der Neuregelung der urheberrechtlichen Verwertungsrechte durch die Umsetzung der EU-Urheberrechtsrichtlinie[1025], die der Anpassung des europäischen Rechts an die

---

[1020] Vgl. *Leistner*, Rechtsschutz von Datenbanken, S. 309 f.; *Roßnagel/v. Lewinski*, § 87 b UrhG Rn. 23; *Schricker/Vogel*, § 87 b UrhG Rn. 17.

[1021] *Leistner*, Rechtsschutz von Datenbanken, S. 310; *Möhring/Nicolini*, § 87 b UrhG Rn. 4; *Roßnagel/v. Lewinski*, § 87 b UrhG Rn. 23; vorsichtiger *Schricker/Vogel*, § 87 b UrhG Rn. 26, der von „Bedenken" hinsichtlich der Vereinbarkeit der Regelung des § 87 b Abs. 2 UrhG mit der Richtlinie spricht.

[1022] Vgl. *Möhring/Nicolini*, § 87 b UrhG Rn. 10.

[1023] Zu möglichen Anwendungsfällen: *Schricker/Vogel*, § 87 b UrhG Rn. 19.

[1024] Vgl. *Schricker/Vogel*, § 87 b UrhG Rn. 20.

[1025] Richtlinie 2001/29/EG des Europäischen Parlaments und des Rates vom 22. Mai 2001 zur Harmonisierung bestimmter Aspekte des Urheberrechts und der verwandten Schutzrechte in der Informationsgesellschaft, abgedruckt in GRUR Int. 2001, 745 ff.

beiden WIPO-Urheberrechtsverträge dient, davon abgesehen, ein separates Recht der *Online*-Übermittlung einzuführen oder zumindest den Öffentlichkeitsbegriff in § 87 b UrhG derart anzupassen, daß auch die sukzessive Empfangbarkeit erfaßt wird. Das Gebot der richtlinienkonformen Auslegung erfordert jedoch, das Recht der *Online*-Übermittlung bis zu einer Änderung des UrhG als unbenannten Fall des Rechts der öffentlichen Wiedergabe zu behandeln.[1026]

(2) Wesentliche Teile des Inhalts der Datenbank

Eine Verletzung des Datenbankherstellerrechts liegt jedoch nur vor, wenn die eben beschriebenen Verwertungshandlungen die Datenbank insgesamt oder zumindest einen nach Art oder Umfang wesentlichen Teil derselben betreffen. Daraus folgt, daß die Benutzung unwesentlicher Teile - in den Grenzen des § 87 b Abs. 1 S. 2 UrhG - frei und auch, wie durch § 87 e UrhG sichergestellt wird, vertraglich nicht einschränkbar ist. Die Entscheidung, unwesentliche Teile aus dem Schutzbereich des Datenbankherstellerrechts herauszunehmen, ist darauf zurückzuführen, daß das Datenbankherstellerrecht im Zuge der Entstehungsgeschichte der EU-Datenbankrichtlinie durch Streichung der ursprünglich vorgesehenen Zwangslizenzregelung, durch Einengung der Schranken der Verbotsrechte sowie durch Einführung der Kumulierbarkeit mit anderen Rechten erheblich gestärkt wurde.[1027] Durch die Herausnahme unwesentlicher Teile aus dem Schutzbereich sollte die Entstehung ausschließlicher Rechte an den in der Datenbank enthaltenen einzelnen Informationen verhindert werden.[1028] Gleichzeitig sollte sichergestellt werden, daß der bestimmungsgemäße Gebrauch von Datenbanken, nämlich deren Nutzung zu Recherchezwecken und zum gezielten Auffinden einzelner Informationen, gemeinfrei bleibt.[1029]

(a) Bestimmung der Wesentlichkeit

Bezüglich der Bestimmung der Wesentlichkeit eines Teils der Datenbank läßt sich zunächst festhalten, daß die Wesentlichkeit des verwendeten Teils im Verhältnis zum Gesamtinhalt der Datenbank zu bestimmen ist; unerheblich ist hin-

---

[1026] Ebenso: *Leistner*, Rechtsschutz von Datenbanken, S. 308; *Möhring/Nicolini-Decker*, § 87 b UrhG Rn. 5; *Raue/Bensinger*, MMR 1998, 507, 510; *Roßnagel/v. Lewinski*, § 87 b UrhG Rn. 25; *Schricker/Vogel*, § 87 b UrhG Rn. 20.

[1027] *Gaster*, Rechtsschutz von Datenbanken, Rn. 493; *Hornung*, EU-Datenbank-Richtlinie, S. 114; *Leistner*, Rechtsschutz von Datenbanken, S. 171 f.

[1028] Vgl. *Bensinger*, Sui-generis Schutz für Datenbanken, S. 202; *Möhring/Nicolini-Decker*, § 87 b UrhG Rn. 6.

[1029] Vgl. *Möhring/Nicolini-Decker*, § 87 b UrhG Rn. 6.

gegen, welchen Anteil der verwendete Teil an einer durch den Eingreifenden erstellten Datenbank einnimmt.[1030]

Weder in der EU-Datenbankrichtlinie noch in §§ 87 a ff. UrhG wird definiert, was unter einem nach Art oder Umfang wesentlichen Teil einer Datenbank zu verstehen ist. Es stellt sich die Frage, ob hierfür nicht auf das britische *Copyright Law* zurückgegriffen werden kann, das mit der Vorschrift der Sec. 16(3)(a) CDPA das Konzept des Schutzes eines Werkes als Ganzes oder eines wesentlichen Teils desselben bereits kennt. Dem britischen *case law* lassen sich generelle Kriterien zur Bestimmung der Wesentlichkeit i.S.v. Sec. 16(3)(a) CDPA entnehmen.[1031] So kann darauf abzustellen sein, ob ein Teil eines Werkes ohne Zusätze und Veränderungen übernommen wird, ob gerade diejenigen Einsätze des Rechtsinhabers übernommen werden, die für die Schutzfähigkeit des Werkes entscheidend sind, oder ob die Übernahme die Verwertung der geschützten Leistung beeinträchtigt. Auch wird ein gleitender Schutz angenommen, wonach eine exakte Imitation des Werkes um so erforderlicher ist, je weniger die Einsätze des Rechtsinhabers das übersteigen, was für die Schutzfähigkeit des Werkes mindestens erforderlich ist. Diese Kriterien ermöglichen eine einzelfallbezogene Wertung, ob im konkreten Fall ein übernommener Teil wesentlich ist oder nicht.

Es ist jedoch zu berücksichtigen, daß das Wesentlichkeitskriterium im britischen Recht für die Bestimmung der Verletzung aller dort geschützten Werkarten und zwar unabhängig davon, ob es sich um *authorial works* oder um *entrepreneurial works* handelt, anwendbar ist. Aus diesem Grund stellen die oben genannten Kriterien lediglich Leitlinien dar, die entsprechend dem Schutzgegenstand der jeweils betroffenen Werkart modifiziert werden, wie auch die Untersuchung zur Wesentlichkeit in bezug auf das *Publisher's Right* gezeigt hat[1032]. Insofern sind die Grundsätze nur bedingt übertragbar.

Was sich allerdings aus dem britischen Recht übertragen läßt, ist der dort gewährte gleitende Schutz, der um so stärker ist, je eigentümlicher ein Werk ist. Denn die Verwendung des Wesentlichkeitskriteriums sowohl bei der Bestimmung des Schutzgegenstandes des Datenbankherstellerrechts in § 87 a Abs. 1 S. 1 UrhG als auch bei der Bestimmung von dessen Schutzinhalt in § 87 b Abs. 1 S. 1 UrhG legt es nahe, eine Wechselwirkung der Tatbestandsmerkmale anzunehmen, wonach der übernommene Teil um so geringer zu sein braucht, je wesentlicher und damit höher die Investitionen in eine Datenbank

---

[1030] *Bensinger*, Sui-generis Schutz für Datenbanken, S. 204.

[1031] Siehe zum folgenden: *Cornish*, Intellectual Property, Rn. 11-06 ff.

[1032] Hierzu siehe oben (E.II.1.c.cc.(3)(a)(cc)).

sind.[1033] Durch die Annahme einer derartigen Wechselwirkung wird insbesondere dem Zweck des Datenbankherstellerrechts Rechnung getragen, Investitionen in die Datenbank zu schützen.

Gleichwohl bedarf es jedoch einer näheren Bestimmung, was als quantitativ oder qualitativ wesentlicher Teil anzusehen ist. In der Literatur wird die Übernahme eines quantitativ wesentlichen Teils dann bejaht, wenn der überwiegende Inhalt der Datenbank, also mindestens 50 % derselben, übernommen wird.[1034] Jedoch bedeutet dies nicht automatisch, daß die Verwendung kleinerer Mengen daher zulässig ist. Die Verwendung kleinerer Mengen ist vielmehr dann rechtsverletzend, wenn diese als qualitativ wesentlicher Teil zu charakterisieren sind. Als qualitativ wesentlich sind wiederum solche Teile anzusehen, die bezogen auf die für den Schutz durch das Datenbankherstellerrecht relevanten Kriterien, nämlich die Investitionen, wesentlich sind.[1035] Danach sind solche Teile qualitativ wesentlich, die selbst als Datenbank i.S.v. § 87 a Abs. 1 S. 1 UrhG zu qualifizieren sind,[1036] in denen sich ein bedeutender Kosten- oder Arbeitsaufwand oder besonderes Fachwissen niedergeschlagen hat[1037] oder deren Inhalt besonders schwierig zu beschaffen war[1038]. Dabei ist ein Nachweis einer konkreten wirtschaftlichen Beeinträchtigung des Datenbankherstellers infolge der Verwendung des Teils nicht erforderlich.[1039]

Darüber hinaus ist bei der Bestimmung der quantitativen oder qualitativen Wesentlichkeit Erw.-Grd. 42 der EU-Datenbankrichtlinie zu berücksichtigen.[1040] Danach stellt das Datenbankherstellerrecht auf Handlungen des Benutzers ab, die über dessen begründete Rechte hinausgehen und somit der Investition schaden, wobei sich das Recht nicht nur gegen die Herstellung eines parasitären Konkurrenzproduktes, sondern auch gegen einen Benutzer richtet, der durch seine Handlungen einen qualitativ oder quantitativ erheblichen Schaden für die

---

[1033] So auch: *Bensinger*, Sui-generis Schutz für Datenbanken, S. 205; *Cornish*, Columbia-VLA Journal of Law & the Arts 1996, 1, 8 f.; *Fromm/Nordemann-Hertin*, § 87 b UrhG Rn. 13; *Leistner*, Rechtsschutz von Datenbanken, S. 173; *Raue/Bensinger*, MMR 1998, 507, 511.

[1034] *Bensinger*, Sui-generis Schutz für Datenbanken, S. 207; *Raue/Bensinger*, MMR 1998, 507, 511.

[1035] *Bensinger*, Sui-generis Schutz für Datenbanken, S. 208.

[1036] *Bensinger*, Sui-generis Schutz für Datenbanken, S. 203 f.

[1037] *Bensinger*, Sui-generis Schutz für Datenbanken, S. 208.

[1038] *Bensinger*, Sui-generis Schutz für Datenbanken, S. 208; *Roßnagel/v. Lewinski*, § 87 b UrhG Rn. 15.

[1039] *Schricker/Vogel*, § 87 b UrhG Rn. 9.

[1040] Vgl. BT-Drucks. 13/7385, S. 45.

Investition verursacht. Immer dann, wenn die Verwendung eines Teils der Datenbank dazu dient, ein parasitäres Konkurrenzprodukt herzustellen, oder wenn durch die Verwendung des Teils ein qualitativ oder quantitativ erheblicher Schaden für die Investition verursacht wird, ist somit indiziert, daß der verwendete Teil wesentlich ist.[1041] Dies eröffnet dem Datenbankhersteller neben der Möglichkeit des Nachweises, daß der verwendete Teil nach den oben genannten Kriterien als wesentlich anzusehen ist, einen anderen Weg, eine Rechtsverletzung nachzuweisen.[1042] Dementsprechend ist bei der Beurteilung der Wesentlichkeit eines verwendeten Teils auch zu berücksichtigen, ob dieser Teil zur Herstellung eines Konkurrenzproduktes führte oder ob er privaten Nutzern für ihre speziellen Nutzungsinteressen die Inanspruchnahme der ursprünglichen Datenbank vollständig entbehrlich machte und ob dadurch das Investitionsinteresse des Datenbankherstellers erheblich beeinträchtigt wurde.[1043] Kann der Datenbankhersteller somit eine konkrete wirtschaftliche Beeinträchtigung in dem vorgenannten Sinne nachweisen, so wird indiziert, daß der verwendete Teil wesentlich ist. Aufgrund des insofern eindeutigen Wortlauts in Erw.-Grd. 41 der EU-Datenbankrichtlinie ist es allerdings nicht als ausreichend anzusehen, daß die Verwendung des Teils abstrakt geeignet ist, dem Amortisationsinteresse des Datenbankherstellers erheblich zu schaden.[1044]

[1041] Zurückhaltender *Roßnagel/v. Lewinski*, § 87 b UrhG Rn. 15, die davon spricht, daß in dem Fall, in dem ein Benutzer durch seine Handlungen einen nach Art oder Umfang erheblichen Schaden für die Investition verursacht, ein wesentlicher Teil des Datenbankinhalts betroffen sein *dürfte*; vgl. auch *Hornung*, EU-Datenbankrichtlinie, S. 116. Der Annahme einer Indizwirkung der dargestellten Art steht jedenfalls nicht entgegen, daß die Beeinträchtigung wirtschaftlicher Interessen im Rahmen des § 87 b Abs. 1 S. 2 UrhG für eine besondere Behandlung der Nutzung unwesentlicher Teile herangezogen wird; so aber wohl *Möhring/Nicolini-Decker*, § 87 b UrhG Rn. 7. Denn § 87 b Abs. 1 S. 1 und S. 2 UrhG betreffen insofern unterschiedliche Verwertungsakte des Benutzers, als daß in S. 2 auf die Situation abgestellt wird, daß im Rahmen eines mehraktigen Geschehens wiederholt unwesentliche Teile einer Datenbank verwendet werden. Auch in Erw.-Grd. 42 S. 2 der EU-Datenbankrichtlinie wird ersichtlich davon ausgegangen, daß die Beeinträchtigung wirtschaftlicher Interessen zur Begründung der Wesentlichkeit des verwendeten Teils herangezogen werden kann.

[1042] Dies kann vor allem in den Fällen von Bedeutung sein, in denen der verwendete Teil nicht den überwiegenden Teil der Datenbank bildet und in denen es dem Datenbankhersteller Schwierigkeiten bereitet, nachzuweisen, daß sich gerade in dem verwendeten Teil bedeutende Investitionen niedergeschlagen haben.

[1043] Vgl. *Leistner*, Rechtsschutz von Datenbanken, S. 174, der jedoch die abstrakt drohende wirtschaftliche Beeinträchtigung genügen läßt.

[1044] aA *Leistner*, Rechtsschutz von Datenbanken, S. 173, der aufgrund des Wortlauts des Art. 7 Abs. 1 der EU-Datenbankrichtlinie davon ausgeht, daß es auf den Nachweis einer

(b) Unwesentliche Teile i.S.v. § 87 b Abs. 1 S. 2 UrhG

Durch § 87 b Abs. 1 S. 2 UrhG wird der Bereich der gemeinfreien Nutzung unwesentlicher Teile eingeschränkt. Denn danach steht der Verwertung eines nach Art oder Umfang wesentlichen Teils der Datenbank die wiederholte und systematische Vervielfältigung, Verbreitung oder öffentliche Wiedergabe von nach Art und Umfang unwesentlichen Teilen der Datenbank gleich, sofern diese Handlungen einer normalen Auswertung der Datenbank zuwiderlaufen oder die berechtigten Interessen des Datenbankherstellers unzumutbar beeinträchtigen. Durch diese Vorschrift soll verhindert werden, daß die im Interesse des freien Informationszuganges normierte Beschränkung des Verbotsrechts des Datenbankherstellers durch planmäßiges Vorgehen und in schädigender Weise unterlaufen wird.[1045] Die Vorschrift dient daher dazu, Nutzungen, die in ihrer Intensität der Nutzung eines wesentlichen Teils der Datenbank gleichkommen, dem Verbotsrecht des Datenbankherstellers zu unterstellen.[1046] Dieser Zweck des Umgehungsschutzes ist bei der Auslegung der Vorschrift zu beachten.

Aus dem Zweck des Umgehungsschutzes folgt zunächst, daß unter einer wiederholten Nutzung nicht die mehrfache Nutzung eines identischen unwesentlichen Teils verstanden werden kann.[1047] Vielmehr müssen sich die wiederholten Nutzungen auf verschiedene unwesentliche Teile beziehen und sie müssen in ihrem Ausmaß der Nutzung eines wesentlichen Teils i.S.v. § 87 b Abs. 1 S. 1 UrhG gleichkommen[1048]. Dabei ist allerdings nicht erforderlich, daß die wiederholten Nutzungen in derselben Nutzungsart erfolgen.[1049]

Die wiederholten Nutzungen müssen zudem systematisch geschehen. Eine systematische Nutzung erfordert ein gezieltes Vorgehen nach einem Plan, dem bestimmte sachliche oder logische Erwägungen des Benutzers zugrunde liegen.[1050] Dies ist insbesondere dann zu bejahen, wenn die jeweils entnommenen unwesentlichen Teile sich inhaltlich ergänzen.[1051] Aber auch der Umstand, daß die

---

konkreten wirtschaftlichen Beeinträchtigung nicht ankomme. Dies kann jedoch nur für den Fall gelten, daß der Datenbankhersteller den Nachweis erbringen kann, daß der verwendete Teil als solcher nach den dargestellten Kriterien als quantitativ oder qualitativ wesentlich anzusehen ist.

1045 *Schricker/Vogel*, § 87 b UrhG Rn. 21.

1046 Vgl. *Fromm/Nordemann-Hertin*, § 87 b UrhG Rn. 14.

1047 Vgl. *Fromm/Nordemann-Hertin*, § 87 b UrhG Rn. 14.

1048 Vgl. *Roßnagel/v. Lewinski*, § 87 b UrhG Rn. 17; *Schricker/Vogel*, § 87 b UrhG Rn. 22.

1049 *Leistner*, Rechtsschutz von Datenbanken, S. 181; *Schricker/Vogel*, § 87 b UrhG Rn. 22.

1050 Vgl. *Fromm/Nordemann-Hertin*, § 87 b UrhG Rn. 14; *Leistner*, Rechtsschutz von Datenbanken, S. 181.

1051 *Leistner*, Rechtsschutz von Datenbanken, S. 181; *Schricker/Vogel*, § 87 b UrhG Rn. 22.

wiederholten Nutzungen in einem engen zeitlichen Zusammenhang erfolgen, ist geeignet, die Systematik der Vorgehensweise zu begründen.[1052] Als nicht systematisch sind hingegen die Verwertungshandlungen von Kopienversand- und Recherchediensten zu bewerten, da deren Übernahmehandlungen allein von der zufälligen Anfrage ihrer Kunden abhängt. Ebensowenig läßt sich bei den Übernahmehandlungen von Pressediensten von einem systematischen Vorgehen sprechen.

Wiederholte und systematische Nutzungen unwesentlicher Teile sind nur dann der Verwendung wesentlicher Teile der Datenbank gleichgestellt, wenn sie einer normalen Auswertung der Datenbank zuwiderlaufen oder die berechtigten Interessen des Datenbankherstellers unzumutbar beeinträchtigen. Wiederholte und systematische Nutzungen unwesentlicher Teile laufen dann einer normalen Auswertung der Datenbank zuwider, wenn dem Rechtsinhaber der Abschluß von Lizenzverträgen entgeht oder erheblich erschwert wird, ohne daß es des Nachweises eines konkreten Schadens des Datenbankherstellers bedürfte.[1053] Bei der Bestimmung, wann wiederholte und systematische Nutzungen unwesentlicher Teile die berechtigten Interessen des Datenbankherstellers unzumutbar beeinträchtigen, sind der Investitionszweck des Datenbankherstellerrechts[1054] sowie Erw.-Grd. 42 der EU-Datenbankrichtlinie zu berücksichtigen.[1055] Eine unzumutbare Beeinträchtigung berechtigter Interessen liegt danach dann vor, wenn das Vorgehen des Nutzers dazu dient, ein parasitäres Konkurrenzprodukt aufzubauen bzw. wenn der Investition des Datenbankherstellers ganz allgemein ein wesentlicher Schaden zugefügt wird.[1056]

(3) Ergebnis

Dem Verleger werden durch die Vorschrift des § 87 b UrhG die sehr weit reichenden Verwertungsbefugnisse der Vervielfältigung, Verbreitung und öffentlichen Wiedergabe gewährt. Das Vervielfältigungsrecht erstreckt sich auf analoge und digitale Vervielfältigungstechniken und erfaßt unter anderem das Fotokopieren, das Einscannen, die Digitalisierung sowie die Überspielung von Printdatenbanken auf andere Datenträger. Das Verbreitungsrecht umfaßt das der Erschöpfung unterliegende Recht zur Veräußerung wie auch das Recht, Vervielfältigungsstücke von Printdatenbanken zu tauschen, der Öffentlichkeit anzubie-

---

1052 *Schricker/Vogel*, § 87 b UrhG Rn. 22.

1053 Vgl. *Leistner*, Rechtsschutz von Datenbanken, S. 181; *Möhring/Nicolini-Decker*, § 87 b UrhG Rn. 9; *Schricker/Vogel*, § 87 b UrhG Rn. 23.

1054 *Möhring/Nicolini-Decker*, § 87 b UrhG Rn. 9.

1055 *Roßnagel/v. Lewinski*, § 87 b UrhG Rn. 18; *Schricker/Vogel*, § 87 b UrhG Rn. 23.

1056 *Schricker/Vogel*, § 87 b UrhG Rn. 23.

ten und zu vermieten. Eine richtlinienkonforme Auslegung der Vorschrift ergibt, daß dem Verleger hingegen das Verleihrecht nicht zusteht. Auch die dem Verleger nach § 87 b Abs. 2 UrhG gewährte Bibliothekstantieme begegnet Bedenken bezüglich ihrer Richtlinienkonformität, läuft momentan ohne Vorhandensein einer den Anspruch wahrnehmenden Verwertungsgesellschaft praktisch aber ohnehin ins Leere. Schließlich erstreckt sich das Recht der öffentlichen Wiedergabe neben den in § 15 Abs. 2 UrhG benannten Rechten auch auf den *Online*-Abruf und die *Online*-Übermittlung von eingescannten und digitalisierten Printdatenbanken.

Das Datenbankherstellerrecht des Verlegers ist jedoch nur dann verletzt, wenn die genannten Verwertungshandlungen die Gesamtheit oder zumindest einen nach Art oder Umfang wesentlichen Teil des Inhalts der Datenbank betreffen. Dabei besteht eine Wechselwirkung zwischen Schutzgegenstand und Schutzinhalt, wonach der verwendete Teil um so geringer sein muß, je wesentlicher und damit höher die Investitionen in eine Datenbank sind. Unter einem quantitativ wesentlichen Teil einer Datenbank ist der überwiegende Inhalt, d.h. also mehr als 50 % der Datenbank zu verstehen. Für die Beurteilung der qualitativen Wesentlichkeit eines Teils ist hingegen darauf abzustellen, ob der Teil selbst als Datenbank i.S.v. § 87 a Abs. 1 S. 1 UrhG zu qualifizieren ist oder sich gerade in dem Teil besondere Investitionen niedergeschlagen haben. Darüber hinaus wird indiziert, daß ein verwendeter Teil wesentlich ist, wenn durch die Verwendung dieses Teils die Amortisation der Investitionen des Verlegers erheblich beeinträchtigt wird.

Der Verwendung eines wesentlichen Teils sind in § 87 b Abs. 1 S. 2 UrhG die wiederholten und systematischen Nutzungen unwesentlicher Teile gleichgestellt, sofern diese Handlungen einer normalen Auswertung der Datenbank zuwiderlaufen oder die berechtigten Interessen des Datenbankherstellers unzumutbar beeinträchtigen.

Inwieweit nach all dem der Verleger gegen die Vervielfältigung, Verbreitung und öffentliche Wiedergabe von Teilen seiner Printdatenbanken geschützt ist, läßt sich nicht generell beantworten, sondern hängt von den Umständen des Einzelfalles ab. Hinsichtlich der Übernahmehandlungen von Verlegerkonkurrenten ist neben dem Umfang und der Art der übernommenen Teile darauf zu achten, ob die übernommenen Teile zur Herstellung eines parasitären Konkurrenzproduktes genutzt werden und dadurch das Amortisationsinteresse des Verlegers erheblich beeinträchtigt wird. Bezüglich Verwertungshandlungen von Endnutzern ist zu berücksichtigen, daß der bestimmungsgemäße Gebrauch der Datenbank frei ist. Wird aber der überwiegende Inhalt oder werden besonders investitionsintensive Teile der Datenbank verwertet, so verletzt die Verwertungshandlung das Datenbankherstellerrecht des Verlegers ebenso, wie wenn die Verwertungshandlung den Nutzern für ihre speziellen Nutzungsinteressen die Inanspruchnahme der ursprünglichen Datenbank vollständig entbehrlich macht mit der Folge, daß für die Investition des Verlegers ein erheblicher Schaden verursacht wird.

Hingegen werden die Verwertungshandlungen von Informationsdiensten, sofern sie überhaupt Printdatenbanken betreffen, regelmäßig nicht das Datenbankherstellerrecht des Verlegers beeinträchtigen. Denn diese übernehmen üblicherweise nicht die Inhalte ganzer Printmedien, sondern vielmehr einzelne Artikel aus verschiedenen Zeitungen oder (Fach-)Zeitschriften. Die Verwendung eines einzelnen Artikels aus einer Zeitung/(Fach-)Zeitschrift wird jedoch in der Regel nicht als Verwendung eines wesentlichen Teils anzusehen sein, da es sich regelmäßig um weniger als den überwiegenden Inhalt der Zeitung/Zeitschrift handeln wird und da sich in einem einzelnen Artikel gewöhnlich auch keine bedeutenden Investitionen niederschlagen. Auch wird, wenn man den konkreten Einzelfall betrachtet, durch die Verwendung einzelner Artikel in der Regel nicht das Amortisationsinteresse des Verlegers erheblich beeinträchtigt. Gleichermaßen wird die Tätigkeit von Informationsdiensten regelmäßig mangels eines systematischen Vorgehens nicht nach § 87 b Abs. 1 S. 2 UrhG unzulässig sein.

ee. Schranken des Datenbankherstellerrechts

In Umsetzung der Vorschrift des Art. 9 der EU-Datenbankrichtlinie hat der deutsche Gesetzgeber in § 87 c UrhG Schranken des Datenbankherstellerrechts vorgesehen. So ist nach § 87 c Abs. 1 UrhG die Vervielfältigung eines nach Art oder Umfang wesentlichen Teils einer Datenbank unter den genannten Voraussetzungen zulässig zum privaten Gebrauch, zum eigenen wissenschaftlichen Gebrauch sowie für die Benutzung zur Veranschaulichung des Unterrichts. Gleichermaßen ist die Vervielfältigung, Verbreitung und öffentliche Wiedergabe eines nach Art oder Umfang wesentlichen Teils einer Datenbank nach § 87 b Abs. 2 UrhG zulässig zur Verwendung in Verfahren vor einem Gericht, einem Schiedsgericht oder einer Behörde sowie für Zwecke der öffentlichen Sicherheit. Auf diese Schranken soll allerdings nicht näher eingegangen werden, da die Schrankenbestimmungen nicht den Gegenstand dieser Abhandlung bilden.[1057]

ff. Schutzdauer

Was die Schutzdauer des Datenbankherstellerrechts betrifft, ist zwischen der regelmäßigen Schutzdauer gemäß § 87 d UrhG und der Möglichkeit der Erlangung eines neuen Datenbankherstellerrechts durch Aktualisierungen gemäß § 87 a Abs. 1 S. 2 UrhG zu unterscheiden.

[1057] Siehe oben (A.I.).

(1) Regelmäßige Schutzdauer

Nach § 87 d S. 1 UrhG erlöschen die Rechte des Datenbankherstellers 15 Jahre nach der Veröffentlichung oder aber 15 Jahre nach der Herstellung, wenn die Datenbank innerhalb dieser Frist nicht veröffentlicht worden ist. Ziel der Bestimmung ist es, dem Datenbankhersteller unbeschadet des Zeitpunkts der erstmaligen Veröffentlichung eine gleichmäßige Chance auf einen *„return on investment*" zu ermöglichen.[1058]

Grundsätzlich beginnt die 15jährige Schutzfrist aber mit der Veröffentlichung der Datenbank zu laufen. Wann eine Datenbank veröffentlicht ist, richtet sich nach § 6 Abs. 1 UrhG.[1059] In bezug auf Printmedien, die die Datenbankdefinition des § 87 a Abs. 1 S. 1 UrhG erfüllen, ist dies insbesondere dann der Fall, wenn sie öffentlich zum Kauf, zum Verleih oder zur Miete angeboten werden.[1060]

Ist die Datenbank nicht veröffentlicht worden, berechnet sich die 15jährige Schutzfrist hilfsweise ab dem Zeitpunkt der Herstellung. Darunter ist unter Berücksichtigung des in § 87 a Abs. 1 S. 1 UrhG definierten Schutzgegenstandes des Datenbankherstellerrechts der Zeitpunkt zu verstehen, in dem die Investitionen in eine Datenbank erstmals als wesentlich bezeichnet werden können.[1061] Durch den so definierten Zeitpunkt der Herstellung kann die Regelung des § 87 d S. 1 UrhG zu einer Vorverlagerung des Datenbankschutzes in die Erstellungsphase führen. Dies ist dadurch gerechtfertigt, daß auch in der Vorbereitungsphase befindliche, unveröffentlichte, aber bereits hergestellte Datenbanken einen schutzwürdigen wirtschaftlichen Wert verkörpern.[1062]

Die Länge der Schutzdauer des Datenbankherstellerrechts wurde während des Entstehungsprozesses der EU-Datenbankrichtlinie kontrovers diskutiert. Während im ursprünglichen Richtlinienvorschlag vom 13.05.1992 noch in Anlehnung an das nordische Katalogrecht eine Schutzdauer von 10 Jahren vorgesehen war, wurde schließlich mit der Verlängerung der Schutzdauer auf 15 Jahre dem

---

[1058] *Gaster*, Rechtsschutz von Datenbanken, Rn. 642; siehe auch *Roßnagel/v. Lewinski*, § 87 d UrhG Rn. 8.

[1059] *Roßnagel/v. Lewinski*, § 87 d UrhG Rn. 8; *Schricker/Vogel*, § 87 d UrhG Rn. 1.

[1060] Vgl. *Roßnagel/v. Lewinski*, § 87 d UrhG Rn. 8.

[1061] Ebenso *Leistner*, Rechtsschutz von Datenbanken, S. 202; *Möhring/Nicolini-Decker*, § 87 d UrhG Rn. 3; *Schricker/Vogel*, § 87 d UrhG Rn. 2; aA *Bensinger*, Sui-generis Schutz für Datenbanken, S. 266, die darauf abstellt, ob die Herstellungsarbeiten beendet sind und die Datenbank bestimmungsgemäß benutzt werden kann.

[1062] *Hornung*, EU-Datenbank-Richtlinie, S. 168; *Leistner*, Rechtsschutz von Datenbanken, S. 202.

Amortisationsinteresse der Datenbankindustrie entgegengekommen.[1063] Gleichzeitig wurde durch die Verlängerung der Schutzdauer der Unterschied zur urheberrechtlichen Schutzfrist verringert.[1064] Gleichwohl ist im Vergleich zu den anderen Leistungsschutzrechten auch die 15jährige Schutzdauer relativ kurz. Dies ist darauf zurückzuführen, daß wegen des weiten Geltungsbereichs der EU-Datenbankrichtlinie ganz unterschiedliche Arten von Datenbanken betroffen sind, bei denen jeweils eine andere zeitliche Begrenzung des Schutzes zur Amortisation der Investitionen angemessen wäre. Die Festlegung auf eine 15jährige Schutzdauer wurde schließlich als Kompromiß vereinbart, der es dem „durchschnittlichen" Datenbankhersteller ermöglichen soll, einen *„fair return on investment*" zu erzielen.[1065] In bezug auf in Printform erscheinende Datenbanken, die anders als elektronische Datenbanken[1066] oft auf eine langfristige Nutzung angelegt sind,[1067] hat dies zur Folge, daß die Schutzdauer häufig nicht dem Amortisationsinteresse ihrer Verleger entspricht. Es stellt sich somit die Frage, ob ihnen die als Kompensation für die relativ kurze Schutzdauer gedachte Regelung des § 87 a Abs. 1 S. 2 UrhG zugute kommt.

(2) Aktualisierungen

Nach § 87 a Abs. 1 S. 2 UrhG gilt eine in ihrem Inhalt nach Art oder Umfang wesentlich geänderte Datenbank als neue Datenbank, sofern die Änderung eine nach Art oder Umfang wesentliche Investition erfordert. Wie der deutsche Gesetzgeber schon mit der Umsetzung der entsprechenden Vorgabe aus Art. 10 Abs. 3 der EU-Datenbankrichtlinie im Zusammenhang mit dem Schutzgegenstand des Rechts und nicht mit der Schutzfrist deutlich gemacht hat, handelt es sich bei der Vorschrift des § 87 a Abs. 1 S. 2 UrhG nicht um eine Regelung zur Verlängerung der Schutzfrist.[1068] Vielmehr wird unter den in § 87 a Abs. 1 S. 2 UrhG genannten Voraussetzungen ein neues Datenbankherstellerrecht mit eigener Schutzdauer begründet. Diese im Vergleich zu anderen

---

[1063] Vgl. *Bensinger*, Sui-generis Schutz für Datenbanken, S. 265 f.; *Gaster*, Rechtsschutz von Datenbanken, Rn. 630 f.

[1064] *Bensinger*, Sui-generis Schutz für Datenbanken, S. 265; *Gaster*, Rechtsschutz von Datenbanken, Rn. 631.

[1065] *Leistner*, Rechtsschutz von Datenbanken, S. 201 f.

[1066] Hierzu *Becker*, Rechtsschutz von Datenbanken, S. 203, der darauf verweist, daß elektronische Datenbanken auf dem schnellebigen Markt für computergestützte Informationsprodukte kaum jemals 15 Jahre lang verkauft werden dürften.

[1067] *Leistner*, Rechtsschutz von Datenbanken, S. 202, Fn. 944 führt als Beispiel die Brockhaus-Enzyklopädie an.

[1068] *Bensinger*, Sui-generis Schutz für Datenbanken, S. 269 Fn. 1203; siehe auch *Gaster*, Rechtsschutz von Datenbanken, Rn. 649 für Art. 10 Abs. 3 der EU-Datenbankrichtlinie.

Leistungsschutzrechten ungewöhnliche Regelung ist auf den für die Aktualisierung einer Datenbank erforderlichen Investitionsaufwand zurückzuführen, der hoch und ebenso schutzwürdig ist wie die Investition zur Erstellung einer Datenbank.[1069]

(a) Tatbestandliche Voraussetzungen des § 87 a Abs. 1 S. 2 UrhG

Voraussetzung für die Begründung eines neuen Datenbankherstellerrechts ist zunächst, daß eine bereits bestehende Datenbank nach Art oder Umfang wesentliche Änderungen erfahren hat. Für das Vorliegen wesentlicher Änderungen weist Erw.-Grd. 54 dem Datenbankhersteller die Beweislast zu. Als Beispiele für Änderungs- und Aktualisierungsmöglichkeiten werden in Art. 10 Abs. 3 der EU-Datenbankrichtlinie Zusätze, Löschungen oder Veränderungen genannt. Gemeint sind somit nur Änderungen des Inhalts und nicht Änderungen der Struktur oder der Anordnung des Inhalts.[1070] Meist geht es um die Aktualisierung der Datenbank durch Ersatz, Ergänzung, Streichung veralteter Daten oder durch Hinzufügung neuer Datensätze bisher unberücksichtigter Kategorien.[1071] Für die Frage der Wesentlichkeit der Änderung ist die geänderte mit der zu ändernden Datenbank zu vergleichen.[1072] Ausreichend sind auch sukzessive Änderungen, wenn alle Änderungen zusammen als wesentlich bezeichnet werden können.[1073]

Wie sich aus Erw.-Grd. 55 der EU-Datenbankrichtlinie ergibt, gilt als wesentliche Änderung auch eine Überprüfung der Datenbank ohne sichtbare Veränderungen.[1074] Dies entspricht auch dem Zweck des Datenbankherstellerrechts, Investitionen zu schützen, denn Investitionen können in einer aufwendigen Überprüfung ohne oder mit geringem Änderungsbedarf ebenso liegen wie in gebotenen wesentlichen Veränderungen des Inhalts.[1075] Denn aufwendig ist meist die Prüfung als solche; die aus ihr resultierende tatsächliche Korrektur des Inhalts

---

1069 Vgl. *Dreier*, GRUR Int. 1992, 739, 747; *Gaster*, Rechtsschutz von Datenbanken, Rn. 648; *Hornung*, EU-Datenbankrichtlinie, S. 166 f.; *Roßnagel/v. Lewinski*, § 87 a UrhG Rn. 22.

1070 *Bensinger*, Sui-generis Schutz für Datenbanken, S. 271; *Roßnagel/v. Lewinski*, § 87 a UrhG Rn. 23.

1071 *Schricker/Vogel*, § 87 a UrhG Rn. 25.

1072 *Roßnagel/v. Lewinski*, § 87 a UrhG Rn. 24.

1073 *Bensinger*, Sui-generis Schutz für Datenbanken, S. 271; *Leistner*, Rechtsschutz von Datenbanken, S. 206; *Schricker/Vogel*, § 87 a UrhG Rn. 25.

1074 Ebenso *Bensinger*, Sui-generis Schutz für Datenbanken, S. 271; *Hornung*, EU-Datenbank-Richtlinie, S. 171 f.; *Leistner*, Rechtsschutz von Datenbanken, S. 205; *Roßnagel/v. Lewinski*, § 87 a UrhG Rn. 23; *Schricker/Vogel*, § 87 a UrhG Rn. 27.

1075 Vgl. *Schricker/Vogel*, § 87 a UrhG Rn. 27.

ist dagegen nur eine weniger aufwendige Folge.[1076] Das in dem Fall einer eingehenden Überprüfung des Datenbankinhalts erlangte Ergebnis besteht in der Feststellung, daß die enthaltenen Daten zu dem Überprüfungszeitraum noch aktuell sind, was als Änderung im weitesten Sinne angesehen werden kann.[1077]

Weitere Voraussetzung für die Begründung eines neuen Datenbankherstellerrechts ist, daß die wesentliche Inhaltsänderung eine wesentliche Investition erfordert. Die Beweislast hierfür trägt, wie sich aus Erw.-Grd. 54 der EU-Datenbankrichtlinie ergibt, ebenfalls der Hersteller. Auch wenn die Kosten für die Änderung regelmäßig geringer sein werden als die für den Aufbau einer Datenbank erforderlichen Kosten, so sind doch die an die Wesentlichkeit zu stellenden Anforderungen in beiden Fällen gleich.[1078] Denn zum einen spricht der Wortlaut des § 87 a Abs. 1 UrhG in beiden Fällen unterschiedslos von „wesentlichen Investitionen“. Zum anderen würden ansonsten die Hersteller neuer Datenbanken gegenüber denjenigen Herstellern, die ihre bestehende Datenbank lediglich verbessern, benachteiligt, was geeignet wäre, bestehende Monopolisierungstendenzen auf dem Datenbankanbietermarkt zu verstärken.[1079] Für die Beurteilung der Wesentlichkeit der Neuinvestition sind unter anderem die Art der Datenbank, die Kosten der Beschaffung der geänderten Daten, der getätigte Überprüfungsaufwand, redaktionelle Arbeiten und Druckkosten zu berücksichtigen.[1080] Übersteigen die Neuinvestitionen für die Änderungen nicht die Wesentlichkeitsschwelle, so ist die aktualisierte Datenbank einschließlich der neu hinzugefügten Inhalte lediglich in demselben zeitlichen Umfang geschützt wie die ursprüngliche Datenbank.[1081]

(b) Reichweite des Schutzes nach § 87 a Abs. 1 S. 2 UrhG

Umstritten ist die Reichweite des durch das Datenbankherstellerrecht nach § 87 a Abs. 1 S. 2 UrhG gewährten Schutzes. Es wird vertreten, daß der neu anlaufende Schutz sich nur auf das Ergebnis der wesentlichen Investition in die

---

1076 *Schricker/Vogel*, § 87 a UrhG Rn. 27.

1077 *Roßnagel/v. Lewinski*, § 87 a UrhG Rn. 23. Ohne sichtbare Veränderungen des Inhalts der Datenbank wird allerdings der dem Hersteller nach Erw.-Grd. 54 der EU-Datenbankrichtlinie obliegende Beweis einer wesentlichen Investition schwerer zu führen sein als bei augenfälligen Änderungen des Datenbankinhalts; vgl. *Schricker/Vogel*, § 87 a UrhG Rn. 27.

1078 *Bensinger*, Sui-generis Schutz für Datenbanken, S. 270; *Leistner*, Rechtsschutz von Datenbanken, S. 207 f.; aA *Schricker/Vogel*, § 87 a UrhG Rn. 24.

1079 *Leistner*, Rechtsschutz von Datenbanken, S. 207.

1080 *Schricker/Vogel*, § 87 a UrhG Rn. 24.

1081 Vgl. *Bensinger*, Sui-generis Schutz für Datenbanken, S. 270 f.

Änderung beziehe.[1082] Handele es sich bei der Datenbank um eine statische Datenbank, die z.B. um einen bestimmten Themenkomplex erweitert werde, so laufe die neue Schutzdauer nur in bezug auf diese Erweiterung. Dagegen soll bei einer dynamischen Datenbank eine wesentliche Änderung, die in der Aktualisierung der Datenbank bestehe, zum Schutz der jeweils neuesten Fassung dieser Datenbank und damit zu einem unbegrenzten Schutz führen.

Die Gegenmeinung[1083] lehnt einen getrennten Lauf von Schutzfristen für einzelne Teile einer Datenbank ab. Sie geht vielmehr davon aus, daß eine aktualisierte Datenbank immer dann, wenn ihre wesentliche Änderung eine wesentliche Investition erfordert hat, im ganzen, und zwar unabhängig vom Alter ihrer einzelnen Teile, geschützt ist. Für diese Auffassung läßt sich der Wortlaut von § 87 a Abs. 1 S. 2 UrhG anführen. Dieser drückt eine gesetzliche Fiktion aus, nach der die Datenbank insgesamt als neu anzusehen ist, wenn die inzwischen erfolgte Investition wesentlich war.[1084] Ferner sprechen auch Sinn und Zweck der Vorschrift dafür, die aktualisierte Datenbank in ihrer Gesamtheit als durch das neue Datenbankherstellerrecht geschützt anzusehen. Denn das der Datenbank zugrundeliegende schutzbegründende Ordnungsprinzip läßt sich häufig erst der Gesamtheit der Datenbank entnehmen.[1085] Schließlich ist es auch aus Gründen der Rechtssicherheit geboten, von einem getrennten Lauf von Schutzfristen für einzelne Teile abzusehen.[1086] Denn ansonsten wäre es dem Nutzer praktisch unmöglich festzustellen, wann welche Teile allgemeinfrei geworden sind. Mit der zweitgenannten Auffassung ist somit davon auszugehen, daß der durch § 87 a Abs. 1 S. 2 UrhG gewährte Schutz sich auf die Gesamtheit der aktualisierten Datenbank erstreckt. Im Ergebnis genießen damit kontinuierlich gepflegte Datenbanken unbegrenzt lange Schutz, wenn jeweils innerhalb eines 15jährigen Zeitraums wesentliche Investitionen in ihre Änderung erfolgen.[1087] Obwohl es sich bei der Vorschrift des § 87 a Abs. 1 S. 2 UrhG nicht um eine Regelung zur Verlängerung der Schutzfrist handelt, eröffnet die Vorschrift somit den Datenbankherstellern *de facto* die Möglichkeit, unbegrenzten Schutz für ihre aktualisierten Datenbanken zu erlangen.

[1082] *Hornung*, EU-Datenbank-Richtlinie, S. 173 f.; *Roßnagel/v. Lewinski*, § 87 a UrhG Rn. 26.

[1083] *Möhring/Nicolini-Decker*, § 87 d UrhG Rn. 5; *Schricker/Vogel*, § 87 a UrhG Rn. 26.

[1084] *Möhring/Nicolini-Decker*, § 87 d UrhG Rn. 5.

[1085] Vgl. *Schricker/Vogel*, § 87 a UrhG Rn. 26.

[1086] Vgl. *Möhring/Nicolini-Decker*, § 87 d UrhG Rn. 5.

[1087] Vgl. *Gaster*, Rechtsschutz von Datenbanken, Rn. 650; *Möhring/Nicolini-Decker*, § 87 d UrhG Rn. 6; *Schricker/Vogel*, § 87 d UrhG Rn. 4.

Es bleibt jedoch zu untersuchen, ob dies auch uneingeschränkt für Printmedien, die die Datenbankdefinition des § 87 a Abs. 1 S. 1 UrhG erfüllen, gilt. Die Aktualisierung von in gedruckter Form verbreiteten Datenbanken erfolgt in erster Linie durch überarbeitete Neuauflagen.[1088] Unzweifelhaft erfordert die Herausgabe einer Neuauflage eines Nachschlagewerkes zudem auch eine wesentliche Investition. Denn dabei fallen nicht nur die Druckkosten für die Neuauflage, sondern auch die Kosten für die Gesamtüberprüfung des Nachschlagewerkes auf seine Richtigkeit und Vollständigkeit sowie für dessen Ergänzung an. Gleichermaßen wird angesichts der niedrig anzusetzenden Wesentlichkeitsschwelle[1089] der Neuauflage aller sonstigen in Druckform herausgegebenen Datenbanken Schutz durch § 87 a Abs. 1 S. 2 UrhG zuteil, sofern eine Gesamtüberprüfung stattgefunden hat und gegebenenfalls Kosten für die Einfügung von neuem Material angefallen sind. In all diesen Fällen wird die Altauflage nach Ablauf der Schutzfrist gemeinfrei, so daß die Entnahme und Weiterverwendung von deren Inhalt nunmehr zulässig ist, sofern keine gegebenenfalls bestehenden Urheberrechte an dem jeweiligen Inhalt oder an der Ausgabe als Sammelwerk i.S.v. § 4 UrhG entgegenstehen; hingegen greift das Verbotsrecht des Verlegers in bezug auf den teilidentischen Inhalt der Neuauflage voll durch.[1090]

Zweifelhaft ist das Vorliegen einer neuen Datenbank i.S.v. § 87 a Abs. 1 S. 2 UrhG aber in den Fällen, in denen die ursprüngliche Printdatenbank sich als eine auf Vollständigkeit angelegte Sammlung auf einem Gebiet darstellt, auf dem mit Neuentdeckungen nicht mehr zu rechnen ist. Als Beispiel sind Gesamtausgaben von Werken längst verstorbener Autoren oder auf Vollständigkeit angelegte Sammlungen antiker Lyrik einer bestimmten Epoche[1091] zu nennen. In diesen Fällen kommt es regelmäßig im Rahmen einer Neuauflage weder zu einer Veränderung des Inhalts des Printmediums noch wird eine Überprüfung des Inhalts vorgenommen. Sind in diesen Fällen nicht zufällig noch bisher nicht bekannte dazugehörige Werke entdeckt und dann in der Neuauflage ergänzt worden, so fehlt es daher an einer wesentlichen Änderung i.S.v. § 87 a Abs. 1 S. 2 UrhG. Es widerspräche dem Schutzzweck der Vorschrift, durch Verlängerung des Investitionsschutzes zur Prüfung und Aktualisierung von Datenbanken zu ermuntern, wenn diesen Neuauflagen als neue Datenbanken eine eigene 15jährige Schutzdauer gewährt würde. In diesen Fällen kommt der Neuauflage somit nicht der Schutz durch § 87 a Abs. 1 S. 2 UrhG zugute. Diese Printmedien sind daher lediglich nach § 87 d UrhG 15 Jahre ab Veröffentlichung geschützt.

1088 *Bensinger*, Sui-generis Schutz für Datenbanken, S. 268 f.

1089 Hierzu siehe oben (F.II.2.b.bb.(6)).

1090 Vgl. *Gaster*, Rechtsschutz von Datenbanken, Rn. 651.

1091 Vgl. *Gaster*, Rechtsschutz von Datenbanken, Rn. 660.

Da aber gerade bei den hier in Rede stehenden Printmedien die Amortisation der Kosten häufig auf einen längeren Zeitraum angelegt sein wird, entspricht die Schutzdauer für diese Printmedien regelmäßig nicht dem Amortisationsinteresse ihrer Verleger. Die als Kompromißlösung gefundene, im Vergleich zu anderen Leistungsschutzrechten kurze 15jährige Schutzdauer gereicht ihnen mangels Anwendbarkeit der Kompensationsregelung des § 87 a Abs. 1 S. 2 UrhG somit zum Nachteil.[1092]

Auch der ergänzende wettbewerbsrechtliche Leistungsschutz nach § 1 UWG steht dem Verleger in diesen Fällen nicht mehr zur Verfügung. Zwar werden durch die EU-Datenbankrichtlinie nach deren Art. 13 unter anderem Rechtsvorschriften, die den unlauteren Wettbewerb betreffen, unberührt gelassen. Prinzipiell kommt somit die ergänzende Heranziehung des wettbewerbsrechtlichen Leistungsschutzes weiterhin in Betracht. Für Printmedien, die die Datenbankdefinition des § 87 a Abs. 1 S. 1 UrhG erfüllen, ist § 1 UWG jedoch wegen des Grundsatzes der Subsidiarität des Wettbewerbsrechts nur eingeschränkt anwendbar.[1093] Hierbei ist zu berücksichtigen, daß der europäische Richtliniengeber mit der EU-Datenbankrichtlinie das auf Datenbanken anwendbare Recht harmonisieren wollte und daß er aus diesem Grund für alle Rechtsgüter und Interessen, die bei der Ausgestaltung des Datenbankherstellerrechts Berücksichtigung gefunden haben, eine abschließende Regelung beabsichtigt haben muß.[1094] Daher kann der Verleger von in Printform erscheinenden Datenbanken somit dann nicht auf den durch § 1 UWG gewährten Schutz zurückgreifen, wenn die Handlung nach §§ 87 a ff. UrhG zulässig ist oder wenn die Schutzfrist abgelaufen ist.[1095]

(3) Ergebnis

Die Schutzdauer der dem Verleger durch das Datenbankherstellerrecht gewährten Rechte an seinen in Printform herausgegebenen Datenbanken beträgt nach § 87 d UrhG 15 Jahre ab Veröffentlichung des Printmediums, hilfsweise 15 Jahre ab Herstellung, sofern das Printmedium nicht innerhalb dieser Frist

---

[1092] Vgl. auch *Gaster*, Rechtsschutz von Datenbanken, Rn. 659 f. *Leistner*, Rechtsschutz von Datenbanken, S. 202, Fn. 944 verweist mit Recht darauf, daß umgekehrt eine länger bemessene Schutzfrist wohl kaum Nachteile mit sich gebracht hätte, da bei kurzlebigen, auf aktuellen Informationsgewinn angelegten Datenbanken der Schutz ohnehin rasch obsolet wird, weil keine tatsächliche Nutzung mehr stattfindet.

[1093] Vgl. *Hackemann*, CR 1998, 510, 513; *Kur*, GRUR Int. 1998, 771, 780; *Leistner*, Rechtsschutz von Datenbanken, S. 344 f.

[1094] Vgl. *Leistner*, Rechtsschutz von Datenbanken, S. 345.

[1095] Vgl. *Möhring/Nicolini-Decker*, Vor §§ 87 a ff. UrhG Rn. 5; *Schricker/Vogel*, Vor §§ 87 a ff. UrhG Rn. 36.

veröffentlicht wurde. Jedoch besteht für den Verleger gemäß § 87 a Abs. 1 S. 2 UrhG die Möglichkeit, durch Herausgabe einer wesentlich geänderten Neuauflage, die eine wesentliche Neuinvestition erfordert, ein neues Datenbankherstellerrecht an der Neuauflage zu erlangen, für dessen gesamten Inhalt dann eine neue Schutzdauer nach § 87 d UrhG läuft. Gibt der Verleger somit jeweils innerhalb des 15jährigen Zeitraums eine solche Neuauflage heraus, so wird ihm *de facto* der Schutz durch das Datenbankherstellerrecht unbegrenzt lange - allerdings jeweils nur für die neueste Auflage - gewährt. Diese Möglichkeit steht jedoch mangels Vornahme von wesentlichen Änderungen nicht denjenigen Verlegern zu, deren ursprünglich in Printform herausgegebene Datenbank sich als eine auf Vollständigkeit angelegte Sammlung auf einem Gebiet darstellt, auf dem mit Neuentdeckungen nicht zu rechnen ist, und die auch tatsächlich keine wesentlichen Änderungen der Sammlung vornehmen. Für diese Printmedien bleibt es mangels Anwendbarkeit des ergänzenden wettbewerbsrechtlichen Leistungsschutzes bei dem einmaligen 15jährigen Schutz nach § 87 d S. 1 UrhG.

3. Zusammenfassung

Obwohl sich weder eine Intention des Gemeinschaftsgesetzgebers noch eine des deutschen Gesetzgebers ausmachen läßt, ein Leistungsschutzrecht für Verleger zu schaffen, ist das neue Datenbankherstellerrecht in §§ 87 a ff. UrhG so ausgestaltet, daß es sich in seiner praktischen Anwendung als Leistungsschutzrecht für Verleger erweist. Denn sofern Printmedien tatbestandlich als Datenbanken i.S.v. § 87 a Abs. 1 S. 1 UrhG zu qualifizieren sind, was grundsätzlich bei Nachschlagewerken, aber auch häufig bei sonstigen Printsammlungen, wie z.B. Lieder-, Lese- oder Märchenbüchern, Gesetzes- und Rechtsprechungssammlungen oder Fachzeitschriften, der Fall ist, dann ist der Verleger als derjenige, der die Initiative zur Herstellung des Printmediums ergreift und das Investitionsrisiko trägt, Inhaber des Datenbankherstellerrechts. Was den Umfang des Rechts betrifft, so werden dem Verleger in bezug auf seine Printdatenbanken mit dem Recht der Vervielfältigung, Verbreitung und öffentlichen Wiedergabe, das auch das Recht der *Online*-Übermittlung einschließt, all diejenigen Rechte gewährt, die er zur umfassenden Verwertung seiner Printmedien benötigt. Allerdings sind die Verwertungsrechte insofern eingeschränkt, als daß sie auf die Gesamtheit oder einen wesentlichen Teil des Inhalts des Printmediums beschränkt sind. Die Verwertung unwesentlicher Teile kann der Verleger hingegen nur unter den Voraussetzungen des § 87 b Abs. 1 S. 2 UrhG untersagen. Die Schutzdauer des Leistungsschutzrechts beträgt 15 Jahre ab Veröffentlichung des Printmediums. Jedoch besteht für den Verleger, wenn auch nicht in bezug auf alle Printdatenbanken, die Möglichkeit, durch Herausgabe einer wesentlich geänderten Neuauflage, die eine wesentliche Neuinvestition erfordert, neue Leistungsschutzrechte an der jeweiligen Neuauflage mit einer erneuten 15jährigen Schutzdauer und damit prinzipiell zeitlich unbegrenzten Schutz zu erlangen.

III. Das Recht des Datenbankherstellers als Erfüllung der Forderungen nach Einführung eines allgemeinen Verlegerrechts – Vergleich mit dem *Publisher's Right*

Da somit die Eignung des Datenbankherstellerrechts als Leistungsschutzrecht für Verleger festgestellt wurde, stellt sich die Frage, ob und inwiefern das Datenbankherstellerrecht als Erfüllung der Forderungen nach Einführung eines allgemeinen Verlegerrechts angesehen werden kann. Zur Beantwortung dieser Frage soll im folgenden das Datenbankherstellerrecht in bezug auf Schutzgegenstand, Rechtsinhaberschaft, Schutzinhalt und Schutzdauer mit dem *Publisher's Right* nach britischem Vorbild verglichen werden.

1. Schutzgegenstand

Schutzgegenstand des *Publisher's Right* nach Sec. 1(1)(c) CDPA ist die typographische Gestaltung des gesamten Printmediums als dem Produkt der verlegerischen Leistung. Dabei wird als typographische Gestaltung das durch die Veröffentlichung festgelegte Druckbild geschützt, d.h. das äußere Erscheinungsbild, das sich aus einer Kombination der Einzelbestandteile der typographischen Gestaltung zusammensetzt.

Im Gegensatz dazu handelt es sich bei dem Schutzgegenstand des Datenbankherstellerrechts um Datenbanken i.S.v. § 87 a Abs. 1 S. 1 UrhG. Zwar sind als Investitionen für die Darstellung des Inhalts der Datenbank und damit für die Begründung des Datenbankherstellerrechts auch diejenigen Aufwendungen zu berücksichtigen, die in die typographische Gestaltung der Sammlung geflossen sind. Dies ändert jedoch nichts daran, daß durch das Datenbankherstellerrecht nicht die typographische Gestaltung einer Datenbank geschützt wird;[1096] geschützt wird vielmehr der Inhalt einer Datenbank, in der sich ein wesentlicher Investitionsaufwand verkörpert.

Während das *Publisher's Right* somit einen Schutz des Formats von Printmedien bezweckt, zielt das Datenbankherstellerrecht auf den Schutz des Inhalts einer Datenbank. Die verschiedenen Schutzgegenstände ziehen es nach sich, daß das *Publisher's Right* allen Arten von Printmedien Schutz zu gewähren vermag, wohingegen das Datenbankherstellerrecht nur denjenigen Printmedien Schutz zukommen lassen kann, die die Definition einer Datenbank in § 87 a Abs. 1 S. 1 UrhG erfüllen.

[1096] Ebenso *Bensinger*, Sui-generis Schutz für Datenbanken, S. 159, Fn. 785; aA *Kaye*, EIPR 1995, 583, 585, die „Darstellung" als gleichbedeutend mit dem *Publisher's Right* zu verstehen scheint.

2. Rechtsinhaberschaft

Was die Rechtsinhaberschaft angeht, so wird der Verleger in Sec. 9(2)(d), 11(1) CDPA ausdrücklich als Inhaber des *Publisher's Right* bezeichnet. Hingegen ist Rechtsinhaber des Datenbankherstellerrechts der Datenbankhersteller, der die Investition i.S.v. § 87 a Abs. 1 UrhG vorgenommen hat, d.h. diejenige Person, die die Initiative ergreift und das Investitionsrisiko trägt. Daß der Verleger nicht ausdrücklich als Rechtsinhaber des Datenbankherstellerrechts genannt wird, liegt darin begründet, daß nicht nur Verlagsprodukte als Datenbanken in Betracht kommen und daß daher neben dem Verleger auch andere Personen Datenbankhersteller sein können.[1097] Da der Verleger jedoch, soweit es sich bei den geschützten Datenbanken um Verlagsprodukte handelt, Inhaber des Datenbankherstellerrechts ist, besteht zumindest im Hinblick auf die Rechtsinhaberschaft kein Anlaß, das Datenbankherstellerrecht nicht als Erfüllung der Forderungen nach Einführung eines Verlegerrechts anzusehen.

3. Schutzinhalt

Sowohl im Rahmen des *Publisher's Right* als auch beim Datenbankherstellerrecht wird dem Rechtsinhaber ein Vervielfältigungs- und Verbreitungsrecht gewährt, das auf die Gesamtheit oder wesentliche Teile beschränkt ist und unwesentliche Teile nur im Falle einer wiederholten und systematischen Übernahme erfaßt. Trotz dieser scheinbaren Vergleichbarkeit der Schutzinhalte der beiden Leistungsschutzrechte sind die Schutzinhalte bedingt durch die Verschiedenheit der Schutzgegenstände der Rechte jedoch in ihrer praktischen Anwendung sehr unterschiedlich.

So ist die Wesentlichkeit des übernommenen Teils naturgemäß anhand des jeweiligen Schutzgegenstandes zu ermitteln. Während sich die Wesentlichkeit eines Teils beim *Publisher's Right* auf die Übernahme des Erscheinungsbildes und des *Layouts* und nicht auf das Ausmaß des übernommenen Teils im Verhältnis zur Gesamtausgabe bezieht, beurteilt sich die Wesentlichkeit eines übernommenen Teils beim Datenbankherstellerrecht nach eben diesem Ausmaß sowie danach, ob der Teil bezogen auf die Investitionen wesentlich ist.

Auch was die Verwertungsbefugnisse selbst angeht, so ist deren Reichweite aufgrund der unterschiedlichen Schutzgegenstände verschieden. So erstreckt sich das Vervielfältigungsrecht beim *Publisher's Right* nur auf die Herstellung eines Faksimile-Vervielfältigungsstücks der typographischen Gestaltung, z.B. durch Fotokopieren oder durch Einscannen des Printmediums. Der Verleger wird jedoch nicht geschützt gegen Konkurrenten, die die den Inhalt der veröf-

---

1097 Siehe hierzu auch *Grosheide*, Database Protection, S. 9.

fentlichten Ausgabe bildenden Werke zur Herstellung eines Printmediums mit eigener typographischer Gestaltung nutzen. Darüber hinaus verletzt auch die elektronische Speicherung eines eingescannten und in eine Textdatei umgewandelten Printmediums nicht das Vervielfältigungsrecht des Verlegers, da die zur Umwandlung benutzte Software die typographische Gestaltung neu erzeugt. Demgegenüber erstreckt sich das Vervielfältigungsrecht des Datenbankherstellers auf sämtliche analoge und digitale Vervielfältigungstechniken und ist entsprechend dem bezweckten Inhaltsschutz auch dann verletzt, wenn lediglich der Inhalt der Datenbank und nicht die der Datenbank zugrundeliegenden Ordnungsprinzipien oder die typographische Gestaltung übernommen werden.

Auch das Verbreitungsrecht des Datenbankherstellers reicht weiter als das dem Verleger nach dem CDPA gewährte Verbreitungsrecht, indem es sich auch auf das Recht erstreckt, die Datenbank zu vermieten. Vor allem wird dem Datenbankhersteller jedoch anders als dem Verleger nach dem CDPA das Recht der öffentlichen Wiedergabe und insbesondere das Recht der *Online*-Übermittlung der Datenbank gewährt, wohingegen die elektronische Weiterverbreitung des eingescannten und in eine Textdatei verwandelten Printmediums bedingt durch dessen Schutzgegenstand nicht im Rahmen des *Publisher's Right* untersagt werden kann, da die zur Umwandlung benutzte Software die typographische Gestaltung neu erzeugt.

4. Schutzdauer

Was die Schutzdauer des *Publisher's Right* und des Datenbankherstellerrechts betrifft, so ist zunächst festzuhalten, daß das *Publisher's Right* für 25 Jahre und damit 10 Jahre länger als das Datenbankherstellerrecht gewährt wird. Bei beiden Rechten besteht jedoch für den Rechtsinhaber die Möglichkeit, durch regelmäßige Herausgabe von Neuauflagen *de facto* unbegrenzt langen Schutz zu erlangen. Voraussetzung dafür ist - entsprechend dem Schutzgegenstand - beim *Publisher's Right*, daß die typographische Gestaltung der Neuauflage keine Vervielfältigung der typographischen Gestaltung der früheren Ausgabe darstellt, wohingegen beim Datenbankherstellerrecht die Herausgabe einer wesentlich geänderten Neuauflage, die eine wesentliche Neuinvestition notwendig macht, erforderlich ist.

5. Ergebnis

Der Vergleich des Datenbankherstellerrechts mit dem *Publisher's Right* zeigt deutlich die Unterschiede zwischen den beiden Rechten auf. Zwar handelt es sich bei beiden Rechten um Leistungsschutzrechte, die dem Verleger von Printmedien Schutz gewähren. Und auch was die Gewährung des Vervielfältigungs- und Verbreitungsrechts, die Beschränkung dieser Verwertungsbefugnisse auf die Gesamtheit oder einen wesentlichen Teil und die Möglichkeit einer unbegrenzten „Verlängerung“ der Schutzdauer angeht, bestehen offensichtliche Ähnlichkeiten zwischen den beiden Rechten. Die Tatsache, daß das Datenbankherstellerrecht anders als *Publisher's Right* keinen Schutz des Druckbildes, sondern einen Inhaltsschutz bezweckt, steht jedoch der Annahme entgegen, daß durch die Einführung des Datenbankherstellerrechts die Forderungen nach Einführung eines allgemeinen Verlegerrechts nach dem Vorbild des britischen *Publisher's Right* erfüllt worden sind. Denn die unterschiedlichen Schutzgegenstände haben zur Folge, daß zwar die Verwertungsbefugnisse des Datenbankherstellers wegen der nicht vorhandenen Fixierung auf das Druckbild über die des Verlegers nach dem CDPA hinausgehen. Gleichzeitig ist der dem Verleger durch das Datenbankherstellerrecht gewährte Schutz allerdings insofern gegenüber dem Schutz durch das *Publisher's Right* eingeschränkt, als daß er lediglich Schutz für solche Printmedien zu gewähren vermag, die die Datenbankdefinition des § 87 a Abs. 1 S. 1 UrhG erfüllen.

IV. Notwendigkeit der Einführung eines allgemeinen Verlegerrechts

Da somit ein allgemeines Verlegerrecht einer weiterreichenden Anzahl von Printmedien Schutz zu gewähren vermag als das Datenbankherstellerrecht, ist abschließend zu erörtern, ob deshalb die Einführung eines allgemeinen Verlegerrechts nach dem Vorbild des britischen *Publisher's Right* im deutschen UrhG als notwendig anzusehen ist. Dies soll mit Blick auf die Entwicklung des Urheberrechts, auf die Interessen des Verlegers sowie mit Blick auf die bei der Ausgestaltung der Rechtsposition des Verlegers zu berücksichtigenden Interessen Dritter untersucht werden.

1. Erforderlichkeit mit Blick auf die Entwicklung des Urheberrechts

Betrachtet man die historische Entwicklung des Urheberrechts, so erscheint die Einführung eines allgemeinen Verlegerrechts aus mehreren Gesichtspunkten erwägenswert. So hat sich der ergänzende wettbewerbsrechtliche Leistungsschutz bereits in mehreren Fällen als Wegbereiter zur Schaffung neuer gesetzlicher Leistungsschutzrechte erwiesen.[1098] Zudem hat der geschichtliche Überblick gezeigt, daß die Geschichte des Schutzes von Geisteswerken und der Entwicklung des Urheberrechts entscheidend durch wirtschaftliche Interessen der Verleger geprägt wurde.[1099] Des weiteren ging die Entwicklung des Urheberrechts

[1098] Siehe oben (E.I.3.a.).

[1099] Siehe oben (C.VI.).

stets einher mit dem technischen Fortschritt,[1100] so daß auch die Erfindung der Reprographie als Argument für die Einführung eines allgemeinen Verlegerrechts herangezogen werden kann.

Jedoch würde ein solches Recht insofern einen Rückschritt in der Geschichte des Urheberrechts bedeuten, als daß auf dem gewerblichen Aufwand des Verlegers beruhende, originäre Verlegerrechte an dem drucktechnischen Erscheinungsbild die erste Erscheinungsform besonderer Rechte an Geisteswerken darstellten, dann aber zugunsten des Schöpferprinzips und zugunsten vom Urheber abgeleiteter Rechte abgelöst wurden.[1101] Insofern ist die Einführung eines allgemeinen Verlegerrechts aus geschichtlichen Gründen nicht zwingend geboten.

2. Erforderlichkeit mit Blick auf die Interessen des Verlegers

Das Interesse des Verlegers, der das wirtschaftliche Risiko des Gewinns und des Verlustes trägt, ist darauf gerichtet, daß sich sein Aufwand rentiert und er mit seinen Verlagsprodukten Gewinn macht. Dieses berechtigte Amortisations- und Gewinninteresse des Verlegers wird durch die neuen Vervielfältigungs- und Verbreitungstechniken sowie durch die Zweitverwertung seiner Printmedien gefährdet.[1102] Mit Blick auf die Interessen des Verlegers ist die Einführung eines allgemeinen Verlegerrechts daher nur dann als erforderlich anzusehen, wenn ein allgemeines Verlegerrecht dem Verleger im Hinblick auf die Gefahren, die seinem Amortisationsinteresse durch die neuen Vervielfältigungs- und Verbreitungstechniken und durch die Zweitverwertung seiner Printmedien drohen, Vorteile gegenüber dem Schutz nach geltendem Recht bringen würde.

a. Neue Vervielfältigungs- und Verbreitungstechniken

Hinsichtlich der Gefährdung des Amortisationsinteresses des Verlegers durch die neuen Vervielfältigungs- und Verbreitungstechniken ist ein allgemeines Verlegerrecht nach britischem Vorbild nur insofern geeignet, das Amortisationsinteresse des Verlegers zu schützen, als daß es um die herkömmliche Herstellung von Vervielfältigungsstücken durch Reprographie und deren Verbreitung auf herkömmlichem, nicht-digitalem Weg geht. Hingegen würde ein Ver-

---

[1100] Siehe u.a.: *Becker*, Börsenblatt 62/1990, 2317, 2318; *Schulze*, Börsenblatt 4/13.1.1989, 148.

[1101] Hierzu siehe oben (C.VI.). So auch *Schulze*, ZUM 1990, 47. Siehe auch *Melichar*, Verleger und Verwertungsgesellschaften, S. 74, 77, der das weitgehende Fehlen eines originären Verlegerrechts unter anderem darauf zurückführt, daß das Urheberrecht selbst zunächst aus dem Verlegerrecht entstanden ist.

[1102] Siehe oben (B.III.2.).

legerrecht nach britischem Vorbild nicht gegen die digitale Einspeicherung eines eingescannten Printmediums und dessen *Online*-Übermittlung schützen.

Auch was die Reprographie von Printmedien betrifft, denen bereits Schutz nach § 71 UrhG zukommt, würde ein allgemeines Verlegerrecht nicht über den durch § 71 UrhG gewährten Schutz hinausgehen.

Und auch sofern Printmedien bereits durch das Datenbankherstellerrecht geschützt sind, wäre ein allgemeines Verlegerrecht nach britischem Vorbild lediglich geeignet, dem Verleger einen über §§ 87 a ff. UrhG hinausgehenden Schutz zu gewähren, soweit es um die Tätigkeit von Kopienversand- und Recherchediensten geht.

Soweit Printmedien einen urheberrechtlich geschützten Inhalt haben, wäre ein allgemeines Verlegerrecht für den Verleger jedoch in bezug auf die Reprographie insofern vorteilhaft, als daß er ein eigenes, originär bei ihm entstehendes Recht erlangen würde. Dies würde seine Abhängigkeit vom Autor verringern, die insbesondere dann zutage tritt, wenn dem Verleger nur ein einfaches Nutzungsrecht gemäß § 31 Abs. 2 UrhG eingeräumt wird. Denn in diesem Fall kann der Verleger es nicht verhindern, daß der Autor Konkurrenzverlegern ebenfalls Nutzungsrechte einräumt. Vor allem steht ihm jedoch im Fall der Einräumung lediglich eines einfachen Nutzungsrechts nicht das im Urheberrecht enthaltene Abwehrrecht zu,[1103] so daß er auf den Autor angewiesen ist, um gegen Rechtsverletzungen vorzugehen. Ein originäres Verlegerrecht würde somit die Bekämpfung von Rechtsverletzungen durch den Verleger erleichtern. Zudem ist davon auszugehen, daß ein originär beim Verleger entstehendes Verlegerrecht eigenständige Vergütungsansprüche für den Verleger begründen würde, wie sie z.B. auch dem Tonträgerhersteller als Leistungsschutzberechtigtem nach § 85 Abs. 3 UrhG gewährt werden. Da anzunehmen ist, daß ein originäres Verlegerrecht im Interesse der Allgemeinheit, der Leser und der Konkurrenzverleger denselben Schranken zu unterstellen wäre, wie sie bezüglich des Urheberrechts an den in den Printmedien enthaltenen Werken gelten, ist insoweit an die Vergütung für die Aufnahme eines Werkes in Sammlungen für den Kirchen-, Schul- oder Unterrichtsgebrauch, die Pressespiegelvergütung, die Geräte- und Betreiberabgabe sowie an die Kopienversanddienstabgeltung zu denken.

Was die Reprographie von Printmedien betrifft, denen weder Schutz durch §§ 71, 87 a ff. UrhG noch über das Urhebervertragsrecht zukommt, wäre der Verleger bei Einführung eines allgemeinen Verlegerrechts nicht mehr auf das Wettbewerbsrecht mit seinen Schwächen angewiesen. So ist das *Publisher's*

1103 *Rehbinder*, Urheberrecht, Rn. 306; *Schricker/Schricker*, Vor §§ 28 ff. UrhG Rn. 49.

Right anders als das Wettbewerbsrecht geeignet, Schutz gegen einen Großteil privater und innerbetrieblicher Übernahmehandlungen zu bieten, da es gegen jede Herstellung eines Faksimile-Vervielfältigungsstückes schützt, sofern ein wesentlicher Teil der typographischen Gestaltung übernommen wird. Vor allem erfordert die Feststellung der Verletzung eines Verlegerrechts, das an das Leistungsergebnis und nicht an wettbewerbswidrige Verhaltensweisen anknüpft, aber nicht wie im Wettbewerbsrecht eine Abwägung von Unlauterkeitsmerkmalen, so daß die Einführung eines Verlegerrechts zu einer größeren Rechtssicherheit, insbesondere was die Schutzdauer betrifft, beitrüge. Zudem setzt der durch ein Verlegerrecht gewährte Schutz nicht erst gegenüber dem In-Verkehr-Setzen unautorisiert übernommener Printmedien ein, sondern erfaßt bereits den Herstellungsvorgang. Ferner würden Ansprüche wegen Verletzung eines Leistungsschutzrechts für Verleger nach § 102 UrhG erst nach drei Jahren im Gegensatz zu der sechsmonatigen Verjährungsfrist des § 21 UWG verjähren. Schließlich ist anzunehmen, daß die Verletzung eines als Leistungsschutzrecht eingeführten Verlegerrechts in § 108 UrhG durch Strafandrohung abgesichert werden würde.

b. Zweitverwertung

Hinsichtlich der Gefährdung des Amortisationsinteresses des Verlegers durch die Zweitverwertungsarten der Vermietung und des Verleihs ist ein allgemeines Verlegerrecht nur dann geeignet, die Rechtsposition des Verlegers zu verbessern, wenn es entsprechend der Systematik des § 17 UrhG derart ausgestaltet wird, daß es anders als das britische *Publisher's Right* auch das Recht zur Vermietung und zum Verleih einschließt. Ist dies der Fall, so ist bezüglich der Vorteile eines allgemeinen Verlegerrechts zu differenzieren.

Was die Vermietung und den Verleih von Printmedien betrifft, die bereits nach § 71 UrhG geschützt sind, würde die Einführung eines allgemeinen Verlegerrechts für den Verleger keine Vorteile bringen.

Soweit Printmedien Schutz durch das Datenbankherstellerrecht zukommt, würde ein allgemeines Verlegerrecht für den Verleger lediglich insofern von Vorteil sein, als daß er nicht weiter auf das Verleihrecht und den Anspruch auf die Bibliothekstantieme nach § 87 b UrhG angewiesen wäre, deren Richtlinienkonformität Bedenken unterliegt.

Sofern es sich um Printmedien handelt, denen urheberrechtlicher Schutz zuteil wird, läge der Vorteil eines allgemeinen Verlegerrechts entsprechend der Situation bezüglich der Vervielfältigung und Verbreitung darin, daß dem Verleger durch die Zuerkennung eines eigenständigen Rechts die Bekämpfung von Rechtsverletzungen erleichtert würde. Zudem würde ihm bei entsprechender Ausgestaltung des Verlegerrechts auch ein eigenständiger Anspruch auf die Bibliothekstantieme zustehen.

Sofern Printmedien schließlich weder über das Urhebervertragsrecht noch durch §§ 71, 87 a ff. UrhG geschützt und daher auf den alleinigen Schutz durch das Wettbewerbsrecht angewiesen sind, würde ein allgemeines Verlegerrecht dem Verleger erstmalig Schutz gegen die Zweitverwertung dieser Printmedien gewähren, da das Wettbewerbsrecht keinen Schutz gegen die Vermietung und den Verleih bietet.

c. Ergebnis

Insgesamt läßt sich somit festhalten, daß die Einführung eines allgemeinen Verlegerrechts nach britischem Vorbild für den Verleger von Printmedien, denen Schutz nach § 71 UrhG zukommt, überhaupt nicht und für den Verleger von Printmedien, denen Schutz durch das Datenbankherstellerrecht zuteil wird, lediglich hinsichtlich der dann bestehenden Unabhängigkeit von der Beurteilung der Richtlinienkonformität des Verleihs in § 87 b UrhG sowie in bezug auf Übernahmehandlungen von Kopienversand- und Recherchediensten vorteilhaft wäre.

Hingegen wäre die Einführung eines Verlegerrechts für den Verleger von urheberrechtlich geschützten Printmedien insofern von Vorteil, als daß ihm eigenständige Vergütungsansprüche in bezug auf die Reprographie und den Verleih erwachsen würden und die Bekämpfung von Rechtsverletzungen in den Fällen, in denen ihm lediglich einfache Nutzungsrechte eingeräumt sind, erleichtert würde. Für den Verleger von weder durch §§ 71, 87 a ff. UrhG noch über das Urhebervertragsrecht geschützten Printmedien würde die Einführung eines allgemeinen Verlegerrechts bedeuten, daß er nicht mehr auf das Wettbewerbsrecht mit seinen Schwächen angewiesen wäre. Insbesondere würde er somit neben dem Schutz bezüglich der Zweitverwertungsarten Schutz gegen private und innerbetriebliche Übernahmehandlungen erlangen, und sein Schutz würde nicht erst beim In-Verkehr-Setzen des Printmediums einsetzen. Vor allem würde die Einführung eines allgemeinen Verlegerrechts jedoch der Rechtssicherheit dienen, da die im Rahmen des § 1 UWG erforderliche Abwägung der Unlauterkeitsmerkmale entfiele und eine feste Schutzfrist bestünde.

3. Abwägung der Interessen des Verlegers mit den Interessen Dritter

Die Ausgestaltung des rechtlichen Schutzes der Leistung des Verlegers darf sich jedoch nicht allein an den schutzwürdigen und schutzbedürftigen Interessen des Verlegers orientieren; vielmehr ist bei der Ausgestaltung der Rechtsposition des Verlegers den zum Teil gegenläufigen Interessen der die Inhalte der Printmedien liefernden Urheber, der Allgemeinheit, der Leser und der Wettbewerber Rechnung zu tragen.[1104] Allein die Tatsache, daß der Schutz, der dem Verleger durch ein allgemeines Verlegerrecht gewährt werden würde, über den ihm nach geltendem Recht zukommenden Schutz hinausginge, rechtfertigt daher noch nicht die Einführung eines allgemeinen Verlegerrechts. Vielmehr ist zu untersuchen, ob die Einführung im Lichte der Interessen Dritter als erforderlich oder ob nicht der dem Verleger nach geltendem Recht zukommende Schutz als ausreichend anzusehen ist.

Soweit es um Printmedien geht, denen bereits ein urhebervertraglicher Schutz zukommt, hätte die Einführung eines allgemeinen Verlegerrechts für den Verleger zwar den Vorteil, daß ihm originäre Rechte und insbesondere auch eigene Vergütungsansprüche zustünden. Jedoch hätte dies auf der anderen Seite zur Folge, daß entweder der von den Nutzern zu zahlende Betrag für die vergütungspflichtigen Nutzungshandlungen zu erhöhen wäre, was dem Interesse der Allgemeinheit und der Leser, auf Printmedien als Träger von kulturellem Gut und als Quellen von Informationen zurückgreifen zu können, zuwiderliefe. Oder es würde durch das Hinzukommen des Verlegers als neuem Vergütungsberechtigten der Anteil der anderen Vergütungsberechtigten, sprich der Urheber, geschmälert. Dies würde jedoch nicht nur den schützenswerten Interessen der Urheber zuwiderlaufen; vielmehr bestünde auch die Gefahr, daß sich der Erwerb eigenständiger Rechte durch den Verleger im Ergebnis zu dessen Nachteil auswirkt. Denn die Autoren könnten dadurch geneigt sein, von der Praxis der Einräumung umfangreicher Nutzungsrechte an den Verleger abzuweichen und den Verleger damit aus dem persönlichen, vom Urheber abgeleiteten Anwendungsbereich des Urheberrechts zu verdrängen.[1105] Die Einführung eines allgemeinen Verlegerrechts ist somit geeignet, die Symbiose zwischen Autor und Verleger in der gemeinsamen Verwertungsgesellschaft, der VG Wort, zu gefährden.[1106] Aus diesem Grund ist die Einführung eines solchen Rechts im Hinblick auf Printmedien, denen Schutz über das Urhebervertragsrecht zukommt, nicht ratsam. Dies gilt um so mehr, als daß das Urhebervertragsrecht dem Verleger die Möglichkeit eröffnet, all diejenigen Rechte eingeräumt zu bekommen, die er bezüglich der Produktpiraterie, des Reprographieproblems und der Zweitverwertung seiner Printmedien benötigt.[1107] Insbesondere ist die Einführung eines allgemeinen Verlegerrechts auch nicht deshalb erforderlich, weil dem Verleger dadurch die Bekämpfung von Rechtsverletzungen erleichtert würde. Denn auch hierfür bietet

---

[1104] Hierzu siehe oben (D.II.).

[1105] Siehe zu den Befürchtungen bereits *Heker*, ZUM 1995, 97, 99.

[1106] Ebenso *Becker*, Börsenblatt 62/1990, 2317, 2320.

[1107] Hierzu siehe oben (E.I.2.c.).

das Urhebervertragsrecht dem Verleger mit der Möglichkeit, ausschließliche Nutzungsrechte einzuräumen, hinreichend Schutz.

Im Hinblick auf diejenigen Printmedien, denen alleine durch das Wettbewerbsrecht Schutz gewährt wird, erscheint hingegen aufgrund der Schwächen des Wettbewerbsrechts die Forderung nach Einführung eines allgemeinen Verlegerrechts eher berechtigt. Jedoch ist zu bedenken, daß mit der Umsetzung der EU-Datenbankrichtlinie die Anzahl derjenigen Printmedien, die allein auf den Schutz durch das Wettbewerbsrecht angewiesen sind, bereits erheblich reduziert worden ist, indem der für die Informationsgesellschaft wichtigsten Gruppe von Printmedien, nämlich den Informationssammlungen, die auf Vollständigkeit angelegt sind und deren Anordnung allgemein gebräuchlichen Ordnungsprinzipien folgen, nun Schutz durch das Datenbankherstellerrecht zuteil wird. Damit hat gleichzeitig auch das für die Einführung eines allgemeinen Verlegerrechts vorgebrachte Argument, daß dadurch die Auseinandersetzung um die „kleine Münze" entschärft würde, indem die Grenzfälle des Urheberrechtsschutzes dem Verlegerrecht überlassen werden könnten,[1108] an Überzeugungskraft verloren.

Der verbleibende Anwendungsbereich des ergänzenden wettbewerbsrechtlichen Leistungsschutzes beschränkt sich nunmehr hauptsächlich auf gemeinfreie Werke, die wegen Ablaufs der urheberrechtlichen Schutzfrist nicht mehr durch das Urheberrecht geschützt werden. Die Einführung eines allgemeinen Verlegerrechts würde zwar für diese Werke eine Verbesserung des Rechtsschutzes des Verlegers bedeuten.[1109] Auf der anderen Seite hätte die Einführung jedoch zur Folge, daß in bezug auf eine Vielzahl von Printmedien „überlappende Rechte" bestünden, was die Rechteauswertung erschweren und dem Interesse der Allgemeinheit und der Leser, auf Printmedien als Träger von kulturellem Gut und als Quellen von Informationen zurückgreifen zu können, zuwiderlaufen würde. Denn nach Einführung eines allgemeinen Verlegerrechts würde ausnahmslos jedem Printmedium, das nach § 71 UrhG oder nach §§ 87 a ff. UrhG geschützt ist, zusätzlicher Schutz durch das Verlegerrecht zuteil, was zu einer Verdoppelung der Vergütungsansprüche führen würde. Zudem würde sich auch der Anwendungsbereich der urheberrechtlich geschützten Printmedien mit dem Anwendungsbereich der durch ein Verlegerrecht geschützten Printmedien überschneiden und zu dem Problem führen, daß ein Verlegerrecht einigen im VerlG veran-

[1108] *Soetenhorst*, GRUR Int. 1989, 760, 771.

[1109] Siehe oben (F.IV.2.a.) zu den Vorteilen eines Verlegerrechts gegenüber dem Wettbewerbsrecht.

kerten Autorenrechten sowie Tarifverträgen im Zeitungsbereich entgegen stünde.[1110]

Aus diesem Grund erscheint die Einführung eines allgemeinen Verlegerrechts allein aus dem Grund, der (ohnehin relativ kleinen) Anzahl der gemeinfreien Werke einen stärkeren Schutz als den durch das Wettbewerbsrecht gewährten Schutz zukommen zu lassen, nicht ratsam. Zumal anders als im britischen Recht auch keine absolute Schutzlücke für gemeinfreie Werke besteht, die die Einführung eines allgemeinen Verlegerrechts erforderlich machen würde. Denn auch wenn das Wettbewerbsrecht keinen Schutz gegen private und innerbetriebliche Übernahmehandlungen und gegen Zweitverwertungen bietet, so ist der durch das Wettbewerbsrecht gewährte, am Amortisationsinteresse des Verlegers ausgerichtete Schutz dennoch als ausreichend anzusehen. Denn wie die BGH-Entscheidungen „Reprint", „Formulare" und „Notenstichbilder" zeigen,[1111] hat sich das Wettbewerbsrecht mit seiner Flexibilität, die es erlaubt, das Amortisationsinteresse des Verlegers und das Wettbewerbsinteresse der Verlegerkonkurrenten gegeneinander abzuwägen, in bezug auf gemeinfreie Werke bereits bewährt.

Schließlich ist die Einführung eines allgemeinen Verlegerrechts auch nicht aus dem Grund zu befürworten, um den Verleger von Printmedien, die die Datenbankdefinition erfüllen, von der Beurteilung der Richtlinienkonformität des Verleihs in § 87 b UrhG unabhängig zu machen und seine Rechtsposition in bezug auf die Tätigkeit von Kopienversand- und Recherchediensten zu verbessern. Denn es ist davon auszugehen, daß Printdatenbanken von der Zweitverwertungsart des Verleihs in geringerem Ausmaß betroffen sind als Printmedien, die Einzelwerke zum Inhalt haben, wie z.B. literarische und wissenschaftliche Bücher, Lehr- und Sachbücher und vor allem Romane. Und was die Tätigkeit von Kopienversand- und Recherchediensten angeht, so ist der Verleger in der Mehrzahl der Fälle nicht schutzlos. Denn die von Kopienversand- und Recherchediensten übernommenen Inhalte von Printmedien werden regelmäßig urheberrechtlich geschützt sein, so daß dem Verleger der urhebervertragsrechtliche Schutz zur Verfügung steht. Angesichts dieses in der Praxis geringeren Schutzbedürfnisses des Verlegers von Printdatenbanken in bezug auf den Verleih und die Tätigkeit von Informationsdiensten und angesichts der bereits angeführten Nachteile der Schaffung „überlappender" Rechte durch Einführung eines allgemeinen Verlegerrechts, ist dessen Einführung auch im Hinblick auf die Vorteile

---

[1110] Ebenso *Becker*, Börsenblatt 62/1990, 2317, 2320; *Heker*, ZUM 1995, 97, 99; *Schack*, ZUM 1990, 59, 60; *Sieger*, ZUM 1989, 172, 174.

[1111] Siehe oben (E.I.3.c.cc.(1)).

eines allgemeinen Verlegerrechts gegenüber dem Datenbankherstellerrecht nicht erforderlich.

Alles in allem trägt der dem Verleger durch den Schutz nachgelassener Werke gemäß § 71 UrhG, durch das Datenbankherstellerrecht, das Urhebervertrags- und das Wettbewerbsrecht gewährte Schutz somit dem Amortisationsinteresse des Verlegers hinreichend Rechnung. In bezug auf solche Printmedien, denen Schutz nach § 71 UrhG oder nach §§ 87 a ff. UrhG zukommt, stehen dem Verleger weitreichende eigene Verwertungsrechte zu. Das Urhebervertragsrecht eröffnet dem Verleger zudem die Möglichkeit, in bezug auf die große Anzahl von Printmedien, denen urheberrechtlicher Schutz zuteil wird, all diejenigen Rechte einschließlich der Vergütungsansprüche eingeräumt zu bekommen, die er bezüglich der Produktpiraterie, des Reprographieproblems und der Zweitverwertung seiner Printmedien benötigt. Und der ergänzende wettbewerbsrechtliche Leistungsschutz ist in seiner schutzlückenfüllenden Funktion aufgrund seiner Flexibilität geeignet, den nicht bereits durch die oben genannten Rechtsinstitute geschützten Printmedien hinreichenden Schutz zu bieten. Dies macht die Einführung eines allgemeinen Verlegerrechts nach britischem Vorbild entbehrlich.

Darüber hinaus ist zu berücksichtigen, daß die Einführung eines allgemeinen Verlegerrechts nach britischem Vorbild insofern nicht mehr zeitgemäß wäre, als daß der dadurch gewährte Schutz des Druckbildes der technischen Entwicklung nicht gerecht wird.[1112] Denn wie bereits aufgezeigt,[1113] schützt das *Publisher's Right* nicht gegen die digitale Speicherung eines eingescannten Printmediums und dessen *Online*-Übermittlung. Wegen der aufgrund der neuen Digitaltechniken eröffneten Möglichkeiten, das Format zu ändern, müßte das Verlegerrecht somit so ausgestaltet werden wie das Recht nach § 71 UrhG bzw. wie das Datenbankherstellerrecht und Formen der elektronischen Speicherung und Wiedergabe von Texten erfassen, die keine unmittelbare Umsetzung der visuellen Gestaltung der Druckvorlage mit sich bringen.[1114] Erforderlich wäre somit ein vom Format des Printmediums unabhängiger Inhaltsschutz, der allerdings weitreichende Konsequenzen für das Informationsinteresse der Allgemeinheit und der Leser sowie für das Wettbewerbsinteresse von Verlegerkonkurrenten hätte.

[1112] Siehe auch *Grosheide*, Copyright and Publishers' Rights, S. 295, 305: „*[...]some works may enjoy [...] layout protection, but it is likely that this protection will, in time, increasingly lose its relevance as a result of new electronic reproduction technologies such as scanning or electronic text manipulation.*"

[1113] Siehe oben (E.II.1.c.cc.(3)(a)).

[1114] Vgl. *Dietz*, ZUM 1990, 54, 57 f. sowie auch *Cornish*, Intellectual Property, Rn. 13-17.

Auch die Einführung eines solch weitreichenden, über das allgemeine Verlegerrecht nach britischem Vorbild hinausgehenden Rechts ist jedoch nicht erforderlich. Vielmehr bieten die vorhandenen Rechtsinstitute dem Verleger auch hinsichtlich der durch die neuen Digitaltechniken gesteigerten Vervielfältigungs-, Verbreitungs- und Übermittlungsmöglichkeiten seiner Printmedien hinreichenden Schutz. Bezüglich derjenigen Printmedien, die im Rahmen der Informationsgesellschaft besonders schutzbedürftig im Hinblick auf die neuen Digitaltechniken sind, nämlich den Informationssammlungen, hat der Verleger mit dem Datenbankherstellerrecht bereits ein Leistungsschutzrecht erlangt. Hinsichtlich derjenigen Printmedien, denen Schutz durch das Urheberrecht oder durch § 71 UrhG zukommt, werden spätestens nach Umsetzung der EU-Urheberrechtsrichtlinie momentan noch bestehende Unklarheiten über die rechtliche Einordnung von digitalen Speicherungen und Übermittlungen beseitigt sein. Schließlich bietet auch das Wettbewerbsrecht in gewissem Umfang Schutz gegen das Einscannen von Printmedien und die anschließende Umwandlung in eine Textdatei. Insofern ist auch die Einführung eines über das allgemeine Verlegerrecht nach britischem Vorbild hinausgehenden, der technischen Entwicklung Rechnung tragenden Verlegerrechts nicht erforderlich.

Damit ist gleichzeitig auch die Frage nach der Erforderlichkeit der von der internationalen Verlegergemeinschaft sowie vom Börsenverein des deutschen Buchhandels geforderten Einführung eines Verlegerrechts für den Bereich des elektronischen Publizierens[1115] beantwortet. Denn auch für elektronische Verlagsprodukte ist der durch die bestehenden Rechtsinstitute, insbesondere durch das Datenbankherstellerrecht, gewährte Schutz als ausreichend anzusehen.[1116] Zudem bestünde angesichts der weitverbreiteten Scannertechnologien, die die Umwandlung eines Printmediums in eine digitale Form einfach, schnell und problemlos möglich machen, kein Anlaß, elektronischen Verlagsprodukten einen weitergehenden Schutz als herkömmlichen Printmedien zukommen zu lassen.

4. Ergebnis

Insgesamt läßt sich daher festhalten, daß die bestehenden Rechtsinstitute dem Verleger auf nationaler Ebene einen hinreichenden Schutz für seine Verlagsprodukte gewähren. Die Einführung eines allgemeinen Verlegerrechts nach briti-

---

1115 Hierzu siehe oben (E.II.2.d.).

1116 Ebenso *Schack*, Urheber- und Urhebervertragsrecht, Rn. 1008. Indirekt auch *Clark*, Publishers' Rights, S. 36, 43: *"[...], the sui generis right is as near as publishers are ever likely to get to a publishers right in the digital medium."*

schem Vorbild ist daher ebensowenig erforderlich wie ein darüber hinausgehendes, den neuen Digitaltechniken Rechnung tragendes Verlegerrecht.

V. Internationalisierung des Datenbankherstellerrechts

Es stellt sich jedoch die Frage, ob der Schutz des Verlegers auch im internationalen Bereich als ausreichend angesehen werden kann. Diese Frage ist angesichts der durch die neuen Digitaltechniken und das Internet eröffneten Möglichkeit, Inhalte in Sekundenschnelle an eine große Anzahl von Empfängern in der ganzen Welt zu übermitteln, von aktueller Brisanz. In bezug auf das Urheberrecht besteht mit Art. 8 WCT bereits eine Regelung, die auf internationaler Ebene normiert, daß das Recht der öffentlichen Wiedergabe die öffentliche Zugänglichmachung in einer Weise einschließt, die es Angehörigen der Öffentlichkeit erlaubt, an einem von diesen individuell gewählten Ort und zu einer von diesen individuell gewählten Zeit Zugang zu den urheberrechtlich geschützten Werken zu haben. Entsprechende Vorschriften sind in Art. 10, 14 WPPT für ausübende Künstler und Tonträgerhersteller vorgesehen. Im Gegensatz dazu ist weder ein Leistungsschutzrecht für den Hersteller von Datenbanken international anerkannt,[1117] noch besteht ein internationales Wettbewerbsrecht, das einen ausreichenden Schutz von Datenbanken auf internationaler Ebene sicherstellen würde. Angesichts der in der Informationsgesellschaft stetig steigenden Bedeutung von Informationssammlungen, die die urheberrechtliche Schöpfungshöhe nicht erreichen, ist daher eine Internationalisierung des Datenbankherstellerrechts geboten, um der schutzwürdigen und schutzbedürftigen Leistung des Verlegers hinreichenden Schutz zu gewähren.

VI. Zusammenfassung

Mit dem Datenbankherstellerrecht gemäß §§ 87 a ff. UrhG steht dem Verleger seit der Umsetzung der EU-Datenbankrichtlinie ein Leistungsschutzrecht zu, das ihm weitreichende Verwertungsbefugnisse in bezug auf alle Printmedien gewährt, deren Inhalt die Datenbankdefinition des § 87 a Abs. 1 S. 1 UrhG erfüllen. Im Unterschied zu einem allgemeinen Verlegerrecht nach britischem Vorbild bezweckt das Datenbankherstellerrecht nicht den Schutz des Druckbildes, sondern einen Inhaltsschutz, was zur Folge hat, daß die Verwertungsbefugnisse des Datenbankherstellers über diejenigen Befugnisse hinausgehen, die dem Verleger durch die Einführung eines allgemeinen Verlegerrechts nach britischem Vorbild eingeräumt werden würden. Obwohl der Schutz durch ein allge-

---

[1117] Siehe zu entsprechenden internationalen Bemühungen: *Leistner*, Rechtsschutz von Datenbanken, S. 246 ff.

meines Verlegerrecht, was die Anzahl der geschützten Printmedien betrifft, über den durch das Datenbankherstellerrecht ermöglichten Schutz hinausgehen würde, ist eine Einführung eines allgemeinen Verlegerrechts weder nach britischem Vorbild noch in einer den neuen Digitaltechniken Rechnung tragenden Ausgestaltung erforderlich. Denn der dem Verleger mit dem Urhebervertragsrecht, dem Wettbewerbsrecht, mit § 71 UrhG und vor allem mit dem Datenbankherstellerrecht bereits gewährte Schutz vermag das Amortisationsinteresse des Verlegers auf nationaler Ebene effektiv gegen die der Leistung des Verlegers drohenden Gefahren zu schützen. Jedoch besteht angesichts der zunehmenden Globalisierung ein Schutzbedürfnis des Verlegers, daß auf internationaler Ebene ein effektiver Schutz seiner Printdatenbanken eingeführt wird.

G. Zusammenfassung und Ergebnis

Leistungsschutzrechte für Verleger, durch die dem Verleger nach dem Vorbild des britischen *Publisher's Right* ein Recht in bezug auf das Druckbild seiner Printmedien gewährt wird, sind seit Mitte der 1980er Jahre auf nationaler wie auch auf internationaler Ebene ein Diskussionsthema. Die Einführung eines allgemeinen Verlegerrechts wurde als notwendig angesehen, um der Schutzwürdigkeit und Schutzbedürftigkeit der verlegerischen Leistung Rechnung zu tragen und seine Rechtsposition bei der Bekämpfung der Gefahren zu stärken, die seinem berechtigten Amortisations- und Gewinninteresse durch die neuen Vervielfältigungs- und Verbreitungstechniken sowie durch die gesteigerte Zweitverwertung von Printmedien drohen. Denn durch ein allgemeines Verlegerrecht, das dem Verleger wie im Privilegienzeitalter ein originäres Recht in bezug auf sämtliche Printmedien zu gewähren vermag, würde im Hinblick auf urheberrechtlich geschützte Printmedien die Abhängigkeit des Verlegers vom Autor verringert, und zudem wäre der Verleger im Falle von nicht urheberrechtlich geschützten Printmedien nicht mehr auf das Wettbewerbsrecht mit seinen Schwächen angewiesen.

Durch die Umsetzung der EU-Datenbankrichtlinie wurde mit dem Datenbankherstellerrecht gemäß §§ 87 a ff. UrhG ein Recht eingeführt, das sich aufgrund seiner rechtlichen Ausgestaltung als Leistungsschutzrecht für Verleger erweist. Im Unterschied zu einem allgemeinen Verlegerrecht nach britischem Vorbild wird durch das Datenbankherstellerrecht jedoch nicht das Druckbild eines Printmediums geschützt, sondern vielmehr ein Inhaltsschutz bezweckt. Dies hat zur Folge, daß zwar auf der einen Seite die dem Verleger eingeräumten Verwertungsbefugnisse über die Verwertungsbefugnisse, die durch ein allgemeines Verlegerrecht nach britischem Vorbild gewährt werden würden, hinausgehen. Denn wegen der nicht vorhandenen Fixierung auf das Druckbild schützt das Datenbankherstellerrecht auch gegen Formatänderungen und digitale Speicherungen. Auf der anderen Seite bleibt der dem Verleger durch das Datenbankherstellerrecht gewährte Schutz jedoch insoweit hinter dem Schutz durch ein allgemeines Verlegerrecht zurück, als daß lediglich solchen Printmedien Schutz gewährt wird, deren Inhalt die Datenbankdefinition des § 87 a Abs. 1 S. 1 UrhG erfüllt.

Obwohl das Datenbankherstellerrecht somit die Forderungen nach Einführung eines allgemeinen Verlegerrechts nicht erfüllt, ist dessen Einführung als entbehrlich anzusehen. Denn durch das Datenbankherstellerrecht wird der großen Gruppe von Informationssammlungen, der im Rahmen der Informationsgesellschaft immer stärkere Bedeutung zukommt und die vor Umsetzung der EU-Datenbankrichtlinie hauptsächlich auf den wettbewerbsrechtlichen Schutz angewiesen war, ein weitreichender Schutz zuteil. Im Hinblick auf die übrigen Printmedien bieten die mit der Vorschrift des § 71 UrhG, dem Urhebervertrags- und dem Wettbewerbsrecht bestehenden Schutzmöglichkeiten einen angemessenen Schutz im Hinblick auf die Schutzbedürfnisse des Verlegers, der vor allem auch den Interessen der Urheber, der Allgemeinheit, der Leser und der Verlegerkonkurrenten Rechnung trägt.

Mit der Umsetzung der EU-Datenbankrichtlinie ist die Diskussion um die Einführung eines allgemeinen Leistungsschutzrechts für Verleger daher als beendet anzusehen. Demgegenüber ist eine Internationalisierung des Datenbankherstellerrechts geboten, um die schutzwürdige und schutzbedürftige Leistung des Verlegers hinreichend zu schützen.

Christian Seidel

Die zeitliche Begrenzung des Urheberrechts

Frankfurt am Main, Berlin, Bern, Bruxelles, New York, Oxford, Wien, 2002. 178 S.
Europäische Hochschulschriften: Reihe 2, Rechtswissenschaft. Bd. 3529
ISBN 3-631-50105-6 · br. € 35.30*

Die Notwendigkeit einer neuerlichen Diskussion über die zeitliche Begrenzung des Urheberrechts scheint sich durch die Schutzdauer-Richtlinie, die eine einheitliche Schutzfrist von 70 Jahren nach dem Tod des Werkschöpfers in der Europäischen Union herbeiführte, vordergründig erledigt zu haben, vermittelt sie doch den Anschein, gleichermaßen zugunsten der Autoren, der Kulturindustrie, der Verbraucher und der ganzen Gesellschaft erlassen worden zu sein. Eine derartige Zielsetzung ist sicherlich wünschenswert, ob sie auch erreicht wurde, bedarf hingegen der näheren Untersuchung. Auch wurde seit der „Entdeckung" des Schöpferrechts oftmals engagiert und mit harten Bandagen um die Länge der Schutzfrist gerungen. In den letzten Jahrzehnten allerdings verebbte die Auseinandersetzung größtenteils. Dies überrascht angesichts der Bezeichnung der Schutzdauer als „Dreh- und Angelpunkt des Urheberrechts". Insbesondere in Zeiten, in denen das Urheberrecht, bedingt durch schnelle technologische Fortschritte, einem starken Veränderungsdruck ausgesetzt ist, muß daher die Rechtfertigung der zeitlichen Begrenzung und (bejahendenfalls) die Schutzlänge einer kritischen Überprüfung unterzogen werden.

Aus dem Inhalt: Die geschichtliche Entwicklung des Urheberrechts und dessen zeitlicher Begrenzung · Die zeitliche Begrenzung des Urheberrechts im Lichte der zentralen Begründungsansätze für einen Urheberschutz · Die Verfassungsmäßigkeit der zeitlichen Begrenzung · Die Länge der Befristung

FSC
www.fsc.org
MIX
Papier | Fördert gute Waldnutzung
FSC® C083411

Kolibri 360 GmbH
Ferdinand-Jühlke-Straße 7
99095 Erfurt, Deutschland
produktsicherheit@kolibri360.de

Druck:
CPI Druckdienstleistungen GmbH
im Auftrag der
Kolibri 360 GmbH
Ferdinand-Jühlke-Str. 7
99095 Erfurt